Angelika Diller, Martina Heitkötter, Thomas Rauschenbach (Hrsg.)
**Familie im Zentrum**
Kinderfördernde und elternunterstützende Einrichtungen –
aktuelle Entwicklungslinien und Herausforderungen

Deutsches Jugendinstitut (Hrsg.)
**DJI-Fachforum Bildung und Erziehung**
Band 6

Angelika Diller, Martina Heitkötter, Thomas Rauschenbach (Hrsg.)

# Familie im Zentrum

Kinderfördernde und elternunterstützende Einrichtungen –
aktuelle Entwicklungslinien und Herausforderungen

Verlag Deutsches Jugendinstitut, München 2008

Das Deutsche Jugendinstitut e.V. ist ein außeruniversitäres sozialwissenschaftliches Forschungsinstitut. Seine Aufgaben sind anwendungsbezogene Grundlagenforschung über die Lebensverhältnisse von Kindern, Jugendlichen und Familien, Initiierung und wissenschaftliche Begleitung von Modellprojekten der Jugend- und Familienhilfe sowie sozialwissenschaftliche Dienstleistungen. Das Spektrum der Aufgaben liegt im Spannungsfeld von Politik, Praxis, Wissenschaft und Öffentlichkeit. Das DJI hat dabei eine doppelte Funktion: Wissenstransfer in die soziale Praxis und Politikberatung einerseits, Rückkoppelung von Praxiserfahrungen in den Forschungsprozess andererseits. Träger des 1963 gegründeten Instituts ist ein gemeinnütziger Verein mit Mitgliedern aus Institutionen und Verbänden der Jugendhilfe, der Politik und der Wissenschaft. Dem Kuratorium des DJI gehören Vertreter des Bundes, der Länder, des Trägervereins und der wissenschaftlichen Mitarbeiterschaft des DJI an. Die Finanzierung erfolgt überwiegend aus Mitteln des Bundesministeriums für Familie, Senioren, Frauen und Jugend und im Rahmen von Projektförderung aus Mitteln des Bundesministeriums für Bildung und Forschung. Weitere Zuwendungen erhält das DJI von den Bundesländern und Institutionen der Wissenschaftsförderung.

Das DJI hat z.Zt. folgende Forschungsabteilungen: Kinder und Kinderbetreuung, Jugend und Jugendhilfe, Familie und Familienpolitik, Zentrum für Dauerbeobachtung und Methoden sowie die Forschungsschwerpunkte »Übergänge in Arbeit«, »Migration, Integration und interethnisches Zusammenleben«, »Gender und Lebensplanung«, ferner eine Außenstelle in Halle.

Alleinauslieferung: VS Verlag für Sozialwissenschaften, Wiesbaden

© 2008 DJI Verlag Deutsches Jugendinstitut, München
Layoutkonzeption und Umschlag: Anja Rohde, Hamburg
Lektorat: Werner Schaefer, München; schaefer@i-vws.de
Gesamtherstellung: grafik+druck GmbH, München

ISBN 978-3-87966-436-8

# Inhalt

**Einführung** ... 7

Veränderte Anforderungen an Familien – Ausgangspunkte für integrierte Infrastrukturangebote für Kinder und Eltern ... 9
*Martina Heitkötter/Thomas Rauschenbach/Angelika Diller*

## Politische Kontexte und Herausforderungen ... 15

Pfade der deutschen Familienpolitik und ihre aktuellen Herausforderungen ... 17
*Irene Gerlach*

Wohlfahrtsmix und Governance im Bereich der Kindertagesbetreuung ... 41
*Adalbert Evers*

Kooperation und Vernetzung: Kriterien und Instrumente ... 69
*Herbert Schubert*

Grundlinien einer Finanzierungsarchitektur für Familienzentren/Eltern-Kind-Zentren ... 87
*Stefan Sell*

Familien und Familienpolitik im Sozialraum ... 107
*Klaus Peter Strohmeier*

## Kinderfördernde und familienunterstützende Einrichtungen ... 131

Neue Orte für Familien. Institutionelle Entwicklungslinien eltern- und kindfördernder Angebote ... 133
*Thomas Rauschenbach*

Familienbildung – institutionelle Entwicklungslinien und Herausforderungen ... 157
*Sigrid Tschöpe-Scheffler/Wolfgang Wirtz*

Familienselbsthilfe und Mütterzentren ... 179
*Elisabeth Helming/Annemarie Gerzer-Sass*

## Blick auf Praxisentwicklungen ... 193

Familienzentren in Nordrhein-Westfalen – eine neue Steuerung von niedrigschwelligen Angeboten für Kinder und Familien ... 195
*Sybille Stöbe-Blossey*

Inhalt

Kinder brauchen eine ganze Kommune – Erfahrungen aus dem
Modellprojekt »Kind & Ko« 211
*Kathrin Bock-Famulla/Anja Langness/Mandy Schöne*

Profis, Laien und andere Akteure – Anmerkungen zum Personalmix in
familienbezogenen Einrichtungen 221
*Angelika Diller*

Beispiele flexibler und erweiterter Kinderbetreuung in der Bundesrepublik:
ähnliche Ansätze, verschiedene Bedingungen und Wege der Finanzierung 241
*Nicole Klinkhammer*

Mehrgenerationenhäuser als Drehscheibe für familienunterstützende
Dienstleistungen vor Ort 267
*Melanie Staats/Christiane Krämer*

### Sicht politischer Akteure 279

Daseinsvorsorge in den Kommunen – Chancen und Grenzen
kommunaler Familienpolitik 281
*Interview mit Uwe Lübking, Angelika Diller*

Träger steuern institutionelle Weiterentwicklungen 293
*Interview mit Wolfgang Stadler, Angelika Diller*

Familienunterstützende Einrichtungen auf der Basis eines
zivilgesellschaftlichen Ansatzes – Eckpunkte und Belastbarkeit
einer Vision mit Bodenhaftung 303
*Interview mit Konrad Hummel, Martina Heitkötter*

### Beispiele aus der Praxis 323

Das Kinder- und Familienzentrum »Blauer Elefant« Stadtmitte Essen 325
*Marimar del Monte*

Das Mehrgenerationenhaus Pattensen Mobile e.V. 333
*Annette Köppel*

K.I.D.S. (KinderInDerStadt) – Familienstützpunkte in Augsburg 339
*Gabriele Kühn/Susanne Wittmair*

Eltern-Kind-Zentren für junge Familien in Kindertageseinrichtungen in
Hamburg 345
*Ursula Meyer-Rumke*

Eltern-Kind-Zentren in Brandenburg 351
*Bettina Bildt-Wieser/Martina Lüdecke/Kerstin Schulz*

Autorinnen und Autoren 369

# Einführung

## Veränderte Anforderungen an Familien – Ausgangspunkte für integrierte Infrastrukturangebote für Kinder und Eltern

Martina Heitkötter, Thomas Rauschenbach, Angelika Diller

In der Politik wird gerne das afrikanische Sprichwort zitiert, demzufolge man zur Erziehung eines Kindes ein ganzes Dorf benötige. Dieses Bild umschreibt sehr anschaulich ein grundlegendes Erfordernis an Erziehung, Betreuung und Bildung: eine dynamisch-anregende Umgebung, ein miterziehendes Gemeinwesen. Insoweit charakterisiert dieses Sprichwort zutreffend die Einsicht, dass für das Aufwachsen von Kindern mehr benötigt wird als Mutter und Vater, als eine moderne Kleinfamilie.

Längst ist diese Voraussetzung eines funktionierenden sozialen Nahraumes aber nicht mehr trivial, nicht mehr selbstverständlich gegeben. Denn, etwas salopp formuliert: »Stell dir vor, es bedarf tatsächlich eines ganzen Dorfes zur Erziehung eines Kindes, aber es ist keines mehr da.« Genau hierin liegt ein Schlüsselproblem des Aufwachsens in modernen Gesellschaften. Es gibt das unkoordinierte Anregungsmilieu der Straße, die bisweilen auch ambivalente Erziehungswirkung der Nachbarschaft sowie das Setting des miterziehenden Dorfes nicht mehr, jedenfalls nicht mehr für alle und nicht so selbstverständlich und intensiv, dass sich eine Gesellschaft auf diese unsichtbaren Miterziehungsinstanzen blindlings verlassen kann. Diese stabilisierenden Geländer der Lebensführung, diese Koproduzenten der Alltagsbildung und Alltagserziehung von Kindern sind instabil geworden oder fehlen inzwischen gänzlich. Infolgedessen bedarf es in dieser Hinsicht neuer Stabilisatoren, gewissermaßen eigens geschaffener »neuer Dörfer«, die diese Aufgabe stellvertretend übernehmen können.

Das funktionale Erfordernis des miterziehenden Dorfes stellt sich aber nicht nur mit Blick auf die Kinder, sondern auch im Horizont der Ein- und Rückbindung sowie der Unterstützung der Familien selbst. In einer hochmobilen, flexiblen Gesellschaft werden für junge Familien die Querverstrebungen zu anderen Gleichbetroffenen zu wichtigen sozialen Koordinaten der alltäglichen Lebensführung. Sofern diese fehlen, droht soziale Isolation, drohen die Schattenseiten einer kleinfamilialen Selbstbezüglichkeit. Deshalb verweist das Bild des Dorfes auch auf die Notwendigkeit, die Familie als Ganzes, als Lebenszusammenhang, der Leistungsträger ist und zugleich in neuer Weise Unterstützung durch Infrastrukturen und Dienstleistungen bei der Gestaltung des Alltags braucht, in den Blick zu rücken. Es hilft im Lichte dieser Ausgangslage nicht weiter, wenn sich die beobachtbare »Taylorisierung« – also Zersplitterung – im Reden über Familien auch in der Organisation von zersplitterter Infrastruktur und unterschiedlichsten Varianten an haushaltsnahen Dienstleistungen für Familien niederschlägt.

Einrichtungen, in denen die Familien als Ganzes, als Lebenszusammenhang im Zentrum stehen, in denen kindfördernde und elternunterstützende Angebote gleichermaßen die Basis bilden, in denen für Eltern und Kinder eine anregungsreiche Mitwelt organisiert wird und familienergänzende Leistungen bereitgestellt werden, müssen diese verloren gegangenen Funktionen des einstigen »Dorfes« substituieren, gewissermaßen sekundär sicherstellen. In diesem Sinne sind qualitativ gute, kindfördernde wie elternunterstützende Kindertageseinrichtungen, sind Familien- bzw. Eltern-Kind-Zentren, Mehrgenerationenhäuser oder auch Ganztagsschulen Gebilde und moderne Soziotope, die dazu beitragen, dass das verloren gegangene Dorf an anderer Stelle wieder aufgebaut wird. Sie sind damit so etwas wie ein angemessener »gesellschaftlicher Reflex«, der die familienbezogene Infrastruktur im Sinne einer Bündelung, Vernetzung und Zusammenführung reorganisiert.

## 1 Bedarfslagen von Familien

Die Anforderungen an Familien haben sich durch den gesellschaftlichen und ökonomischen Wandel verändert. Die Dynamisierung und Vervielfältigung von Haushalts- und Familienformen, die instabiler gewordenen Parameter der Lebensführung, die gestiegene Erwerbstätigkeit von Müttern und die damit einhergehende Veränderung der Geschlechter- und Generationenverhältnisse sowie die fundamental veränderte Erwerbswelt mit ihren gestiegenen Flexibilitätsansprüchen, Ungewissheiten und Verdichtungstendenzen kennzeichnen diesen Wandel mit Blick auf die Familien, Eltern und Kinder. Dies gilt mehr noch für zugewanderte Familien in ihrer Konfrontation mit soziokulturellen Ungleichzeitigkeiten, mit ihrem Spagat zwischen zwei Kulturen.

Der Siebte Familienbericht (2005) hat die damit verbundenen Herausforderungen für Familien analysiert und deutlich gemacht, dass die Mehrzahl der Familien Unterstützungsangebote braucht. Allerdings sind die Bedarfslagen von Familien so unterschiedlich wie ihre Lebenslagen; beispielsweise Eltern, die beide berufstätig, beruflich mobil sind und häufiger Wohnorte wechseln müssen, brauchen darauf zugeschnittene Unterstützungsangebote, alleinerziehende Eltern, Eltern mit Migrationshintergrund, bildungs- und sozioökonomisch benachteiligte Eltern haben andere Bedarfe. Die Liste ließe sich unschwer fortsetzen.

In dem Maße, in dem sich die Anforderungen an Familien durch den gesellschaftlichen und ökonomischen Wandel verändert haben, stehen auch die Einrichtungen und Dienstleistungsangebote zur Betreuung und Förderung von Kindern sowie zur Unterstützung von Familien vor neuen Herausforderungen, diesen veränderten Anforderungen durch bedarfsgerechte und gebündelte Angebote zu entsprechen.

Dies gilt, wie der Siebte Familienbericht gezeigt hat, nicht mehr nur, aber dennoch in besonderem Maße für Familien in sozioökonomisch prekären Lebenslagen. Familien, und damit auch ihre Kinder, sind überdurchschnittlich von materieller Armut betroffen. An der Spitze stehen dabei ganz unübersehbar die Alleinerziehenden. Jedes sechste Kind in Deutschland wächst aktuell unter sozioökonomisch prekären Lebensbedingungen auf, wie die Statistiken zum Sozialgeldbezug oder der neueste Kinderreport 2007 zeigen (vgl. Deutsches Kinderhilfswerk 2007). Die in jüngerer Zeit vorgelegten repräsentativen, übergreifenden und auch international vergleichenden Armutsstudien kommen – wenngleich mit z. T. differierender Definition und Datenbasis sowie anderem Erhebungskonzept (*einkommensabhängigen* und *statusabhängigen Konzepten*) – dabei in etwa zu vergleichbaren Ergebnissen, was die Betroffenheit von Armut bei Kindern und Jugendlichen angeht.

Auch wenn materielle Armut von Familien für sich genommen noch nicht automatisch entwicklungsgefährdend für Kinder sein muss, so ist sie dennoch als ein Hinweis auf einen notwendigen Unterstützungsbedarf von Eltern und Kindern durch öffentliche Einrichtungen anzusehen. Folgenreich und in ihrer Wirkung nachhaltig wird Armut hingegen dann, wenn sie als sozialer Faktor in Kombination mit anderen Formen der Benachteiligung einhergeht: soziale Isolation, mangelnde Bewegung, schlechte Ernährung, fehlende Bildung. Das kaum entwirrbare Zusammenspiel dieser Einflussfaktoren wird immer noch unterschätzt.

Jenseits von problematischen Konstellationen haben sich die Qualitätsansprüche an Bildung, Betreuung und Erziehung mit Blick auf alle Kinder generell deutlich erhöht: Das Aufwachsen von Kindern ist mehr denn je zu einer Gestaltungsaufgabe geworden, in der die private durch die öffentliche Verantwortung ergänzt werden muss. Insgesamt ist dabei von einer Ausdifferenzierung und Pluralisierung der Bedarfe seitens der Familien auszugehen mit dem – auch sozialräumlichen – Verlust der miterziehenden Heimatdörfer.

## 2 Neuere Entwicklungen der familien- und kinderbezogenen Infrastruktur

In dem Maße, in dem sich Familien verändert haben, stehen auch die Einrichtungen und Dienstleistungsangebote zur Betreuung und Förderung von Kindern sowie zur Unterstützung von Familien vor neuen Herausforderungen.

Auf der Seite der familien- und kinderbezogenen Leistungssysteme kam es in der Vergangenheit unübersehbar zu institutionellen Zergliederungen und ressortbezogenen Versäulungen. Um im Lichte der familialen Wandlungsprozesse angemessen auf die neuen Förder- und Unterstützungsbedarfe von Kindern und Eltern reagieren sowie dem ungeteilten Ereignis- und Erlebniszusammenhang im Alltag von Familien entsprechen zu können, ist derzeit ein Weiterentwicklungstrend zu beobachten: Bislang großteils fragmentierte und getrennt voneinander existierende Angebotsstrukturen entwickeln sich hin zu vernetzten, unter einem Dach gebündelten oder zumindest aus einer Hand bereitgestellten integrierten bzw. multifunktionalen Angebotsformen. Einrichtungen der Kindertagesbetreuung, der Familienbildung oder der Erziehungsberatung vernetzen sich in neuen Kooperationsmodellen mit Vermittlungs- und Qualifizierungsstellen für Kindertagespflege, mit Ärzten und anderen Akteuren aus dem Gesundheitsbereich, mit aufsuchenden Hilfen wie beispielsweise der Sozialpädagogischen Familienhilfe, wie Familienhebammen, Familienpat(inn)en sowie mit dem breiten Spektrum von Hilfsangeboten für Familien und haushaltsnahen Dienstleistungen. Zum Teil werden diese multifunktionalen Strukturen mit niedrigschwelligen Kommunikations- und Begegnungsangeboten und mit haushaltsnahen Dienstleistungen kombiniert. Leitidee dieser Entwicklungen ist es, das Angebot sozialraumorientiert auf die Bedarfe von Familien auszurichten und so zu organisieren, dass Kinder und Familien im Zentrum stehen.

Dieser neue Angebotsmix, der sich beispielsweise in »Mütterzentren«, »Eltern-Kind-Zentren«, »Familienzentren« oder auch »Mehrgenerationenhäuser« finden lässt, ist bislang eher bunt und vielgestaltig. Er umfasst verschiedene, parallel laufende Entwicklungsstränge mit unterschiedlichen konzeptionellen Ausrichtungen.

## 3 Aufbau des Sammelbandes

Um sich diesen offenen, noch unstrukturierten Dynamiken im Feld adäquat annähern zu können, nimmt der vorliegende Sammelband ganz unterschiedliche Perspektiven ein. Im Mittelpunkt stehen jedoch die institutionellen Veränderungsprozesse und deren politische Rahmungen. Ziel des Sammelbands ist es, auf der einen Seite aus wissenschaftlicher Sicht den Stand der Diskussion aufzubereiten und zukünftige fachliche Herausforderungen zu benennen. Auf der anderen Seite gewährt der Blick *in* die Praxis sowie *aus* der Praxis anhand von konkreten Beispielen vor Ort einen Einblick in und einen Überblick über derzeit laufende Programme und Projekte.

Der dieser Einleitung folgende erste Abschnitt *Politische Kontexte und Herausforderungen* fokussiert die unterschiedlichen Rahmungen, die für die infrastrukturellen Weiterentwicklungen auf institutioneller Ebene relevant sind. Dabei wird jeweils eine Bestandsaufnahme durchgeführt, verbunden mit der Benennung der Herausforderungen bzw. Erfolgskriterien, die sich aus dem jeweiligen Blickwinkel ergeben. Folgende Perspektiven werden berücksichtigt:

- Maßnahmen-Analyse der deutschen Familienpolitik
- Ordnungspolitische Perspektive: neue Strategien der Governance als Ausdruck eines Wohlfahrtsmix
- Netzwerkanalytischer Zugang
- Finanzpolitische Perspektive
- Sozialraumorientierte Perspektive kommunaler Familienpolitik vor dem Hintergrund kleinräumiger Segregationsprozesse.

Der zweite Abschnitt *kindfördernde und familienunterstützende Einrichtungen* beleuchtet exemplarisch für die Vielfalt der sich vernetzenden Angebote die jeweiligen institutionellen Entwicklungslinien und Herausforderungen in den drei Bereichen:
- institutionelle Kindertagesbetreuung
- Familienbildung
- Mütterzentren/Familienselbsthilfe.

Der dritte Abschnitt *Blick auf Praxisentwicklungen* vermittelt empirische Befunde zu aktuellen Praxiserfahrungen:
- Evaluationsergebnisse des Landesprogramms »Familienzentren« in Nordrhein-Westfalen
- Ergebnisse der Evaluation zu den Mehrgenerationenhäusern
- Bericht des Projekts »Kind und Co«
- Probleme und Herausforderungen, die sich aus dem neuen Personalmix in integrierten Einrichtungen ergeben
- Finanzierungsmodelle für flexible Betreuungsangebote.

Abschnitt vier *Sicht politischer Akteure auf Vernetzungsansätze* lässt exemplarisch Vertreter/innen verschiedener gesellschaftlicher Bereiche zu Wort kommen, angefangen von den kommunalen Spitzenverbänden über die Landesministerien und die freien Träger bis hin zur Kommunalpolitik.

Der fünfte Abschnitt *Beispiele aus der Praxis* eröffnet abschließend eine neue Ebene der Konkretion und gibt anhand kurzer Projektprofile eine exemplarische Übersicht über einzelne Einrichtungen bzw. Programme integrierter und vernetzter Dienstleistungsangebote für Familien.

## 4 Literatur

Bundesministerium für Familie, Senioren, Frauen und Jugend (2006): Siebter Familienbericht. Familie zwischen Flexibilität und Verlässlichkeit – Perspektiven für eine lebenslaufbezogene Familienpolitik. Berlin

Deutsches Kinderhilfswerk (2007): Kinderreport Deutschland 2007. Freiburg

# Politische Kontexte und Herausforderungen

# Pfade der deutschen Familienpolitik und ihre aktuellen Herausforderungen
Irene Gerlach

Familienpolitik entstand in Deutschland als Form der umfassenden und systematischen Einflussnahme auf Familienleben erst nach dem Zweiten Weltkrieg. Ihre Analyse stand lange nicht im Fokus politikwissenschaftlicher Forschung. Dies mag zum einen damit zusammenhängen, dass Familie in der deutschen politischen Kultur über weite Strecken eher als etwas Privates, denn als Sache der »res publica« eingeordnet wurde. Es dürfte aber auch durch die Spezifik des Policy-Feldes selber zu erklären sein, das – zumindest in der Vergangenheit – hochgradig ideologisch besetzt und durch Polarisierung gekennzeichnet war.

## 1 Drei Dimensionen der Familienpolitikanalyse

Grundsätzlich eignen sich für die Analyse von Familienpolitik drei Zugänge:
- Unter einer ideologisch-normativen Analyse-Dimension stellen sich Fragen nach der Begründung von Familienpolitik, wird z.B. funktional oder normativ begründet oder gibt es vielleicht regelrechte »Tabu-Bereiche«, die sich zumindest einem parlamentarischen Diskurs verschließen?
- Bezüglich der Instrumente von Familienpolitik – Geld, Recht und Kommunikation – kann gefragt werden, ob sie gleichgewichtig eingesetzt werden und wie ggf. die schwerpunktmäßige Bedeutung eines Instrumentes begründet werden kann.
- Stehen die familialen und daraus erwachsenden gesellschaftlichen Probleme im Fokus der Analyse, kann die Frage gestellt werden, wie die zentralen Probleme des Politikfeldes identifiziert werden, ob es ggf. dominante Akteure gibt oder welche Größenordnung von Problemen z.B. zu Paradigmenwechseln führen kann.

## 2 Die ideologisch-normative Dimension

Die Betrachtung unter einer ideologisch-normativen Analyseperspektive zeigt, dass die ersten beiden Jahrzehnte bundesdeutscher Familienpolitik von sehr gegensätzlichen ideologischen Positionen der Parteien gekennzeichnet waren (Gerlach 2004, S. 150ff.): Vor allem CDU/CSU-Vertreter kämpften einerseits um die verfassungsmäßige Verankerung von Familienrechten und andererseits um die Erhaltung des bürgerlichen Familienideals. SPD und FDP dagegen wandten sich zunächst generell gegen die Regelung eines solchermaßen »traditionell-biologischen und moralischen Sachkomplexes« und setzten sich, als die Einführung von Art. 6 GG abzusehen war, unterstützt durch Vertreter der KPD für ein institutionell möglichst offenes Verständnis von Familie ein. Diese Akteurskonstellation blieb auch nach der Schaffung des Bundesfamilienministeriums 1954 und darüber hinaus in den 60er-Jahren erhalten. Insbesondere die stark kirchlich orientierten Familienverbände forderten eine systematische und auf alle Familien gerichtete Politik. »Moral« spielte vor allem im Recht noch eine große Rolle. Wie in den Beratungen des Parlamentarischen Rates wehrten sich sowohl SPD als auch FDP gegen die institutionelle Gestaltung eines Policy-Bereiches für ein so »allgemeines Anliegen wie Familie«.

Als 1969 die sozial-liberale Koalition die Regierungsverantwortung übernahm, setzte ein Prozess ein, der in der einschlägigen Literatur als Wechsel von der Institutionenpolitik der ersten beiden Jahrzehnte zur Familienmitgliederpolitik gekennzeichnet wurde (Münch 1990). Im Zentrum einer Reihe von Rechtsreformen stand die Betonung von Individualrechten der (Ehe-)Frauen und Kinder, im Falle des Nicht-Ehelichen Gesetzes von 1969 ging es um die Umsetzung eines seit 1949 im Grundgesetz verankerten Gesetzgebungsauftrages. Wichtigstes Charakteristikum der Familienpolitik in den 70er-Jahren war ihre Lösung von moralischen Vorgaben und Begründungen.

In den 80er-Jahren ergab sich eine Erweiterung der bisherigen Politikkonzeption dadurch, dass erstens erstmalig Fragen nach der Vereinbarkeit von Erwerbsarbeit und Familie systematisch gestellt und mit der Einführung von Erziehungsurlaub und -geld beantwortet wurden. Zweitens bedeutete die Einbeziehung von Erziehungs- und Pflegezeiten als Anspruch begründend in der Rentenversicherung eine erste Anerkennung familialer Leistungen als Teil gesamtgesellschaftlicher Leistungen.

Einen wirklichen Paradigmenwechsel in der Familienpolitik brachten aber erst die 90er-Jahre mit sich. Dieser war zweifach verursacht: Zum einen trat das Bundesverfassungsgericht als dominanter politischer Akteur auf und zwang den Gesetzgeber in seinem familienpolitischen Handeln zunehmend den Maßstab der Leistungsgerechtigkeit anzuerkennen und umzusetzen (Gerlach 2000). Das heißt Familienarbeit wurde als volkswirtschaftlich unverzichtbar und bezüglich ihrer gesellschaftlichen Erträge als auszugleichend eingeordnet. Andererseits wurde aber im Verlaufe der 90er-Jahre überdeutlich, dass die Folgen der demografischen Strukturveränderungen gesellschaftsweite und zentrale soziale Strukturen und Leistungssysteme erschütternde Konsequenzen haben würden. Diese Neuausrichtung auf Leistungsgerechtigkeit als Maßstab und die Erfahrung des »externen Schocks« in der Demografie führten zu einer endgültigen Aufgabe moralischer Steuerungsziele in der Familienpolitik (in parteipolitischen Äußerungen treten sie jedoch immer noch auf). Zentrales Motiv ist vielmehr die Sicherung familialer Funktionserfüllung. Ausdruck dieses Paradigmenwechsels sind z.B. die erhöhte steuerliche Absetzbarkeit von Kinderbetreuungskosten ab 2006 und das Elterngeld mit Lohnersatzcharakter, das in seiner Gestaltung dem Opportunitätskostenkonzept folgt, also einen Teil der elterlichen Verzichtskosten (als Quasigegenleistung für die positiven gesellschaftlichen Folgen von Familiengründungen) ersetzt.

Über diese zunehmende »Objektivierung« von Familienpolitik hinaus lässt sich aber auch auf den Bedeutungszuwachs des Wertmaßstabes der Nachhaltigkeit verweisen. Ursprünglich für ökologische Fragestellungen als Richtwert für zukünftige Politik im Brundtland-Bericht 1987 als Vorbereitung auf den UN-Umweltgipfel in Rio de Janeiro entwickelt, ist der Begriff in den Folgejahren zunehmend auch auf fiskal- und sozialpolitische Zusammenhänge übertragen worden. Eine nachhaltige Politik wird danach daran gemessen, dass Bedürfnisse der Gegenwart so befriedigt werden, dass die Befriedigung der Bedürfnisse zukünftiger Generationen dadurch nicht in Frage gestellt wird. Eine in diesem Sinne nachhaltige Familienpolitik – wie sie im Siebten Familienbericht der Bundesregierung formuliert wird – trägt dazu bei »den heutigen Eltern […] die Möglichkeit zu eröffnen und zu sichern, die Fürsorge für Kinder […] in eigener Entscheidung als Teil der eigenen Lebensführung nicht nur zu begreifen, sondern auch zu realisieren« (Sachverständigenkommission Siebter Familienbericht 2005, S. 454). Besonders wichtig für eine nachhaltige Familienpolitik ist neben der zielgerichteten und effizienten finanziellen Unterstützung für Familien sowie der Ermöglichung einer Neujustierung von Lebensphasen und -aufgaben die Integration der Bereiche Familie, Erwerbsarbeit und Gemeinde. Familienpolitik wird hier in neuartiger Weise als eine Trias aus Zeit-, Geld- und Infrastrukturpolitik formuliert, wobei die Notwendigkeit der Verzahnung und Bündelung unterschiedlicher Dienstleistungssegmente betont wird.

Eine Integration von Angeboten zur Unterstützung von Familien findet auf kommunaler Ebene in zunehmendem Maße statt: Familienzentren – beispielsweise wie in Nordrhein-Westfalen als Landesprogramm umgesetzt – lagern explizit Familienbildung, Kindertagespflege, Erziehungsberatung etc. an Kindertageseinrichtungen an. Mehrgenerationenhäuser ermöglichen z.B. den nicht mehr Erwerbstätigen ein Engagement zur Lösung von Vereinbarkeitsproblematiken erwerbstätiger Eltern und eröffnen so neue Lebensaufgaben im Alter. Nährboden oder Motor von multifunktionalen Einrichtungen sind nicht zuletzt auch die »Lokalen Bündnisse für Familie«, die seit 2004 in der Familienpolitik einen Bogen von der Bundes- zur Gemeindeebene spannen, der weder die kommunalen Pflichtaufgaben erweitert noch finanzielle Leistungen oder Erfordernisse einer Seite impliziert. Dem Online-Handbuch »Lokale Bündnisse für Familie« ist folgende Definition lokaler Bündnisse zu entnehmen: »Lokale Bündnisse für Familie sind Kooperationen von unterschiedlichen Akteuren, die sich auf kommunaler Ebene für mehr Familienfreundlichkeit einsetzen. Die Zielsetzung besteht darin, gemeinsam (Mit-)Verantwortung für Familienfreundlichkeit im Alltag zu übernehmen. Die beteiligten Akteure begreifen Familienfreundlichkeit als gemeinsame Aufgabe und handeln im gemeinsamen Interesse« (Servicebüro Lokale Bündnisse für Familie 2004, S. 2). Zwei zentrale Aspekte kennzeichnen ein Familienbündnis: einerseits die Vernetzung sämtlicher Akteure, andererseits die Ergebnisoffenheit. Alle sich engagierenden Akteure verbindet ihr Interesse, sich für die Belange der Familien »vor Ort« einzusetzen; dabei gibt es keine festgeschriebene Akteursszene, was dazu führt, dass je nach Bündnis und Voraussetzungen andere Personen und Institutionen handeln. Typischerweise handeln im Bündnis u.a. Akteure aus der Kommunalpolitik, der Wirtschaft, aus (Wohlfahrts-)Verbänden sowie aus Elterninitiativen, wobei jeder Akteur eigene Interessen und Ressourcen einbringt. Damit stellen »Lokale Bündnisse für Familie« eine förderliche Hintergrundsbedingung für die Entstehung und Weiterentwicklung integrierter Dienstleistungsangebote für Familien.

Zusammenfassend lässt sich feststellen, dass Familienpolitik mit der gesellschaftsweiten Erkenntnis, dass das »System Familie« gerechter Anerkennung und Unterstützung bedarf, um von den Menschen gelebt zu werden und die notwendigen Leistungen zu erbringen, ihren Charakter grundlegend geändert hat. Sie hat sich von einer ehemals starken ideologischen Lagerbildung fortbewegt, hin auf eine Unterstützung familialer Funktionserfüllung bei weitgehender Akzeptanz aller empirisch gelebten Formen von Familie. Zu den »klassischen« staatlichen Akteuren sind vor allem in den letzten Jahren Kooperationsakteure hinzugetreten, die zur Nutzung zivilgesellschaftlicher Ressourcen in erheblichem Maße beitragen.

## 3 Die instrumentelle Dimension

Die drei Instrumente Geld, Recht und Kommunikation haben Familienpolitik seit ihrer Entstehung in Deutschland nicht gleichwertig beeinflusst. Es gab Schwerpunktsetzungen in unterschiedlichen historischen Phasen, die stark von der jeweiligen parteipolitischen Regierungsverantwortung abhingen. Im Folgenden soll die Entwicklung der Instrumente Geld und Recht anhand der wichtigsten Änderungen kurz skizziert werden (aus Platzgründen muss der Bereich Kommunikation hier leider entfallen).

Zum Instrumentenbereich Geld können direkte Transfers wie das Kindergeld oder der ab 2005 eingeführte Kinderzuschlag gezählt werden, Steuerverzichte des Staates durch Steuerfreibeträge (Kinder- oder Ausbildungsfreibetrag), Abzugsfähigkeit von Kosten (Kinderbetreuungskosten) oder Steuererlasse (Baukindergeld), beitragsfreie Mitversicherung in der Krankenversicherung und die geldwerte Anerkennung von Familienleistungen in der Renten- und Pflegeversicherung. Viele Leistungen werden kindbedingt angehoben: Arbeitslosengeld I und II, BAföG, Wohngeld und vieles mehr. Daneben gibt es eine große Zahl an Infrastrukturleistungen und Realtransfers wie z.B. Kinderbetreuungsplätze, Leistungen der Jugendhilfe, Angebote des Schul- und Hochschulsystems sowie Familienberatung. Aktuelle

Analysen gehen von einer Summe zwischen 56 Mrd. € (Familienbund der Katholiken 2007) und 240 Mrd. € (Rosenschon 2006) jährlicher Zahlungen an Familien aus. Im Zusammenhang der Reformüberlegungen zum Familienlastenausgleich ab 2006 wurden die Leistungen im Bundesfamilienministerium auf 184 Mrd. € geschätzt, wobei hier allerdings viele Leistungen ohne direkten Bezug zur Familie, wie Witwer- und Witwenrenten (40 Mrd. €), einbezogen wurden oder solche, die nicht vom Staat, sondern von den Sozialversicherungsträgern erbracht werden (25 Mrd. €) (BMFSFJ 2006 b). Die Summen unterscheiden sich darum so stark, weil kein Einverständnis darüber besteht, ob nur Transfers oder auch Steuerrückerstattungen berücksichtigt werden müssen, ob z.B. das Ehegattensplitting als familienpolitische Leistung einberechnet werden muss oder ob bildungspolitische Leistungen einzurechnen sind.

In der historischen Entwicklung des deutschen Familienlastenausgleichs lässt sich auf eine Reihe von konzeptionellen Grundsatzentscheidungen (und teilweise ihre anschließende Rücknahme) blicken (Gerlach 2004, S. 211 f.), die nicht durchgängig zu einer größeren Übersichtlichkeit des Systems beigetragen haben:

Nachdem 1949 zunächst lediglich Kinderfreibeträge eingeführt worden waren, gab es ab 1954 ein Kindergeld für dritte und weitere Kinder, da unterstellt wurde, dass ein durchschnittlicher Verdienst (des Vaters) ausreiche, um eine vierköpfige Familie zu unterhalten. Das Kindergeld wurde aus Arbeitgeberkassen bezahlt, die erst 1964 aufgelöst wurden. 1958 kam eine weitere steuerliche Maßnahme hinzu, nachdem das Bundesverfassungsgericht verboten hatte, die Ehe steuerlich schlechter zu stellen als Unverheiratete: das Ehegattensplitting. Es wurde zunehmend zu einer stark kritisierten Maßnahme, da von ihm alle Ehen mit ungleicher Einkommensverteilung zwischen Mann und Frau profitieren, auch die kinderlosen. 1962 rückte die Familienpolitik von ihrer zuvor stark sozialpolitisch ausgerichteten Förderung ab und führte ein Kindergeld für zweite Kinder ein, dessen Kosten der Bund trug. Das Kernstück der neuen Konzeption von Familienförderung der sozial-liberalen Regierungszeit war 1975 die »Kindergeldreform«. Nun erhielten die Eltern schon vom ersten Kind an Kindergeld, der Kinderfreibetrag wurde jedoch gestrichen. Die Verfechter dieser Reform verteidigten die Streichung mit dem Argument, Eltern mit höherem Einkommen profitierten stärker von Freibeträgen als Eltern mit geringerem Einkommen, wobei aber übersehen wurde, dass Eltern mit höherem

Einkommen auch mehr Steuern gezahlt hatten, die sie nun zurückerhielten. Der noch lange währende Streit um die Gerechtigkeit von Freibeträgen wurde erst 1998 endgültig durch das Bundesverfassungsgericht entschieden, als dieses argumentierte, dass den Eltern für jedes Kind die Kosten für ein sächliches Existenzminimum sowie für angemessene Betreuung und Erziehung von der Besteuerung freizustellen seien (BVerfGE 99, 216). Wenn der Gesetzgeber diese Forderung allein durch ein Kindergeld hätte durchsetzen wollen, hätte er dies so gestalten müssen, dass es in der Höhe der steuerlichen Rückerstattung auf der Basis eines so erweiterten Kinderfreibetrages auch für Eltern in der höchsten Progressionsstufe gleichgekommen wäre. Dies war nicht zu finanzieren.

Eine neue Perspektive im Familienlastenausgleich entwickelte sich 1979 als der »Mutterschaftsurlaub« eingeführt wurde, der vorsah, dass alle zuvor erwerbstätigen Mütter für einen Zeitraum von sechs Monaten nach der Geburt eines Kindes ein Mutterschaftsgeld von 750 DM erhielten. Das Mutterschaftsgeld gab es zunächst jedoch nur für die Mütter (nicht für die Väter) und darüber hinaus nur, wenn eine vorherige Erwerbstätigkeit vorlag. Es wurde 1986 durch das Erziehungsgeld und den »Erziehungsurlaub«, der 2000 umgetauft wurde, und dann Erziehungszeit hieß, ersetzt. Hierbei handelte es sich aus zwei Gründen um ein neues Instrument. Einerseits wurde damit der bisher geltende Lebensentwurf des Dreiphasenmodells im Ansatz aufgegeben, wonach der weiblichen Erwerbstätigkeit, die Mutterschaft und die Kindererziehung folgten und eine Erwerbstätigkeit – wenn überhaupt – erst wieder aufgenommen wurde, wenn die Kinder erwachsen waren. Mit dem Erziehungsurlaub, den Mütter wie Väter nehmen konnten, sollte es den Eltern ermöglicht werden, sich in den ersten Lebensjahren um ihre Kinder zu kümmern, ohne ganz aus dem Erwerbsleben auszuscheiden. Die zweite Richtungsänderung war nicht zuletzt auch normativer Art: Mit der Zahlung des Erziehungsgeldes und der Anrechung der Erziehungsjahre in der gesetzlichen Rentenversicherung (ab 1987) wurde erstmalig ein Element der Anerkennung von Erziehungsleistungen geschaffen. Der Erziehungsurlaub wurde bis zu seiner Reform 2000 von ca. 85 % der Eltern genutzt, schwerpunktmäßig von Frauen (Vaskovics 2000, S. 234). Nur in 2,5 % der Fälle nahmen Väter den Erziehungsurlaub (ebenda, S. 235). Nach dem Erziehungsurlaub kehrten ca. 50 % der Frauen in das Erwerbsleben zurück, allerdings nur ca. 20 % nahmen ihr ehemaliges Arbeitsverhältnis wieder auf, und zwar, weil mehrheitlich eine Teilzeitbeschäftigung gewünscht wurde (ebenda, S. 238). Seit Einführung von Erziehungsgeld und -urlaub war der Anteil der Nutzer/innen – vor allem aus höheren Einkommensgruppen – stetig zurückgegangen. Dies hing mit der vergleichsweise geringen Höhe des gezahlten Erziehungsgeldes sowie der fehlenden Anpassung von Einkommenshöchstgrenzen von 1986 bis 2001 zusammen. Während nämlich 1986 noch 83,6 % der Bezieher/innen den Höchstsatz von monatlich 600 DM erhielten, waren dies schon 1997 nur noch 48 % (Pettinger 2000, S. 246). Das 1986 eingeführte Erziehungsgeld war somit zunehmend zu einer sozialpolitischen Maßnahme für gering verdienende Eltern geworden.

Steuerliche Grundsatzentscheidungen fielen 1983, als nach der Regierungsübernahme durch die christlich-liberale Regierung der Kinderfreibetrag wieder eingeführt wurde und 1996, als – stark übertrieben unter dem Namen »Gesetz zum Kinderleistungsausgleich« – die Nutzung von Kindergeld und Steuerfreibeträgen nicht mehr parallel, sondern nur alternativ möglich wurde.

Die steuerliche Behandlung von Familie verbesserte sich (in Folge eines Verfassungsgerichtsurteils), als im Jahr 2000 Erziehungs- und Betreuungsfreibeträge eingeführt wurden und als im Jahr 2002 Möglichkeiten zur Absetzbarkeit von Betreuungskosten geschaffen wurden, die ab 2006 noch einmal deutlich erweitert wurden.

Zur zusätzlichen Unterstützung von Familien am unteren Einkommensrand wurde 2005 der Kinderzuschlag für Geringverdiener eingeführt, der z.B. 2005 in einer Höhe von 103 Mio. € ausgezahlt wurde (BMFSFJ 2006b, S. 3).

Wie schon im Zusammenhang der Erörterung der ideologisch-normativen Analyseperspektive angemerkt, ist das zum 1.1.2007 eingeführte Elterngeld mit Lohnersatzfunktion (genauer: Gerlach 2006) das deutlichste Zeichen eines Paradigmenwechsels, da es dem Opportunitätskostenprinzip folgt und nicht wie zuvor das Erziehungsgeld dem sozialpolitischen Transferprinzip.

Generell lässt sich für Deutschland feststellen, dass das System der familienbezogenen Leistungen durch die föderale Kompetenzordnung sowie die Finanzierung aus Mitteln des Fiskus, der Sozialversicherungen und der Arbeitgeber ausgesprochen unübersichtlich ist, was immer wieder zur Forderung der Einführung einer Familienkasse geführt hat (z.B. Spieß 2006). Der Anteil im BIP liegt bei ca. 2,9 % und nimmt dabei im EU-Vergleich eine mittlere Position ein. Der öffentlich finanzierte Anteil an den Kinderkosten wird auf zwischen 30% (Kupferschmidt 2006) und 47% (Rosenschon 2006) geschätzt. Dabei darf allerdings nicht vergessen werden, dass Eltern durch ihre Steuer- und Beitragsleistungen ca. 43% (Kupferschmidt 2006) dieser Leistungen selbst finanzieren. Im internationalen Vergleich fällt für Deutschland die hohe Bedeutung von Geldleistungen im Vergleich zu Sachleistungen auf (BMFSFJ 2006a, S. 39).

Der »Instrumentbereich Recht« lässt sich noch viel deutlicher als der der monetären Förderung durch wesentliche konzeptionelle Richtungsänderungen beschreiben (genau: Gerlach 2004, S. 254f.):

Das erste Jahrzehnt familienpolitischer Rechtsreformen nach der Gründung der Bundesrepublik Deutschland galt einerseits dem Mutterschutz (Mutterschutzgesetz 1952) und andererseits der Anpassung des Familienrechts im BGB an das Grundgesetz. Die Verfassung hatte dem Gesetzgeber aufgegeben, bis 1953 dafür zu sorgen, dass die Bestimmungen des Familienrechts im BGB mit Art. 3 GG in Übereinstimmung gebracht würden.

Dies geschah erst mit dem »Ersten Gleichberechtigungsgesetz« von 1957. Mit diesem Gesetz wurden die bis dahin gültigen §§ 1354 und 10 (§ 1354: alleiniges Entscheidungsrecht des Mannes bei allen das eheliche Leben betreffenden Fragen, § 10: Verbot der selbstständigen Wohnsitzbegründung durch die Ehefrau) abgeschafft. Die Ehefrau durfte nun einer eigenen Erwerbstätigkeit nachgehen, allerdings nur so weit, als dies mit ihren Pflichten in Ehe und Familie vereinbar war (§ 1356). Die elterliche Gewalt stand nun beiden Elternteilen zu, in strittigen Fragen behielt der Vater jedoch zunächst noch das Recht zum Stichentscheid, das aber vom Bundesverfassungsgericht für nichtig erklärt wurde. Sowohl die Verpflichtung zur Mitarbeit im Geschäft als auch die Unterhaltsverpflichtung wurde aus der zuvor nur für den Mann bestehenden in eine gegenseitige umformuliert. Allerdings ging das BGB (§ 1360) weiter davon aus, dass die Verpflichtung der Frau in der Regel schon durch die Führung des Haushaltes erfüllt sei.

Ein »Nachzügler« im Hinblick auf die Anpassung des BGB an die neue Verfassung war das »Nicht-Ehelichen-Gesetz« von 1969, das nun dem (allerdings nicht mit einer Fristbindung versehenen) Verfassungsauftrag von Art. 6 Abs. 5 GG folgte, nicht ehelichen Kindern die gleichen Bedingungen für ihre leibliche und seelische Entwicklung und ihre Stellung in der Gesellschaft zu schaffen wie den ehelichen.

In einer zweiten Phase der Rechtsetzung folgten in den 70er-Jahren die Ehe- und Scheidungsrechtsreform von 1976 sowie die Reform elterlicher Sorge 1979. Hierbei ging es sowohl um die Stärkung der Individualrechte von Familienmitgliedern (vor allem von Frauen und Kindern) als auch um die »Entmoralisierung« von Recht. Ersteres kann an der endgültigen Abschaffung der vom Staat verordneten »Hausfrauenehe«, der Einführung des Zugewinnausgleichsprinzips bei Scheidung oder am Wechsel vom Prinzip der elterlichen Gewalt zu dem der elterlichen Sorge verdeutlicht werden, Letzteres an der Abschaffung des Schuldprinzips bei der Scheidung.

Für die 90er-Jahre und das neue Jahrtausend waren zwei Leitprinzipien erkennbar: einerseits die Anerkennung der faktisch gelebten Vielfalt von Familienformen und andererseits eine zunehmende Verantwortung des Staates für die Kindeswohlsicherung und die familienergänzende Betreuung von Kindern.

Die Kindesrechtsreform regelte ab 1998 eine Vielzahl von Fragen des Eltern-Kind-Verhältnisses unter Berücksichtigung real gelebter Formen von Familie. Dazu gehörte die Einführung gemeinsamer Sorge im Fall der Scheidung als Regelfall sowie bei unverheirateten Eltern als Wahlmöglichkeit. Erbrechtlich wurden die nicht ehelichen den ehelichen Kindern endgültig und vollständig gleichgestellt. Die zuvor für nichteheliche Kinder immer eintretende Amtspflegschaft durch das Jugendamt wurde abgeschafft (Beistandschaftsgesetz). Vor dem Hintergrund geänderter Verhaltensformen und der Möglichkeiten moderner Reproduktionsmedizin wurden sowohl Mutter- als auch Vaterschaft neu bestimmt.

Mit der Reform hat die Ehe deutlich das Kindschaftsrecht strukturierende Kraft (verloren), die gemeinsame Elternschaft, gleichgültig ob mit »Lebensgemeinschaft« verbunden oder nicht, begab sich auf den Weg zu einer auch vom Recht berücksichtigten Paarbeziehung.

Das »Lebenspartnerschaftsgesetz zur Beendigung der Diskriminierung gleichgeschlechtlicher Lebensgemeinschaften« führte 2001 zu umfangreichen Änderungen, u. a. im BGB.

Eine weitere Rechtsreform bezog sich 2000 auf die kindlichen Rechte innerhalb der Familie. Sie führte ein kindliches Recht auf gewaltfreie Erziehung ein. Nachdem nun in § 1631 BGB ein Recht eines jeden Kindes auf gewaltfreie Erziehung verankert wurde, kann ein vorläufiger Endpunkt eines langen Definitionsprozesses von

Elternpflichten nachgezeichnet werden. Ursprünglich (i. d. F. von 1900) gestand § 1631 BGB dem Vater das Recht auf den Einsatz »angemessener Zuchtmittel« zu, das mit dem Gleichberechtigungsgesetz 1957 auf beide Eltern überging. Dabei galt aber die Ausübung des Züchtigungsrechts als durch den Erziehungszweck begrenzt. Eine konzeptionelle Wende ergab sich mit dem Gesetz zur Neuregelung der elterlichen Sorge erst 1979. § 1631 Abs. 2 hieß nun: »Entwürdigende Erziehungsmaßnahmen sind unzulässig.« Damit war zwar eine eindeutige Wertung zum Ausdruck gebracht worden, dennoch blieb die Norm unbestimmt. Mit dem Kindschaftsrechtsreformgesetz aus dem Jahr 1997 wurde der unbestimmte Rechtsbegriff »entwürdigende Erziehungsmaßnahmen« dahin gehend präzisiert, dass § 1631 Abs. 2 nun ergänzt wurde: »Entwürdigende Erziehungsmaßnahmen, insbesondere körperliche und seelische Misshandlungen, sind unzulässig.« Die (symbolische) Qualität des Schutzes änderte sich dann 2000 noch einmal mit einer Neuformulierung: »Kinder haben ein Recht auf gewaltfreie Erziehung. Körperliche Bestrafungen, seelische Verletzungen und andere entwürdigende Maßnahmen sind unzulässig.« Durch das Gewaltschutzgesetz vom Dezember 2001 (BGBl. I S. 3513) erfuhr u. a. das »Recht auf gewaltfreie Erziehung« eine Konkretisierung, indem nämlich zukünftig ein Kindern gegenüber gewalttätig gewordener Elternteil der Wohnung verwiesen werden kann. Gleiches gilt auch bei Gewalt gegen Ehepartner/-in bzw. Partner/-in in nichtehelichen Lebensgemeinschaften.

Im Hinblick auf die zunehmend vom Staat bekundete Bereitschaft, familienergänzend in der Betreuung von Kindern tätig zu werden, kann hier zunächst die Einführung des Rechtes auf einen Kindergartenplatz für alle Dreijährigen ab 1996 genannt werden, die mit dem Tagesbetreuungsausbaugesetz 2004 für Teilgruppen der unter Dreijährigen ergänzt wurde. Das Jahr 2007 brachte mit dem Beschluss des Koalitionsausschusses vom 14. Mai, ab 2013 ein Recht auf Betreuung für alle unter Dreijährigen einzuführen, und dem folgenden parlamentarischen Gesetzgebungsprozess einen weiteren Bezugpunkt für die staatliche Steuerungsverantwortung in der familienergänzenden Betreuung mit sich.

Zusammenfassend lässt sich feststellen, dass die Rechtsreformen seit den 50er-Jahren zu einem zunehmenden Rückzug des Staates aus der Bestimmung des Binnenverhältnisses von Familien im Hinblick auf die Arbeitsteilung (nicht jedoch bezüglich der Regelung von Umgangsrechten oder der Vermeidung von Gewalt) geführt haben und das Recht heute eher funktional als moralisch orientiert ist. Problematisch ist die unterschiedliche Konzeption von Familie in verschiedenen Rechtsbereichen. Hier kann die Tatsache angeführt werden, dass nicht eheliche Lebensgemeinschaften im Steuerrecht zwar nicht in die Vorteile des Ehegattensplittings einbezogen werden, wohl aber im Konzept der Bedarfsgemeinschaft im ALG II in die Unterhaltsverantwortung. Bezeichnend für den Wandel des Charakters im Instrumentenbereich Recht ist zudem die zunehmende Bereitschaft des Staates, familiale Aufgabenerfüllung zumindest unterstützend zu sozialisieren; dies zeigt sowohl der 1996 geschaffene Rechtsanspruch auf einen Kindergartenplatz als auch der ab 2013 einsetzende auf die Betreuung von unter Dreijährigen.

## 4 Die problemfokussierte Dimension

Vor dem Hintergrund der skizzierten »Pfade« der bundesdeutschen Familienpolitik sollen im Folgenden die aktuellen Problemlagen in der Familienpolitik skizziert werden. Hier lassen sich fünf Schlüsselbereiche identifizieren:
- Generativität
- Stabilität
- Vereinbarkeit
- Leistungsfähigkeit sowie
- sozialer Ausgleich.

*Generativität und Stabilität:* Zu den zentralen Aufgaben, die Familie für die Gesellschaft übernimmt, gehört die Sicherung von Nachkommenschaft, sowohl im Hinblick auf eine ausreichende Zahl von Kindern als auch bezüglich deren Erziehung und Sozialisation. In Deutschland werden schon lange nicht mehr genügend Kinder geboren, um die Elterngeneration zu ersetzen. Die Ersatzquote liegt bei gut 0,6, die durchschnittliche Geburtenrate bei knapp 1,3 Kindern pro Frau. Die Zahl kinderloser Frauen ist mittlerweile auf über 30 % im Durchschnitt angestiegen. Kinderlosigkeit ist dabei in starkem Maße qualifikationsabhängig, bei Frauen mit Hochschulabschluss liegt sie bei über 40 % (Bundesinstitut für Bevölkerungsforschung 2004, S. 26 ff.). Ebenso hat die Neigung bzw. die Fähigkeit der Menschen abgenommen, langfristige Lebensgemeinschaften mit verbindlichem Charakter einzugehen: 1975 lag das Erstheiratsalter für Männer bei 25,3 und für Frauen bei 22,7 Jahren. Danach hat sich der Trend beim Alter sowohl in Deutschland als auch in fast allen Staaten der EU umgekehrt. Frauen in Westdeutschland haben im Jahr 2001 durchschnittlich mit 28,4 zum ersten Mal geheiratet, Männer erst mit 31,2 Jahren. Zum ersten Mal Mutter werden Frauen im Alter von 29,6 Jahren. Damit haben sich die Altersmuster bei der Erstheirat und der Geburt der Kinder komplett gewandelt. In den 70er-Jahren erfolgten die Familiengründungen etwa fünf Jahre früher. Der Anteil derjenigen, die überhaupt nicht heiraten, ist ebenfalls rapide angestiegen, und zwar bei den Männern stärker als bei den Frauen. Nach aktuellen Schätzungen werden in Westdeutschland 29 % der 1960 geborenen Männer und 20 % der Frauen ledig bleiben (BMFSFJ 2003, S. 78). Verbleibt die Erstheiratsneigung auf dem gegenwärtigen Niveau, so werden von den 1998 geborenen Frauen 73 % zumindest einmal in ihrem Leben heiraten und 65 % der Männer. Für zu Beginn der 80er-Jahre geborene Frauen galt dies noch für 84 % und bei den Männern für 76 % (Bundesinstitut für Bevölkerungsforschung 2000, S. 15).

Den sinkenden Heiratszahlen stehen steigende Scheidungszahlen gegenüber: »Würde die Scheidungshäufigkeit über eine Ehedauer von 25 Jahren auf dem Niveau des Jahres 2001 verbleiben, dann würden 38,4 % aller Ehen geschieden werden. Für Westdeutschland wären dies etwa 39 % und für Ostdeutschland 33 %. Bezieht man in die Berechnung, anstatt wie im internationalen Vergleich üblich, nicht nur die in den letzten 25 Jahren geschlossenen Ehen, sondern die Scheidungen der in den letzten 40 Jahren geschlossenen Ehen mit ein, kommt man für Deutschland auf eine Scheidungsneigung von 41,4 %« (Bundesinstitut für Bevölkerungsforschung 2004, S. 33). Von Scheidungen sind mittlerweile immer mehr Kinder betroffen. Zu ca. 56 % aller 1998 geschiedenen Ehen gehören Kinder unter 18 Jahren. Dieser Anteil hat sich seit 1991, als in nur 49,3 % der Fälle Kinder betroffen waren, beachtlich gesteigert.

Im Jahr 2005 gab es in Deutschland insgesamt 12,6 Mio. Familien, davon lebten über 10,0 Mio. (80 %) im früheren Bundesgebiet und über 2,5 Mio. (20 %) in den neuen Ländern (Statistisches Bundesamt 2006a, S. 41). Mit den insgesamt rückläufigen Familienzahlen in West- und Ostdeutschland gehen unterschiedliche Entwicklungen der einzelnen Familienformen einher. Während die Zahl traditioneller Familien (Ehepaare mit Kindern) sank, stieg die Zahl

»alternativer« Familien (Alleinerziehende und Lebensgemeinschaften mit Kindern). In den neuen Ländern wuchs die Zahl alternativer Familien gegenüber 1996 um 14% auf 954.000 im Jahr 2005, gleichzeitig ging dort die Zahl der Ehepaare mit Kindern um 27% auf 1,6 Mio. zurück. Im früheren Bundesgebiet nahm die Zahl alternativer Familien um 25% auf 2,4 Mio. im Jahr 2005 zu, die Zahl traditioneller Familien verringerte sich um 7% (7,7 Mio.) im selben Jahr. Damit betrug der Zuwachs bei den »alternativen« Familienformen in Westdeutschland fast das Doppelte wie in Ostdeutschland. Gleichzeitig sank die Zahl traditioneller Familien in den neuen Ländern fast viermal so stark wie im früheren Bundesgebiet (Statistisches Bundesamt 2006a, S. 42).

Wenn die genannten demografischen Maßzahlen auch den Eindruck erwecken, dass es sich hierbei um Effekte individueller Lebensplanung handelt, so gibt es eindeutige Zusammenhänge kollektiver Art.

Das Statistische Bundesamt hat in seinen koordinierten Bevölkerungsvorausberechnungen (Statistisches Bundesamt 2003, 2006b) die Konsequenzen verdeutlicht: Neben einem massiven Rückgang der Bevölkerung bis 2050 auf 69 Mio. (mittlere Variante 1-W1), wird sich das Verhältnis der Erwerbstätigen zu den nicht mehr Erwerbstätigen (Alterslastquotient) auf 100:64 im Jahr 2050 verschlechtert haben. Die Zahl der Kinder wird bis 2050 deutlich zurückgehen, im U6-Bereich von 91,8% auf 67,2% (2005=100), im Alter von 6 bis unter 10 Jahren von 90,7% auf 62,8% und im Alter zwischen 10 und unter 16 Jahren von 93,9% auf 62,2% (Basis 2005=100). Für die Volkswirtschaft ist von großer Bedeutung, dass das Erwerbspersonenpotenzial in den nächsten Jahren erheblich schrumpfen wird, und zwar bis 2050 um 29% im Vergleich zu 2005 (Statistisches Bundesamt 2006a). Auch die Anzahl »potenzieller« Mütter, d.h. von Frauen im Alter zwischen 15 und 45 Jahren, reduziert sich. Ihre Zahl wird bis 2050 um ca. 50% zurückgehen (Statistisches Bundesamt 2003).

Die kollektiven Wirkungen sind leicht anhand des von der OECD genutzten Indikatorensystems zur Abschätzung des wirtschaftlichen Wachstums einer Gesellschaft zu veranschaulichen. Dieses unterscheidet drei Quellen von gesamtgesellschaftlichem Wachstum. Als erste Quelle des Wachstums wird die Arbeitsproduktivität pro Erwerbstätigen dargestellt. Sie lässt sich wiederum in drei Indikatoren aufteilen: Die Stundenzahl umschreibt das Arbeitsvolumen, während die Stundenproduktivität angibt, wie viel in einer Stunde geleistet wird. Den dritten Teilindikator der Arbeitsproduktivität bildet das Humankapital, welches die Verbesserung der formalen Bildung umfasst. Der Anteil der Erwerbstätigen an der erwerbsfähigen Bevölkerung stellt die zweite, der Anteil der erwerbsfähigen Bevölkerung an der Gesamtbevölkerung die dritte Quelle wirtschaftlichen Wachstums dar. Deutschland wird vonseiten der OECD u. a. aufgrund nicht ausreichender Bemühungen um eine Verbesserung seines Humankapitals, d. h. der formalen Bildung in Verbindung mit den demografischen Strukturveränderungen, ein negatives zukünftiges Wachstum bescheinigt (Scarpetta 2003).

Eindeutige Zusammenhänge zwischen den individuellen Entscheidungen zur Familiengründung bzw. Familienerweiterung lassen sich aber nicht nur im Hinblick auf deren Effekte aufzeigen, sondern auch bezüglich ihrer Ursachen. Im Zentrum der Erklärung steht dabei der Opportunitätskostenansatz, der im Wesentlichen auf die Arbeiten von Gary S. Becker (1985) zurückzuführen ist. Er basiert auf den Annahmen, dass Menschen vor der Entscheidung für Elternschaft Kosten, Verzichtkosten und »Nutzen« eines Kindes gegeneinander abwägen. Opportunitätskosten sind der entgangene Nutzen, der bei der Entscheidung für eine Alternative durch Verzicht auf die andere (nächstbeste) Alternative entsteht. Bezogen auf die Situation von Familien lassen sich die Verzichtskosten dahin gehend erklären, dass mit der Geburt des Kindes oftmals das Einkommen des selbstbetreuenden Elternteils wegfällt, die weiteren beruflichen Entwicklungschancen eingeschränkt sind und die soziale Sicherung geringer ausfällt. Diese Verzichtskosten wachsen naturgemäß mit der Höhe des Einkommens (auf der Basis eines höheren Bildungsabschlusses), was die hohe Kinderlosigkeit bei Akademikerinnen schlüssig erklären kann.

Eine Schlüsselstellung im Rahmen der Senkung von Opportunitätskosten kommt der Vereinbarkeit von Familie und Beruf zu.

*Vereinbarkeit:* Aus der international vergleichenden Familienpolitikforschung weiß man heute, dass es einen eindeutigen positiven Zusammenhang zwischen der Ermöglichung mütterlicher Erwerbstätigkeit durch hinreichende Betreuungsangebote und der Geburtenrate gibt. Dieser Zusammenhang ergibt sich jedoch nur als positiver, wenn ein ausreichendes Angebot familienergänzender Kinderbetreuung Vereinbarkeit überhaupt ermöglicht. Der Anteil berufstätiger

Mütter hat sich in Deutschland von 40 % im Jahr 1972 auf heute 65 % erhöht. 2003 gab es 11,7 Mio. Mütter und 10,1 Mio. Väter im erwerbsfähigen Alter (15 bis 65 Jahre), die mit mindestens einem Kind zusammenlebten. 7,6 Mio. dieser Mütter und 8,6 Mio. der Väter waren erwerbstätig. Dem Anteil von 65 % erwerbstätiger Mütter steht ein Anteil erwerbstätiger Väter von 86 % gegenüber (Statistisches Bundesamt 2004, S. 31). Diese 65 %-ige Erwerbstätigkeitsquote von Müttern stellt sich jedoch keinesfalls als Vollzeitquote dar. Vielmehr betrug die Teilzeitquote 2003 bei den westdeutschen Müttern 39 %, bei den ostdeutschen 21 %. Bei den Vätern betrug die Teilzeitquote 2003 nur 2,9 % (Westen) bzw. 2,7 % (Osten) (Statistisches Bundesamt 2006a, S. 34).

Die Erwerbstätigkeit von Eltern hängt in starkem Maße von den Angeboten familienergänzender Betreuung ab. Allerdings weist schon ein flüchtiger Blick auf die Kinderbetreuungsangebote diese als defizitär aus. Versorgungsquoten von 2 % im U3-Bereich und 2,4 % im Hortbereich standen bundesdurchschnittlich 96,5 % im Kindergartenbereich gegenüber. Dabei ist in keinem Fall von einem nachfragegerechten Angebot auszugehen. Dies gilt auch für den Kindergartenbereich, da die angegebenen 96,5 %-Versorgungsquote keine Auskunft bezüglich der Über-Mittag- bzw. Ganztagsplätze gibt, die vergleichsweise selten sind (DIW 2005, S. 5). Ein Vergleich unterschiedlicher Datenquellen im Rahmen der DJI-Kinderbetreuungsstudie 2005 (Bien/Rauschenbac/Riedel 2006) wies eine eindeutige Steigerung der Inanspruchnahme von Kinderbetreuungseinrichtungen für unter dreijährige Kinder nach. Während das SOEP noch für 2000 von einem Anteil von 3,7 % bezogen auf die entsprechende Altersklasse ausging, ergab sich in der DJI-Kinderbetreuungsstudie ein Anteil von 7 %. Recht deutlich kann gezeigt werden, dass auch die Betreuungsnachfrage mit dem Angebot zunimmt.

Im Hinblick auf das Einkommen der Eltern ist davon auszugehen, dass die Nachfrage mit wachsendem Einkommen zunimmt und zudem vom Erwerbsstatus der Eltern abhängig ist. Kinder mit Migrationshintergrund besuchen seltener Betreuungseinrichtungen als ihre deutschen Altersgenossen. Die DJI-Studie ergab je nach Alter Differenzen zwischen 4 % und 7 % (ebenda).

Die Sicherung der Vereinbarkeit von Familie und Beruf auf breiter Basis brächte nicht nur für Familien den Vorteil mit sich, dass deren Verzichtskosten erheblich reduziert würden, sondern würde auch die Wahrscheinlichkeit senken, in Folge von Trennung und

Scheidung in Abhängigkeit von Sozialtransfers zu geraten. Sie könnte darüber hinaus in erheblichem Maße zu Einnahmeerhöhungen des Fiskus sowie der Sozialversicherungen beitragen und zusätzliche Arbeitsplätze im Betreuungsbereich schaffen (Sell 2005; Spieß u. a. 2002).

Die Sicherung von Vereinbarkeit ist jedoch nicht nur vor dem Hintergrund der damit einhergehenden höheren Geburtenraten ein wichtiges Ziel von Familienpolitik, sie bietet über die Gewährleistung einer hinreichenden Qualität der Betreuung auch die Möglichkeit, Defizite abzubauen, die sich aus bestimmten Konstellationen im Elternhaus und fehlenden Fördermöglichkeiten des Bildungswesens ergeben.

*Leistungsfähigkeit und sozialer Ausgleich:* Leistungsfähigkeit als Stichwort für aktuelle Problemlagen in Familien zu wählen, weist auf zwei Problemperspektiven hin: Einerseits geht es darum, die ökonomische Sicherung von Familien zu gewährleisten, dies – Vereinbarkeit vorausgesetzt – möglichst durch eigene Erwerbstätigkeit der Eltern. Andererseits ist Familie ein wichtiger Ort der »Produktion« von Humanvermögen, an dem Kindern Kompetenzen in vielen Bereichen vermittelt werden. Im Hinblick auf die ökonomische Absicherung von Familien kann davon ausgegangen werden, dass Familieneinkommen im Durchschnitt aller Familien eine leicht linksschiefe Verteilung zeigen: 15 % liegen mit ihrem Einkommen bei max. 1.300 € monatlich, 45,2 % bei 1.300 bis 2.600 €, 31,2 % zwischen 2.600 und 4.500 € und 8,6 % verfügen über 4.500 € (Statistisches Bundesamt 2006a, S. 47). Aber schon die differenzierte Betrachtung nach ost- und westdeutschen Ländern zeigt Unterschiede: In der untersten Einkommensgruppe finden sich im Westen 12,9 % der Familien, im Osten 24,0 %, in der obersten dagegen im Westen 9,5 % und im Osten 4,7 % (ebenda). Diese Unterschiede können zum größten Teil über die Teilnahme am Erwerbssystem möglichst beider Elternteile erklärt werden. Dies wird sehr deutlich, wenn die Betrachtung der Einkommensverteilung nach Familienformen differenziert erfolgt: Während nämlich bei Ehepaaren mit Kindern der Anteil von Familien in der untersten Einkommensgruppe nur 6 % beträgt, macht er bei alleinerziehenden Müttern 55 % aus (ebenda, S. 48). Insbesondere Alleinerziehende mit drei und mehr Kindern unterliegen dabei einem extrem hohen Risiko, von staatlichen Transfers abhängig zu werden.

Das Erfolg versprechende Mittel der Sicherung von Familieneinkommen ist die Gewährleistung von Vereinbarkeit über ein qualitativ hochwertiges Betreuungs- und Bildungssystem. Der quantitative und qualitative Ausbau der Kinderbetreuung brächte aber auch Potenziale in anderer Hinsicht mit sich: Familien übernehmen ihre zentralen Aufgaben in der Sozialisation von Kindern offensichtlich nicht durchgängig zufriedenstellend. Dies ist einerseits im Extrem an der statistisch wachsenden Zahl misshandelter Kinder zu verdeutlichen (die sich nicht ausschließlich als Wahrnehmungseffekt erklären lässt), andererseits aber auch daran, dass einer wachsenden Zahl von Kindern basales Wissen über Ernährung, insbesondere auch Nahrungszubereitung, soziale Kompetenzen oder die »klassischen Kopfnotentugenden« fehlen. Die entsprechenden Sozialisationsdefizite, die sich nicht zuletzt auch auf den Bildungserfolg der Kinder auswirken, zeigen sich nicht ausschließlich in Familien mit niedrigem sozioökonomischen Status, jedoch schwerpunktmäßig bei Kumulationen bestimmter Risiken: Dazu gehören Armut, Unvollständigkeit der Familien, Eltern-Kinder Interaktion mit geringer emotionaler oder kognitiver Anregungskompetenz sowie soziale Isolation (Mcloyd u. a. 2006; Meyer-Probst/Reis 1999; Sameroff u. a. 1998). Hier könnten durch eine entsprechend Förderung von Kindern und ebenso durch eine flächendeckende Vermittlung von Eltern- bzw. Erziehungskompetenzen sowohl enorme individualbiografische Potenziale entfaltet werden als auch – vor dem Hintergrund der demografischen Situation unverzichtbar – gesamtgesellschaftliche.

Der Problembereich des sozialen Ausgleichs umfasst darüber hinaus Kompensationserfordernisse in unterschiedlichen Richtungen: In einer Gesellschaft, in der etwa ein Drittel der Menschen kinderlos bleibt, wird nach Ausgleichsmechanismen zwischen Eltern und Kinderlosen zu fragen sein. Dies gilt insbesondere vor dem Hintergrund der »positiven externen Effekte«, die durch Kinder für alle Teile der Gesellschaft erzeugt werden.

## 5 Schlussfolgerungen

Zusammenfassend lassen sich die aktuellen familienpolitischen Problemlagen folgendermaßen zusammenfassen: Die seit den 70er-Jahren stark zurückgegangene Zahl geborener Kinder konfrontiert die deutsche Gesellschaft einerseits mit großen strukturellen Problemen, die sich aus dem verschobenen Verhältnis der (ökonomisch) aktiven und passiven Generationen ergeben (werden). Daraus resultiert zum einen ein »Versorgungsproblem«, zum anderen ein Produktivitätsproblem im Hinblick auf das stark abnehmende Potenzial an Erwerbspersonen. Ein zusätzliches bildungspolitisches Problem (welches das Produktivitätsproblem noch einmal verschärft) resultiert aus der Tatsache, dass Kinderlosigkeit mit wachsendem Bildungsniveau rapide zunimmt, umgekehrt: dass die Zahl von Kindern aus bildungsfernen Elternhäusern stark zunimmt.

Ein Schlüsselproblem sowohl im Hinblick auf Familiengründungsverhalten als auch auf die ökonomische Situation von Familien stellt die Vereinbarkeit von Beruf und Familie dar, die in Deutschland lange Zeit als Problem der »privaten Lebensorganisation« gesehen wurde. Eine möglichst durchgehende Erwerbstätigkeit von Eltern kann deren ökonomische Risiken im Lebenslauf reduzieren, sie wird aber erst durch einen deutlichen Ausbau des Betreuungsangebotes einerseits und durch eine familienbewusste Neuorientierung der Arbeitswelt andererseits ermöglicht. Entwicklungsdefizite und folgender Misserfolg im Bildungssystem mit weitreichenden individualbiografischen und volkswirtschaftlichen Konsequenzen können durch eine qualitative Verbesserung der Kinderbetreuung sowie eine frühe Förderung vermieden werden. Dies gilt insbesondere für Kinder aus Familien mit einer Kumulation von Risiken für ihre Entwicklung. Daneben kann aber auch die fehlende Stabilität von Familien als bedeutsames Problem eingeordnet werden, dem – wie im Hinblick auf elterliche Erziehungskompetenzen – durch geeignete Maßnahmen der Familienbildung entgegengewirkt werden kann.

Familienpolitik hat sich heute zu einem zentralen Politikbereich der Vermittlung von individuellen Lebenssituationen sowie Lebenschancen und gesamtgesellschaftlichen Struktur- und Leistungserfordernissen herausgebildet. Sie muss bemüht sein, Menschen in ihren Familiengründungswünschen aktiv zu unterstützen und sie im Hinblick auf die Entwicklung von Familien- und Paarkompetenzen zu fördern. Gesamtgesellschaftlich sichert sie so die Produktion von Humanvermögen. Als Orientierungsmaßstab wird dabei die Leistungsgerechtigkeit immer wichtiger, was bedeutet, dass einerseits Familienleistungen gezielt entfaltet werden können und müssen, dass andererseits ein Ausgleich zwischen denjenigen, die solche

Leistungen erbringen, und Kinderlosen in stärkerem Maße erfolgen muss als bisher. Dabei ist aber auch die Vorstellung eines »Krieges der Generationen« im Hinblick auf den Leistungsvergleich zwischen Generationen eine nicht vollkommen irreale Vision.

Die staatliche Organisation von Familienpolitik steht dabei vor einer Reihe von Herausforderungen. Sie ist – vor allem vor dem Hintergrund der fiskalischen Schranken – mit der Frage nach der familienpolitischen Maßnahmeneffektivität und -effizienz konfrontiert, z.B. ob und ggf. welche monetären Maßnahmen wie wirken. Sie ist aber auch teilweise in den Strukturen ihrer ressortmäßigen bzw. föderalen Kompetenzordnung gefangen: Auf Bundesebene machte die Kooperation zwischen Familien-, Bildungs- und Wirtschaftspolitik viel Sinn, sie wird aber kaum verwirklicht. Und im Hinblick auf die Sicherung von Vereinbarkeit von Beruf und Familie ebenso wie bezüglich einer frühen und systematischen Förderung von Kindern bringt die föderale Kompetenzgliederung in Betreuung und Bildung eher die Gefahr von Reibungsverlusten in der Bewirtschaftung von Ressourcen mit sich als die Chance einer problemorientierten politischen Steuerung. Erfreulich hat sich die Nutzung zivilgesellschaftlicher Potenziale in vielfältigen Netzwerkstrukturen der letzten Jahre entwickelt. Hier gilt es von Seiten der Politik weiterhin Unterstützung zu bieten und darüber hinaus Kooperationsstrukturen zu systematisieren.

## 6 Literatur

Becker, Gary S. (1985): An Economic Analysis of the Family, Vortragsmanuskript, Economie and Social Research Institute, Dublin

Bien, Walter/Rauschenbach, Thomas/Riedel, Birgit (Hrsg.) (2006): Wer betreut Deutschlands Kinder? DJI-Kinderbetreuungs-Studie. Weinheim

Bundesinstitut für Bevölkerungsforschung (bib) (2000): Bevölkerung. Fakten-Trends-Ursachen-Erwartungen. Wiesbaden. [Online] Verfügbar unter: www.bib-demographie.de/bibbroschuere.pdf

Bundesinstitut für Bevölkerungsforschung (bib) (2004): Bevölkerung. Fakten, Trends, Ursachen, Erwartungen, die wichtigsten Fragen. Schriftenreihe des Bundesinstituts für Bevölkerungsforschung. 2. überarbeitete Aufl. Wiesbaden

Bundesministerium für Familie, Senioren, Frauen und Jugend (Hrsg.) (2003): Die Familie im Spiegel der amtlichen Statistik. Lebensformen, Familienstrukturen, wirtschaftliche Situation und familiendemographische Entwicklung in Deutschland. Erstellt von Heribert Engstler und Sonja Menning. Berlin

Bundesministerium für Familie, Senioren, Frauen und Jugend (Hrsg.) (2006 a): Familie zwischen Flexibilität und Verlässlichkeit. Perspektiven für eine lebenslaufbezogene Familienpolitik. Siebter Familienbericht. Berlin

Bundesministerium für Familie, Senioren, Frauen und Jugend (Hrsg.) (2006 b): Familienbezogene Leistungen und Maßnahmen des Staates. Berlin. [Online] Verfügbar unter: www.bmfsfj.de/RedaktionBMFSFJ/Internetredaktion/Pdf-Anlagen/kompetenzzentrum-leistungen,property=pdf,bereich=,rwb=true.pdf

Bundesministerium für Familie, Senioren, Frauen und Jugend (Hrsg.) 2006 c: Die Initiative »Lokale Bündnisse für Familie« aus ökonomischer Sicht. Bearb. von der Prognos-AG, Basel. Berlin

DIW (Deutsches Institut für Wirtschaftsforschung) (2005): Ganztagsschulen und Erwerbsbeteiligung von Müttern – Eine Mikrosimulationsstudie für Deutschland. Disc.-Paper 43, bearbeitet von Beblo, Miriam/Lauer, Charlotte/Wrohlich, Katharina. Berlin

Familienbund der Katholiken (2007): Das 184-Milliarden-Euro-Märchen. Berlin. [Online] Verfügbar unter: www.familienbund.org/2/showartikel.php?id=283

Gerlach, Irene (2000): Politikgestaltung durch das Bundesverfassungsgericht am Beispiel der Urteilssprechung zum Familienlastenausgleich. In APuZ B 3 – 4. 21. Januar

Gerlach, Irene (2004): Familienpolitik – Policy-Analyse. Wiesbaden

Gerlach, Irene (2006): Elterngeld – Geschichte, Konzeption und Potenziale eines neuen familienpolitischen Instrumentes. In Gesellschaft, Wirtschaft, Politik. Heft 3

Huinink, Johannes (2002): Polarisierung der Familienentwicklung in europäischen Ländern im Vergleich. In: Schneider, Norbert/Matthias-Bleck, Heike (Hrsg.): Elternschaft heute. Gesellschaftliche Rahmenbedingungen und individuelle Gestaltungsaufgaben. Opladen

Kupferschmidt, Frank (2006): Umverteilung und Familienpolitik. Volkswirtschaftliche Dissertation der Universität Erlangen-Nürnberg. Manuskript

Mcloyd, Vonnie. C./Aikens, N. L./Burton, L. M. (2006): Childhood Poverty, Policy, and Practice. In: Renninger, K. Ann/Sigel, Irving E./Damon, William/Lerner, Richard (Hrsg.): Handbook of Child Psychologie, Bd. 4, Child Psychology in Practice. Hoboken, NJ, S. 700–775

Meyer-Probst, B./Reis, O. (1999): Von der Geburt bis 25. Rostocker Längsschnittstudie (POLS), Kindheit und Entwicklung

Münch, Ursula (1990): Familienpolitik in der Bundesrepublik Deutschland. Maßnahmen, Defizite, Organisation familienpolitischer Staatstätigkeit. Freiburg/Br.
Olson, Mancur (1985): Die Logik des kollektiven Handelns. Kollektivgüter und die Theorie der Gruppen. 2. Aufl. Tübingen
Pettinger, Rudolf (2000): Erziehungsgeld und Erziehungsurlaub. Anspruch und Wirklichkeit zweier zentraler familienpolitischer Leistungen für junge Familien. In: Jans, Berhard/Habisch, André/Stutzer, Erich (Hrsg.): Familienwissenschaftliche und familienpolitische Signale. Festschrift zum 70. Geburtstag von Prof. Dr. Max Wingen. Grafschaft, S. 24–254
Rosenschon, Astrid (2006): Finanzpolitische Maßnahmen zugunsten von Familien – eine Bestandsaufnahme für Deutschland. Institut für Weltwirtschaft Kiel. Kieler Arbeitspapier 1273
Rürup, Bert/Gruescu, Sandra (2003): Nachhaltige Familienpolitik im Interesse einer aktiven Bevölkerungsentwicklung. Gutachten im Auftrag des Bundesministeriums für Familie, Senioren, Frauen und Jugend. [Online] Verfügbar unter: www.bmfsfj.de/RedaktionBMFSFJ/Broschuerenstelle/Pdf-Anlagen/broschuere-nachhaltige-familienpolitik-r_C3_BCrup,property= pdf.pdf
Sachverständigenkommission Siebter Familienbericht (2005): Siebter Familienbericht. Familie zwischen Flexibilität und Verlässlichkeit
Sameroff, A. J./Bartko, W. T./Baldwin, A./Baldwin, C./Seifer, R. (1998): Family and Social Influences on the Development of Child Competence. In: Lewis, Michael/Feiring, Candice (Hrsg.): Families, Risks, and Competence, S. 161–185
Scarpetta, Stefano (2003): Die Quellen wirtschaftlichen Wachstums in den OECD-Ländern. Paris
Sell, Stefan (2005): Quantitative und qualitative Abschätzung der Einführung eines Geldleistungsgesetzes (»Kitageld«) zur Finanzierung der Kindertragesbetreuung in Deutschland. Discussion Papers des Instituts für Bildungs- und Sozialmanagement der FH Koblenz Nr. 01-2005. Remagen
Servicebüro Lokale Bündnisse für Familie (2004): Online-Handbuch »Lokale Bündnisse für Familie«. [Online] Verfügbar unter: www.familienbuendnisse.de/testa-rea/pdf/040224_handbuch.pdf [17.01.2005])
Spieß, C. Katharina (2006): Die Bündelung und Integration familienbezogener Leistungen bei einer Familienkasse. In: Althammer, J./Klammer, U. (Hrsg.): Ehe und Familie in der Steuerrechts- und Sozialordnung. Tübingen, S. 55–72
Spieß, C. Katharina u.a. (2002): Abschätzung der (Brutto-)Einnahmeeffekte öffentlicher Haushalte und der Sozialversicherungsträger bei einem Ausbau

von Kindertageseinrichtungen. DIW-Gutachten im Auftrag des BMFSFJ. Bonn

Statistisches Bundesamt (2003): Bevölkerung Deutschland bis 2050. 10. koordinierte Bevölkerungsvorausberechung. Wiesbaden

Statistisches Bundesamt (2004): Leben und Arbeiten in Deutschland. Ergebnisse des Mikrozensus 2003. Wiesbaden

Statistisches Bundesamt (2006 a): Leben in Deutschland. Haushalte, Familie und Gesundheit. Ergebnisse des Mikrozensus 2005. Wiesbaden

Statistisches Bundesamt (2006 b): Bevölkerung Deutschland bis 2050. 11. koordinierte Bevölkerungsvorausberechung. Wiesbaden

Vaskovics, Laslo A. (2000): Erziehungsurlaub – Akzeptanz und Inanspruchnahme. In: Jans, Berhard/Habisch, André/Stutzer, Erich (Hrsg.): Familienwissenschaftliche und familienpolitische Signale. Festschrift zum 70. Geburtstag von Prof. Dr. Max Wingen. Grafschaft, S. 233–242

# Wohlfahrtsmix und Governance im Bereich der Kindertagesbetreuung
Adalbert Evers

## 1  Einleitung

Wie im gesamten Bereich sozialer Dienste ist auch bei der Kindertagesbetreuung über Jahrzehnte hinweg die öffentliche und Fachdiskussion einseitig geführt worden. Soziale und pädagogische Fragen – etwa nach dem Ausbaustand von Einrichtungen oder angemessenen Erziehungs- und Betreuungskonzepten – haben weithin dominiert. Die Diskussion über ordnungspolitische Fragen ist hingegen zumeist nur im Hintergrund und wenig systematisch geführt worden (vgl. z. B. den geringen Stellenwert entsprechender Fragen in dem sonst umfassenden Kompendium von Fthenakis 2003). So etwas wie ein weithin zustimmungsfähiges Leitbild für die Organisation von Politik und Steuerung im Bereich der Kita-Entwicklung hat sich dabei nicht ergeben. Das gilt ungeachtet der Tatsache, dass mit dem Kinder- und Jugendhilfegesetz von 1991 ein Ordnungsrahmen festgelegt wurde, der eine Partizipation freier Träger an den politischen Entscheidungen der Kommunen und den Jugendhilfeausschuss als Ort für gemeinsame Planungen und Abstimmungen vorsieht. Denn dieser allgemeine Rahmen ist so weit gefasst, dass in der Praxis von einer stark dirigistischen kommunalen Politik bis hin zum Experimentieren mit Kita-Gutscheinen ganz verschieden Modelle und Praktiken der Steuerung möglich sind (zur Evaluation des Wandels von Kinder- und Jugendhilfe im Rahmen des KJHG vgl. Pluto u. a. 2007). Mit der verstärkten Initiative des Bundes in Sachen frühkindlicher Erziehung und Betreuung und im Rahmen des allgemeinen Rufs nach mehr Markt, der Diskussion um Betreuungsgutscheine u. Ä. gewinnt nun aber die Diskussion um die Frage, wie lokal und im Mehrebenensystem des föderalen Staates die weitere Entwicklung von Kindertagesstätten gesteuert werden soll, zunehmende Aktualität.

Anhand zweier zentraler Begriffe aus den Fachdiskussionen um Sozialstaat und Gestaltung öffentlicher Politiken, dem des »Wohlfahrtsmix« und dem der »Governance«, soll dargestellt werden, welche Bezugsgrößen und Bausteine für die Organisation, Planung und

Verwaltung eines sich dynamisch entwickelnden Politikbereichs wie dem der Kindertagesbetreuung sich hier finden lassen. Damit soll ein Beitrag zur Entwicklung einer gemeinsamen Sprache und von mehr Problembewusstsein in der Diskussion über Ordnungs-, Steuerungs- und Beteiligungsprinzipien im Politikbereich der Kindertagesbetreuung geleistet werden. Im ersten Abschnitt wird auf den Begriff des Wohlfahrtspluralismus Bezug genommen und im zweiten Abschnitt das Konzept Governance und seine Bedeutung im Bereich sozialer Dienste umrissen. In einem dritten Abschnitt soll diskutiert werden, wo die recht generellen Analysekonzepte des Wohlfahrtsmix und der Governance weiterzuentwickeln und zu ergänzen sind, wenn sie zum Verständnis vorhandener und zur Entwicklung neuer Formen der Ordnung und Steuerung an Bedeutung gewinnen sollen. Im vierten Abschnitt wird die allgemeine normative Diskussion um »Good Governance« aufgenommen. In Deutschland beanspruchen verschiedene Konzepte, so etwas darzustellen, und der Autor dieses Beitrags wird hier auch eigene Empfehlungen einbringen.

## 2 Das Konzept des Wohlfahrtsmix und seine Bedeutung für den Bereich sozialer Dienste wie der Kindertagesbetreuung

Der Begriff Sozialstaat verstellt oft den Blick darauf, dass zentrale Komponenten von sozialer Wohlfahrt, wie z. B. die Vorsorge für das Alter oder die Versorgung und Pflege junger und alter Menschen, zugleich öffentliche, d. h. staatliche und gesellschaftliche und private, d. h. individuelle und familiar-gemeinschaftliche Aufgaben sind. In den modernen Marktgesellschaften und sozialstaatlichen Demokratien kommen dafür oft simultan neben (1) dem Staat (und den Kommunen) kommerzielle Akteure am (2) Markt, Akteure und Organisationen des (3) Dritten Sektors, also verschiedene Formen der Assoziation im Bereich der Bürgergesellschaft, aber auch (4) engere Gemeinschaften wie die Familie infrage. Grundsätzlich hat es diese Mehrzahl an Teilsystemen als Mit-Trägern von Wohlfahrt, einen dem entsprechenden Pluralismus und »Welfare Mix« seit Beginn der Markt- und Industriegesellschaften gegeben. Der Grund für die erstmalige Prägung des Begriffs Wohlfahrtsmix Anfang der

90er-Jahre und verwandte Begriffe wie Wohlfahrtspluralismus, Mixed Economy of Welfare, gemischte Wohlfahrtsproduktion (vgl. Evers 2006, Evers/Olk 1996, Kaufmann 2002, Powell 2007) mag damit zu tun haben, dass in Zeiten der Privatisierung, der Grenzen des traditionellen Wohlfahrtsstaates, einer aktiveren Bürgergesellschaft und der (Wieder-)Aufwertung von Familie traditionell eingespielte Kooperationsmuster und Arbeitsteilungen fragwürdig geworden sind. Dass speziell in Deutschland der Begriff bei Fragen der Reform von Pflegekonzepten für alte Menschen weit öfter ins Spiel gebracht wird (vgl. Klie/Roß 2005) als in der Diskussion über die Umgestaltung der Betreuungs- und Lernangebote für Kinder, erklärt sich damit allerdings noch nicht.

Unter dem Signum Wohlfahrtsmix werden zugleich ökonomische, soziale und politische Sachverhalte angesprochen, die gesamte Aufgaben- und Verantwortungsteilung zwischen Staat Gesellschaft, Markt und Familie. Bei genauerem Hinsehen lässt sich jedoch zwischen einer sozialökonomischen und einer politisch-demokratischen Dimension unterscheiden.

Bei der Dimension der Mixed Economy of Welfare und mit ihr der Ressourcendimension geht es darum, wer in materiellen Terms wie Geld und Zeit wie viel beiträgt und welches Maß an (Mit-)Verantwortung übernimmt. Bei der Kindertagesbetreuung geht es damit z.B. um den Umfang und finanziellen Gegenwert familialer Betreuungsleistungen und -gebühren, den staatlichen Finanzierungsanteil und seinen Anteil an der Trägerschaft von Einrichtungen, Beiträge von Betrieben jenseits ihrer allgemeinen Steuerbeiträge (etwa durch Betriebskindergärten) und last not least die Beiträge der verschiedenen freien Träger – sowohl als Betreiber von Einrichtungen als auch als Mobilisatoren gesellschaftlicher Ressourcen wie freiwilliger Mitarbeit, Kirchensteuern, Spenden, und sozialer Unterstützungsnetzwerke (zur Empirie dieses Finanzierungsmix: Bock-Famulla 2004).

Analytisch unterscheiden lässt sich davon die Dimension einer Mischung verschiedener Formen der politischen Steuerung, Organisation und Verwaltung in einem derartigen System. Steuerung durch Marktelemente kann ebenso eine Rolle spielen wie die Politik freier Träger und Wohlfahrtsverbände, des Staates und der Kommune. Damit ist man bereits angelangt bei Fragen von Governance (des Regierens), die im nächsten Kapitel genauer aufgegriffen werden sollen.

An dieser Stelle gilt es bereits, die Sonderrolle staatlicher Instanzen innerhalb eines Mix an Steuerungsformen zu unterstreichen. Einerseits ist der Staat auf der Ebene der Bereitstellung sozioökonomischer Ressourcen und auch im Bereich der Politik und Verwaltung nur ein Akteur neben anderen – etwa den Verbänden und kommerziellen Initiativen oder auch den eigensinnigen Betreuungsleistungen der einzelnen Familien. Andererseits kommt ihm insofern eine Sonderrolle zu, als er die Spielregeln für das gesamte Zusammenwirken mit seinen jeweiligen Verantwortungsteilungen festzulegen hat – z. B. über Gesetze, in denen Verpflichtungen der Familien, Qualitätsanforderungen an Träger und Anbieter, Höchstgrenzen für Elternbeiträge im Bereich der Dienste etc. festgelegt werden.

Die Attraktivität des Begriffs Wohlfahrtsmix als Bezugspunkt für Diskussionen um Sozialpolitik und soziale Dienste mag auch damit zu tun haben, dass er einen offenen Denk- und Praxiszugang darstellt (Mix von Ressourcen und Problembearbeitungen durch Formen der Zusammenarbeit eines gemischten Kreises von Akteuren), nicht jedoch eine bestimmte Lösung vorgibt. Es bleibt Raum für Kontroversen z. B. hinsichtlich der Frage, wie viel Staat, Markt, Verantwortung der Bürger und der Familie es denn jeweils sein soll (Klie/Roß 2005). Das berührt Fragen von Effizienz und Effektivität, aber auch von sozialer Gerechtigkeit und Demokratie. Gut veranschaulichen ließe sich das an der die Kinder- und Jugendhilfe prägenden Debatte um die Rolle »öffentlicher Gesamtverantwortung« angesichts »vielfältiger Bildungsorte und Lernwelten« (Zwölfter Kinder- und Jugendbericht 2005, S. 340 f. und S. 82 f.). Wie wirkt sich mehr öffentliche Betreuung im frühen Kindesalter aus? Wodurch erhalten Eltern mehr Mitsprachemöglichkeiten – als Aktivbürger und Koproduzenten, mithilfe lokaler und einrichtungsbezogener Beteiligung oder vor allem als Konsumenten durch Betreuungsgutscheine?

Im Rahmen des Konzepts des Wohlfahrtsmix wird allerdings auch deshalb für grundsätzlich mehrdimensionale Antworten, bei denen nicht vorderhand irgendeine der vier Seiten einfach ausgeklammert wird, plädiert, weil alle vier Teilsysteme unterschiedliche idealtypische Funktionsprinzipien, Schwächen und Stärken haben.

- Die Stärke des Staates, speziell zentralstaatlicher Regelungen (Prinzip Hierarchie) besteht z. B. in seinen einzigartigen Möglichkeiten zur Sicherstellung von Angeboten, der Schaffung verlässlicher sozialer Rechte und zum sozialen und materiellen Ausgleich; er kann (wie z. B. in der englischen Kita-Politik, vgl. Evers u. a. 2005) Betreuungsinvestitionen in Gebiete mit landesweit vergleichsweise besonderem Bedarf lenken. Seine Schwäche besteht darin, dass er sich oft schwer tut, den Belangen von Minderheiten, die bei Wahlen wenig zählen, genügend Aufmerksamkeit zu schenken. Nicht zuletzt auch deshalb sind Kinder von Migrantenfamilien oder Kinder mit Behinderungen ganz besonders auf konkrete und lokale Solidaritäten und Unterstützungen angewiesen.

- Der Markt (Prinzip: Profit und Wettbewerb) kann schnell Investitionen und Ideen anziehen, wo immer neue Bedarfe auftreten – aber nur dann, wenn die Nachfrage auch »kaufkräftig« ist; nicht zufällig habe sich neue hochwertige und innovative ergänzende Betreuungs- und Lernangebote auf einem eigenen – für die meisten nicht erschwinglichen Markt – entwickelt.
- Familien (Prinzip: persönliche Verpflichtung) können in einzigartiger Weise persönliche Zuwendung und dementsprechende Entwicklungschancen für Kinder bieten, aber die Familiengemeinschaft kann sich – nicht nur etwa bei geschlossenen Subkulturen von Migrantenfamilien – auch als Abschottungs- und Zwangssystem erweisen.
- Organisationen im Dritten Sektor (Prinzip: freiwillige Kooperation, wechselseitige Hilfe, direkte Unterstützung von schwachen Gruppen) können besonders auf die von Gruppe zu Gruppe, Ort zu Ort verschiedene Vielfalt von Bedürfnissen und Orientierungen eingehen. Aber ohne Stabilisierung durch öffentliche Teilfinanzierungen sind Elterngruppen auch oft unstabil oder von Kirchen getragene Einrichtungen de facto nur für bestimmte Milieus zugänglich.

Auch deshalb geht es also um den rechten »Mix« verschiedener Logiken und Beiträge von Teilsystemen, in der Hoffnung, dabei die Nachteile der jeweiligen Teillogiken und -systeme auszugleichen und »synergetische« Effekte zu erzielen. Vor diesem Hintergrund ist ein Teil der Diskussion über die Zukunft der Kindertagesbetreuung auch eine über unterschiedlich zusammengesetzte Wohlfahrtsmixturen. Der Staat soll die Vielfalt freier Träger nutzen und pflegen, gleichzeitig aber allgemein verbindliche Standards garantieren; kommerzielle Anbieter sollen eingebunden werden, ohne dass abgeschlossene Sondermärkte für eine privilegierte Elternschicht entstehen und es stellt sich die Frage, inwieweit nicht nur die Mitsprachemöglichkeiten von Eltern und Kindern (zentral über Sprecher und Verbände sowie vor Ort durch dialogbereite Einrichtungen) gefördert, sondern auch ihre Wahlmöglichkeiten als Kunden und Konsumenten gestärkt werden sollen – so wie das z. B. Systeme, die sie mit Gutscheinen ausstatten, zu tun beanspruchen.

Das Denken in Kategorien des »Mix« lässt sich schließlich auch auf einzelne Organisationen selbst anwenden, wenn man davon ausgeht dass sie als »hybride Organisationen« verschiedene Funktionserfordernisse und Ressourcen bündeln. Die Leiterinnen vieler Kindertagesstätten könnten sicherlich beredt schildern, welche Schwierigkeiten es macht, im Wettbewerb mit anderen Profil zu zeigen und gleichzeitig Vorschriften zu genügen, Ressourcen aus staatlicher Förderung, Elterngebühren und diversen Sonderprogramme zu bündeln. Die Kindertagesstätte soll gleichzeitig effizientes Unternehmen, öffentliche Einrichtung und gemeindenahes Zentrum sein. Aber lassen sich aus einer solchen hybriden Mehrfachexistenz nicht auch Vorteile ziehen? Vielleicht wird im Konzept einer Lern- und Betreuungseinrichtung als eines »sozialen Unternehmens« (Evers/Rauch/Stitz 2002), das staatliche und elternschaftliche Mitverantwortung, Marktlogik und die Logik sozialer Unterstützungsnetzwerke in Verbindung zu bringen sucht, am ehesten fassbar, wo Schwierigkeiten und Chancen eines neuen Wohlfahrtsmix liegen könnten.

## 3 Über Regieren und Verwalten neu nachdenken – das Konzept Governance und seine Bedeutung für den Bereich sozialer Dienste

In den Politikwissenschaften ist immer wieder und unter verschiedenen Überschriften über das Regieren und Verwalten, speziell die Rolle von Politik und Staat neu nachgedacht worden. Ähnlich wie in anderen Diskussionszusammenhängen begann sich dabei bereits vor Jahrzehnten die Sichtweise der klassischen »Regierungslehre« mit ihrer Konzentration auf Regierung und Parlament, auf die Rolle der Repräsentanten sozialer und wirtschaftlicher Interessen, der Verbände und des »Verbändestaats« zu verlagern; bereits in der Steuerungsdebatte interessierte vor allem die Frage, mit welchen Kooperationsformen eine Politik, die diese Akteure einbezieht, zu wirksamen Interventionen und verbindlichen Festlegungen gelangen kann.

Unter dem seit einigen Jahren zentral gewordenen Signum Governance (»Regieren«) (Pierre/Peters 2000; Benz 2004) wird nun auch im Überbegriff selbst anerkannt, dass es dabei um mehr als »Government« (das Handeln einer »Regierung«) geht. Mehrheitlich wird die Auffassung vertreten, dass mit Governance vor allem ein anderer theoretischer Zugang zu Fragen der Politikorganisation gemeint ist. Doch auch wenn es nicht um die Bezeichnung einer bestimmten neuen Form und Praxis des Regierens geht, so gibt es doch darauf bezogene Aufmerksamkeitsverschiebungen. Die international zu beobachtende Veränderung von Regierungsstilen hin zu stärkerer Kooperation mit und Aufgabenübertragungen an wirtschaftliche und gesellschaftliche Akteure hat auch die theoretische Aufmerksamkeit weg geführt von der Frage nach dem, was Regierungen und Verwaltungen tun, hin zur Frage, wie in Kooperation und Auseinandersetzungen mit anderen Kräften regiert wird. Insofern kann man vielleicht sagen, dass der Bezug auf Governancekonzepte durchaus Veränderungen im Regieren widerspiegelt – eine stärkere Aufmerksamkeit für nicht staatliche Mitspieler.

Für die Governancedebatte ist weiterhin kennzeichnend, dass sie ganz überwiegend Regieren als die Kunst fasst, Politik und Verwaltung im Rahmen verschiedener nebeneinander existierender und miteinander verschränkter Steuerungsformen zu organisieren (Klenk/Nullmeier 2003). Unter diesem Gesichtspunkt ist dann auch die Debatte um Governance eng mit der Debatte zum Wohlfahrtsmix verbunden. Auch bei Governance geht es vielfach um die Interaktion von sehr verschiedenen »reinen Typen der Handlungskoordination« (Kaufmann 2002, S. 189f): solche die typisch sind für den Markt (Wettbewerb), für staatliche Steuerung (Entscheiden in der Hierarchie), für Gemeinschaftsformen (Selbststeuerung in Familiensystemen) und für die Selbstverwaltung von Vereinigungen und Verbänden, die – oft in Netzwerken – auf das gesamte Governance-System Einfluss nehmen. Bei letzteren, Akteuren des Dritten Sektors, fällt dabei häufig der Begriff Bürger- oder Zivilgesellschaft. Das ist deshalb der Fall, weil hier ja Gesellschaft unter dem Gesichtspunkt der Fähigkeit ihrer Bürger zur Selbstorganisation und Teilhabe an der Politik ins Spiel kommt. Darauf verweist der häufig gebrauchte Begriff der »Co-Governance«, des Mitregierens. Es geht also zumeist um Formen der Abstimmung zwischen verschiedenen Subsystemen mit je eigenen Steuerungslogiken, also z. B. um mehr oder weniger Markt oder Einfluss von Wohlfahrtsverbänden. Mit Blick darauf sprechen einige Autoren dann von »Mixed Governance« (Evers 2006), andere von »Meta-Governance« als der Kunst, Politik über eine möglichst intelligente Verschränkung verschiedener Steuerungsformen und über die Beteiligung von stakeholdern aus Politik, Verwaltung, Zivilgesellschaft und Wirtschaft zu organisieren. Oft wird jedoch einfach vorausgesetzt, dass der Begriff Governance ohnehin mit beinhaltet, verschiedene Steuerungstypen miteinander abzustimmen und auszubalancieren.

Die Balancen und Mixes werden je nach Gewicht verschiedener, nicht einfach zu harmonisierender Ziele, verschieden ausfallen. Das gilt zum Beispiel für Zentralismus/Dezentralität und Standardisierung/individuelle Wahl, insofern z. B. durch gleiche Budgets für Klienten, die dann auf öffentlichen und privaten Märkten verschiedene Angebote auswählen können, neuartige Kompromisse möglich werden. Für die Frage, welchem Governancemodell man den Vorzug gibt, spielen aber auch uralte Kontroversen um Menschenbilder und Möglichkeiten von Märkten, Selbstorganisationsformen und staatlichen Institutionen eine wichtige Rolle. Wie sehr sind Professionelle und Dienstleistungsorganisationen Egoisten, die nur ihren eigenen Nutzen mehren wollen und wie sehr sind sie Altruisten, deren höchstes Ziel es ist zu helfen? Welche Mixes und Governance-Arrangements können am ehesten egoistische Motive begrenzen oder sie so lenken, dass die Qualität der Dienste dabei gewinnt? Wer davon überzeugt ist, dass für überdurchschnittliche Leistungen von Organisationen und Mitarbeitern es vor allem markttypischer Leistungsanreize bedarf, wird andere Arrangements vorschlagen als derjenige, der auf den Ethos von Beruflichkeit und öffentlichem Dienst setzt, oder der, der meint, dass in Solidarorganisationen am ehesten ein Interesse am Klienten statt bloß eigensüchtiger Motivation Fuß fassen kann. Unterstellt man, dass keine Seite völlig Unrecht hat, gewinnt man ein Terrain, auf dem Kompromisse über Mischformen möglich werden.

Ein sicherlich mit einiger Berechtigung gemachter Vorwurf an die Governancedebatte lautet dabei, dass diese Diskussion fast immer im Bann von Effizienzzielen geführt wird und nur selten ausdrücklich auch unter dem Gesichtspunkt einer Governance, deren Ziel es auch ist, Demokratie zu stärken. Die diffuse Perspektive der

Governancedebatte auf mehr Partizipation und Rückkoppelung ist ja durchaus ambivalent. Werden durch die stärkere Berücksichtigung eher schwacher Gruppen Parlamente und Regierungen gestärkt oder werden durch außerparlamentarische Runden und Gremien, in denen mächtige Lobbys das Sagen haben, Errungenschaften repräsentativer Demokratie abgebaut? Bedeuten neue Governanceformen einen Verlust staatlicher Bestimmungsmacht (zugunsten von Marktsteuerung, aber auch gesellschaftlicher Selbststeuerung und Einflussnahme)? Oder handelt es sich, wie andere meinen (etwa die Vertreter der sich auf Foucault berufenden Gouvernementalitätsdebatte; vgl. Sack 2006) weiter eher um eine Reorganisation staatlicher Macht, die nunmehr weniger konzentriert sondern mithilfe solcher Beteiligungsarrangements diffuser, aber möglicherweise auch zwingender operiert?

Speziell im Bereich sozialer Dienste ist die Debatte um Umgewichtungen im Wohlfahrtsmix (Ascoli/Ranci 2002) und um neue Formen von Governance (Brandsen 2004) vor allem vor dem Hintergrund des internationalen Trends zur Einbeziehung markttypischer Akteure, Handlungslogiken und Steuerungsmechanismen geführt worden. Hinter Schlagwörtern wie Privatisierung oder Staat versus Markt wird allerdings bei näherem Hinsehen eine Vielfalt von Governanceformen deutlich. Es lassen sich heute quer durch Europa vor allem vier typische Formen einer Mixed Economy und Governance von sozialen Diensten unterscheiden:

1. Oft belässt man es heute bei *Veränderungen in den internen Steuerungslogiken einer weiterhin eindimensional staatlichen Governance* sozialer Dienste; darauf trifft man, wenn z. B. darüber diskutiert wird, inwieweit öffentlich finanzierte, getragene und geregelte Schulen stärkerer zentralstaatlicher Regeln und Anstöße bedürfen (z. B. Ganztagsschuldebatte), Schulen gleichzeitig aber auch als einzelne lokale Einheiten mehr Autonomie erhalten sollen, hier ändert sich Governance vor allem unter dem Multi-Level-Aspekt.

2. Eine andere Governance Form sozialer Dienstleistungen stellt das dar, was man international als die von »Public Tenders«, *öffentlichen Ausschreibungen von Trägerschaften sozialer Dienste an private Organisationen*, bezeichnet. Auch hier bleibt der Staat zentrales Steuerungssubjekt, überträgt aber im Rahmen eines Angebotswettbewerbs die in Frage kommenden Dienstleistungen entlang der von ihm gesetzten Qualitäts- und Preiskriterien an

einen kommerziellen oder Not-for-profit-Anbieter. Angesichts des veränderten Umgangs von Verwaltungen mit freien Trägern aus den Wohlfahrtsverbänden muss nicht weiter erläutert werden, warum diese Variante von Governance für den Politikbereich der Kindertagesbetreuung besonders relevant ist.

3. Stärker gemischt wird die Governance erst, wenn viele *Aufgaben von Governance an einen Trägerverbund übertragen werden*, dem in einem vordefinierten Budgetrahmen die Möglichkeit gegeben wird, nach eigenem Ermessen zu wirtschaften; bei dieser international recht häufigen Teilabtretung öffentlich-politischer Entscheidungsmacht an ein Konsortium, bei dem vor der Hand nicht festgelegt ist, wie es intern als Governance-Institution organisiert ist, spricht man z. B. in England oft vom (demokratiepolitisch problematischen) Trend zu einer »agencification«; auch in Deutschland finden sich im Kindertagesstättenbereich vereinzelt in Kommunen ein entsprechende Konzepte.

4. Einen komplexen Mix von Steuerungsformen stellt schließlich das Governancemodell dar, das bei sozialen Diensten auf die *Schaffung von Quasi-Märkten* (LeGrand/Bartlett 1993) zielt. Um Märkte handelt es sich dann, wenn die Entscheidungen der Dienstleistungsnutzer als Konsumenten entscheidendes Gewicht für die Zukunft der jeweiligen Anbieter bekommen sollen; *Quasi*-Märkte sind es, insoweit erst durch staatliche Geldzuweisungen (oder Gutscheine) die entsprechende Kaufkraft und unterstellte Marktmacht der Nutzer und Adressaten hergestellt wird. In diesem Modell einer »Market-based-Governance« stellt sich eine komplexe Aufgabe: Wie sollen die Regeln aussehen, nach denen von Staat oder Kommune die Kunden etwas erhalten und wie die Qualitätsansprüche an die konkurrierenden Anbieter? Wie weit will man im jeweiligen Rahmen den besonderen Selbststeuerungslogiken gemeinnütziger Träger Raum geben? Welche Regeln braucht es, um zu verhindern, dass die kommerziellen Anbieter eigene Wachstums- und Gewinnorientierung zu Lasten der Qualität von Angeboten und der Arbeitsbedingungen des Personals geht? (In der Debatte um eine eventuelle EU-weite Richtlinie für soziale Dienste wird z.B. diskutiert, ob man Not-for-profit-Trägern nicht im Namen eines fairen Wettbewerbs die bei ihnen häufig praktizierte Quersubvention verbieten müsste, mittels derer sie mit Überschüssen bei gut laufenden Angeboten

die Defizite von solidarischen Hilfeangeboten in anderen Bereichen ausgleichen.)

Mit dem Übergang zu Governancemodellen, die markttypische Steuerungselemente und Logiken aufwerten, verändert sich aber auch die Position und Identität der individuellen Adressaten. Nur als Nutzer eines staatlich finanzierten und betriebenen sozialen Dienstes mit einer Monopolstellung ist man einzig und allein (a) »leistungsberechtigter« Sozialbürger und partizipierender Aktivbürger (in der Auseinandersetzung mit den staatlichen Entscheidungen). Im Modell des Quasimarktes hingegen entspricht dem Mix an Angeboten und Steuerungslogiken auch eine Pluralität von Identitäten, die beim Nutzer angesprochen werden. Im Hinblick auf Rahmenregelungen und Leistungsfestsetzungen agieren sie immer noch als (Sozial- und Aktiv-)Bürger; am Markt der Leistungsträger müssen sie nun aber auch lernen (oder positiv: haben sie nun die Möglichkeit) zugleich auch als Kunden mit Wahlmöglichkeiten Einfluss zu nehmen. In der angelsächsischen Diskussion spricht man von der Entwicklung hin zum »citizen-consumer« (Clarke u. a. 2007).

## 4 Besonderheiten der deutschen Situation und die Begrenzungen der Konzepte Governance und Wohlfahrtsmix

Es sollte bis hierher bereits deutlich geworden sein, dass die Konzepte des Wohlfahrtsmix und der Governance es ermöglichen, politische Entscheidungs- und Verwaltungssysteme speziell bei sozialen Diensten besser zu verstehen. Sie problematisieren Merkmale der Verantwortungsteilung bei Ressourcenorganisation und Entscheidungsprozessen, die sonst für selbstverständlich gehalten werden und deshalb auch oft unbemerkt bleiben. Mit Blick auf das deutsche Sozialstaatsmodell (für die internationale europäische Entwicklung vgl. Evers/Riedel 2004) wird vor dem Hintergrund der Wohlfahrtsmix- und Governancediskussion bezogen speziell im Feld der Kindertagesbetreuung vor allem dreierlei stärker sichtbar.
1. Die bis heute sehr stark dezentralisierte Politikverantwortung mit traditionell geringen Kompetenzen des Bundes, stark eingegrenzten Länderkompetenzen und starker lokaler Verantwortung. Ein derartiges System mag lokal angepasst und diversifiziert sein, aber es mangelt an Möglichkeiten dafür, für das

Gesamtsystem verbindliche Richtungsentscheidungen zu treffen und dabei auch standardisierte Modelle und Module zu entwickeln. Gegenwärtig befindet sich das föderale staatliche Steuerungssystem in einer Umbruchsituation. Mit dem Kinderbetreuungsfinanzierungsgesetz von 2007 und dem gegenwärtig diskutierten Kinderförderungsgesetz (2008) steigt die finanzielle Mitverantwortung der Länder, und der Bund erhält mit seinem Beitrag zu Investitionen und laufenden Kosten von etwa einem Drittel de facto auch eine wichtige Mitverantwortung bei der Festlegung von Versorgungs- und Qualitätszielen. Die Frage, die sich im Hinblick auf die weitere Kompetenzverteilung im vertikalen Steuerungssystem stellt, lautet: Wie könnte jenseits traditioneller Alternativen von »zentral« versus »dezentral« eine Aufgabenteilung zwischen verschiedenen Ebenen aussehen, eine »Multilevel Governance«, bei der sich zentraler und dezentraler Kompetenzzuwachs nicht unbedingt widersprechen müssen?

2. Der bislang eher geringfügige Beitrag den in Deutschland der kommerzielle Sektor leistet. In den meisten Fällen machen Kommunen und gemeinnützige Organisationen die Trägerschaft unter sich aus. Das heißt allerdings nicht, dass »Marktelemente« dem System gänzlich fremd sind; sie bekommen beim Übergang zu Ausschreibungen und Quasimarktmodellen aber auch bei der Übernahme von Management- und Qualitätssicherungsmethoden aus dem Marktbereich immer mehr Bedeutung. Schon heute fragen allerdings größere überregionale Konsortien in Großstadtkommunen Daten zur »Marktlage« im Bereich der Kindertagesbetreuung an. Die Bundesländer haben von ihrer Möglichkeit, kommerzielle mit freigemeinnützigen Anbietern gleichzustellen bisher nicht Gebrauch gemacht. Wenn der Bund mit seinem Vorhaben erfolgreich sein wird, im Rahmen der Verabschiedung des Kinderförderungsgesetzes die Förderungsgleichstellung kommerzieller Anbieter verpflichtend vorzuschreiben, und wenn der bisherige spezifische Kostenvorteil freier Träger aufgrund des von ihnen erbrachten Eigenanteils nicht gehalten werden kann, dann steht dem tradierten deutschen System des Wohlfahrtsmix und der Steuerung im Kita-Bereich ein drastischer Wandel bevor. Die Frage wird lauten, wie insbesondere überregionale kommerzielle Akteure in ein nach wie vor stark lokales System der Governance bei der Kindertagesbetreuung eingebunden werden können. Solche Herausforderungen und entsprechende Probleme zeichnen

sich in anderen Bereichen sozialer Dienstleistungen bereits ab (z. B. am Pflegemarkt, im Bereich der Krankenhausversorgung, wo mitunter kleine Kommunen und große börsennotierte Unternehmen »Partner« werden, oder auch bei Diensten am Arbeitsmarkt, wo Teilleistungen zunehmend regional in großen Einheiten für große Träger ausgeschrieben werden).
3. Die Kommunen haben in Deutschland eine problematische Doppelrolle als konkurrierende Anbieter und Planungsverantwortliche. Sie sind nicht nur für die Governance eines komplexen Gesamtsystems mit vielen freien Trägern verantwortlich, sondern außerdem auch noch selber in mehr oder minder starkem Maße Anbieter und Betreiber von Angeboten. Diese de facto Überlagerung einer Tradition, in der der Sozialstaat zugleich planende und anbietende Instanz ist, und eines Konzepts, wo er als »Gewährleistungsstaat« (Schuppert 2005) die Angebote anderer Träger koordiniert, ist natürlich hoch problematisch. Welche Stellung sollen kommunale Einrichtungen als Teil des lokalen Angebotsspektrums künftig haben?

Es gibt aber auch eine Reihe von konkreten Sachverhalten, die mit den doch recht abstrakten Schemata eines Wohlfahrtsmix und den zuvor referierten Eckbegriffen der Governancediskussion nicht erfasst werden.

Im Unterschied zur Wohlfahrtsmixdebatte, die starke Querbezüge zur Diskussion um Zivilgesellschaft, Dritten Sektor und die Besonderheit freier und gemeinnütziger Träger aufweist, gibt es in der Governancediskussion bisher nur wenig Problembewusstsein bezüglich der Besonderheit gemeinnütziger Organisationen; das liegt auch daran, dass die Governancediskussion diese Organisationen ja lediglich unter dem Aspekt der Co-Governance, also als mitlenkende Interessenverbände erfasst, nicht aber als materielle Dienstleistungsorganisatoren eigener Art. Zwei ihrer Besonderheiten verdienen dabei hervorgehoben zu werden:

Zum einen gilt es zu beachten, dass die abstrakte Bezeichnung »Dritte Sektor-/Not-for-profit-Organisationen die große Heterogenität und die starke lokale Einbettung entsprechender Organisationen in diesem Bereich nicht erfasst. Heterogenität nimmt mit der Vielfalt von Milieus und Lebensstilen noch eher zu; in einer Großstadt gehören zu freien Trägern im Kindertagesstättenbereich Organisationen, die vom durch eine große private Bank gegründeten

Betreuungsverein für Kinder betuchter Mitarbeiter über diverse Träger mit reformpädagogischen Konzepten, Elternvereine und Pfarreien bis hin zu Angeboten in Communities der Migranten reichen. Die meisten sind zugleich lokal stark eingebettet und nicht – wie heute oft noch Schule oder Arbeitsagentur – lediglich lokale Repräsentanten einer Hierarchie. Die Frage, wie man mit dem bislang heterogenen Charakter von Angeboten und der starken lokalen Einbettung einer Sozialwirtschaft kleinere und mittlerer »Unternehmen« umgehen will, inwieweit man sie als Problem oder eher als Vorteil begreift, erschließt sich auf der Ebene abstrakter Wohlfahrtsmixkonzepte ebenso wenig wie auf der Ebene einer generellen Governancediskussion. Sie wird aber insbesondere bei einem evtl. Auftreten großer kommerzieller Anbieter in lokalen Kita-Märkten zu einem Angelpunkt bei der Bewertung möglicher Vor- und Nachteile sowie der Findung wirksamer Formen der Governance.

Zum anderen ist zu beachten, dass sich Beziehungen zwischen staatlich-kommunalen Instanzen und Organisationen im lokalen Feld nicht in politischer Abstimmung und Beauftragung erschöpfen. Blickt man nicht nur auf die Governance, sondern, wie in der Wohlfahrtsmix-Debatte, auf die Verflechtung der gesamten Ressourcenorganisation, dann wird deutlich, was in Deutschland als Subsidiaritätsprinzip seinen Namen hat. Die größere Einheit (hier die Kommunen/der Sozialstaat) gibt Hilfe zur Selbsthilfe. Das heißt auch, dass die »kleineren« Einheiten, also die verschiedenen freien Träger und Vereine selbst eigene Ressourcen beizubringen haben – Mittel, die man als geronnenes soziales Kapital bezeichnen könnte, das sich der kulturellen und gesellschaftlichen Verankerung dieser Träger verdankt (Kirchensteuern, Mittel von Fördervereinen, Mitgliedschaften, freiwilliger Mitarbeit, Spenden etc.). Wenn im Namen neuer Steuerungsmodelle auch im Jugendhilfebereich (Bußmann u. a. 2003) vielfach freie Träger ebenso wie kommunale Vertreter auf ein einfaches System der Leistungsverträge (innerhalb dessen alle Kosten der Träger öffentlich gedeckt werden) drängen (Wohlfahrt 2004), verkennen sie, dass damit zumeist ein Wechsel der Beziehungslogik eingeleitet wird. Von einer Beziehung, bei der die staatliche Instanz gesellschaftliche Eigeninitiative mit ihren eigenen Ressourcen stützt und stabilisiert geht man über zu einer Beziehung, bei der die öffentliche Instanz einen Dienstleistungsnehmer beauftragt und finanziert. Ein System des Mix und der Governance, das die Spezifik von gemeinnützigen Organisationen anerkennt und nutzen will, statt sie gleich wie kommerzielle Organisationen zu behandeln, müsste aber Sorge tragen, dass deren Fähigkeit, zum allgemeinen Nutzen selbst zivilgesellschaftliche Ressourcen zu mobilisieren, nicht im Rahmen von finanzierter Auftragsbeziehungen verkümmert. Insofern könnte man fragen, wie und inwieweit vorfindliche oder geplante Formen von Wohlfahrtsmixturen und Governance die spezifischen Fähigkeiten und Potentiale freier Träger anerkennen und aktivieren.

Damit ist bereits übergeleitet zu einer weiteren Aufgabe, die sich aus den naturgegebenen Grenzen allgemeiner und weitgehend geschichtsloser Wohlfahrtsmixschemata und Governancemodelle ergibt. Es gilt nachzuzeichnen, welche historischen Modelle von Governance und Wohlfahrtsmixturen entstanden sind, an denen Neuentwürfe und Reformpolitiken sich heute abzuarbeiten haben. Ein solches komplexes historisches Governancemodell für soziale Dienste ist auch in der Debatte zur Kindertagesstättenentwicklung immer wieder beschrieben worden: das der korporatistischen Abstimmung als eine Form neben der »Mehrheitsdemokratie« von Parlamentsentscheidungen als eine Art von »Verhandlungsdemokratie« (Czada 2000) zu etablieren. Korporatismus im Bereich der Kita-Politik bedeutete, dass traditionell in den Jugendwohlfahrtsausschüssen Vertreter von Politik und Verwaltung und eine begrenzte und damit auch privilegierte Zahl von Verbands- und Anbietervertretern die lokalen Angebotsentwicklungen unter sich aushandelten; maßgebliche Größen für dieses sich gegenwärtig immer mehr zersetzende historische Modell einer bestimmten Form von Governance waren Interessenausgleich und Proporz. In den vielfachen Beschreibungen der Übergänge zu einem System der Ausschreibungen und Leistungsverträge (Heinze u. a. 1997; Pluto 2005) und mit Blick auf die möglicherweise entstehende Herausforderung, auch einen kommerziellen Sektor einzubinden, bleiben bis heute die meisten Fragen noch offen. Inwieweit werden in den neuen lokalen Governancesystemen Elemente wie Vertrauen, aber auch Filz und Klüngel weiterleben, sodass sie nicht einfach alte Steuerungsformen ablösen, sondern spezifische Formen der Verschränkung herkömmlicher politischer Logiken und neuer, vorgeblich allein von Qualitäts- und Effizienzüberlegungen angeleiteter Steuerungslogiken entstehen?

Es gibt aber noch andere konkrete Phänomene, die in den allgemeinen Wohlfahrtsmix- und Governancekonzepten nicht enthalten sind; aus dem politischen Raum kommend werden sie allmählich auch in die konzeptionellen Debatten eingeführt. Vor allem zwei Phänomene haben besondere Bedeutung und auch schon populäre Bezeichnungen gefunden.

- Governancekonzepte in der Sozialpolitik betreffen einen abgegrenzten Bereich, in dem sie Kontur gewinnen müssen, stehen zugleich aber auch vor der Aufgabe, diesen Bereich zu überschreiten. Ein Schlüsselbegriff der deutschen Debatte ist wohl der der lokalen und horizontalen »Vernetzung« (Götz 2001) – im Kitabereich z.B. in Hinblick auf die Aufgabe, Konzepte für die Einbeziehung des Schulbereichs zu finden (oder von dortigen Governancekonzepten einbezogen zu werden). Neben Fragen funktionaler und operativer Netzwerke geht es dabei auch um Netzwerke als »Pakte« und »Bündnisse«, die – wie bei den lokalen Bündnissen für Familie – öffentlichkeitswirksam einen Mentalitätswandel befördern und die politisch-kulturellen Vorbedingungen für operative Governance verbessern sollen, indem sie im lokalen Gemeinwesen insgesamt Problembewusstsein und Ansprechbereitschaft fördern (vgl. das viel diskutierte MoKi-Modell; Berg 2004). In der englischen Reformdebatte hat man für die Aufgabe, staatliche und gesellschaftliche Akteure zusammenzubringen, und das nicht nur in einem herkömmlich abgegrenzten Bereich, den anschaulichen Begriff des »Joined Up Government« (Bogdanor 2005) geprägt.
- Abstimmungen und Kooperationen sind oft nicht mehr über Verbände und Repräsentanten (Caritas, Arbeiterwohlfahrt etc.) geregelt, sondern verlangen bei gewachsener Autonomie einzelner Organisationen und Einrichtungen nach direkten Partnerschaften, ähnliches gilt, wenn in Fragen der Kindertagesbetreuung Firmen aktiv werden: auf der Suche nach Belegmöglichkeiten im vorhandenen Angebotsbestand für ihre Mitarbeiter, beim Aufbau eigener Betreuungsbeiträge u.a.m.; unterhalb der Ebene von Verbandskooperationen und Netzwerken gewinnen damit Public-Private-Partnerships (Strünck/Heinze 2005) an Bedeutung, sie müssen als Elemente entstehender neuer Governanceformen mit einbezogen werden.

Alles in allem sollte dieses Kapitel eines verdeutlichen: Ein analytischer Kurzschluss zwischen notwendigerweise sehr generellen Konzepten von Wohlfahrtsmix und Governance und konkreten Problemlagen ist nur in Grenzen hilfreich. Zwischen allgemeinen

Schemata und konkreten örtlichen oder nationalen Konstellationen braucht man Brücken des Wissens und der Analyse. Es ist unabdingbar, einen Sinn für national und lokal besondere Mixe und Governanceformen zu entwickeln. Wie werden sich die historisch gewachsenen Modelle (Müller 2001) der korporativen Abstimmung verändern? Werden neue Modelle eher Marktmodelle oder neue Formen der dialogischen Kooperation sein? Diese Frage stellt sich, wie Moss (2008) in einer viel beachteten Expertise mit dem Titel »Markets and Democratic experimentalism. Two models for early childhood education and care« gezeigt hat, auch international.

## 5 Good Governance. Was könnte das im Bereich der Kindertagesstättenentwicklung bedeuten? Vorhandene Trends und eigene Vorschläge

Von Good Governance ist in der öffentlichen Debatte heute oft die Rede. Die Attraktivität des Begriffs hat dabei wohl auch mit seiner Vieldeutigkeit zu tun. In der entwicklungspolitischen Diskussion sind damit z. B. vor allem technisch-organisatorische Elemente wie Transparenz, Konsensorientierung, Gesetzeskonformität und Rechenschaftspflichtigkeit der Regierungs- und Verwaltungstätigkeit gemeint. In der hiesigen gesellschaftspolitischen Debatte verweist der Begriff hingegen auf die Ablösung der vereinfachten Frage »Staat oder Markt« durch die schwierige Frage: *Wie* soll Politik im und gegenüber Markt und Gesellschaft agieren? Wer außer Regierungspolitik, Parlament und Verwaltungen soll z B. von Seiten der Wirtschaft und Zivilgesellschaft, der Bürger und Konsumentenorganisationen beteiligt sein? In Deutschland steht die Forderung nach besserem Regieren und die Behauptung, dafür auch Konzepte zu haben vor allem im Zusammenhang mit Schlagwörtern wie »Fördern und Fordern«, dem Ruf nach »aktivierenden Politiken« und »mehr Eigenverantwortung« (ein Konzept für Good Governance in diesem Bezugsrahmen skizzieren z. B. Jann/Wegrich 2004). Zusätzlicher Orientierungspunkt wäre noch die Forderung nach einer stärker »investiv« orientierten Sozialpolitik. Familienpolitik z. B. soll sich mit ihren Investitionen nicht nur am Echo der unmittelbaren Adressaten, der Familien und Kinder, messen lassen, sondern auch daran, inwieweit sich ihre Programme für Wirtschaft und Wachstum auszahlen. Für Governancekonzepte folgt daraus nicht zuletzt die Aufwertung der Einbeziehung von Partnern aus der Wirtschaft.

Im Bereich der überwiegend lokalen Kindertagesstättenentwicklung wird all das zwar möglicherweise zur Kenntnis genommen, aber in der Regel kaum besonders folgenreich sein für die institutionellen Regeln und Routinen, denen das jeweilige örtliche System der Kinder- und Jugendhilfe folgt. Effekte von Reformen wie denen des Kinder und Jugendhilfegesetzes oder die (nicht mehr so) neue Steuerungsdebatte hinterlassen ihre Spuren in einem oft ebenso vielgestaltigen wie insgesamt zumeist nicht zielgerichtet gestalteten Beziehungs- und Entscheidungssystem. In diesem Rahmen ziehen dann für eine Zeit lang magische Begriffe die Aufmerksamkeit auf sich – man redet gern von Vernetzung, oder von einem Mix, so wie man demnächst vielleicht von Governance reden wird. Kohärente Verständnisse von gutem Regieren & Verwalten gibt es dabei jedoch nicht und sie werden derzeit in der Fachdiskussion auch kaum eingefordert. Aus der Vielzahl oft gestaltloser lokaler Praktiken haben sich jedoch in einigen Kommunen Modelle, die von wie einem Leitbild getragen sind, herausgeschält (dazu am Beispiel zweier Städte: Evers/Riedel 2007). M. E. gibt es hier drei.

Ein herkömmliches Modell geht vor allem von der Vorreiterrolle des öffentlichen Bereichs aus. Kreis oder Kommune sehen »ihre« in öffentlicher Trägerschaft befindlichen Einrichtungen als wegweisend an, sie setzen darauf, dass Verbesserungen im »eigenen« Bereich dann auch im Bereich der verschiedenen freien Träger allmählich durchgesetzt werden können, im lokalen Wohlfahrtsmix kommt also dem kommunalen öffentlichen Sektor eine Leitfunktion zu. Die Vorteile, aber auch die Grenzen und Nachteile dieses Konzepts von Good Governance liegen auf der Hand, letztere haben vor allem mit der Bevormundung der freien Träger oder der Reduzierung ihrer Rolle auf Dienstleister zu tun, von denen man sich eigentlich kaum eigene konzeptionelle und innovative Impulse verspricht.

Ein Gegenbild dazu wird von den relativ jungen Ansätzen gesetzt, die Marktmechanismen eine dominierende Stellung einräumen wollen (Kreyenfeld u. a. 2002). Am deutlichsten ist diese Orientierung wohl mit den Gutscheinmodellen der Stadtstaaten Hamburg (Diller 2004) und Berlin geworden. Die Frage, inwieweit auch durch eine verpflichtende Einbeziehung und öffentliche Förderung kommerzieller Anbieter (siehe die entsprechende Bundesinitiative) mehr Markt das gemischte System des Kita-Bereichs prägen wird, ist gegenwärtig (Juni 2008) noch offen. Bei den Gutscheinmodellen sollen die Wahlentscheidungen der von den Kommunen mit »Kaufkraft« ausgestatteten Eltern für Angebots- und Qualitätsentwicklung entscheidend werden, sodass die Kommune ihren Beitrag auf Rahmensetzungen bei Marktregulierung und Qualitätsmanagement sowie die Festlegung fairer Prinzipien bei der Vergabe von Gutscheinen beschränken kann. Als Vorteil verspricht man sich mehr (Wettbewerbs-)Druck zur Qualitätsentwicklung bei den Trägern. Grundsätzliche Einwände betreffen hier fünf Sachverhalte: (a) Bislang bereits sichtbar gewordene Nachteile betreffen vor allem die bürokratischen Kosten der Gutscheinvergabeprozeduren, die die in Aussicht gestellte Souveränität der berechtigten »Eltern-Kunden« konterkarieren; (b) unter Bedingungen knapper Angebote ist die Möglichkeit der Eltern, »König Kunde« zu werden sehr begrenzt; (c) die Kosten von Wechseln dürfen nicht unterschätzt werden – man kann auch dort, wo man unzufrieden ist, mit einer Kita die Kinder nicht einfach »umtopfen«; (d) Eltern gehören in der Regel unterschiedlichen Teilgruppen mit sehr verschiedenen Vorstellungen von einer guten Betreuung an, nur bestimmte Angebote auf dem weiten Markt stellen sie zufrieden, wie weit will man aber, dass sich soziale und Lebensstildifferenzierungen bei Eltern in den Kita-Profilen abbilden? (e) beim erklärten Vorrang der Optimierung des Gesamtsystems per Einzelentscheidungen der Kunden wird es schwieriger, weiterhin eine Prioritäten und Schwerpunkte setzende Planungspolitik, die ein öffentliches Interesse jenseits aufsummierter Kundenentscheidungen herstellt, zu legitimieren; wenn man sich z.B. entscheidet, zur Einrichtung familienergänzender Angebote in Problemstadtteilen öffentliche (Anreiz-)Investitionen zu tätigen und diese mit sachverständigen Akteuren vor Ort zusammen zu planen, hat man de facto bereits einen Schritt weg vom eindimensionalen marktbasierten System der »reinen« Markt- und Gutscheinsteuerung gemacht

Damit ist auch schon deutlich geworden, dass es nicht ein einziges Gutscheinmodell, sondern verschiedene Varianten geben kann – je nach dem relativen Gewicht anderer Steuerungskomponenten (öffentliche Planung, Elternselbstorganisation und dialogische Mitbestimmung). Verstärkt ins Gespräch gekommen sind Gutscheinmodelle im Zusammenhang der Reorganisation vertikaler Governancemodelle. Zwar musste der Bund einstweilen auf seine Absicht verzichten, zentrale Finanzierungsmittel an die allgemeine lokale

Einführung solcher Konzepte zu binden. Aber das Modell selbst bleibt aktuell, nicht zuletzt deshalb, weil sich daran bislang noch zwei Hoffnungen knüpfen, die die Familienministerin so beschrieben hat (SZ 23./24.6. 2007): Mit Gutscheinen wie in Hamburg entscheide nicht mehr die Kommune über die Angebote, sondern die Eltern und das Gutscheinsystem sei so einfach zu handhaben »wie die Bonuskarte im Kaufhaus oder an der Tankstelle«. Für letzteres gibt es bislang keinen empirischen Beleg und ersteres benennt eher ein Problem als eine Lösung: wie sichert man an (Sozial-)Märkten die Berücksichtigung öffentlicher Interessen und Prioritäten?

Diese Frage stellt sich natürlich auch, wenn kommerzielle Anbieter in das gegenwärtige Förderungs- und Governancemodell Eingang finden sollten. Problematisch an dem Versuch des Bundes, dies im Rahmen der Verabschiedung des Kinderförderungsgesetzes vorzuschreiben, ist vor allem, dass diese Initiative von keinerlei Überlegungen oder gar Konzepten zu entsprechenden neuen Rahmenregelungen begleitet wird. Selbst wenn man davon ausgehen würde, dass die gegenwärtigen Mechanismen der Qualitätssicherung auch bei eindeutig gewinnorientierten Anbietern ausreichend sind – wie z.B. will man der in vielen anderen sozialen Dienstleistungsbereichen beobachtbaren Tendenz entgegensteuern, vor allem auf Kosten von Entlohnung und Arbeitsbedingungen des Personals Wettbewerbsvorteile und größere Marktanteile zu erreichen (zu internationalen Erfahrungen und Befunden vgl. Moss 2008)?

Das dritte Modell einer Good Governance in der lokalen Kindertagesstättenpolitik ist bislang noch weniger profiliert, vielleicht kann man sagen, dass es sich aus den vielen lokalen Suchbewegungen nach »dritten Wegen« jenseits der Traditionen eines wohlfahrtsstaatlichen Korporatismus und Proporzsystems und jenseits der weitgehenden Delegation von Entwicklungsverantwortung an Anbieter oder Kundenmärkte speist. (Evers/Riedel 2007 haben die Politik in der Stadt Frankfurt als einen solchen modellhaften Ansatz portraitiert). In seinem Rahmen wird in der Regel nach einer *neuen Balance* zwischen Wettbewerbsprinzipien, öffentlicher Gesamtverantwortung und Mitbestimmung durch Träger-, Nutzer- und Publikumsvielfalt gesucht. Im Unterschied zum ersten Modell wird hier einer Gleichberechtigung aller Träger und ihrer Einbeziehung auch in die strategische Planungsentwicklung das Wort geredet. Im Unterschied zum zweiten Modell wird die Gesamtverantwortung der Politik für Angebotsentwicklung und -profil betont und *es wird hier in erster Linie auf Dialog, Partizipations- und Aushandlungsmechanismen (»voice«) gesetzt.* Möglichkeiten der »Abwahl« eines Angebots (»choice«) können auch eine Rolle spielen, sind aber vergleichsweise weniger bedeutsam. Der wesentliche Unterschied zu marktzentrierten Modellen, wie etwa dem Kita-Card-Modell, besteht also vor allem darin, dass man anders als bei der Utopie eines bei richtiger Einrichtung gewissermaßen stumm und selbsttätig funktionierenden Marktausgleichsmechanismus auf der Notwendigkeit öffentlicher Kommunikation und kontinuierlicher Verständigung insistiert. Es geht um eine dialogische und sprechende Form der Steuerung im Unterschied zur lautlosen Abstimmung der Kita-Card-Besitzer (wobei zu untersuchen wäre, inwiefern sich nicht Berlin und Hamburg, wo man dies zu praktizieren versucht, doch schrittweise wieder den Kitamarkt ergänzende Verhandlungssysteme etabliert haben). Es spricht einiges dafür, dass insbesondere auch die Bearbeitung von Inkongruenzen zwischen oft historisch bedingten Angebots- und Nachfragemustern (Stichwort: Angebote in Trägerschaft des Wohlfahrtsverband X und Y dominieren seit jeher in älteren Stadtteilen, wo jetzt aber eine neue Elterngeneration herangewachsen ist, auf die es sich einzustellen gilt) nur in einem intensiven dreiseitigen Dialog zwischen planenden Instanzen, Anbietern und Eltern (vgl. Meyer 1997) aufzulösen sind.

In der Perspektive der zuletzt genannten »dritten Wege« für eine Good Governance lokaler Kindertagesstättenentwicklung werden hier abschließend neun eigene Empfehlungen gegeben. Sie stützen sich lediglich auf die Erfahrungen des Verfassers. Ihre Nähe zum »Model of Democratic Experimentalism«, wie es Peter Moss dem »Market Model« gegenübergestellt hat (2008), soll dabei gar nicht geleugnet werden.

1. Politik und Verwaltung sollten grundsätzlich bei einem komplexen und intelligenten Governancekonzept allen Sektoren und Steuerungselementen einen Platz geben, die hier dargestellt worden sind; ohne eine starke öffentliche Planungsverantwortung drohen z.B. die Mittel zur Schwerpunktsetzung und Prävention zu fehlen, faire Formen von Kooperation und Wettbewerb können nur wachsen, wo nicht ein Trägerbereich (der der kommunalen Anbieter) eine Sonderstellung genießt; lokale Zivilgesellschaft und die darin eingebetteten communities sollten durch Beteiligung von Trägern *und* Nutzern mitreden, aber auch zur Mitverantwortung verpflichtet werden können.

2. Der Vorteil einer komplexen Mixed Governance kann sich erst dann einstellen, wenn die Möglichkeit auch genutzt wird, in einem solchen System die Adressaten grundsätzlich gleich mehrfach zu beteiligen: als Bürger in einer Politik und Verwaltung, die ihre Verantwortung nicht an Märkte oder Verbandskartelle abgibt, als Kooperanden und Koproduzenten bei Einrichtungen, die über klare Angebote zur Elternmitarbeit verfügen; und als Kunden, indem Angebotsvielfalt kultiviert wird und wenig aufwändige Mittel der Kundenpflege (Marktübersicht, Anlaufstellen, Nutzerumfragen etc.) entwickelt werden. »Voice and Choice« lautet nicht von ungefähr das programmatische Motto für eine Good Governance der englischen Public Services (The Prime Minister's Strategy Unit 2006).
3. Was Anbieter und Professionelle angeht, sollte ein gemischtes System davon ausgehen, dass sie sowohl »egoistische« Eigeninteressen wie auch »altruistische« Fähigkeiten der Zuwendung zu anderen besitzen. Statt mit Blick auf Governancesysteme »Vertrauen« und »Kontrolle« (durch Hierarchie oder Wettbewerb) als Alternativen zu sehen, sollte danach gefragt werden wie zugleich eine Kultur des Vertrauens und der Leistungsanreize (das schließt auch Messen, Vergleichen und Kontrollieren ein) gefördert werden kann.
4. In einem lokalen Wohlfahrtsmix und einem Governancekonzept, das sich eines Mix von Steuerungsformen bedient, sollten die spezifischen Stärken lokaler freier Träger und Initiativen besonders kultiviert werden. Es reicht nicht, einfach auf einem möglichst hohen Trägeranteil bei der Finanzierung zu bestehen, sondern es gilt, öffentlich zur Diskussion zu stellen, was an von freien Trägern mobilisiertem sozialen Kapital (Fördervereine, Sponsoren, freiwillige Mitarbeit etc.) so wichtig ist und wie es am besten gepflegt werden kann. Staatlich Zuwendungen sollten so organisiert sein, dass sie zur Pflege und Entwicklung eigener Ressourcen der Träger und Adressaten ermuntern.
5. Die Betonung und evtl. weitere Aufwertung der Rolle freier Träger, kommunaler Eigenbetriebe, aber auch von Initiativen der lokalen Wirtschaft, und eine starke Ausgestaltung der (vom Gesetzgeber im SGB VIII geforderten) kommunalen »Gesamtverantwortung« müssen einander also nicht ausschließen; wenn sich die öffentliche Hand als Gewährleister und aktivierende Instanz versteht, braucht sie nicht unbedingt eigene Versor-

gungsangebote und Verordnungsrechte, aber sehr wohl eine starke und kooperationsfähige Entwicklungsabteilung.
6. Ähnliches gilt für die notwendige neue Balance von Zentralität und Dezentralisierung in der Kindertagesstättenentwicklung. Ohne maßgebliche Impulse und Mittelbereitstellungen von zentraler Ebene, der Länder und des Bundes werden z. B. die weißen Flecken auf der Karte von Einrichtungen zur Betreuung von Kleinstkindern auf absehbare Zeit nicht zu schließen sein. Wer sagt aber, dass hierarchische Befehlsketten vom Schlage der bei der Schulverwaltung der Länder üblichen Aufsichtssysteme notwendiges Mittel einer stärkeren zentralen Verantwortung sein müssen? Gefragt sind im Rahmen einer Multi-Level-Governance intelligentere Methoden, um ein Mindestmaß einheitlicher Standards und lokal angepasster Versorgungsstrukturen zu ermöglichen, eine Identifikation mit bundesweiten Entwicklungszielen, die aber vor Ort ein Stück weit interpretationsoffen bleiben.
7. Gutes Regieren sollte sich insbesondere vor Ort dadurch auszeichnen, dass es als Joined Up Governance Kooperationsnetze quer durch Politikbereiche und quer durch die Sektoren von Markt, Staat und freien Trägern schafft. Einen Schwerpunkt wird hier die Gestaltung der Schnittstellen mit der (Ganztags-)Schulentwicklung bilden; inwieweit ist es möglich, zunächst über begrenzte Einzelprojekte gleichberechtigte Kooperation zu lernen? Einen zweiten Schwerpunkt bilden Förderprogramme für besonders benachteiligte Kinder und Familien und die erforderliche Kooperation mit der Stadtplanung, den Diensten am Arbeitsmarkt, örtlichen Gesundheitsämtern und den jeweiligen freien Trägern in diesen Bereichen (Evers 2006 a).
8. Alle zuvor genannten Punkte können jedoch nur realisiert werden, wenn die Bereitschaft zu einer stärker kommunikativ und dialogisch orientierten kooperativen Governance vorhanden ist. Den Dialog mit dem Partner aufzunehmen, gehört nicht zu den traditionellen Stärken kommunaler Verwaltung, ebenso wenig, wie es Betriebe gewöhnt sind, Public Private Partnerships einzugehen oder sich mit eigenen Initiativen und Vertretern an evtl. runden Tischen und Planungskonferenzen zu beteiligen. Auch deshalb mag das utopische Versprechen so verlockend sein, nach der Einrichtung eines Kita-Card-Marktes auf Politik im Sinne öffentlicher Erörterung, Abstimmung und Aushandlung weitgehend verzichten zu können. Bei der Forderung nach dialogi-

schen Governancekonzepten geht es also um mehr als Kommunikationstechniken. Politik wird nicht einfach stark durch das Ausmaß ihrer rechtlichen Zugriffsmöglichkeiten; ihre Stärke beruht mindestens ebenso sehr darauf, dass Einzelinteressen übergreifende Anliegen auch bei ihren vielen Partnern – hier: den verschiedenen Trägern, Verbänden, Anbietern, aber auch Eltern und Kindern – zählen. Die Gestaltungsmacht von Politik steht und fällt also mit dem Ausmaß, in dem aufseiten aller Beteiligten Gemeinsinn, Mitverantwortlichkeit und eine zivile Kultur des Miteinander-Auskommens etabliert und kultiviert werden können. Von der Governancedebatte lernen, heißt also auch zu begreifen, dass eine starke Politik und ein starker Staat zwei durchaus verschiedene Dinge sind.

9. So wichtig dafür die Alltagsgestaltung funktionaler und operativer Kontakte und Vernetzungen ist: Oft braucht es als Movens auch strategische Netze und Partnerschaften, die ganz bewusst öffentlichkeitswirksam Themen und Ziele auf die Tagesordnung setzen, so wie das viele lokale Bündnisse für Familien versuchen. Die Beteiligung der Bürger wird heute viel zu oft allein als Frage individuellen Engagements und als Frage der Bereitschaft »mit anzupacken« verstanden. Bündnisse für Familien, die Fragen der Kindertagesstättenentwicklung aufgreifen, könnten ein Weg sein, deutlich zu machen, dass es auch um das Ansprechen von kollektiven Organisations-Bürgern (»corporate citizens«) geht und um Förderung von Engagement im Sinne der Eröffnung von mehr öffentlichen Räumen (»remaking of the public sphere« Newman 2005, S. 119) für Erörterung und Mitsprache.

# 6 Literatur

Ascoli, Ugo/Ranci, Costanzo (2002): Dilemmas of the Welfare Mix. The new structure of welfare in an era of privatization. New York/Boston

Benz, Arthur (Hrsg.) (2004): Governance – Regieren in komplexen Regelsystemen. Eine Einführung. Wiesbaden

Berg, Annette (2004): MoKi. Monheim für Kinder – Eine Strategie zur Chancengleichheit von Kindern (monheim.de/jugendamt/aktuelles/fachkonferenz_berlin_2004.pdf)

Bock-Famulla, Kathrin (2004): Finanzierungsmodelle im Spannungsfeld von Fachlichkeit und ökonomischer Rationalität, S. 13–30

Bogdanor, Vernon (Hrsg.) (2005): Joined-Up Government. British Academy Occasional Papers No. 5. Oxford

Brandsen, Taco (2004): Quasi-Market Governance. An Anatomy of Innovation. Utrecht

Bußmann, Ulrike/Esch, Karin/Stöbe-Blossey, Sybille (2003): Neue Steuerungsmodelle – Frischer Wind im Jugendhilfeausschuss? Opladen

Clarke, John u. a. (eds.) (2007): Creating Citizen-Consumers. Changing Publics and Changing Public Services. London

Czada, Roland (2000: Dimensionen der Verhandlungsdemokratie, Konkordanz, Korporatismus, Politkverflechtung. Polis Nr. 46/2000 (FernUniversität – Gesamthochschule Hagen)

Diller, Angelika (2004): Die Kita-Card: das nachfrageorientierte Gutscheinsystem in Hamburg. In: Diller, A./Leu, H. R./Rauschenbach, Th. (Hrsg.): Kitas und Kosten. Die Finanzierung von Kindertageseinrichtungen auf dem Prüfstand. München, S. 113–126

Evers, Adalbert (2006): Mixed Governance: Regieren in der Sozialpolitik. In: Evers, A. (Hrsg.): Regieren in der Sozialpolitik. Zeitschrift für Sozialreform, Heft 2

Evers, Adalbert (2006 a): Die Bedeutung von Good Governance für die frühkindliche Bildung, Betreuung und Erziehung. Expertise im Auftrag der Bertelsmann Stiftung. Gütersloh

Evers, Adalbert/Olk, Thomas (1996): Wohlfahrtspluralismus. Vom Wohlfahrtsstaat zur Wohlfahrtsgesellschaft. Opladen

Evers, Adalbert/Rauch, Ulrich/Stitz, Uta (2002): Von öffentlichen Einrichtungen zu sozialen Unternehmen. Hybride Organisationsformen im Schul-, Kultur- und Altenpflegebereich Berlin

Evers, Adalbert/Riedel, Birgit (2004): Quality Care and Good Governance. Final Policy Paper of the EU research project »Changing family structure and social policy: child care services as sources of social cohesion. (www.emes.net/fileadmin/emes/PDF_files/Childcare_recom_final_Sept04.pdf)

Evers, Adalbert/Lewis, Jane/Riedel, Birgit (2005): Developing child-care provision in England and Germany: problems of governance. In: Journal of European Social Policy, Vol. 15 (3), pp 195–209

Evers, Adalbert/Riedel, Birgit (2007): Kultivierung eines Feldes: Zur Rolle kommunaler Politik und Verwaltung am Beispiel der Kindertagesstätten. In: Deutsches Jugendinstitut (Hrsg.): Governance Strategien und lokale Sozialpolitik. München/Halle

Fthenakis, Wassilios (2003): Auf den Anfang kommt es an. Perspektiven zur Weiterentwicklung des Systems der Tageseinrichtungen für Kinder in Deutschland. Weinheim/Basel/Berlin

Götz, Markus (2001): Politische Steuerung in der Kommune – Die Reform der Kommunalpolitik durch Netzwerke und Verhandlungssysteme. Düsseldorf

Heinze, Rolf G./Schmid, Josef/Strünck, Christoph (1997): »Zur politischen Ökonomie der sozialen Dienstleistungsproduktion. Der Wandel der Wohlfahrtsverbände und die Konjunkturen der Theoriebildung«. In: Kölner Zeitschrift für Soziologie und Sozialpsychologie, S. 242–271

Jann, Werner/Wegrich, Kai (2004): Governance und Verwaltungspolitik. In: Benz, A. (Hrsg.): Governance – Regieren in komplexen Regelsystemen. Eine Einführung. Wiesbaden

Kaufmann, Franz Xaver (2002): Sozialpolitik und Sozialstaat: Soziologische Analysen. Opladen

Kinderförderungsgesetz 2008 (download: www.bundestag.de/ausschuesse/a13/anhoerungen/)

Klenk Tanja/Nullmeier, Frank (2003): Public Governance als Reformstrategie. Opladen

Klie, Thomas/Roß, Paul-Stefan (2005): Wie viel Bürger darf's denn sein!? Bürgerschaftliches Engagement im Wohlfahrtsmix – eine Standortbestimmung in acht Thesen. In: Archiv für Wissenschaft und Praxis der sozialen Arbeit Nr. 4, S. 20–43

Kreyenfeld, Michaela/Spieß, Kathrina C./Wagner, Gert G. (2002): Kinderbetreuungspolitik in Deutschland. Möglichkeiten nachfrageorientierter Steuerungs- und Finanzierungsinstrumente. In: Zeitschrift für Erziehungswissenschaft, H. 5, S. 201–221

LeGrand, Julian/Bartlett, Will (eds.) (1993): Quasi-Markets and Social Policy. Houndmills

Moss, Peter (2008): Markets and Democratic experimentalism. Two models for early childhood education and care (download: www.kinder-frueher-foerdern.de)

Müller, Georg (2001): Organisationsgeschichte. Die vergessene Dimension. In: Social management, H. 2, S. 20–23

Meyer, Werner (1997): Neue Anforderungen an die Kita-Planung. In: KITA-aktuell HRS Nr. 4 S. 84–87

Newman, Jane (2005): Participative governance and the remaking of the public sphere, in dies. (ed.): Remaking Governance. Peoples, Politics and the Public Sphere. Bristol, S. 119–138

Pierre, Jon/Peters, Guy B. (2000): Governance, Politics and the State. Houndsmill/London

Pluto, Liane (2005): Verwaltungsmodernisierung bei Jugendämtern – Impulse, Entwicklungen, Bewertungen. In: Archiv für Wissenschaft und Praxis der sozialen Arbeit: Vierteljahreshefte zur Förderung von Sozial-, Jugend- und Gesundheitshilfe, Nr. 2, S. 20–37

Pluto, Liane/Gragert, Nicola/van Santen, Eric/Seckinger, Mike (2007): Kinder- und Jugendhilfe im Wandel. München

Powell, Martin (ed.) (2007): Understanding the Mixed Economy of Welfare. Policy Press

Sack, Detlef (2006): Gouvernementalität der Partnerschaft – Eigenschaften einer sozialpolitischen Regierungskunst, in: Evers, A. (Hrsg.): Regieren in der Sozialpolitik. In: Zeitschrift für Sozialreform, Jg. 52, H. 2, S. 201–216

Schuppert, Gunnar F. (2005): Der Gewährleistungsstaat – Ein Leitbild auf dem Prüfstand. Baden-Baden

Strünck, Christoph/Heinze, Rolf. G. (2005): Public Private Partnership. In: Blanke, B. u. a. (Hrsg.): Handbuch zur Verwaltungsreform. Wiesbaden, S. 120–127

The Prime Minister's Strategy Unit (2006): The UK Government's Approach to Public Service Reform. London (www.strategy.gov.uk)

Wohlfahrt, Norbert (2004): Der sozialwirtschaftliche Transformationsprozess sozialer Dienste in der BRD – der Anfang vom Ende freigemeinnütziger Wohlfahrtspflege? In: Klaus D. Hildemann (Hrsg.): Die freie Wohlfahrtspflege. Ihre Entwicklung zwischen Auftrag und Markt. Leipzig, S. 69–86

Zwölfter Kinder- und Jugendbericht 2005, Bundestagsdrucksache 15/6014

# Kooperation und Vernetzung: Kriterien und Instrumente
Herbert Schubert

## 1 Ausgangssituation

Vernetzung ist kein neues Thema: Schon in den 1980er-Jahren wurde eine kontinuierliche Kooperation zwischen öffentlichen Einrichtungen und freien Trägern angeregt (vgl. z. B. Keupp/Röhrle 1987). Seit dieser Zeit verliert das Denken in starren Institutionen zugunsten der Vorstellung flexibler Handlungsfigurationen an Bedeutung. In der Übertragung auf die Praxis der Kinder- und Jugendhilfe entwickelten sich daraus das Leitbild der vernetzten Kooperation und das Postulat einer Vernetzung der sozialen Dienstleistungen.

Einen weiteren starken Impuls gab in den 1990er-Jahren die Qualitätsorientierung. Vernetzung und Kooperation gelten unter diesem Blickwinkel als Erfolgskriterien, um sowohl die Effizienz als auch die Effektivität in den Infrastrukturen der Daseinsvorsorge zu verbessern. Die praktische Umsetzung setzt auf verschiedenen Ebenen an: Sie reicht von der Aktivierung der Familien zur Mitwirkung im Gemeinwesen über die Kooperation zwischen den lokalen Diensten und Akteuren in dezentraler Fach- und Ressourcenverantwortung bis hin zu einem integrierten und koordinierten Handeln der fachlich-professionellen Akteure im Sozialraum (vgl. Schubert 2005 b). Das Modell des Stadtteil- und Quartiermanagements repräsentiert ein aktuelles Beispiel dieser Integration komplexer Handlungsstränge (vgl. z. B. Schubert/Spieckermann 2004).

Getragen werden diese Impulse von einer Kritik an dem hohen Maß institutioneller Zergliederung städtischer Lebensräume und familialer Lebenswelten. Mit dem sukzessiven Ausbau der Kommunalverwaltung im Sozialstaat seit der Mitte des 20. Jahrhunderts wurde die Gesamtaufgabe der kommunalen Daseinsvorsorge in funktionale Teilaufgaben zerlegt (vgl. Vahs 2003, S. 202 f.). Infolge der Zergliederung erfahren Familien Dienstleistungen nicht mehr ganzheitlich, sondern funktions- und hierarchiebezogen in eine Vielzahl von Zuständigkeiten »zerstückelt«. Die vertikale und horizontale Trennung der im Lebensumfeld von Familien tätigen Dienstleistungseinrichtungen durch Funktions- und Hierarchiebarrieren führt dazu, dass Informationen untereinander nicht mehr weitergegeben werden und Prozesse einer gegenseitigen Abschottung einsetzen.

Die Barrieren des Ressortdenkens und die fehlende Transparenz der zergliederten Abläufe führen zu »operativen Inseln«, auf denen die professionellen Akteure der verschiedenen Ressorts von Schule, Jugendhilfe, Gesundheitswesen, Familienbildung usw. relativ isoliert agieren. Gemeinsame Schnittstellen werden von ihnen nicht mehr wahrgenommen, was zum Aufbau von Doppelstrukturen und zu Wiederholungen von Handlungsansätzen beiträgt. Die Qualitätsentwicklung von Diensten und Einrichtungen der kommunalen Daseinsvorsorge in den Sozialräumen der Familien wird entscheidend davon abhängen, ob die Barrieren zwischen den Ressorts überwunden werden können und der Bedarf der Familien über eine integrierte Vorgehensweise der professionellen Akteure erfüllt werden kann. Es kristallisiert sich zugleich heraus, dass die Überwindung der Barrieren besondere Fach- und Methodenkompetenzen der Vernetzungsarbeit erfordert, die unter dem Leitkonzept des »Netzwerkmanagements« zusammengefasst werden können (Schubert 2005 a).

Die Familien erleben die verschiedenen Teilfunktionen in ihrem Lebensumfeld als Einheit bzw. als zusammenhängende Kette: Beispielsweise nehmen Eltern, deren Kind vormittags eine Grundschule besucht, sich nachmittags in einer Betreuungseinrichtung aufhält und am späten Nachmittag in der Musikschule ein Instrument erlernt, diese Gelegenheiten als geschlossenen Zusammenhang wahr. Dass die Einrichtungen ihr Angebot untereinander nicht koordinieren und in separierte Zuständigkeitsbereiche zerfallen, ist aus dieser »Kunden«-Perspektive nicht nachvollziehbar. Denn dies entspricht nicht einer Prozesslogik, bei der die qualitätsvolle Entwicklung des Kindes als Ganzes im Mittelpunkt steht.

Unter einem Prozess wird die zielgerichtete Verbindung von zuvor isolierten Leistungen zu einer Folge von logisch zusammenhängenden Aktivitäten verstanden. So betrachtet muss in dem genannten Beispiel die Kombination der Inputs und Aktivitäten von Grundschule, Betreuungseinrichtung und Musikschule als zusammenhängender Prozess verstanden werden, der zu einer definierten »Wertschöpfung« der Persönlichkeitsentwicklung führt. Die sich ergebende Wertkette gliedert alle bisher isolierten Einzelaktivitäten in einen neuen Zusammenhang, der in der Verbundenheit effizienter, qualitätsvoller und wirksamer organisiert werden kann (vgl. Porter 2000).

In dem Prozess sind primäre von sekundären (unterstützenden) Aktivitäten zu unterscheiden: Die primären Aktivitäten beinhalten die fachliche Herstellung der Dienstleistungen, ihre Distribution unter den Müttern, Vätern und Kindern der Familien als »Kunden« und den begleitenden Service. Die sekundären Aktivitäten – wie z. B. die Abstimmung der Angebote unter den Einrichtungen – sichern, dass die primären Aktivitäten effizienter und effektiver stattfinden können. Vor diesem Hintergrund bilden Vernetzung und Kooperation keinen Selbstzweck, sondern dienen der Sicherung der Prozess- und Ergebnisqualität: Erst durch Kooperation können die isolierten Dienstleistungen miteinander zu operativ wirkungsvolleren Primärprozessen verbunden werden. Dies setzt sekundäre Informationsprozesse für den Austausch und die Verarbeitung von Informationen untereinander voraus. Schließlich hilft die kooperative Vernetzung auch, abgestimmte Innovationsprozesse zur Entwicklung und Einführung neuer Produkte (Produktinnovationen), verbesserter Verfahren (Prozessinnovationen) oder günstigerer Rahmenbedingungen (Strukturinnovationen) zu generieren.

## 2 Politisch-gesellschaftlicher Wandel als Hintergrund

Die zunehmende Netzwerkorientierung in der öffentlichen Daseinsvorsorge steht in einem Zusammenhang mit dem Bedeutungsgewinn des Konzepts der »Governance«. (vgl. Evers in diesem Band.) Es hat seit den 1990er-Jahren in verschiedenen Disziplinen einen enormen Aufschwung erfahren (vgl. z. B. Fürst 2003). In der Regel werden unter Governance *neue* Formen von Arrangements zur Steuerung, Regulierung und Handlungskoordination von politisch-gesellschaftlichen Einheiten oder Institutionen unter Einbeziehung verschiedener Akteure verstanden (Mayntz/Scharpf 1995). Darin steckt eine Abgrenzung vom Begriff »Government« (Regierung), weil die Steuerung und Regelung von politisch-gesellschaftlichen Einheiten (wie Staat, Gemeinde, Institution) nicht nur von staatlichen Agenturen (»erster Sektor«), sondern auch von Kräften der Privatwirtschaft (»zweiter Sektor«) und des »dritten Sektors« (Vereine, Verbände, Interessenvertretungen) wahrgenommen werden.

Insofern wird mit dem Terminus »Governance« ein sich neu herausbildender Steuerungsstil bezeichnet, dem einige Veränderungen im Zusammenspiel der politisch-administrativen Steuerung und der gesellschaftlichen Selbstregulierung zu Grunde liegen. Noch in den 1980er-Jahren herrschte eher ein Verständnis von politischer Steuerung vor, das auf die staatliche, hierarchische Lenkung fokussiert war; aber mit der Schwächung der staatlichen Handlungskapazitäten infolge einer Überforderung der staatlichen Interventionsinstrumente im Laufe der 1990er-Jahre setzte ein sukzessiver Wandel zur Governance ein, in deren Logik der vermeintliche Gegensatz von Staat und Gesellschaft überwunden wird. Dies basiert auf der systemtheoretischen Überzeugung, es sei grundsätzlich keine Steuerung autopoietischer Teilsysteme wie etwa die Sektoren Schule, Jugendhilfe oder Gesundheitswesen allein durch politisch-administrative Akteure möglich (vgl. Botzem 2002, S. 4). Aus der Perspektive des akteurszentrierten Institutionalismus wird der Begriff der Steuerung durch den umfassenderen Begriff der Regelung im Sinne von Governance ersetzt (Mayntz/Scharpf 1995, S. 16). Im neokorporativen Verständnis von Steuerungsprozessen bewegt der Staat organisierte soziale Gruppen dazu, sich aus Eigeninteresse heraus gemeinwohlverträglich selbst zu regulieren. Der Staat selbst nimmt in diesem Governance-Verständnis nur eine flankierende und garantierende Rolle ein (Lehmbruch 1996, S. 740). Deshalb ist das Governance-Konzept – anders als traditionelle steuerungskonzeptionelle Überlegungen – vom Staat einerseits emanzipiert, bezieht ihn aber dennoch in angemessenem Maße mit ein (Botzem 2002, S. 18).

Bei Governance handelt es sich also um eine geregelte, aber dennoch flexible Form der Zusammenarbeit. Sie umfasst neue Verfahrensweisen, die Akteure Staat/Kommunen, Wirtschafts- und Sozialpartner und Bürgerschaft miteinander zu verbinden, und überwindet gleichzeitig die traditionellen Sektorengrenzen. Der Lösungsansatz des Governance-Modells geht davon aus, dass die aktuellen Herausforderungen auf kommunaler und sozialräumlicher Ebene von Politik und Verwaltung allein kaum zu lösen sind. Sinning (2005, S. 3) spricht von einer »Koproduktion öffentlicher Leistungen«: Dabei stehen Politik und Verwaltung vor der Aufgabe, private Akteure in die Wahrnehmung öffentlicher Aufgaben partnerschaftlich einzubeziehen. Und für die privaten Akteure stellt sich auf der anderen Seite die Anforderung, sich aktiv und miteinander kooperierend in die kommunalen Belange einzubringen.

Hill (2005, S. 573) beschreibt den Prozess als »lokale Regulation durch Konzertsteuerung« und meint damit eine Steuerung sowie Kontrolle demokratischer Prozesse und Entscheidungen mit einer sachlich, räumlich und zeitlich begrenzten Entscheidungsdelegation, indem private und gesellschaftliche Akteure von Beginn an aktiv mit eingebunden werden. Governance stellt die »Quality of Concert« her, wenn die gewählten kommunalen Vertretungen die Konzertsteuerung im Rahmen eines Koordinationsregimes sicherstellen. Governance kann somit als Prozesssteuerung für kollektives Handeln bezeichnet werden, bei dem Akteure und Organisationen miteinander verbunden und im Handeln koordiniert werden, damit gemeinsame Ziele wirkungsvoll verfolgt werden können. Governance repräsentiert in dieser Hinsicht ein Meso-Konzept, das das Zusammenwirken von privaten, öffentlichen und zivilgesellschaftlichen Ressourcen zum Gegenstand macht und das »Embedding« wirtschaftlicher sowie politischer Variablen in mediären gesellschaftlichen Strukturen des Stadtteils, der Nachbarschaft und der lokalen Institutionen wie Kirchen, Vereine etc. betont (vgl. Mayer 2005, S. 590).

Governance lässt sich insgesamt kennzeichnen durch die Kombination von vier Elementen: (1) partnerschaftliche Verhandlung unter den Beteiligten (nach der Marktlogik), (2) Bezugnahme zu hoheitlichen ordnungspolitischen Regelungen (nach der Hierarchielogik), (3) Kooperation in Netzwerkstrukturen und (4) ausgleichende faire Teilhabe der Beteiligten an den Systemstrukturen (vgl. Frey 2005, S. 561). In der praktischen Umsetzung dieses Governance-Konzepts spielen Netzwerke eine bedeutende Rolle. Neben der zeitlichen Stabilität bildet die »kooperative« Qualität von Netzwerkbeziehungen ein Erfolgskriterium.

## 3  Typen von Netzwerken

Die geregelte »Kooperation« zwischen Menschen bildet den anthropologischen Kern von sozialen Institutionen und Organisationen. Neben der internen (innerbetrieblichen) Kooperation durch Arbeitsteilung (Mikroperspektive) ist die externe (zwischenbetriebliche) Zusammenarbeit zu nennen (Mesoperspektive). Beide beruhen entweder auf implizit-stillschweigenden (informellen) oder explizit-vertraglichen (formellen) Vereinbarungen zwischen (rechtlich selbstständigen) Akteuren. Zu unterscheiden ist weiterhin eine Kooperation, die der Erstellung einer Leistung (Produkte, Dienstleistungen als Primärprozess) dient, von einer Zusammenarbeit, die keine verwertbaren Leistungen erstellt, sondern Interessen der Partner bündelt und Absprachen für eine koordinierte Leistungserstellung (als Sekundärprozess) trifft. Die Richtung der Kooperation kann dabei horizontal über Funktionsbereiche hinweg und vertikal über Hierarchiestufen verlaufen.

»Netzwerke« repräsentieren die multilaterale Form der Kooperation. Sie werden als abgegrenzte Menge von Knoten und der Menge der zwischen ihnen verlaufenden Netzlinien definiert. Die Knoten repräsentieren die Akteure und die Linien symbolisieren die Beziehungen zwischen ihnen, über die Kooperation hergestellt wird. Auf der mikrosozialen Ebene handelt es sich um »persönliche Netzwerke«; auf der meso- und makrosozialen Ebene sind Netzwerke immer »bipartit«, d. h. sowohl Organisationen als auch die sie vertretenden Personen repräsentieren die Netzwerkakteure.

Im Allgemeinen wird deshalb zwischen »natürlichen« und »künstlichen Netzwerken« unterschieden (vgl. z. B. Straus 2004): In den natürlichen Netzen werden überwiegend soziale Ressourcen gebündelt; im Zentrum des natürlichen Netzes steht das »primäre Beziehungssystem«, das nicht organisiert ist und einen informellen Charakter aufweist. Zu nennen sind die Familie, der Freundeskreis und vertraute Kollegencliquen, bei denen die Funktionen Vermittlung von Gefühlen, Aufbau von Vertrauen und Mobilisierung von Solidarität, Hilfe und Unterstützung eine Rolle spielen. Daneben gehören die »sekundären Netzwerke« zu den natürlichen Verflechtungen: Während die primären Netzwerke eine relativ hohe Stabilität in der Zeit aufweisen und von starken Bindungen geprägt sind, herrschen in den sekundären Netzen eher schwache Bindungen vor und somit auch eine größere Beziehungsflexibilität. Die Grundlage der Vernetzung bilden die Zugehörigkeit (z. B. zur Nachbarschaft) oder die Mitgliedschaft (z. B. Initiative oder Verein). Die schwachen Bindungen ermöglichen einen vielfältigen Zugang zu sozialen Ressourcen im sozialen Umfeld. In der kommunalen Daseinsvorsorge für Familien sind die natürlichen Netze Gegenstand der fachlich-professionellen Primärprozesse. Um die Effektivität und Effizienz der Unterstützung informeller Familiennetze erfolgreich gestalten zu können, sind aber auch ergänzende Sekundärprozesse erforderlich. Dazu werden die künstlichen Netzwerke gerechnet, die den natürlichen nicht kontradiktorisch, sondern unterstützend gegenüberstehen.

In den künstlichen Netzwerken werden überwiegend professionelle Ressourcen zur Bildung von Koalitionen und zur Koordination von Aktivitäten gebündelt. Sie werden auch als »tertiäre Netzwerke« bezeichnet und sind insbesondere in zwei Ausprägungen vorzufinden: Einerseits geht es um marktbasierte Kooperationen, wie sie in Unternehmensnetzen von Produzenten und ihren Zulieferern zur Anwendung kommen (Marktnetzwerke). Andererseits handelt es sich um Vernetzungen von öffentlichen, sozialwirtschaftlichen und zivilgesellschaftlichen Akteuren im Nonprofit-Sektor (Governance-Netzwerke). In Netzwerken mit Governance-Mechanismen obliegt es häufig staatlichen bzw. kommunalen Agenturen, das Netzwerk zu koordinieren, ohne die Verantwortung zur Leistungserbringung in diesem Politikbereich abzugeben. Netzwerke gewinnen prinzipiell die Bedeutung einer Infrastruktur, wenn sie stabil, also als Kollektivgut permanent verfügbar sind.

Interorganisationale Netzwerke werden in den Wirtschafts- und Sozialwissenschaften als neue Organisations- und Koordinationsform bewertet (Müller-Jentsch 2003, S. 117), weil durch die Kombination von Ressourcen Vorteile erzielt werden können. Die Tauschbeziehungen finden in wechselseitigen, sich gegenseitig bevorzugenden Handlungszusammenhängen statt; dabei verfestigen sich die Akteursbeziehungen und erhalten einen längerfristigen kooperativen Charakter.

Für die Steuerung von Netzwerken sind zwei grundsätzliche Perspektiven zu differenzieren: Die Managementaufgaben können *interorganisational* die (kooperative oder kompetitive) Steuerung *von* Netzwerken und *intraorganisational* die Steuerung von Organisationen *in* Netzwerken betreffen. Als wesentliches Erfolgskriterium kann hervorgehoben werden, dass die Steuerungsinstrumente auf diese Rahmenbedingungen zugeschnitten sein müssen. Das (a) Aufstellen von Regeln der Kooperation, (b) der Abschluss von Verträgen unter mehreren Netzwerkpartnern, (c) das Treffen von gemeinsamen Übereinkünften oder (d) die kombinierte Nutzung von Ressourcen bewegen sich beim Netzwerkmanagement immer in dem Spannungsfeld von Aushandlung, Kooperation und Wettbewerb in und zwischen Organisationen.

## 4 Handlungsbezogene Differenzierung von Netzwerkebenen

Um tertiäre Netzwerke hinreichend verstehen zu können, ist die Unterscheidung zwischen der existierenden Gesamtvernetzung und spezifischen Teilnetzwerken sinnvoll. Wir unterscheiden die beiden Ebenen »richtungsoffener« und »zweckgerichteter Netzwerke« (Schubert u. a. 2001). Die richtungsoffene Vernetzung bildet den Humus, auf dem zweckgerichtete Netzwerke gedeihen und Früchte tragen.

Richtungsoffene Netzwerke haben den Charakter kohärenter korporativer Gemeinschaften, die nicht vertikal-hierarchisch strukturiert, sondern horizontal verbunden sind. Der dauerhafte Zusammenhalt wird durch Vertrauen untereinander gefestigt. Die Kohäsion bildet sich aber auch aus, weil die Akteure gemeinsame Grundüberzeugungen im Sinne eines strategisch ausgerichteten Leitbildes und in der Form von Leitwerten entwickeln. Zweckgerichtete Netzwerke stellen eher temporäre tertiäre Verflechtungen dar, oft z. B. in Gestalt projektähnlicher operativer Kooperationen. Denn es werden definierbare bzw. definierte Aufgaben und Zwecke verfolgt. Wenn die zu bewältigende Aufgabe zu komplex ist, als dass sie von einem Akteur allein zu bewältigen wäre, initiieren bzw. koordinieren die Akteure Tauschprozesse untereinander. Voraussetzung ist, dass sie jeweils spezifische Eigenschaften haben, an denen andere interessiert sind.

Das Netzwerkmanagement erfordert für die beiden Ebenen der richtungsoffenen und der zweckgerichteten Netzwerke grundsätzlich verschiedene Arbeitsweisen. Daher ist es im ersten Schritt notwendig zu ermitteln, auf welcher Ebene gehandelt wird und welche Netzwerkform Gegenstand des Managements ist. Aus einem lokalen Kontaktsystem kann nur dann ein innovatives, aufeinander abgestimmtes Handlungssystem entstehen, wenn die Intransparenz der Kontakte aufgehoben wird und auf spezifische Netzwerkformen zugeschnittene Instrumente eingesetzt werden können.

Beim Zusammenwirken von öffentlichen, sozialwirtschaftlichen und zivilgesellschaftlichen Akteuren zur Unterstützung von Familien auf der kommunalen Ebene sind vor allem die folgenden vier Formen tertiärer Netzwerke von Bedeutung (nach Müller-Jentsch 2003, S. 125 ff.):

(1) Das »Lokale Politiknetzwerk« repräsentiert die Politikverflechtung zwischen staatlichen Instanzen, öffentlichen Einrichtungen

und Interessengruppen; sie wird von machtstarken Repräsentanten in der Kommune getragen. Die Beziehungszusammenhänge sind thematisch nach Politiksektoren begrenzt (z. B. Jugendhilfe, Stadtentwicklung, Gesundheit etc.), funktionieren als Verhandlungssysteme und koordinieren sich zu Fragen der kommunalen Daseinsvorsorge für Familien selbst.

(2) Als zweite Form kann die »Strategische Allianz« genannt werden, bei der Einrichtungen und Dienste in unterschiedlicher Trägerschaft miteinander kooperieren. Potenzielle Wettbewerber arbeiten dabei in einer horizontalen Struktur zusammen, um sich gemeinsame Wettbewerbsvorteile in einem Sektor wie z. B. der kommunalen Kinder- und Jugendhilfe zu verschaffen. Die Zusammenarbeit wird untereinander vereinbart und in vertraglicher Form abgesichert.

(3) Eng verwandt mit Allianzen sind »Kontraktnetzwerke«, die nach dem Modell des Zuliefernetzwerkes aufgebaut sind. Die Dienstleistungen für Familien werden in einer vertikalen Form der Zusammenarbeit zwischen dem kommunalen Auftraggeber auf der strategischen Ebene (z. B. Jugendamt/Fachbereich Kinder, Jugend, Familie) und sozialen Diensten bzw. Trägern vertraglich vereinbart und auf der operativen Ebene konzertiert erbracht. Dabei können trennende Ressortgrenzen überwunden werden, wenn der kommunale Auftraggeber (getragen vom Politiknetzwerk) die Weichen dafür gestellt hat. Ein aktuelles Beispiel sind die Familienzentren in Nordrhein-Westfalen und Netzwerke früher Förderung. Teilweise wird der institutionelle Einbettungskontext von besonderen Agenturen – z. B. Quartiermanagement oder Sozialraumkoordination – moderiert, um stabile Vertrauensbeziehungen herzustellen, die eine nachhaltige Kooperation unter Konkurrenten ermöglichen.

(4) Schließlich sind noch »Projektnetzwerke« zu nennen, die zeitlich befristet der Realisierung eines komplexen Vorhabens dienen. Die Zusammenarbeit erfolgt überwiegend in nicht hierarchischer Form mit weichen Steuerungsmedien. Es ist aber auch die hierarchische Form möglich, bei der ein fokaler Koordinator über harte Medien wie Verträge steuert. Für den Projektzusammenhang finden sich Akteure zusammen, die mit der Kombination wechselseitiger Ressourcen Vorteile erzielen. Mit der Kombination wechselseitiger Ressourcen in Netzwerken erzielen die beteiligten Akteure nicht nur Vorteile für sich, sondern vor allem auch für die Familien als »Kunden« in der Kommune (vgl. Sydow 1992).

Die besondere Problematik des Netzwerkmanagements in der kommunalen Daseinsvorsorge für Familien und Kinder liegt darin, dass die verschiedenen Netzwerkformen widersprüchliche Netzwerklogiken befolgen: Beispielsweise funktionieren die bestehenden Vorvernetzungen von Politiksektoren wie z.B. Jugendhilfe und Gesundheitswesen nach dem Typ des Politiknetzwerks. Die normativen Festlegungen von Leitzielen werden in einem Verhandlungs- und Entscheidungsprozess getroffen. Das Netzwerk beruht auf lose gekoppelten, persönlichen Beziehungen, insbesondere auf dem informellen Vertrauen zwischen den machtstarken lokalen Schlüsselpersonen.

Ganz anders funktioniert die Koordination und Steuerung von Dienstleistungen und Produkten eines einzelnen Ressorts wie der Jugendhilfe durch die darunterliegende strategische Managementebene der Kommunalverwaltung, die ein Gestaltungs- und Steuerungssystem darstellt (z.B. mit der Koordinationsagentur Jugendhilfeplanung). Im Rahmen von verbindlichen Vereinbarungen werden Kontraktnetzwerke zur Umsetzung von Entwicklungs- und Handlungszielen der Kinder- und Jugendhilfe in Sozialräumen oder in kinderfördernden und elternunterstützenden Einrichtungen wie dem Familienzentrum konstruiert. Das Netzwerkmanagement muss dabei einen schwierigen Spagat leisten. Die machtstrategischen Verhandlungen im Politiknetzwerk sind mit den produktstrategischen Aufgaben in der Einrichtung zu verknüpfen und abzusichern. Das Management kann dabei schnell in die Falle einer Paradoxie zwischen Markt und Hierarchie geraten. Denn einerseits sind die Akteure bzw. die moderierende Agentur eng an den hierarchisch organisierten politisch-administrativen Bereich der Kommunalverwaltung gebunden. Andererseits unterliegen sie einem Zwang, die Rolle von teilautonomen Akteuren im Netzwerk einzunehmen, obwohl die Handlungsbereiche – wie z.B. die Jugendhilfe – kaum nach Regeln eines teilautonomen Sozialmarktes funktionieren, sondern normative Vorgaben vom Politiknetzwerk enthalten. Um in diesem Wechselspiel von Kooperation und Wettbewerb die Orientierung behalten zu können, muss das Netzwerkmanagement den Einsatz von Instrumenten auf die Netzwerkform zuschneiden.

## 5 Netzwerke als neue Organisationsform

Seit den 1990er-Jahren setzen sich Netzwerke als neue Organisationsform durch, weil sie Brücken zwischen den operativen Inseln schlagen können. Ein bekanntes Beispiel ist das Management marktbasierter Netzwerke, die als sogenannte »Wirtschaftscluster« um Schlüsselbereiche herum einen kommunikationsintensiven wirtschaftlichen Komplex bilden. Am Beispiel der vertikalen Produktionsverbünde in der Mobilitätswirtschaft wurde gezeigt, dass vor allem aus den Formen der zwischenbetrieblichen Zusammenarbeit positive externe Effekte resultieren (vgl. Brandt u. a. 2002). Die produzierenden Unternehmen haben sich vermehrt von der Leistungsfähigkeit ihrer Zulieferer abhängig gemacht, weil diese als Systempartner in das Produktionsnetz eingebunden wurden. Der Austausch in Wirtschaftsclustern bietet dem einzelnen Unternehmen Verbundvorteile; denn die Transaktionskosten werden gesenkt, der Innovationsaustausch gefördert und die Qualität der Leistungen gesteigert.

Dieses Prinzip der Kooperationsnetzwerke in der Mobilitätsindustrie wird gegenwärtig auf das Zusammenwirken der Akteure in der kommunalen Daseinsvorsorge für Familien – durch die Verknüpfung der Kinder- und Jugendhilfe mit den Schulen und dem Bildungsbereich, mit dem Gesundheitswesen und mit Verbänden sowie anderen zivilgesellschaftlichen Akteuren – übertragen. Mit der Definition von Schnittstellen, der kooperativen Entwicklung gemeinsamer »Produkte« in »Systempartnerschaft« und der gegenseitigen Abstimmung ihrer Dienstleistungen hilft die Netzwerkorganisation, die Defizite traditioneller Organisationsmuster zu beseitigen (vgl. Scott 2003).

Der Trend zur Bildung von Netzwerken als neue Organisationsform vollzieht sich international und global. Die beteiligten Akteure können ihre Ressourcen bündeln, ihre Kapazitäten verknüpfen und ihr Leistungsspektrum erweitern. Die Netzwerkorganisation dient dabei auch der Bewältigung des sozialen und technischen Wandels und den damit verbundenen Unsicherheiten und Risiken: Die kleinen und mittleren Betriebe der Zulieferungsnetzwerke in der Mobilitätsindustrie haben über Abstimmungen im Netzwerk die hohe Umweltkomplexität bei der Produktion von Fahrzeugen reduziert. Die hierarchische Bürokratie der Kommunalverwaltung, die sich immer schon komplexen Umwelten ausgesetzt sah, aber in einer

»stabilen Welt« bisher nur standardisierte Routinehandlungen vollzog, entwickelt sich aktuell auch in die Richtung der Netzwerkorganisation weiter. Denn die Maßnahmen der »öffentlichen Hand« können – angesichts der Vielfältigkeit und des fortwährenden Wandels der Familienformen und der Lebenssituationen von Familien – nicht mehr nach einem immer und überall gleichen Schema erfolgen. Die kommunale Organisation muss in der Lage sein, unter den Bedingungen schneller Veränderungen spezifische und zeitgemäße örtliche Lösungen herbeizuführen.

Die Kopplung zuvor isolierter Organisationseinheiten zu Netzen versetzt die Beteiligten in die Lage, variabel auf den Anstieg der Geschwindigkeit der Erneuerungszyklen des Wissens und Handelns zu reagieren. Der Informationsfluss und die Interaktion werden nach Bedarf und nicht nach einem starren Hierarchiemodell organisiert. Qualitätsvoller bearbeitet werden auch die Schnittstellen der professionellen Akteure, weil die funktional getrennten Spezialisten der Fachbereiche bei der Anwendung des Wissens im Alltag von Familien nun ihre gegenseitigen Abhängigkeiten berücksichtigen müssen.

Vor diesem Hintergrund liegt eine Stärke der Netzwerkorganisation in ihrer hohen und schnellen Anpassungsfähigkeit an den Wandel der Bedingungen. Sie ist insbesondere für die (sozialräumliche) Arbeit im Rahmen der kommunalen Daseinsvorsorge für Familien und Kinder von hohem Wert, da Kompetenzen und Wissen der Ressorts, die an den Familien unterstützenden Prozessen beteiligt sind, an verschiedenen Orten in Netzwerken zielgesteuert und flexibel verbunden werden können.

## 6 Steuerung von Netzwerken in der Kinder- und Jugendhilfe

Die Steuerung von tertiären Netzwerken in der Kinder- und Jugendhilfe ist grundsätzlich schwierig. Zwei Kernprinzipien der interorganisationalen Steuerung können hervorgehoben werden: die Dezentralisierung und die Quer-Koordination (Bolman/Deal 1997).

(1) Der Bedarf nach Dezentralisierung steigt mit der Komplexität der Vielfalt familialer Bedarfssituationen in den verschiedenen Lebenssituationen und Sozialräumen. Solche vielfältigen lokalen Konstellationen lassen sich besser dezentral als zentral unterstützen.

Durch eine dezentrale Organisation kann beispielsweise am besten auf den raumspezifischen sozialen und kulturellen Wandel in einem Stadtteil bzw. im Umfeld einer Einrichtung reagiert werden.

(2) Die Quer-Koordination betont die horizontale Kooperation, um die Interdependenz der lokalen Organisationseinheiten bei der Erfüllung von Aufgaben bzw. Kundenwünschen in der kommunalen Daseinsvorsorge für Familien zu nutzen. Durch eine »kreuzfunktionale« Koordination entsteht ein Zusammenspiel bisher isolierter funktionaler Prozesse, sodass die Qualität des gesamten Dienstleistungszusammenhangs in den Blick genommen und verbessert werden kann. Um den Zeitaufwand für die Abstimmung der Dienstleistungen und Produkte gering zu halten, ist es allerdings erforderlich, so wenige Akteure (Personen, Organisationen etc.) wie möglich in den Netzwerkprozess einzubeziehen.

Ein weiterer wichtiger Aspekt besteht darin, die Netzwerkarbeit nicht auf die operative Ebene »abzuschieben«. Es ist im Gegenteil notwendig, dass alle Steuerungsebenen komplementär zusammenwirken:

(1) Die Politiknetzwerke und ihre Gremien müssen in der Kommune die normative Verantwortung übernehmen. Dazu müssen die Leitziele der kommunalen Daseinsvorsorge für Familien konkretisiert und die generellen Zielrichtungen programmatisch festgelegt werden. Für die Realisierung dieses Orientierungsrahmens sind die oberen Instanzen des sogenannten »Top-Managements« (auf der kommunalen Ebene der Stadt- oder Gemeinderat) konstitutionell verantwortlich. Sie müssen die dezentralen Strukturen der Netzwerkarbeit normativ absichern (Strukturqualität).

(2) Die strategische Verantwortung liegt bei den Fachbereichen der Kommunalverwaltung. Auch sie müssen sich verwaltungsintern stärker zueinander öffnen und vernetzen, damit mit den dezentralen Akteuren integrierte – d.h. die Ressorts übergreifende – Ziele für die Felder Ressourcen (Input), Produkte (Output) und Wirkungen bzw. Ergebnisse (Outcome) vereinbart werden. Es wird auch Verantwortung für die Strukturqualität übernommen, indem Informationen bereitgestellt werden, die Rückmeldung und Evaluation der Ergebnisse erfolgt und die notwendige kreuzfunktionale Verbindung der Fachbereiche hergestellt wird.

(3) Vor Ort – d.h. z.B. dezentral in den Sozialräumen der Familien – wird die operative Verantwortung getragen. Hier sind die räumliche Querkoordination der Akteure verschiedener Ressorts,

der Aufbau zielorientierter kleiner Handlungsnetze um elternunterstützende und kinderfördernde Einrichtungen herum sowie die Produkt- und Ergebnisverantwortung anzusiedeln.

Damit die Vernetzung nicht im »Rauschen« eines unübersichtlichen Geflechts vieler beteiligter Akteure unkenntlich wird, ist eine Netzwerkarchitektur mit drei Handlungsebenen notwendig:

(1) Auf der ersten Ebene werden aus dem gesamten Vernetzungsfeld der kommunalen Daseinsvorsorge für Familien die aktivierbaren Potenziale gewonnen.

(2) Über den strategischen Prozess von Information, Abstimmung und Zusammenwirken bilden sich auf der dritten Handlungsebene zu einzelnen Themen und Entwicklungsaspekten horizontale Verbünde von relativ überschaubaren Akteursgeflechten heraus. Solche lokalen Verbünde konstituieren sich als Projekt- oder Kontraktnetzwerke oder strategische Allianzen und setzen einzelne thematische Entwicklungen oder Dienstleistungen zielorientiert um. Diese kleinen handlungsorientierten Netzwerke besitzen die relativ autonome »Zuständigkeit« zur Erfüllung der gewählten Aufgaben und weisen somit ein hohes Maß an dezentraler Entscheidungskompetenz auf.

(3) Dazwischen befindet sich als vermittelnd die Koordinationsebene; d. h. eine Koordinationsagentur organisiert das Netzwerk zur integrativen Bündelung der Kräfte und Leistungen. Ihr Netzwerkmanagement dient dazu, die professionellen Möglichkeiten der beteiligten Träger, Einrichtungen und intermediären Akteure zu verbinden. Außerdem zielt es darauf, die vorhandenen Entwicklungspotenziale im Quartier zu wecken, zu aktivieren und zu unterstützen. Im Zusammenspiel der drei Ebenen muss eine Balance zwischen den Eigenaktivitäten der Akteure und der koordinierenden Steuerungsebene angestrebt werden.

## 7  Koordinationsagenturen als zentrales Erfolgskriterium

Für die Umsetzung von abgestimmten Dienstleistungsprozessen in der kommunalen Daseinsvorsorge für Familien und Kinder wurde als Standard formuliert, die Verantwortlichkeiten zwischen freien Trägern und dem öffentlichen Träger trennscharf nach der Verfahrens- und Durchführungsverantwortung zu differenzieren (vgl. Schubert/Spieckermann 2004). Zur Verfahrensverantwortung gehört insbesondere auch die Sicherung der Netzwerkkoordination: Der öffentliche Träger muss dafür Sorge tragen, dass die Vernetzung der verschiedenen strategischen und operativen Akteure über Koordinationsagenturen (z. B. in der Stadtverwaltung) unterstützt und integriert wird. Er muss die Umsetzung der strategisch ausgehandelten Ziele auf der operativen Ebene über ein differenziertes Kontraktmanagement begleiten. Diese Koordinationsaufgaben können verknüpfende Stellen – wie z. B. die Jugendhilfeplanung und die Sozialplanung – innerhalb der Stadtverwaltung leisten.

Auf der Ebene der einzelnen elternunterstützenden und kinderfördernden Einrichtungen im Sozialraum werden qualifizierte Führungspersonen und Koordinationskräfte gebraucht, die die Vernetzung und Kooperation herzustellen und abzusichern vermögen. In den Führungsaufgaben sind die funktionalen Standards der Fachbereiche und die horizontalen Kooperationsanforderungen lösungsorientiert zu integrieren. Es muss beispielsweise gelernt werden, Ursachenanalysen bei Nicht-/Teilerreichung von kontraktierten Zielen und ein standardisiertes Verfahren der Ergebniskontrolle durchzuführen. Zu entwickeln ist dafür eine Kultur des Vereinbarens statt des Verordnens. Dazu gehört auch die Beherrschung von Methoden der Kenntnisnahme, des Lobs und der Anerkennung von dezentral erbrachten Leistungen. Die Führungs- und Koordinationskräfte müssen dahin gehend weiterqualifiziert werden, die fachlichen und räumlichen Entwicklungsprozesse in regulären Folgezyklen – z. B. jährlich – zu steuern und zu strukturieren.

Anforderungen an die Kommune als verfahrensverantwortliche Koordinationsinstanz bei der Kooperation zwischen Organisationen und Akteuren werden auch in rechtlichen Rahmenbedingungen zur Voraussetzung erhoben und als Qualitätsstandard gesetzt. Dabei zeigt sich sehr deutlich, dass die Kommune die Verantwortung für eine nachhaltige Koordination von Netzwerken in der kommunalen Familienpolitik zu tragen hat: Das SGB VIII fordert auf zur Zusammenarbeit der öffentlichen Jugendhilfe mit der freien Jugendhilfe (§ 4 SGB VIII) und zur Bildung von Arbeitsgemeinschaften, in denen die anerkannten Träger der freien Jugendhilfe sowie die Träger geförderter Maßnahmen vertreten sind (§ 78 SGB VIII), um geplante Aktivitäten aufeinander abzustimmen und sich gegenseitig zu ergänzen. In § 81 SGB VIII wird explizit formuliert: Die Träger der öffentlichen Jugendhilfe sollen mit anderen Stellen und öffentlichen Einrichtungen, deren Tätigkeit sich auf die Lebenssituation junger Menschen und ihrer Familien auswirkt, zusammenarbeiten (insbesondere Schulen, Schulverwaltung, Einrichtungen/Stellen der beruflichen Aus- und Weiterbildung, des öffentlichen Gesundheitsdienstes, der Bundesagentur für Arbeit, Träger anderer Sozialleistungen, Gewerbeaufsicht, Polizei-, Justiz- und Ordnungsbehörden, Einrichtungen der Aus-/Weiterbildung für Fachkräfte und der Forschung).

Die Kooperation in der Kommune soll insgesamt darauf ausgerichtet sein, dass sich die Tätigkeiten der öffentlichen Träger und der freien Wohlfahrtspflege zum Wohle der Leistungsberechtigten wirksam ergänzen; zum Beispiel bei der Zusammenarbeit zwischen Jugendhilfe und Schule (vgl. z. B. § 7 Kinder- und Jugendförderungsgesetz NRW). Personelle, räumliche, finanzielle Ressourcen sollen zusammengelegt, Kompetenzen und Zugänge zu Kindern und Jugendlichen verbunden werden. In der Kooperation werden die bisher zergliederten Funktionsbereiche verbunden und orientieren sich an den Prozessen in der Lebenswelt von Kindern und Jugendlichen sowie in Stadtteil und Gemeinde. Damit die sozialen Dienstleistungen in einer Kommune in dieser Weise vernetzt gesteuert werden können, sollten die örtliche Jugendhilfeplanung und die kommunale Sozialplanung den Prozess begleiten und unterstützen: Sie können Bestandsaufnahmen der Infrastruktur und der Produkte vornehmen sowie die Bedürfnisse von Bevölkerungs-/Zielgruppen wie etwa Kindern, Jugendlichen und Familien im Sozialraum erheben, um auf dieser Grundlage den Handlungsbedarf abzuleiten sowie die erforderliche Netzwerkarbeit zu koordinieren (vgl. z. B. Landschaftsverband Rheinland 2007).

Die planmäßige und zielorientierte Koordination von Akteuren zur Erstellung eines Netzwerks zum Erbringen gemeinsam abgestimmter materieller oder immaterieller Leistungen der Daseinsvorsorge für Familien ist somit als Kernaufgabe der Kommune erkennbar. Am deutlichsten wird das im Kinder- und Jugendhilfegesetz, wo es heißt: »Junge Menschen sollen in ihrer individuellen und sozialen Entwicklung gefördert, ihre Benachteiligungen vermieden oder abgebaut, Eltern und andere Erziehungsberechtigte bei der Erziehung beraten und unterstützt sowie Kinder und Jugendliche vor Gefahren für ihr Wohl geschützt werden; eine kinder- und familienfreundliche Umwelt soll für junge Menschen und ihre Familien erhalten oder geschaffen werden« (§ 1 SGB VIII). Im § 79 SGB VIII wird dazu konkretisiert, dass die Träger der öffentlichen Jugendhilfe dabei die Gesamt- und Planungsverantwortung haben. Zu dieser Verantwortung sind zukünftig auch Koordinationsaufgaben in den Sozialräumen sowie in den elternunterstützenden und kinderfördernden Einrichtungen zu rechnen, die der zeitlichen, vertikalen, horizontalen und sachlichen Verknüpfung von isolierten sozialen Dienstleistungen zu einem systemaren Ganzen dienen.

## 8 Literatur

Bolman, Lee G./Deal, Terrence E. (1997): Reframing Organizations. Artistry, Choice, Leadership. 2. Auflage. San Francisco

Botzem, Sebastian (2002): Governance-Ansätze in der Steuerungsdiskussion. WZB discussion paper FS I 02 – 106. Berlin. [Online] Verfügbar unter: www.wz-berlin.de/publikation/discussion_papers/discussion_papers _amb.de.htm [05.07.2007]

Brandt, Arno/Franz, Ulf-Birger/Klodt, Thomas/Schubert, Herbert/Spieckermann, Holger/Steincke, Manfred (2002): Perspektiven der Mobilitätswirtschaft in der Region Hannover. Gutachten über die Vernetzung der Mobilitätswirtschaft, hrsg. v. Region Hannover: Beiträge zur regionalen Entwicklung Nr. 97. Hannover

Frey, René L. (2005): Von der Wirtschaft lernen? Governance als Managementaufgabe. In: Informationen zur Raumentwicklung, Heft 9/10, S. 559–565

Fürst, Dietrich (2003): Regional Governance zwischen Wohlfahrtsstaat und neo-liberaler Marktwirtschaft. In: Katenhusen, I./Lamping, W. (Hrsg.): Demokratien in Europa. Opladen, S. 251–268

Gaitanides, M. (1983): Prozeßorganisation, Entwicklung, Ansätze und Programme prozeßorientierter Organisationsgestaltung. München

Hill, Hermann (2005): Urban Governance und lokale Demokratie. In: Informationen zur Raumentwicklung, Heft 9/10, S. 567–574

Keupp, Heiner/Röhrle, Bernd (Hrsg.) (1987): Soziale Netzwerke. Frankfurt am Main/New York

Landesjugendamt Rheinland (2007): Netzwerk Frühe Förderung (NeFF). Projektbeschreibung. [Online] Verfügbar unter: www.lvr.de/jugend/ fuer+jugendaemter/neff/ [05.07.2007]

Lehmbruch, Gerhard (1996): Der Beitrag der Korporatismusforschung zur Entwicklung der Steuerungstheorie. In: Politische Vierteljahresschrift, 37. Jg., Heft 4, S. 735–751

Mayer, Margit (2005): Das Konzept des Sozialkapitals in der stadtpolitischen Diskussion. In: Informationen zur Raumentwicklung, Heft 9/10, S. 589–597

Mayntz, Renate/Scharpf, Fritz W. (1995): Steuerung und Selbstorganisation in staatsnahen Sektoren. In: Mayntz, R./Scharpf, F. W. (Hrsg.): Gesellschaftliche Selbstregelung und politische Steuerung. Frankfurt am Main

Müller-Jentsch, Walther (2003): Organisationssoziologie. Frankfurt am Main/New York

Porter, Michael E. (2000): Wettbewerbsvorteile (Competitive Advantage): Spitzenleistungen erreichen und behaupten. 6. Auflage. Frankfurt am Main

Schubert, Herbert (2005 a): Netzwerkmanagement. In: Schubert, Herbert (Hrsg.): Sozialmanagement: Zwischen Wirtschaftlichkeit und fachlichen Zielen. 2. Auflage. Wiesbaden, S. 187–210

Schubert, Herbert (2005 b): Sozialer Raum und Aktivierung. SOZIALEXTRA – Zeitschrift für soziale Arbeit und Sozialpolitik, 29. Jg., Heft 7/8, S. 32–39

Schubert, Herbert/Spieckermann, Holger (2004): Standards des Quartiermanagements: Handlungsgrundlagen für die Steuerung einer integrierten Stadtteilentwicklung. Köln

Schubert, Herbert/Fürst, Dietrich/Rudolph, Ansgar/Spieckermann, Holger (2001): Regionale Akteursnetzwerke. Analysen zur Bedeutung der Vernetzung am Beispiel der Region Hannover. Opladen

Scott, W. Richard (2003): Organizations – Rational, Natural, and Open Systems. 5. Auflage. Upper Saddle River

Sinning, Heidi (2005): Strategien zum Ausbau der Selbstorganisation der ImPuls-Region Erfurt-Weimar-Jena – Megatrend Urban und Regional Governance. FH Erfurt. [Online] Verfügbar unter: www.impulsregion.de/bericht2005/FHE_MegatrendUrbanRegionalGovernanceREK.pdf [05.07.2005]

Straus, Florian (2004): Soziale Netzwerke und Sozialraumorientierung. IPP-Arbeitspapiere Nr. 1, Universität München. [Online] Verfügbar unter: www.ipp-muenchen.de/texte/ap_1.pdf [05.07.2007]

Sydow, Jörg (1992): Strategische Netzwerke. Evolution und Organisation. Wiesbaden

Vahs, Dietmar (2003): Organisation: Einführung in die Organisationstheorie und -praxis. 4. Auflage. Stuttgart

# Grundlinien einer Finanzierungsarchitektur für Familienzentren/Eltern-Kind-Zentren
## Stefan Sell

> *Der folgende Beitrag erörtert Familienzentren/Eltern-Kind-Zentren auf der Grundlage des hoch professionalisierten Institutionstypus »Kindertageseinrichtung«. Familienzentren im Spektrum von selbsthilfeorganisierten Mütterzentren haben andere gesetzliche Vorgaben und Rahmenbedingungen, die in diesem Beitrag nicht berücksichtigt werden.*

»Häuser für Kinder und Familien« (Peucker/Riedel 2004), »Orte für Kinder und Familie« (Seehausen 2007), »Eltern-Kind-Zentren« (Diller 2006), »Familienzentren« (Hensen/Rietmann 2007) ... So vielgestaltig wie die Überschriften sind auch die Anforderungen und Zuschreibungen an eine neue Generation von Einrichtungen, die zugleich ihre insulare Existenz aufgeben sollen, um in einem Netzwerk mit vielen anderen »relevanten« Akteuren im Sozialraum zugunsten der Kinder und ihrer Eltern wirken zu können.

Hierfür bedarf es der Sicherstellung geeigneter und ausreichender Ressourcen und wie so oft hängt die Finanzierungsfrage wie ein Damoklesschwert über den neueren Entwicklungen.[1] Und es ist ebenso wenig überraschend, dass das Verhältnis der Beiträge, die sich mit inhaltlichen Fragen einer Ausgestaltung von Familienzentren[2] befassen, zu denen, die sich mit der Finanzierung beschäftigen, extrem ungleichgewichtig zuungunsten der Finanzierungsfragen ausgeformt ist.

---

1 Das Damoklesschwert wird in völlig unterschiedlichen Kontexten als das Bild einer allgegenwärtig bestehenden Gefahr in einer ansonsten präferierten Situation gebraucht. Auf den vorliegenden Sachverhalt übertragen ist damit gemeint, dass eine fehlende, zu niedrige oder an der falschen Stelle ansetzende Finanzierung die bedeutsamen Komponenten der Weiterentwicklung von Kindertageseinrichtungen zu Zentren mit einer erweiterten kinderfördernden und elternunterstützenden Ausrichtung behindert, wenn nicht sogar zu reinen Etiketten degenerieren lässt.

2 Im Folgenden wird hier auch der durchaus umstrittene Terminus »Familienzentren« verwendet, wobei explizit darauf hingewiesen sei, dass der Begriff aufgrund seiner derzeitigen faktischen Umsetzung in Nordrhein-Westfalen (vgl. hierzu z. B. Braun 2006) nicht nur konkret besetzt ist, sondern aus fachlicher Sicht viele richtige Kritiken und Einwände gegen die Art und Weise der Umsetzung vorgebracht worden sind und werden. Vor diesem Hintergrund geht es hier primär um einen kategorialen Arbeitsbegriff und nicht um eine Anbindung an den nordrhein-westfälischen Weg.

Dies ist vor dem besonderen Hintergrund der Entscheidungsparameter im politischen Raum doppelt problematisch. Zum einen werden im Regelfall strukturelle wie inhaltliche Entscheidungen nachrangig auf der Basis gegebener Budgets operationalisiert – mit der dann häufig zu beobachtenden Folge, dass die tatsächliche Umsetzung nur noch wenig mit dem ambitionierten ursprünglichen Zielekatalog zu tun hat – und zum anderen besteht aufgrund der fehlenden oder nur defizitären Verknüpfung fachlicher Standards mit entsprechenden Geldbeträgen die Gefahr, dass es im Zuge eines neuen Programms oder der Installierung einer neuen Institution zu faktischen Qualitätsverlusten in einer an sich schon mangelhaften Praxis kommt.

Insofern lohnt ein Blick zurück auf die Grundlagen der Finanzierung, bevor man in die konkrete Diskussion, wie es denn gehen könnte, einsteigt.

Aus einer rein betriebswirtschaftlichen Sicht sei an dieser Stelle deutlich hervorgehoben, dass Finanzierung immer nur eine »dienende Funktionalität« hat. Vorgängig sind die Unternehmens- oder Organisationsziele zu betrachten und die dort richtigerweise angesiedelten strategischen Grundsatzentscheidungen. Sind diese getroffen und hierarchisiert, folgt in einer anschließenden Phase die Anfrage an das Finanzierungssystem, ob eine Realisierung grundsätzlich möglich erscheint und wenn ja, unter welchen Bedingungen sie umgesetzt werden kann. Die Finanzierung bildet betriebswirtschaftlich immer die Kehrseite der Medaille Investition.

In einem der grundlegenden Lehrbücher zur allgemeinen Betriebswirtschaftslehre findet sich das folgende Zitat: »Investitions- und Finanzierungsentscheidungen sind untrennbar miteinander verbunden. Jeder – vorsichtige – Häuslebauer weiß: Mit dem Erdaushub beginnt man erst, wenn die Gesamtkosten (= Investitionsvolumen) prognostiziert sind und die Finanzierung gesichert ist« (Wöhe 2002, S. 600).

Man kann die ganze Logik, die sich hinter diesem »nachgelagerten« Verständnis von Finanzierungsfragen in der betriebswirtschaftlichen Hierarchie verbirgt, für einen konkreten Entscheidungsprozess in ein Korsett unterschiedlicher Fragen einbetten, die am Ende eine Annäherung an die Antwort liefern, ob und in welchem Umfang man eine bestimmte Investition wagen soll oder eben nicht. Daran anschließend stellen sich dann operative Fragen der Art und Weise der Finanzierung.

Aus diesem Korsett an Fragen ergeben sich hinsichtlich der hier interessierenden Bildungs-, Betreuungs- und Erziehungseinrichtungen vier zentrale Fragestellungen, die im Vorfeld einer Entscheidung zu beantworten wären (vgl. Abbildung 1).

Abbildung 1: Die »4-W-Fragen« zur Finanzierung

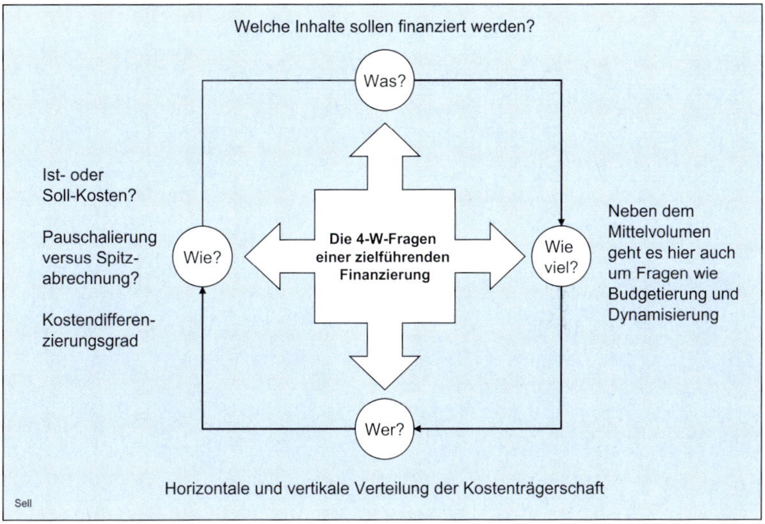

```
                    Welche Inhalte sollen finanziert werden?
                              Was?

Ist- oder
Soll-Kosten?                                          Neben dem
                                                      Mittelvolumen
Pauschalierung      Die 4-W-Fragen      Wie           geht es hier auch
versus Spitz-   Wie? einer zielführenden viel?        um Fragen wie
abrechnung?         Finanzierung                      Budgetierung und
                                                      Dynamisierung
Kostendifferen-
zierungsgrad

                              Wer?
Sell         Horizontale und vertikale Verteilung der Kostenträgerschaft
```

Quelle: Sell

Am Anfang muss die grundlegende, strategische Frage stehen, welche Inhalte in und mit einem Familienzentrum realisiert werden sollen; es handelt sich also gleichsam um die »Geschäftsphilosophie«. Familienzentren bzw. Eltern-Kind-Zentren »leisten einen innovativen Beitrag zur Anpassung der sozialen Infrastruktur an veränderte familiäre Bedarfe. Sie verknüpfen die Angebote der Kindertageseinrichtungen mit den Angebotssegmenten der Familienbildung, -unterstützung und -förderung. Damit wollen sie die historisch gewachsene Verinselung fachspezifischer Angebotssegmente überwinden und die getrennten Sphären öffentlicher und privater Bildungsorte in einem integrierten Gesamtkonzept zusammenführen. Eltern-Kind-Zentren wollen bedarfsgerechte, integrierte Angebote entwickeln, mit denen Bildungs- und Entwicklungsprozesse von Kindern gefördert und Eltern/Familien unterstützt werden. An der Schnittstelle von Kindertageseinrichtung, Familienbildung und

Familienhilfe entstehen bedarfsgerechte und niedrigschwellige Zugänge, durch ein Konzept der institutionellen Öffnung werden institutionsspezifische Angebote in einem Gesamtkonzept integriert. Mit dem Anschluss an zusätzliche regionale Angebote und eingebettet in lokale Strukturen kann ein breit gefächertes Unterstützungssystem aufgebaut werden, das Familien fördert und aktivierende Impulse im Gemeinwesen setzt« (Diller 2006, S. 14). Es geht – aus einer einrichtungsbezogenen Perspektive – um eine zweifache Öffnung der Kindertageseinrichtungen – eine interne[3] wie auch eine externe[4] Öffnung auf der Grundlage einer möglichst konsequent sozialräumlichen Ausrichtung der Arbeit.

Sowohl der Integrationsansatz in einem Feld »versäulter« und im Regelfall voneinander stark separierter Angebote wie auch der explizite sozialräumliche Bezug der Arbeit bedingen eine Reihe von derzeit noch nicht gelösten ordnungspolitischen Fragen, von denen zwei hier nur beispielhaft angerissen werden sollen:

- Es kann unter bestimmten Angebotsbedingungen[5] ein Spannungsverhältnis zwischen der geforderten Sozialraumorientierung der Familienzentren und einem zugleich geforderten Wettbewerb zwischen den Einrichtungen geben. Dies kann sich zu einem Dilemma der Gleichzeitigkeit von Kooperation und Konkurrenz ausformen. Dieses Spannungsverhältnis wird teilweise verschärft durch die neueren Entwicklungen auf der Seite der Finanzierungssysteme von Kindertageseinrichtungen, so bei den Systemänderungen in Hamburg und Berlin (Gutscheinsysteme), in Bayern (mit der »kindorientierten Finanzierung«) oder aktuell in Nordrhein-Westfalen mit der Einführung von »Kindpauschalen«. Denn in diesen Finanzierungskontexten intensiviert sich der Wettbewerb zwischen den Kitas durch die Scharfstellung auf tatsächlich in Anspruch genommene Betreuungsplätze und die Abhängigkeit der Einrichtungsfinanzierung von der unmittel-

---

3 Beispiele hierfür sind variable Nutzung von Betreuungszeiten, Altermischung und Alterserweiterung (vor allem hinsichtlich der unter dreijährigen Kinder), offene Gruppenarbeit.
4 Beispiele hierfür sind offene Angebote für Kinder, Eltern und Familien aus dem Wohnfeld, die nicht zu den »normalen« Nutzern der Einrichtung zählen, Vernetzung mit anderen Angeboten im Stadtteil.
5 Gemeint ist hier die Fallkonstellation, dass innerhalb eines Sozialraums mehrere Kitas miteinander konkurrieren und angesichts rückläufiger Kinderzahlen auch stärker miteinander konkurrieren (müssen). Dies kann natürlich eine Quelle erzwungener Nichtkooperation sein. Offensichtlich ist dies in städtischen Regionen heute zunehmend der Fall. Besteht hingegen ein lokales enges Angebots-Oligopol oder gar eine monopolistische Positionierung, dann stellt sich eher das »Aktivierungsproblem« für die weiterreichenden Aufgaben, die mit einem Familienzentrum verbunden sind.

baren Nachfrage, die nicht mehr wie früher durch eine auf Gruppen- und Platzfinanzierung basierende Einrichtungsfinanzierung abgefedert wird. Wenn nun eine bestimmte Einrichtung zu einem Familienzentrum »aufgewertet« und dies – wie in Nordrhein-Westfalen – dann auch noch anschaulich mit einem »Gütesiegel« abgebildet wird, dann besteht die Gefahr, dass andere Einrichtungen gezwungen sind, einen Teil ihrer Energie neben einer Kooperationsverweigerung auch in die Abwertung des Konkurrenten zu investieren, um nicht abgehängt zu werden.

- Ein strukturell durchaus ähnlich gelagertes Dilemma findet sich aufseiten des Trägers der öffentlichen Jugendhilfe. Eigentlich haben die Jugendämter ein ganz originäres Interesse an einer koordinierenden Steuerung der Ausdifferenzierung der sozialräumlich ausgerichteten Angebote und der – auch finanzierungsseitigen – Förderung der Familienzentren. Zugleich wurde ihnen aber auch im Kinder- und Jugendhilfegesetz die Aufgabe zugewiesen, die Eltern über alle Kindertageseinrichtungen nicht nur zu informieren, sondern beispielsweise hinsichtlich der pädagogischen Konzepte und ihrer Unterschiede aktiv zu beraten (§ 24 Abs. 4 SGB VIII). Erschwerend kommt hinzu, dass der öffentliche Jugendhilfeträger grundsätzlich eine nicht unproblematische Zwitterrolle hat angesichts der Tatsache, dass er selbst als Anbieter mit eigenen Einrichtungen auf dem Markt vertreten ist.

Besonders relevant für die mit dem Was, also den Inhalten verbundenen Finanzierungsfragen ist der Grad der Integration (und der damit verbundenen tatsächlichen Auffächerung der Produkt- und Dienstleistungstiefe in der Einrichtung): Pointiert formuliert geht es um die Frage, ob »nur« ein Netzwerk über bereits bestehende Anbieter von Leistungen sowie Strukturen gelegt werden soll – oder ob in dem Zentrum eine Vielzahl an neuen Dienstleistungen angeboten und Strukturen aufgebaut werden sollen, woraus dann natürlich auch ganz andere Anforderungen z. B. an die Vorhaltung von Personal und Räumen resultieren würden.

Das hier angesprochene Spektrum kann man sich verdeutlichen, wenn man die Typologie der Zentren rekapituliert, wie sie von Diller (2006) vorgelegt worden ist:

| »Kindertageseinrichtung Plus« | Kooperationsmodelle | Zentrumsmodell[6] |
|---|---|---|
| Fallbezogene, präventive oder situative Angebote in der Kindertageseinrichtung. Dieser Organisationstypus ist am weitesten verbreitet aufgrund der flächendeckenden Verbreitung der Tageseinrichtungen. | Unterschiedliche Träger verständigen sich auf ein gemeinsames (Rahmen-)Konzept, und die Koordination der unterschiedlichen Angebote liegt häufig beim Träger der öffentlichen Jugendhilfe. | Angebote »unter einem Dach« im Sinne ihrer vertikalen und horizontalen Integration. Auch der Ansatz der Mehrgenerationenhäuser folgt konzeptionell der Zentrumsidee. |

Man kann diese Typologie auch anders formulieren – und damit zugleich anschlussfähig machen an analoge Entwicklungslinien in anderen Bereichen wie der Ausdifferenzierung der »integrierten Versorgung« im Gesundheitssystem, wo es um vergleichbare Integrationsprobleme »versäulter« Angebotsstrukturen geht, bis hin zu der Diskussion über »one stop agencies« in der lokalen Arbeitsmarktpolitik im Sinne der ursprünglich angedachten integrierten Jobcenter: Es geht letztendlich um die Frage, ob man eine »light«-Variante im Sinne der »Kindertageseinrichtung Plus« oder aber die »full size«-Variante im Sinne des Zentrumsmodells anstrebt – oder am Ende dann doch nach dem Motto des »muddling through (realities)« agiert.

Der Großteil der gegenwärtigen Umsetzungsversuche bewegt sich zwischen dem »Kindertageseinrichtung Plus«- und dem Kooperationsmodell. Verdeutlicht werden soll dies am Beispiel dreier Bundesländer:

| Nordrhein-Westfalen | Hamburg | Brandenburg |
|---|---|---|
| Die landesweite Implementierung von Familienzentren[7] gestaltet sich hier als Förderung einer Weiterentwicklung eines Einrichtungstyps (immerhin 30 % aller Kitas als Zielgröße) und weniger als Netzwerkförderung. | Eltern-Kind-Zentren in Hamburg mit der Zielgruppe Familien mit Kindern unter drei Jahren und einem Migrationshintergrund sind als niedrigschwelliges, offenes Treffpunkt-, Beratungs- und Förderangebot im Stadtteil in einer Kita konzipiert.[8] Die Zentren in Hamburg haben eine hoch selektive Ausrichtung: Kinder unter drei und Familien mit Migrationshintergrund. | Hier wurde mit den ELKIZE (Eltern-Kind-Zentren) ein Modellprogramm des Landes aufgelegt, bei dem es primär um die Förderung des Netzwerksaufbaus vor Ort geht, unterstützt durch »ÜBIK« (Überregionale Beratungs-, Informations- und Kommunikationsstelle).[9] Allerdings geht es hier um lediglich 16 Standorte und es gibt auch keine starke freie Trägerlandschaft wie z. B. in NRW. |

---

6 Diller (2006, S. 26) weist darauf hin, dass das Zentrumsmodell so gut wie nie aus Kindertageseinrichtungen heraus entstanden ist, sondern – wenn – aus Mütterzentren oder anderen Einrichtungen der Familienbildung.
7 Vgl. auch www.familienzentren.nrw.de

Das ist alles übrigens keine wirklich neue Diskussionslinie. Bereits im Umfeld der Fachdiskussion über die »Häuser für Kinder« in Nordrhein-Westfalen[10] wurde eine vergleichbare Typologie vorgelegt – und bereits damals wurde auch die Finanzierungs(system)frage zumindest aufgeworfen. Braun (2002) verweist auf die beiden Grundformen:

- »Kinder-Kombi-Modelle«: Hier geht es um die Altersmischung in den Einrichtungen, die Aufnahme der unter Dreijährigen und die Öffnung nach oben (Hortkinder) sowie das Angebot von Spielgruppen und auch von Tagespflege. Ein Teil dieser Leistungen – gerade im Bereich der Spielgruppen und der Tagespflege – wäre über Elternbeiträge von den Nutzern anteilig oder voll zu finanzieren.
- »Öffnungsmodelle«: Hier geht es neben der Öffnung hin zu den Familien auch um eine Öffnung den Menschen im Sozialraum gegenüber (Stichwort Nachbarschaftshaus), gegenüber der Jugendhilfe und dem Jugendamt im Besonderen sowie gegenüber anderen Institutionen im Sozialraum (z. B. einem Altenheim).

Wenn man diese primär den insularen und geschlossenen Charakter der Kindertageseinrichtung sowohl gegenüber den Kindern wie auch nach außen öffnenden Modelle konzeptionell zu »Häusern für Familien« weiterentwickelt, dann ergeben sich »gravierende Konsequenzen« für die Finanzierung dieser Zentren: »Haus für Familien«. Die hier charakteristische räumliche und personelle Integration – im Sinne eines Miteinander und nicht nur eines Nebeneinanders – bedingt die Zusammenführung der Finanzierungsleistungen für Familien, also der Verfügbarmachung der Landesmittel für Familienbildung und der kommunalen Mittel für erzieherische Hilfen, als »präventive Investition« in diesen Einrichtungen – womit wir auch gleich bei einem wesentlichen Grund dafür sind, dass dieses weitreichende Modell kaum Fuß gefasst hat.

Gehen wir im Folgenden bei der Frage der praktischen Ausgestaltung also von der realistischen, erwartbaren Variante eines

---

8 Typische Angebote sind offene Eltern-Kind-Clubs, Spiel- und Lernstunden für Kinder unter drei, Eltern-Kind-Gruppen im Sinne einer praktischen Hilfestellung für die Eltern sowie Elternbildungs-, Informations- und Beratungsangebote.
9 Vgl. hierzu auch www.uebik.de (im Aufbau).
10 Neben »Häuser für Kinder« wurde auch von »Kinderhaus« oder »Evangelisches Familienhäuschen« (vgl. Braun 1999) gesprochen.

»Familien- bzw. Eltern/Kind-Zentrums light« aus, das sich im Kern durch zwei große Bereiche auszeichnet, die mindestens abgedeckt werden müssen:
- zum einen die Vernetzung in den Sozialraum und damit verbunden die Aufgabe des Netzwerkmanagements seitens der Leitungskräfte,
- zum anderen eine intensivere Form der Zusammenarbeit mit den Eltern und hierbei vor allem der Eltern, die man auf den »klassischen Wegen« einfach nicht oder nur sehr punktuell erreicht.[11] In diesem Zusammenhang steht auch eine (personalintensive) Ausweitung der präventiv ausgerichteten Angebote bis hin zu Hausbesuchen in bestimmten Familien.

Allein mit dieser »nur« zweidimensionalen Ausrichtung des Familienzentrums sind finanzierungsrelevante Ressourcenfragen verbunden, die systematisch eingefangen und abgebildet werden müssen:

(1) Hinsichtlich der Sozialraumorientierung ist als Minimalstandard zu fordern, dass die Leitungskräfte der Zentren voll freigestellt sein müssen, um die vielfältigen Funktionalitäten der geforderten Vernetzungsarbeit abdecken zu können – was aber in den meisten Bundesländern aus den jeweiligen Kita-Gesetzen heraus nicht möglich ist. Entweder sind Freistellungen gar nicht normiert oder wenn, dann sehr restriktiv. Kontrafaktisch zu dieser Minimalforderung sind sogar die bestehenden – bereits hinsichtlich der Kernfunktionen der Kindertageseinrichtungen völlig unzulänglichen – Freistellungsregelungen für Leitungskräfte in Kindertageseinrichtungen in Nordrhein-Westfalen mit dem nunmehr verabschiedeten neuen Kita-Gesetz (KiBiz) im Vergleich zum alten GTK nochmals verschlechtert worden – und das in einem Kontext, in dem die Einrichtungen neben dem massiven Ausbau der Betreuung der unter Dreijährigen auch noch mit einer zunehmenden »bildungspolitischen Aufladung« konfrontiert werden, woraus allein schon erheblich größere Steuerungs- und Koordinierungsaufgaben für die Leitungen erwachsen.

Es muss an dieser Stelle darauf hingewiesen werden, dass die immer schon sehr ausgeprägte Diskrepanz zwischen Theorie und

---

11 Dies ist doch die eigentliche »hidden agenda«, die hinter den Familien- oder Eltern-Kind-Zentren steht, und in Hamburg wird der Auf- und Ausbau der Zentrenstrukturen auch konsequent auf die Gruppe der Eltern mit Migrationshintergrund ausgerichtet. Die Wurzeln liegen in der deutschen Rezeption der Blaupausen aus Großbritannien in Form der englischen Early Excellence Centres, die mittlerweile zu »Children Centres« weiterentwickelt werden – auch hier ist die Bewegung in so genannten »sozialen Brennpunkten« entstanden.

Praxis im Elementarbereich in den vergangenen Jahren trotz der lauten gesellschaftlichen Debatte über eine (eigentlich notwendige) Aufwertung des Bereichs der frühkindlichen Bildung und Betreuung deutlich zugenommen hat. Ein Blick auf die nackten Zahlen verdeutlicht die kontrafaktisch zur allgemeinen Diskussion gelagerte tatsächliche Entwicklung: Alle Akteure sind sich zumindest hinsichtlich der Leitungskräfte der Kitas einig, dass diese gestärkt und verstärkt werden müssen, um die neuen Flexibilitäts- und Qualitätsanforderungen »managen« zu können. Betrachtet man nun allein den Zeitraum zwischen den Jahren 2002 und 2006, dann zeigt die offizielle Statistik den verheerenden Befund, dass sich die größten – negativen – Verschiebungen bei den Einrichtungsleitungen ergeben haben: Die Zahl derjenigen, die die Funktion der Einrichtungsleitung als überwiegende Tätigkeit ausüben, hat sich innerhalb von nur vier Jahren von 19.600 im Jahr 2002 um nahezu ein Drittel auf 13.480 reduziert (–31,5 % in vier Jahren) – und das bei einer gleichbleibenden Zahl von Kindertageseinrichtungen (48.200). Parallel dazu verringerte sich ihr Anteil an allen pädagogisch Tätigen von 5,7 % auf 3,8 %. Trotz der zunehmend komplexeren Aufgabenstellungen schon im Kernbereich der Kitas müssen Leitungsaufgaben damit mehr und mehr nebenher geleistet werden. Erschwerend hinzu kommt die enorme Varianz der Leitungsfreistellung je nach Bundesland. Die Leitungsquote[12] – also der Anteil der Einrichtungsleitungen an allen Beschäftigten in den Kindertageseinrichtungen – variiert zwischen 6,3 % und 0,4 %. Diese an sich schon viel zu niedrig dimensionierten Werte lassen für zusätzliche und weitaus komplexere Steuerungs- und Koordinierungsaufgaben im Gefolge der Ausweitung zu einem Familienzentrum ceteris paribus keinen fachlich vertretbaren Raum.

---

12 Der »hohe« Wert für Nordrhein-Westfalen mit einer Leitungsquote von 5,3 % verdeutlicht den bereits angedeuteten Vorbildcharakter, den das bisherige GTK in der Frage der Leitungsfreistellung *im Bundesländervergleich* hatte. Umso ärgerlicher sind die Verschlechterungen mit dem nun verabschiedeten neuen Kita-Gesetz.

Abbildung 2: Anteil der Einrichtungsleitungen an allen Beschäftigten in den Kindertageseinrichtungen im Jahr 2006

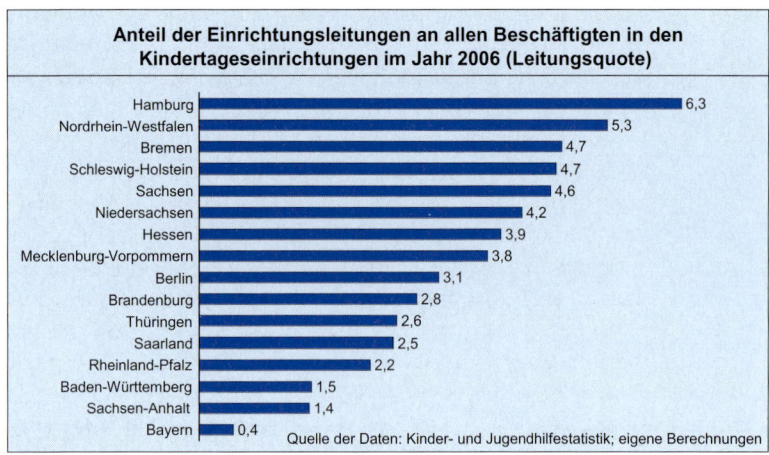

Quelle der Daten: Kinder- und Jugendhilfestatistik; eigene Berechnungen

In Nordrhein-Westfalen, wo flächendeckend Familienzentren implementiert werden sollen, gab es im alten GTK Freistellungsregelungen, die z.B. bei zwei Tagesstättengruppen oder bei vier Kindergartengruppen (ohne Über-Mittag-Betreuung) eine Freistellung vorsahen. Rechnet man die im neuen Kita-Gesetz des Landes vorgesehenen prozentualen Regelungen um, dann verschlechtert sich die Gruppenrelation hinsichtlich der Freistellung z.B. von zwei auf vier Tagesstättengruppen. Interessant sind auch die (Um-)Verteilungseffekte der Neuregelung in NRW: Kleine Einrichtungen, die bislang auch keine anteilige Freistellung hatten, werden nun insofern bessergestellt, als dass sie nun zumindest einige Stundenkontingente für Leitungsaufgaben (finanziert) bekommen. Auch sehr große Einrichtungen profitieren. Zu den eindeutigen Verlierern gehören aber die mittelgroßen Einrichtungen – und gerade diese Einrichtungen sind in der Gruppe der zukünftigen Familienzentren überdurchschnittlich stark vertreten, da kleine Kitas erst gar nicht die Voraussetzungen mitbringen, und es sehr große Einrichtungen gibt. Von den Piloteinrichtungen werden über die Hälfte Leitungskapazitäten verlieren.

Schon jetzt zeigen sich wieder erhebliche Unterschiede zwischen den einzelnen Bundesländern. Während in Nordrhein-Westfalen die

Familienzentren monatlich 1.000 € bekommen ohne Anschubfinanzierung und ohne zusätzliches Personal oder Freistellungen, geht Hamburg bei seinen Eltern-Kind-Zentren einen anderen Weg: Die Finanzierung erfolgt additiv zur üblichen Kita-Finanzierung im Gutscheinsystem. Neben einer einmaligen Anlauffinanzierung in Höhe von 20.000 € für Einrichtung und Fortbildung gibt es eine monatliche Förderung von 4.030 € für Sachmittel und Personalkosten. Die Personalkosten ergeben sich aus acht Stunden für die Einrichtungsleitung und 19,2 Stunden für zusätzliches pädagogisches Personal.[13]

(2) Auch hinsichtlich der geforderten und überaus sinnvollen intensiveren Zusammenarbeit mit den Eltern, der Integration der Erziehungs-, Familien- und Lebensberatung und der wünschenswerten Ausweitung präventiver Angebote gibt es eine klar erkennbare »Flaschenhals-Problematik« von heute bereits unterdimensionierter Infrastruktur. Dies wird schon ersichtlich, wenn man nur die Quantitäten der beiden Bereiche Kindertageseinrichtungen auf der einen Seite und Erziehungs-, Familien- und Lebensberatung zusammen mit der Eltern- und Familienbildung vergleichend gegenübergestellt – wobei die folgende Gegenüberstellung nur als ein Beispiel für die grundlegende Aufgabe einer Kalkulation hinsichtlich aller Kooperationspartner der Zentren fungieren kann und soll. Generell ist zu erwarten, dass die notwendigen spezialisierten Dienste, aber auch die sozialräumlich koordinierenden Kapazitäten gerade dann, wenn wie in NRW eine Flächendeckung angestrebt wird, nicht annähernd ausreichend zur Verfügung stehen.[14]

| Kindertageseinrichtungen | Erziehungs-, Familien- und Lebensberatung sowie Eltern- und Familienbildung*) |
|---|---|
| 48.201 Einrichtungen | 2.159 Einrichtungen |
| 353.015 (pädagogisch tätige) Beschäftigte<br>■ 143.015 Vollzeit<br>■ 210.000 Teilzeit | 10.470 Beschäftigte<br>■ 4.019 Vollzeit<br>■ 6.451 Teilzeit |

*) Hierzu gehören Erziehungs- und Familienberatungsstellen (EFBs), Erziehungs- und Lebensberatungsstellen (ELBs), Jugendberatungsstellen nach § 11 SGB VIII sowie Eltern- und Familienbildungseinrichtungen.
Basis der Daten: Kinder- und Jugendhilfestatistik 2006

---

13 Und diese Personalkosten beziehen sich auf ein Aufgabenspektrum, das weitaus genauer und enger definiert ist als beispielsweise die Erwartungen in NRW an die Familienzentren und die von diesen zu erbringenden Leistungen.
14 Ganz praktisch gilt das z. B. in Nordrhein-Westfalen für die Einrichtungen, die in der zweiten oder dritten Ausbauphase zu Familienzentren werden (sollen), wenn einfach keine Kooperationspartner mehr vorhanden sind, weil diese kapazitätsmäßig bereits durch die erste Generation gebunden sind.

Die Beratungsstellen selbst befinden sich in einem durchaus schmerzhaften strukturbezogenen Entwicklungsprozess, der die Kooperationsfähigkeit zumindest einschränkt. »Nicht nur aus betriebswirtschaftlicher Sicht sind die heutigen Beratungsstellen unterdimensioniert. Dies gilt auch für die notwendige Abbildung der Beratungskomplexität, die ... zunehmend in multiperspektivischen Teams erfolgen wird. Notwendig wäre also eine Zusammenfassung zu deutlich größeren Beratungseinheiten, in denen dann auch erst die möglichen funktionalen Spezialisierungen mit entsprechenden Effizienzvorteilen realisiert werden können. Dieses Erfordernis gilt ganz besonders bei Integration des präventiven Ansatzes in das Regelleistungsspektrum ... Die Entwicklung [der Erziehungs-, Familien- und Lebensberatung] hat seit den 70er-Jahren zu abgeschlossenen Organisationseinheiten geführt; hinzu kommt im Regelfall eine geringe Personalstärke der einzelnen Beratungsstellen.[15] Man kann durchaus von einer Überdezentralisierung der Betriebsabläufe in diesem wichtigen Beratungssegment sprechen. Seit einigen Jahren gibt es eine erkennbare Entwicklungslinie in Richtung integrierte Beratungsstellen, wobei sich sowohl die Integration von Diensten wie auch die Größe des Verbundes als positive Wirkfaktoren erweisen.« (Sell 2007, S. 10).[16] Allerdings geht es hier nicht um eine eindimensionale Strategie des Größenwachstums im Sinne von Zentralisierung und Fusionierung. Gerade vor dem Hintergrund der sehr kleinteiligen und dann hinsichtlich der Trägerschaft auch sehr pluralen Beratungslandschaft liegt die Zukunft sicherlich auf der (idealtypischen) Entwicklungsachse von Institutionen hin zu Netzwerken – wobei sich für die Verantwortlichen das Problem stellt, dass sie nur dann der sukzessiven Überführung ihrer Beratungsdienste in solche Netzwerke zustimmen dürfen, wenn sich diese durch strukturelle Merkmale wie Verlässlichkeit, Verbindlichkeit und Fachlichkeit auszeichnen, was derzeit gerade bei den Familienzentren (noch) auf gar keinen Fall gegeben ist.

Berücksichtigt man außerdem, dass beispielsweise die für Familienzentren hoch relevante Erziehungsberatung in ihren gegebenen –

---

15 Die durchschnittliche Personalstärke in diesem Bereich liegt bei 3,5, mit drei Fachkräften.
16 Aus strategischer Sicht müssten die Beratungsdienste, die sich in einem derartigen Umbauprozess befinden, sehr genau austarieren, ob und vor allem bis zu welchem Grad sie sich auf eine Öffnung nach außen hin zu den Angeboten in Familienzentren und im Sozialraum einlassen. Eine Kooperationsverweigerung kann nur schwer begründet werden und entspricht auch nicht dem Selbstverständnis der Fachkräfte. Allerdings muss man aufpassen, seinen eigenen Markenkern nicht durch »Verflüssigung« in den Sozialraum zu verlieren.

in der theoretischen Diskussion nicht selten als zugangsverengende Komm-Strukturen kritisierten[17] – Beratungsstellen enorme Wachstumsraten produziert, dann muss man schon die Frage stellen, wie die Fachkräfte in diesen Einrichtungen nun auch noch die überaus personalintensive Arbeit einer »Expansion in den Sozialraum« leisten sollen. So ist die Zahl der beendeten Erziehungsberatungen im Jahr 2006 mit 311.000 um 30 % gegenüber dem Jahr 1996 angestiegen ohne eine gleichzeitige Entsprechung bei den personellen und finanziellen Ressourcen der Erziehungsberatung.

Man kann sich die gegebene Problematik einer erheblichen Unterversorgung in den bestehenden Strukturen mit einem Blick auf die Daten verdeutlichen:

**Unterschiedliche Vorgaben für die Versorgungsdichte mit Erziehungsberatung und die tatsächliche Versorgungsdichte in West- und Ostdeutschland**

| Soll-Vorgaben | | | Reale Versorgungsdichte | |
| --- | --- | --- | --- | --- |
| WHO-Empfehlung aus dem Jahr 1956 | Empfehlung der Jugendminister aus dem Jahr 1973 | Bundeskonferenz für Erziehungsberatung (bke) | Durchschnitt Westdeutschland | Durchschnitt Ostdeutschland |
| 4 bis 5 Fachkräfte je 45.000 Einwohner | 3 Fachkräfte je 50.000 Einwohner | 4 Fachkräfte je 10.000 Kinder und Jugendliche*[)] | 79.000 Einwohner je Erziehungsberatungsstelle **[)] | 66.000 Einwohner je Erziehungsberatungsstelle**[)] |

\*) Die bke-Empfehlung entspricht umgerechnet (da sie mit einer anderen Nennergröße arbeitet als WHO- und Jugendministerkonferenz-Empfehlungen) in etwa der Vorgabe der WHO aus dem Jahr 1956.
\*\*) Durchschnittliche Besetzung der Erziehungsberatungsstelle: 3 Fachkräfte.

Die Gegenüberstellung Soll–Ist verdeutlicht, dass derzeit noch nicht einmal annähernd die Empfehlung der Jugendministerkonferenz aus dem Jahr 1973 erreicht wird, geschweige denn die Standards der WHO und der bke.

Was resultiert daraus für das Projekt Familienzentren? Auf alle Fälle die Erkenntnis, dass schon rein quantitativ nicht gehofft werden kann, dass die Berater nur aus ihren Beratungsstellenstrukturen herausgelöst werden müssen, um denn eine Beratungsarbeit in den Sozialräumen leisten zu können. Hinzu kommen dann auch noch

---

17 Für einen diesen oft zitierten und aus dem 8. Jugendbericht stammenden Vorwurf wesentlich differenzierter behandelnden Zugang vgl. die Beiträge in Zimmer/Schrapper (2006). So argumentiert darin beispielsweise Kirst (2006, S. 84), dass es eher um eine Bewegung auf der Achse von der »Nur-Komm-Struktur« hin zu einer »Auch-Geh-Struktur« gehen sollte. Sie äußert zudem Zweifel an der Empfehlung, vor allem auf Prävention zu setzen und das klassische Beratungssetting zu verlassen.

qualitative Restriktionen, vor allem wenn es bei Familienzentren explizit oder implizit um Familien mit einem »problematischen« Hintergrund geht. So haben erst knapp 11 % der Erziehungsberatungsstellen ein umfassendes Konzept der Arbeit in sozialen Brennpunkten bzw. mit sozial Benachteiligten erarbeitet und ganz am Anfang steht die Auseinandersetzung mit neuen methodischen Zugängen wie der »aufsuchenden Familientherapie« (Heekerens 2007, S. 23). Hinsichtlich der weiteren Ausgestaltung einer grundsätzlich unverzichtbaren Integration der hoch professionellen Beratungsdienste gibt es derzeit erst wenige, in der konzeptionellen Entwicklungsphase befindliche Überlegungen. So fragt Diller (2007, S. 10), ob zusätzliche »mobile Beratungsteams« eine Möglichkeit wären, die Kooperationsbedarfe der Einrichtungen zu bedienen. Eine andere Möglichkeit (vgl. hierzu Sell 2007) wäre, dass die knappen und hoch spezialisierten Fachkräfte aus den Beratungsstellen weniger in die Präventionsarbeit in der Fläche gehen, sondern dass sie gezielt eingesetzt werden, in einem Multiplikatorenmodell ausgewählte pädagogische Fachkräfte aus den Einrichtungen zu qualifizieren und zu begleiten, um über diesen Weg eine Diffusion beraterischer Teilkompetenzen in die Zentren hinein zu generieren.

Für die Finanzierungsfrage des »Wie viel« bedeutet dies derzeit vor allem, dass wir eine genaue Leistungsbeschreibung benötigen, aus der das Volumen der fallunabhängigen wie auch der fallbezogenen Arbeit mit den Kindern und den Eltern ersichtlich wird. Eines ist aber sicher: Die bestehenden »versäulten« Systeme sind erheblich unterfinanziert gemessen an den wenigen Standards, die wir haben. Der Ansatz der Familienzentren ist nun grosso modo ein Ansatz der Leistungsausweitung – man denke hier nur an die personalintensive präventive Arbeit in den Settings wie Kita, Schule oder Quartier – und nicht primär wie beispielsweise im Gesundheitswesen durch die dort angestrebte Auflösung der Abschottung ambulant-stationär mit entsprechenden Doppel- und Mehrfachstrukturen der Diagnostik und Therapie auf Effizienzsteigerung durch Rationalisierung der Leistungserbringung ausgerichtet. Daraus folgt eine erhebliche Erhöhung der Budgetsumme, die man zur Verfügung stellen müsste (wenn nicht lediglich ein neues Etikett auf die bestehende Infrastruktur geklebt werden soll).

Die »Wer«-Frage der Finanzierung ist hoch brisant und von fundamentaler Bedeutung, wenn man denn als Ausgangspunkt für die weitere Entwicklung von Familienzentren die Kindertageseinrichtungen sieht: Es geht hier abstrakt gesprochen um die horizontale und vertikale Verteilung der Kostenträgerschaft. Grundlegend ist hier die bekannte[18] Problematik einer völlig verzerrten Verteilung der Kosten und Nutzen der Kindertagesbetreuung im Sinne einer einseitigen, zu starken Belastung der Kommunen und der zu geringen Kostenbeteiligung der Länder und vor allem des Bundes (und der Sozialversicherungsträger), die (bislang) nicht bzw. nur marginal an der Finanzierung der Kindertageseinrichtungen beteiligt sind. Der aktuelle »Krippen-Kompromiss« zwischen Bund und Ländern hat jetzt endlich einen ersten Einstieg des Bundes in die Mitfinanzierung der Kitas gebracht und hierbei auch der Betriebskosten der Einrichtungen, wenn auch technisch fragwürdig geregelt und natürlich noch völlig unterdimensioniert. Aus finanzierungssystematischer Sicht ist der niedrige Anteil der Bundesmittel, der in die Betriebskostenfinanzierung fließen soll (1,85 Mrd. € für den Zeitraum 2008 bis 2013), zu beklagen. Auf der anderen Seite bieten die mit 2,15 Mrd. € dotierten Investitionsmittel mit Blick auf das Thema Familienzentren natürlich auch enorme Chancen, wenn es um die Schaffung der notwendigen räumlichen Voraussetzungen für »echte« Familienzentren geht, so wie das derzeit auch mit zahlreichen Neubauten in Großbritannien bei der Umsetzung des »Children Centres«-Programm passiert.

Die ganze Entwicklungslinie einer Neuordnung der Basisfinanzierung der Kindertageseinrichtungen im Sinne einer Entzerrung der »schrägen« Kostenträgerschaft muss weiter ausgebaut werden, damit überhaupt Freiheitsgrade der Ausweitung des Leistungsspektrums seitens der Familienzentren gewonnen werden können. In der jetzigen Situation mit der Hauptfinanzierungslast bei den Kommunen und einem nunmehr im SGB VIII verankerten Rechtsanspruch auch für die unter dreijährigen Kinder auf einen Betreuungsplatz ab dem Jahr 2013 werden die Gemeinden und Städte bereits mit dem quantitativen Ausbau der »normalen« Betreuung mehr als gefordert sein und von daher alle weiteren kostenintensiven Erweiterungen vermeiden bzw. verhindern. Dies hier angedeutete strukturell bedingte Abwehrverhalten gegenüber neue Finanzbedarfe auslösenden Leistungen manifestiert sich konkret in den Handlungsempfehlungen des Deutschen Vereins (2006) zum Thema »Niedrigschwelliger Zugang zu familienunterstützenden Angeboten in Kommunen«. Diese Empfehlungen –

---

18 Vgl. nur als Beispiel aus der einschlägigen Literatur Sell (2004).

so die Verfasser – »sollen … Möglichkeiten aufzeigen …, wie mit den vorhandenen Ressourcen leicht zugängliche Angebote für Familien geschaffen werden können« (Deutscher Verein 2006, S. 83) – auch die Familien- bzw. Eltern-Kind-Zentren werden hier genannt.

Insofern ist die Lösung des föderalen Finanzierungsproblems vorgängig zu sehen für die abschließende Frage nach dem »Wie« der Finanzierung. Hier geht es um höchst diffizile technische Fragen einer konkreten Ausgestaltung des Finanzierungssystems, z. B. hinsichtlich der Frage, ob Ist- oder Sollkosten zugrunde gelegt werden, ob die auszuzahlenden Beträge pauschaliert oder aber auf der Basis einer Spitzabrechnung der tatsächlichen Kosten bereitgestellt werden sollen und auch die Frage nach dem Kostendifferenzierungsgrad muss hier gestellt und modelliert werden.

Zum jetzigen Zeitpunkt können nur die ersten groben Umrisse eines Finanzierungssystems gezeichnet werden. Die derzeitige Situation ist bei Diller (2006, S. 57 f.) beschrieben worden:

- Sehr oft erfolgt die zusätzliche Finanzierung als eine Eigenleistung des Trägers.
- In verschiedenen Fällen gibt es eine Anschubfinanzierung über ein Modellprojekt, wodurch sich naturgemäß das Problem der Anschlussfinanzierung stellt.
- Relativ häufig gibt es einen Ressourcen-Mix aus Projektmitteln aus verschiedenen Töpfen und Förderprogrammen, kommunalen Beiträgen, Sponsorgeldern, Arbeitsbeschaffungsmaßnahmen, Zivildienstleistenden usw. Eine solche Mischfinanzierung setzt in der Regel ein großes Geschick aufseiten der Leiter/innen der Kindertageseinrichtungen und/oder die Unterstützung durch externe Experten (z. B. Stadtteilmanager) voraus.
- Bei Kursen und einigen anderen Angeboten kommen auch Beiträge der Eltern selbst hinzu.

Die Rechercheergebnisse berichten auch von – typischen – Konflikten zwischen den unterschiedlichen Finanzierungsrichtlinien: »Zusätzliche Hürden sind unterschiedliche Finanzierungslogiken zwischen Familienbildung und Kita. So wurde berichtet, dass die Familienbildungsinstitution ihr Angebot in der Kita nicht durchführen konnte, da nach dem Erwachsenenweiterbildungsgesetz zehn Teilnehmer für die Durchführung einer Veranstaltung erforderlich sind, eine Teilnehmerzahl, die für ein niedrigschwelliges Angebot in der Kita zu hoch ist« (Diller 2006, S. 58).

Ein *zielführendes Finanzierungssystem* muss gerade vor diesem Hintergrund der beschriebenen Probleme vor allem eines sicherstellen: Verlässlichkeit, Verbindlichkeit und Fachlichkeit. Das wird nur gelingen,
1. wenn das Finanzierungssystem eines Familienzentrums auf einer ausreichenden *Basisfinanzierung* der das Zentrum tragenden Einrichtung aufgesetzt wird. Insofern ist es schon mehr als bedenklich, dass in Nordrhein-Westfalen, wo »Familienzentren« flächendeckend eingeführt werden sollen, parallel ein neues Kindertagesstättengesetz verabschiedet wird, dessen Kern aus einem partiellen Systemwechsel von der gruppenbezogenen Einrichtungsfinanzierung hin zu einer pauschalierten Pro-Kind-Finanzierung – und die dann auch noch auf der Basis der tatsächlich in Anspruch genommenen Betreuungszeit – besteht. Während man auf einer zweiten Schiene über das anspruchsvolle Konstrukt der Familienzentren diskutiert und die Kitas als Bildungseinrichtungen aufwerten will, reduziert man das Finanzierungssystem auf die in Anspruch genommene Betreuung, ohne die Bildungs- und Erziehungsfunktionalitäten der Einrichtungen auch nur ansatzweise abzubilden. Das ist schon ein echter Rückschritt und wird in der Konsequenz aufgrund des erhöhten Trägerrisikos und auch der zusätzlichen Unruhe in den Einrichtungen in Kombination mit einer strukturellen Unterfinanzierung dem Anliegen der Familienzentren nicht dienlich sein.
2. wenn tatsächlich in Anspruch genommene Einzelleistungen wie z. B. fallbezogene Beratungen über ein *Fallpauschalensystem* auf der Grundlage einer Leistungsvereinbarung abgerechnet werden (*Leistungsentgelte*), wie wir sie aus dem »klassischen« Jugendhilfebereich kennen[19], und
3. wenn dem Familienzentrum ein *Budget* zur Verfügung gestellt wird, aus dem u. a. die fallunspezifische, präventive Arbeit sowie die Overheadkosten für Management und Steuerung des Zentrums bis hin zu der erforderlichen Weiterbildung der eigenen Fachkräfte finanziert werden können. Dabei ist darauf zu achten, dass man im Lichte der Erfahrungen mit hoch differenzierten Mittelzuweisungen ein *globales Zentrumsbudget für die Gesamt-*

---

19 Hier wird dafür plädiert, die vertragliche Regelung der Leistungsentgelte auf der Grundlage der §§ 78a ff. SGB VIII auszugestalten, die ursprünglich für die erzieherischen Hilfen eingeführt worden sind, die aber landesrechtlich ohne Weiteres ausgeweitet werden können auf den hier interessierenden Bereich der Arbeit in den Zentren.

*heit der nicht einzelfallbezogenen Leistungen und der Administration* bekommt, über dessen konkrete Verteilung (z. B. zwischen Honoraren für eingekaufte Leistungen bis hin zur Qualifizierung des Personals) das Zentrum mit möglichst hohen Freiheitsgraden entscheiden können muss, um die erforderliche Flexibilität vor Ort zu erhöhen bzw. zu stabilisieren. Hinsichtlich der Kriterien wie Verlässlichkeit, Verbindlichkeit und Fachlichkeit wird es wichtig sein, sowohl die Leistungsentgelte wie auch das Zentrumsbudget mit der Regelfinanzierung der öffentlichen Kinder- und Jugendhilfe zu verknüpfen. Steuerung wie auch Kontrolle dieser Anbindung kann über die Jugendhilfeausschüsse geleistet werden. Von strategisch wie praktisch zentraler Bedeutung wird ein ausreichend ausgestattetes globales Zentrumsbudget sein, denn eine der wichtigsten, zugleich aber auch aufwendigsten Aufgaben ist der Aufbau und die Pflege von Kooperationsbeziehungen mit den Partnern im Sozialraum.[20] Das kann man erstens nicht en passant erledigen und zweitens braucht man gewisse materielle Ressourcen, um praktische Vernetzungsarbeit gestalten zu können.

Ohne Zweifel wird der zukünftigen Finanzierung der Zentren »back office« eine *hoch komplexe Mischfinanzierung*[21] zugrunde liegen, die aber im »front office«-Bereich, also in den eigentlichen Zentren, wieder verdichtet werden muss zu einem handhabbaren Instrument wie dem hier vorgeschlagenen globalen Zentrumsbudget in Kombination mit der Einzelleistungsvergütung über Fallpauschalen.

## Literatur

Braun, Ulrich (1999): Kompetenzzentrum »Evangelisches Familienhäuschen 2010«. Ein (Zukunfts-)Konzept stellt sich vor. In: Kita aktuell NRW, Heft 10, S. 205–206

---

20 Vgl. hierzu auch Diller (2007), die bereits in ihrem Titel – wenn auch mit einem eher rhetorisch zu verstehenden Fragezeichen versehen – von Kooperation und Vernetzung als »Achillesferse der Familienzentren« spricht.

21 Und hierbei darf es nicht nur um Mittel der Kinder- und Jugendhilfe gehen, sondern auch andere Quellen bieten sich für die Finanzierung an – so beispielsweise die Verknüpfung mit den Eingliederungsmitteln aus dem SGB II-Bereich sowie zukünftig die Inanspruchnahme von Mitteln aus dem zu erwartenden Präventionsgesetz.

Braun, Ulrich (2002): »Haus für Kinder« – Kita-Konzept der Zukunft? In: Kita aktuell NRW, Heft 3, S. 68–69

Braun, Ulrich (2006): Die Zukunft der Kitas sind Familienzentren! In: Kita aktuell NRW, Heft 2, S. 31–34

Deutscher Verein (2006): Niedrigschwelliger Zugang zu familienunterstützenden Angeboten in Kommunen. Handlungsempfehlungen des Deutschen Vereins. In: NDV, Heft 2, S. 77–87

Diller, Angelika (2006): Eltern-Kind-Zentren. Grundlagen und Rechercheergebnisse. München

Diller, Angelika (2007): Kooperation und Vernetzung: Die Achillesferse der Familienzentren? In: Jugendhilfe-Report, Nr. 3, S. 5–10

Heekerens, Hans-Peter (2007): Aufsuchende Familientherapie von der Erziehungsberatungsstelle aus. In: Theorie und Praxis der sozialen Arbeit, Nr. 4, S. 19–23

Hensen, Gregor/Rietmann, Stephan (Hrsg.) (2007): Tagesbetreuung im Wandel. Das Familienzentrum als Zukunftsmodell. Wiesbaden: VS Verlag für Sozialwissenschaften (i. E.)

Kirst, Simone (2006): »Öffnung der Erziehungsberatung?« In: Zimmer, Andreas/Schrapper, Christian (Hrsg.): Zukunft der Erziehungsberatung. Herausforderungen und Handlungsfelder. Weinheim/München, S. 71–86

Peucker, Christian/Riedel, Birgit (2004): Häuser für Kinder und Familien. Recherchebericht. München

Seehausen, Harald (2007): »Orte für Kinder und Familie«. Sozialpädagogische Antworten in der Wissensgesellschaft. In: Kita aktuell, Ausgabe HRS, Heft 7/8, S. 148–151

Sell, Stefan (2004): Der volkswirtschaftliche Nutzen der Kinderbetreuung, in: Henry-Huthmacher, Christine (Hrsg.): Jedes Kind zählt. Neue Wege der frühkindlichen Bildung, Erziehung und Betreuung (Konrad-Adenauer-Stiftung: Zukunftsforum Politik, Nr. 58). St. Augustin. S. 52–73

Sell, Stefan (2007): Weg vom klassischen Berater. Die Nachfrage nach Beratungsleistungen wird weiter ansteigen. Doch es treten auch Anbieter von fragwürdiger Kompetenz in diesen Wachstumsmarkt ein. In: Neue Caritas, Heft 18, S. 9–11

Wöhe, Günter (2002): Einführung in die Allgemeine Betriebswirtschaftslehre. 21., neubearb. Auflage. München

Zimmer, Andreas/Schrapper, Christian (Hrsg.) (2006): Zukunft der Erziehungsberatung. Herausforderungen und Handlungsfelder. Weinheim/München

# Familien und Familienpolitik im Sozialraum
Klaus Peter Strohmeier

## 1 Familienpolitik am Anfang des 21. Jahrhunderts ist Bevölkerungspolitik

Der fünfte Familienbericht der Bundesregierung (Bundesministerium für Familie und Senioren 1994) im Jahre 1994 hat gemäß Franz-Xaver Kaufmanns These die *strukturelle Rücksichtslosigkeit* von Politik, Wirtschaft und Gesellschaft als eine der Hauptursachen für den Wandel der privaten Lebensformen und der Familie ausgemacht. Strukturelle Rücksichtslosigkeit, so war die Botschaft, gefährdet das *Humanvermögen* und damit die sozialen Existenzgrundlagen unserer Gesellschaft. Diese Rücksichtslosigkeit eine *strukturelle* zu nennen, impliziert eine gewisse Unvermeidlichkeit und möglicherweise auch Erwünschtheit solcher Vernachlässigung. Entsprechend nachrangig ist jahrzehntelang das Politikfeld *Familie* besetzt gewesen, und bei der Etablierung eines Familienministeriums in der Bundesrepublik in den 1950er-Jahren sprach der Soziologe Helmut Schelsky sogar von der »Mission einer Landplage« (Schelsky 1954).

Der Geburtenrückgang der 1960er- und 1970er-Jahre, dessen *Echowirkungen* in den 1990er-Jahren nicht mehr zu übersehen waren, ebenso wie der Einbruch der Geburtenzahlen in den neuen Bundesländern ab Oktober 1990 haben der Familienpolitik in Deutschland erstmals wirkliche Konjunktur beschert. Auch wenn das heute niemand so nennen mag, Familienpolitik in Deutschland am Anfang des 21. Jahrhunderts ist faktisch *Bevölkerungspolitik*, und das bevölkerungspolitische Motiv ist verantwortlich für die gegenwärtige Prominenz familienpolitischer Themen. Der Unterschied zwischen Familienpolitik und Bevölkerungspolitik, zumindest solange man Maßnahmen und Programme darunter versteht, die im Rahmen einer demokratischen und freiheitlichen Gesellschaft vorstellbar sind, besteht in der Tat nur in den expliziten Absichten derer, die sie veranstalten.

In diesem Zusammenhang ist eine Unterscheidung wichtig, auf die am Ende dieses Beitrags zurückgegriffen wird. Einerseits sei solche Politik Familienpolitik, die die Beeinflussung der Lebenslage von Familien, ihrer Lebensformen (einschließlich der Zahl ihrer Kinder oder der Erwerbstätigkeit der Eltern), des Familienalltags oder der Leistungen der Familien (vor allem ihrer Erziehungsleistung) *beabsichtigt*. Andererseits lässt sich sagen, dass eben jene Politik Familienpolitik sei, der dies tatsächlich *gelingt*. Im einen Fall wird also über die *Intentionen der Politiker* (beziehungsweise über die Absichten der Familienministerin) geredet, im anderen Fall über die tatsächlichen *Wirkungen der Politik*. Der zweite Begriff von Familienpolitik ist folglich weitaus umfassender und schwerer zu operationalisieren.

Im internationalen Vergleich hat sich gezeigt, dass eine (von den Wirkungen her gesehen) *moderne* Familienpolitik, die besonders die Erwerbsbeteiligung beider Eltern ermöglicht, mit relativ hohen Geburtenzahlen einhergeht. In den Ländern, in denen die Erwerbsquote von Müttern deutlich höher ist als in Deutschland, finden sich deutlich höhere Geburtenzahlen und deutlich weniger kinderlose Erwachsene. Deshalb empfehlen heute auch Konservative eine in diesem Sinne *moderne* Familienpolitik als Mittel zur Geburtenförderung (und gelegentlich als, freilich ungeeignete, Alternative zur Einwanderung). Diese Empfehlungen übersehen dennoch, dass jene Länder, in denen hohe Müttererwerbsquoten und relativ hohe Geburtenzahlen zu verzeichnen sind (z. B. die skandinavischen Länder und Frankreich, neuerdings aber auch die Niederlande), mit Ausnahme Frankreichs gar keine explizite Familienpolitik betreiben.

Um die *Nachfrage nach Kindern* und damit die Fertilitätsrate zu erhöhen, müssen die Opportunitätskosten von Kindern verringert werden. »Der Leitgedanke einer nachhaltigen Familienpolitik besteht darin, den Einkommensverlust in der Familiengründungsphase abzumildern« (Rürup/Gruescu 2005, S. 5 f.), so Bert Rürup in seiner Literaturstudie über *nachhaltige Familienpolitik*, denn: In »Deutschland ist Kinderlosigkeit, die zudem überdurchschnittlich bei gut qualifizierten Frauen auftritt, das eigentliche demographische Problem. Im europäischen Vergleich bleiben hier die meisten Frauen dauerhaft kinderlos. Ein Trend zur Ein-Kind-Familie ist nicht feststellbar. (...) Daher muss der Schwerpunkt einer Familienpolitik darauf liegen, die Ursachen dafür zu beseitigen, dass sich ein Paar generell gegen die Umsetzung eines Kinderwunsches entscheidet«

(ebenda, S. 4). Aus diesem Grunde, wird als Kernstück einer nachhaltigen Familienpolitik *Erhöhung der Geburtenrate und Steigerung der Erwerbstätigkeit* von Frauen genannt. Ein wichtiges Instrument dieser Politik ist der Ausbau der Kinderbetreuungseinrichtungen, der flankiert wird durch Elterngeld für Mütter und – durchaus kontrovers diskutiert – für Väter. Das Spannungsverhältnis zwischen einem institutionellen (an den Absichten der Politiker ansetzenden) und einem wirkungsanalytischen (von den *Effekten* bei den Familien ausgehenden) Familienpolitikbegriff bleibt in diesen Diskursen unberücksichtigt. Tatsächlich wird davon ausgegangen, dass Politik tatsächlich ihre Absichten erreicht. Franz-Xaver Kaufmann hat aber bereits 1990 die »Politikresistenz« (vgl. Kaufmann 1990) und die Eigensinnigkeit der Familie unterstrichen.

In einem kritischen Beitrag zur Theorie der Wirkungsweise von Familienpolitik habe ich die Bedeutung soziokultureller Faktoren sowohl für die Implementation als auch für die Inanspruchnahme und die möglichen Wirkungen von Politik bei den Adressaten betont (vgl. Abbildung 1). Familienpolitikprofile unterschiedlicher Länder sind danach gewissermaßen in Institutionen geronnene Ideologien eines »richtigen« Familienlebens (vgl. Strohmeier 2002).

Abbildung 1: Wie wirkt Familienpolitik auf die Geburtenzahlen?

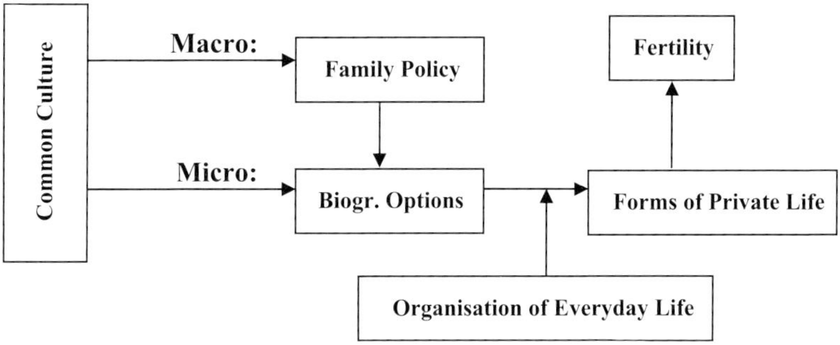

Quelle: Strohmeier 2002

Die Niederlande beispielsweise sind Anfang der 1990er-Jahre von einem dem deutschen ähnlichen Politikprofil, welches faktisch die Förderung der traditionellen Hausfrauenfamilie bedeutet, auf ein skandinavisches Profil umgestiegen, das die Erwerbstätigkeit beider Eltern erleichtert und in diesem Fall sogar erfordert hat. Dieser

Politikwechsel war nicht familienpolitisch, sondern arbeitsmarktpolitisch motiviert. Tatsächlich haben sich die Lebensläufe von Frauen und Männern und die Familienstrukturen (einschließlich der mittlerweile recht hohen Geburtenraten) erst mit einer Verzögerung von etwa einem Jahrzehnt diesen neuen Rahmenbedingungen angepasst. Es gibt in diesem Modell keinen direkten Effekt der Politik auf die Fertilität. Mögliche Wirkungen ergeben sich erst über individuelle und paarweise beziehungsweise im Familienzusammenhang getroffene Lebensentscheidungen. Solche Entscheidungen werden jedoch nicht nur durch kulturelle und gesamtgesellschaftliche politische Vorgaben beeinflusst. Sie hängen vielmehr in entscheidendem Maße von den örtlichen Lebensbedingungen ab, unter denen Familien leben und Kinder aufwachsen. Ob biografische Optionen junger Erwachsener tatsächlich in die angestrebten Lebensformen münden, hängt nicht zuletzt von den Möglichkeiten der Organisation des Alltags in diesen Lebensformen und damit von den örtlichen Verhältnissen ab.

## 2 Familienpolitik und Familienleben »vor Ort«

In der Gemeinde oder im Stadtteil entscheidet sich, ob eine von einer Frau und einem Mann für ihr Leben und das ihrer Kinder getroffene Option tatsächlich verwirklicht werden kann. Ausschlaggebend für die Vereinbarkeit von Familie und Beruf sind z.B. die Möglichkeiten der Kinderbetreuung, die sie an ihrem Wohnort bzw. Arbeitsplatz in guter Erreichbarkeit vorfinden. Im internationalen Vergleich ist dieser Zusammenhang in der Tat sehr deutlich: Je besser die Vereinbarkeit von Familie und Beruf ist, desto höher sind die Erwerbsquoten der Mütter und desto höher sind die Geburtenraten (vgl. Abbildung 2), so der siebte Familienbericht der Bundesregierung, der ausgewählte Länder vergleicht (vgl. Bertram u.a. 2006).

Auf der örtlichen Ebene jedoch finden wir nicht die gleichen Korrelationen wie in den Ländervergleichen. Zwischen den Müttererwerbsquoten und den Betreuungsquoten für die unter Dreijährigen besteht im Vergleich der Kreise und kreisfreien Städte in NRW zum Beispiel überhaupt kein Zusammenhang, was bei einer Spannweite von null bis maximal sechs Plätzen auf 100 Kinder betreffenden Altersgruppe nicht weiter erstaunlich ist.

Abbildung 2: Öffentliche Kinderbetreuung für Kinder unter drei Jahren und zusammengefasste Fertilitätsraten ausgewählter Länder

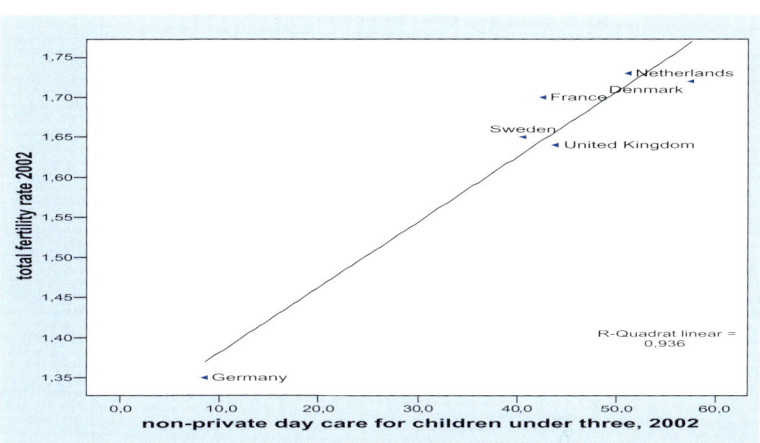

Quelle: Bertram u. a. 2006: eigene Berechnungen

Zwischen den Betreuungsquoten für die Drei- bis unter Sechsjährigen auf der einen und den Müttererwerbsquoten und den Geburtenraten auf der anderen Seite gibt es sogar signifikante negative Korrelationen, wie die Abbildungen 3 und 4 zeigen. In den Umlandkreisen der großen Städte sind die Geburtenraten und die Anteile der erwerbstätigen Mütter besonders hoch.

Welchen Rat also soll man einer Oberbürgermeisterin oder einem Oberbürgermeister in den Städten mit besonders niedrigen Fertilitätsraten geben? Wo soll staatliche Familienpolitik, wenn sie den Empfehlungen von Rürup folgen will, die entsprechende Betreuungsinfrastruktur etablieren? Die Großstädte mit den niedrigsten Geburtenraten und den niedrigsten Müttererwerbsquoten haben zumindest im Kindergartenbereich Versorgungsniveaus bei oder über 100 %. Unstrittig ist, dass die Angebote für Kinder bis drei Jahren überall weit hinter den Bedarfen zurückbleiben dürften. Irritierend jedoch der Befund: *Je mehr Plätze für Kinder im Kindergartenalter in den Städten vorhanden sind* (Spitzenreiter sind die Städte Bochum, Aachen und Gelsenkirchen), *desto geringer ist die Erwerbsquote der Mütter und desto geringer sind die Geburtenraten.*

Abbildung 3: Kindergartenplätze auf 100 Kinder (2002) und Müttererwerbsquoten (2003) in den Kreisen und kreisfreien Städten in Nordrhein-Westfalen

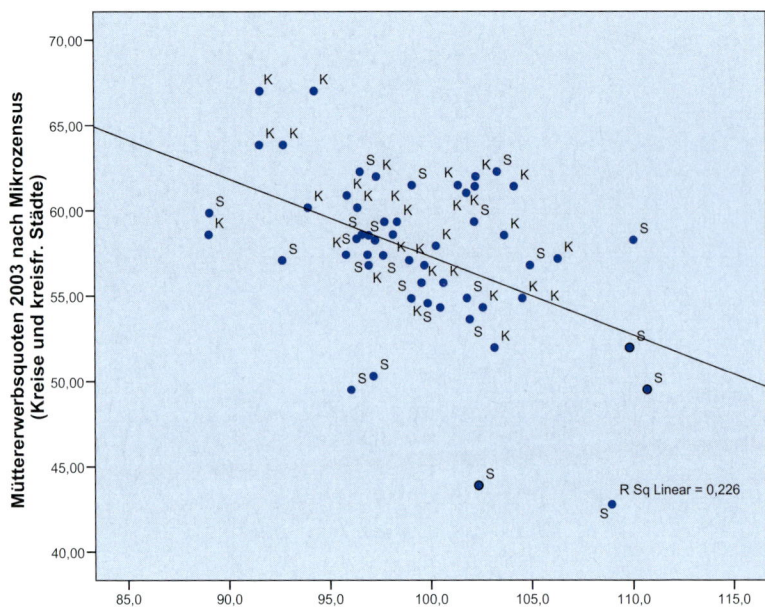

Quelle: Landesamt für Datenverarbeitung und Statistik NRW: eigene Berechnungen

Auf der örtlichen Ebene, also dort, wo die verbesserte und vermehrte Kinderbetreuung, die den Politikwechsel in Deutschland maßgeblich ausmachen soll, implementiert werden soll, erweist sich die Unzulänglichkeit einer Engführung von *Familienfreundlichkeit* auf Kinderbetreuung. Die Städte im Ballungskern haben zwar die besten Versorgungsniveaus, aber nur einer von fünf oder sechs Haushalten dort ist noch eine Familie mit Kindern. Vor allem die Familien der Mittelschicht haben in den letzten Jahrzehnten die großen Städte im Ballungskern verlassen und sind an den Rand der Städte und ins Umland gewandert. Die Städte sind auf diese Weise über ihre Grenzen gewachsen. Unter den Familien, die in den Städten geblieben sind, sind heute besonders viele Migranten, von denen die meisten in traditionellen Ein-Verdiener-Haushalten leben, und viele arme Familien, darunter viele alleinerziehende Mütter.

Abbildung 4: Kindergartenplätze auf 100 Kinder (2002) und Geburtenraten (Frauen im Alter von 15 bis unter 45, 2004) in den Kreisen und kreisfreien Städten in Nordrhein-Westfalen

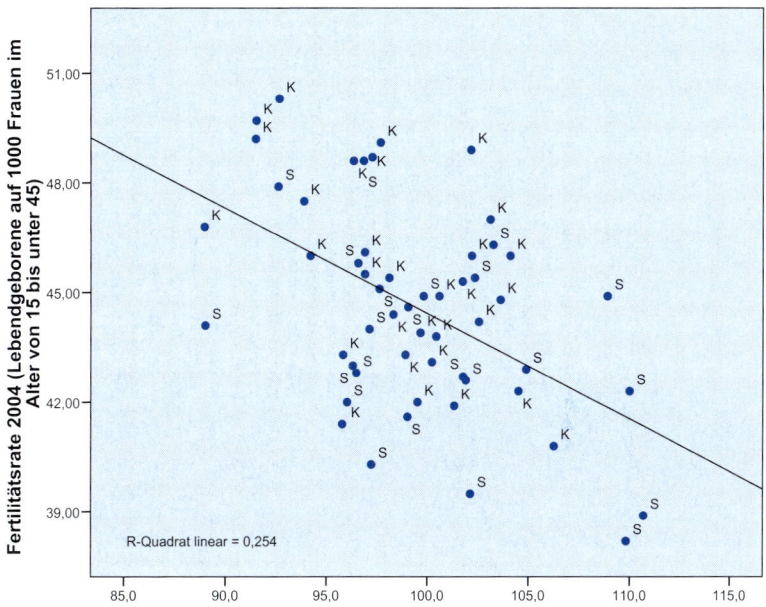

Quelle: Landesamt für Datenverarbeitung und Statistik NRW: eigene Berechnungen

Die wenigsten erwerbstätigen Mütter und die niedrigsten Geburtenraten gibt es in den großen Städten und im Ballungskern an Rhein und Ruhr. Ein familienfreundliches Umfeld ist also nicht in erster Linie eine Frage der Vereinbarkeit von Familie und Beruf. Die Mittelschichtfamilien haben die Städte *trotz ihres guten Betreuungsangebots* verlassen und sie sind in die Kreise, ins *familienfreundliche* Umland gezogen *trotz* der erwartbaren Engpässe in der Kinderbetreuung. Eine familienpolitisch höchst relevante, aber wenig bearbeitete Forschungsfrage wäre die nach den *informellen Arrangements*, die Müttern in den Umlandregionen bei defizitärer Betreuungsinfrastruktur Erwerbsquoten ermöglichen, die zum Teil über 65 % (bei hohen Pendlerquoten) erreichen.

Abbildung 5: Lebensformen von Müttern in den Kreisen und kreisfreien Städten in Nordrhein-Westfalen nach dem Mikrozensus 2002

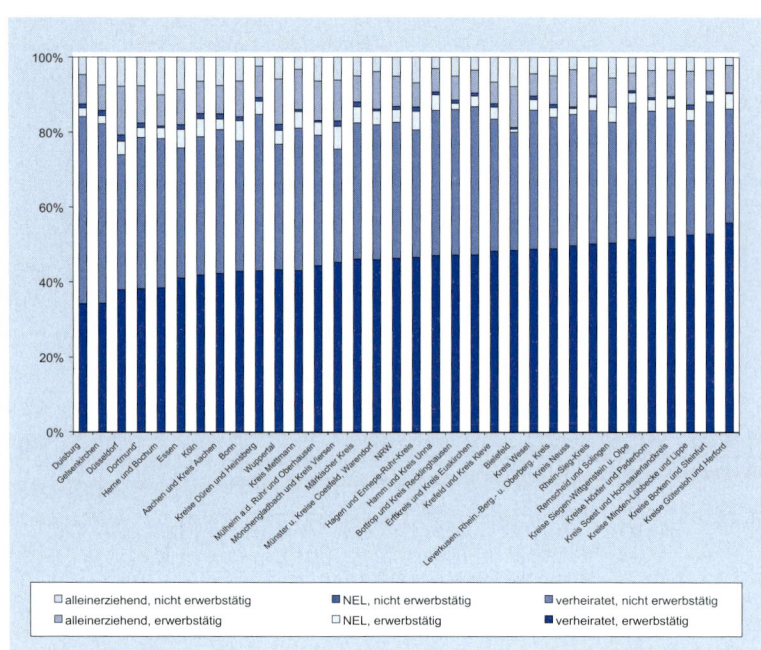

Quelle: eigene Berechnung

In diesem Zusammenhang wird eine weitere Engführung der gegenwärtigen familienpolitischen Diskurse in Deutschland deutlich. *Die Probleme und Engpässe, die öffentlich thematisiert werden, sind in erster Linie die der familienorientierten Frauen (und Männer) in den mittleren und oberen Schichten der Gesellschaft, und es sind vor allem die Probleme der eher ländlichen Regionen im Umland der großen Städte und der bürgerlichen Viertel in den Städten.*

Tatsächlich gibt es in unserer Gesellschaft schicht- und milieuspezifische Geschlechterordnungen. Die unteren Schichten und Menschen mit Migrationshintergrund sind in ihrer Lebensführung deutlich traditioneller als die mittleren und oberen Schichten (vgl. Helfferich u.a. 2004). Nach Jahrzehnten selektiver Migration und zunehmender Segregation der Bevölkerung nach Lebenslagen, Lebensformen und ethnischer Zugehörigkeit bilden sich diese gesellschaftlichen Differenzierungen in zunehmendem Maße räumlich ab.

Das Umland der Städte und der ländliche Raum sind zur Familienzone der mobilen Mittelschicht geworden. Aus den großen Städten hingegen ist die Familie als Lebensform weitgehend verschwunden. Nur in einer kleinen Minderheit der Haushalte wachsen dort noch Kinder auf. Ihr Armutsrisiko ist hoch, und in wenigen Jahren wird etwa die Hälfte der Kinder, Jugendlichen und jungen Erwachsenen dort einen Migrationshintergrund haben.

Abbildung 6: Altersaufbau der deutschen und nicht deutschen Bevölkerung im Ruhrgebiet 2002

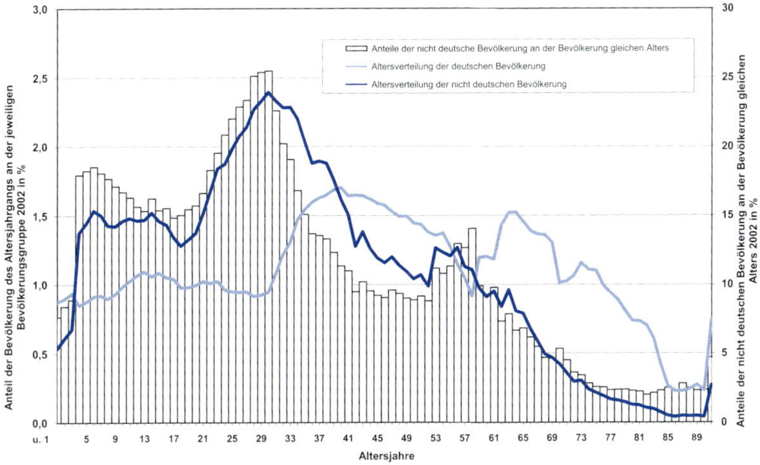

Quelle: ZEFIR-Datenbank, Individualdaten der Bevölkerungsstatistik, eigene Darstellung

Franz-Xaver Kaufmann hat vor zehn Jahren fünf *Herausforderungen* des Sozialstaats beschrieben. Er unterscheidet eine *ökonomische (1), eine demografische (2), eine soziale (3), eine kulturelle (4) und eine internationale (5) Herausforderung* am Ende des 20. Jahrhunderts. Die Krise der öffentlichen Finanzen (1), der Geburtenrückgang und die Alterung der Bevölkerung (2), als *krisenhaft* empfundene Entwicklungen im Verhältnis der Generationen und in der Familie (3), das Schwinden sozialer und politischer Partizipation (4), die Probleme einer geregelten Zuwanderung und der Integration von Einwanderern (5) als Herausforderungen hat er in diesem Zusammenhang ohne Bezug auf die unterschiedlichen Lebensverhältnisse in den Regionen, Städten und Gemeinden thematisiert. Tatsächlich aber beschreiben diese fünf Herausforderungen die *zentralen Themen und die veränderten Rahmenbedingungen der kommunalen Politik in diesen Zeiten, und sie markieren Aufgaben lokaler Familienpolitik.* Eine wichtige Voraussetzung, unter der örtliche Politik für Familien gelingen kann, ist die möglichst präzise Vermessung der örtlichen Lebensverhältnisse und die Implementierung *passender* (nämlich auf die Engpässe in der Lebenslage der Familien zugeschnittener) Hilfen. *Kommunale Familienpolitik braucht deshalb kommunale Familienberichterstattung als feinkörniges Instrument einer Dauerbeobachtung der örtlichen Lebensverhältnisse von Kindern und Familien.* Eine solche Berichterstattung muss integriert sein. Die kommenden *Herausforderungen der kommunalen Sozialpolitik sind in hohem Maße interdependent.* Eigentlich reden wir immer über dieselben Menschen und dieselben Stadtteile, wenn von alter und neuer Armut, Integrationsproblemen, Bildungsdefiziten, Infrastrukturmängeln, gesundheitlichen oder sozialen Problemen die Rede ist. Die medialen und politischen Diskurse werden freilich entlang von Ressortzuständigkeiten und auf unterschiedlichen Foren geführt.

In den Städten und Gemeinden wird diese Interdependenz sichtbar und real erfahrbar an der Segregation der Wohnbevölkerung mit einer Tendenz zur Entstehung verfestigter kumulierter Problemlagen in besonders benachteiligten Stadtteilen. Hier sind integrierte Strategien und Konzepte sozialer Kommunalpolitik gefragt, wie sie in den Projekten der sozialen Stadt immer mehr modellhaft erprobt werden. Instrumente zur Diagnose lokaler Strukturen und Entwicklungen, wie das in NRW entwickelte Instrument kommunaler Familienberichterstattung, können helfen, Blindflug bei der Problembehandlung zu vermeiden. Kommunale Familienberichterstattung erlaubt die Identifikation von Stadtteilen und Milieus mit besonderem Handlungsbedarf, sie ermöglicht Evaluation der Wirkungen politischen Handelns, und sie ist nicht zuletzt ein wichtiges Instrument zur Aufklärung der Öffentlichkeit und zur Versachlichung der Debatten in den Kommunen, denn hier geht es mangels belastbarer Fakten nur zu oft um gefühlte Disparitäten.[1]

Die aktuellen familienpolitischen Debatten werden eng in der *Absicht, den Trend sinkender Geburtenzahlen umzukehren,* geführt. Dabei konzentriert sich der Blick auf die Probleme der mittleren und oberen Schichten: *Elterngeld* und *Vätermonate* mögen für die

---

[1] Gemeinsam mit der nordrhein-westfälischen Landesregierung und fünf Modellkommunen hat das ZEFIR in den letzten fünf Jahren Informationssysteme entwickelt, die diese Funktion erfüllen. Weitere Informationen unter: www.kommaFF.de und www.familienberichterstattung.de

deutschen Mittelschichten eventuell passende Anreize zur Überwindung der hohen Schwelle zum ersten Kind sein. Im Armutsmilieu der sozialen Unterschichten oder in Migrantenfamilien hingegen sind nicht zu wenige Kinder das Problem, sondern die Bedingungen, unter denen die (häufig vielen) Kinder aufwachsen und ihre schlechten Zukunftsperspektiven. Dazu zählen z. B. Bildungsarmut und schlechte Gesundheit. Für die Eltern der *Unterschicht* ist selten die Vereinbarkeit von Familie und Beruf das Problem, vielmehr fehlt es ihnen an Jobs und an der nötigen Qualifikation.

Der Jugenddezernent einer Ruhrgebietsgroßstadt berichtet über Stadtteile, in denen die Kinder keinen arbeitenden Erwachsenen mehr kennen, und über Familien, in denen die schulpflichtigen Kinder als einzige morgens früh aufstehen müssen. Die kleinräumige Auswertung der Schuleingangsuntersuchungen ergibt in der Nachbarstadt eine Streuung der Anteile vollkommen gesunder Lernanfänger von 15 % in den ärmsten Stadtteilen im Norden (mit einer extremen Häufung von z. B. Übergewicht, Körperkoordinationsstörungen und Sprachkompetenzdefiziten) bis nahe 80 % in den bürgerlichen Vierteln im Süden, in den unteren Schichten und bei den Einwanderern. Die kleinräumige Verteilung der Sozialhilfedichten der Kinder unter sechs Jahren ergibt ein umgekehrtes Bild.

## 3  Segregation in den Städten

*Segregation* bezeichnet die räumliche Konzentration der Bevölkerung mit bestimmten Merkmalen in bestimmten Teilen der Stadt. Die Stadtforschung unterscheidet *soziale Segregation*: die räumliche Trennung von Arm und Reich, *demografische Segregation*: die räumliche Trennung von Familienhaushalten und anderen Haushaltsformen, und *ethnische Segregation*: die räumliche Trennung von Einwanderern und Einheimischen. Segregation gibt es in wachsenden und noch mehr in schrumpfenden Städten mit entspannten Wohnungsmärkten. Segregation hat es schon immer in den Städten gegeben. Neu ist jedoch, dass die drei Dimensionen zusammenhängen: *Dort, wo in den Städten heute die meisten Ausländer leben, leben die meisten Kinder und die meisten armen Leute.*[2]

---

[2] Das ist das gemeinsame Ergebnis von Umlandwanderungen der deutschen Mittelschichten und der (in der Vergangenheit) höheren Fertilität der Zuwanderer.

In den Stadtbezirken der wachsenden Stadt München streuen z.B. die Anteile der Kinder und Jugendlichen an der Bevölkerung zwischen 9% und 18%. In Freiburg im Breisgau lässt sich eine extreme Streuung zwischen dem Stadtteil Rieselfeld, wo jeder Dritte unter 18 Jahre alt ist, und dem Stadtzentrum, wo nur jeder 18. Einwohner im Kindes- oder Jugendalter ist, beobachten. *Die Streuung familialer Lebenslagen zwischen den Bezirken einer einzigen Stadt ist damit größer als die im Vergleich der Städte in der Bundesrepublik.* In den meisten Städten sind die *kinderarmen* Stadtteile zugleich die wohlhabenden Viertel; die *kinderreichen* dagegen die Wohngebiete der Armen (von denen die meisten Kinder sind) und der Ausländer. Die Stadtteile mit den höchsten *Ausländeranteilen* sind überall die ärmsten Viertel.[3]

Abbildung 7: Demografische, soziale und ethnische Segregation in den Münchener Stadtbezirken 2003

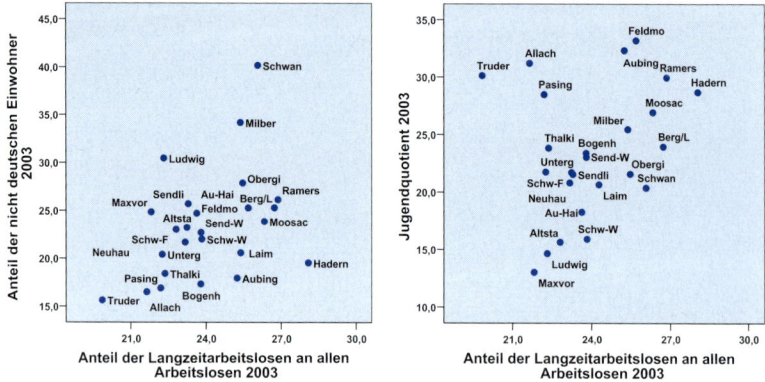

Beide Städte, München und Gelsenkirchen, unterscheiden sich natürlich erheblich im Niveau und in den Strukturen des Arbeitsmarkts und der Arbeitslosigkeit, jedoch nur überraschend wenig im Ausmaß und in der räumlichen Konzentration der Kinder- und Familienarmut. In der Metropole München wächst die Hälfte der nachwachsenden Generation in den wohlhabenderen Vierteln der bürgerlichen *Oberstadt* (um Franz Josef Degenhardts Metapher[4] zu gebrauchen)

---

3 Besonders segregiert leben nach unseren Beobachtungen die Angehörigen der gesellschaftlichen Oberschicht, was aber von niemandem als problematisch angesehen wird.
4 Mit »Unterstadt« hat Franz-Josef Degenhardt in seinem 1968 erstmals gesungenen Lied von den »Schmuddelkindern« die segregierten proletarischen Milieus in den Städten bezeichnet.

mit nur niedrigen Ausländeranteilen auf, vier von zehn Kindern aber in ärmeren Gebieten der *Unterstadt*, vielfach Großsiedlungen des sozialen Wohnungsbaus mit hohen Ausländeranteilen.

Abbildung 8: Soziale und ethnische Segregation in den Gelsenkirchener Stadtteilen 2004

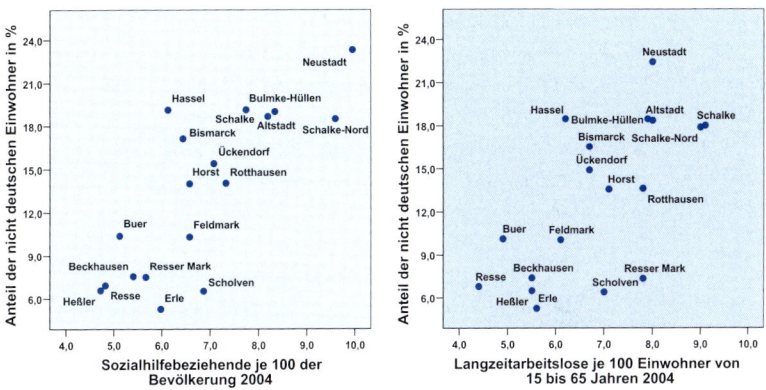

Abbildung 9: Nicht deutsche Einwohner und sozialversicherungspflichtige Beschäftigung in Gelsenkirchen und München

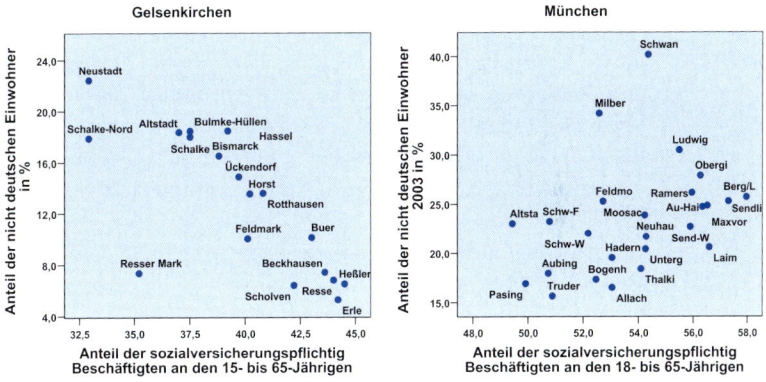

Das wirtschaftlich prosperierende und demografisch (durch Zuwanderung) noch wachsende München hat damit intern ganz ähnliche und nur graduell unterschiedliche Teilraumstrukturen mit einer ähnlichen kleinräumigen Polarisierung des Familiensektors wie die schrumpfenden Städte Essen oder Gelsenkirchen im Ruhrgebiet, wo mittlerweile sechs von zehn Kindern in Vierteln mit hohen Ausländeranteilen und überdurchschnittlichen Armutsquoten leben.

*In vielen großen Städten in Westdeutschland lebt inzwischen die Mehrheit der nachwachsenden Generation in den armen Stadtteilen mit hohen Ausländeranteilen.* In der Innenstadt von Essen bezog 2003 jedes dritte Kind unter sieben Jahren Hilfe zum Lebensunterhalt, im Kreis Kleve am Niederrhein dagegen nur jedes sechzigste. Das Armutsrisiko der Ausländer ist in allen Altersgruppen überall doppelt so hoch wie das der Deutschen.

In den armutssegregierten Stadtteilen wird infolge von Zu- und Fortzügen rein rechnerisch die Bevölkerung alle drei bis fünf Jahre einmal komplett ausgetauscht, im Stadtkern alle zwei Jahre. Damit im Zusammenhang sind die Niveaus lokaler sozialer Integration niedrig und das Ausmaß sozialer Isolation der Familien ist dort erheblich. Die meisten armen Leute in den Städten haben zwar Nachbarn, denen es kaum besser geht, aber sie kennen sie nicht bzw. haben keinen Kontakt mit ihnen.

Erfahrungen aus der Arbeit an zahlreichen kommunalen Familien- und Sozialberichten für Städte und Gemeinden in NRW (z. B. Herten, Gelsenkirchen, Oberhausen, Wesseling) zeigen, dass in den Städten *die Adresse einer Familie, der ethnische Hintergrund und das Einkommen (in dieser Reihenfolge) immer noch die beste statistische Vorhersage für den Gesundheitszustand eines Kindes und für seine Bildungschancen* ermöglichen. Für die Kinder der Stadtgesellschaft bedeutet das: Soziale Lage der Eltern, Migrationshintergrund und Wohnlage sind wichtige *Determinanten ihrer Lebenschancen.* Sie bestimmen den Wert der Eintrittskarten für gesellschaftliche Positionen. Kinder mit Migrationshintergrund und solche aus den (demografisch, ethnisch und sozial segregierten) armen Stadtteilen haben (im Wortsinn) schlechte Karten.

*Integration* in einem sehr umfassenden nicht nur auf die Bewältigung der sozialen Folgen der Migration ausgerichteten Sinne ist die sozialpolitische Herausforderung der Stadtgesellschaft und der Stadtpolitik. Es geht darum, den Nachwuchs der Stadtgesellschaft (gleichviel ob »einheimisch« oder »zugewandert«) mit gesellschaftlichen Teilhabechancen auszustatten und ihm die Chance eines diskriminierungsfreien Zugangs zu gesellschaftlichen Positionen zu ermöglichen. Gesellschaften brauchen *Humanvermögen*, also eine nachwachsende Generation, die mit Gesundheit und elementaren sozialen Kompetenzen und Motiven ausgestattet ist, um diese Gesellschaft als Erwachsene einmal fortzusetzen. Humanvermögen wird zuerst in Familien gebildet. In den großen Städten lebt heute die Mehrheit der Kinder und Familien in der »Unterstadt«. Sie brauchen in besonderem Maße die Hilfe von Staat und Gesellschaft. *Umso fataler ist die Mittelschichtzentrierung der familienpolitischen Debatten auf Bundesebene und ihr fehlender kommunaler Bezug. Die Familienpolitiker wollen (mit bevölkerungspolitischen Absichten) mit der Verbesserung der Vereinbarkeit von Familie und Beruf in erster Linie die Probleme der Oberstadt lösen.*

## 4 Familien in der Unterstadt – Ergebnisse aus der kommunalen Familienberichterstattung in NRW

In einem Modellprojekt im Auftrag des Familienministeriums des Landes NRW wurden in den vergangenen Jahren *familienpolitische Informationssysteme für Kommunen (und mit Kommunen)* entwickelt. Wichtige Ergebnisse aus diesen Forschungen werden anschließend kurz vorgestellt. Das System der Kommunalen Familienberichterstattung in NRW hat drei Komponenten: die Aufbereitung kleinräumiger Statistiken unter Verwendung prozessproduzierter Daten der Verwaltung in einem *Familienstatistischen Informationssystem (FIS)*, eine turnusmäßige *Familienbefragung* mit mittlerweile 3.000 versandten Fragebögen pro Kommune und einem Rücklauf, der i. d. R. deutlich über einem Drittel liegt, sowie eine *Bestandsaufnahme und Bewertung familienpolitischer Leistungen* in der Kommune.

Abbildung 10 zeigt eine Klassifikation der Oberhausener Stadtteile mit den Daten des *Familienstatistischen Informationssystems* FIS, die auf prozessproduzierten Daten der Stadtverwaltung basiert. In der rechten Hälfte des Diagramms liegen die familiengeprägten Stadtteile, rechts oben die armutsbelasteten, rechts unten die eher bürgerlichen Viertel. Die Abbildung zeigt deutlich die sozialräumliche Spaltung des *Familiensektors* der Stadtbevölkerung über die Sozialräume einer Stadt. Der Stadtteil Lirich-Süd mit der höchsten Familienprägung und dem höchsten Armutswert rechts oben wird zugleich durch Familien mit Migrationshintergrund geprägt.

Die *Familienbefragung*, die man bei hinreichend großer Fallzahl auch kleinräumig auswerten kann, ist ein Instrument, mit dem sich wichtige quantitative und qualitative Daten erheben lassen, die es in der amtlichen Statistik nicht gibt. Wie viele Familien welchen Typs leben wo in der Stadt? Wo leben die kinderreichen Migranten, wo die Alleinerziehenden? Wie viele sind das? Wie gestalten Familien ihren Alltag? Wie wohl fühlen sie sich in der Stadt? Wie geht es ihnen wirtschaftlich? Wir haben die Familien in den Städten, mit denen wir in der Familienberichterstattung zusammengearbeitet haben, in diesem Zusammenhang nicht nur nach ihrem Einkommen, sondern auch nach der Einkommensverwendung und nach den wirtschaftlichen Engpässen befragt. Die Ergebnisse zeigen gleichfalls eine hochgradige *Polarisierung innerhalb des kleinen Familiensektors in den Städten.*

Abbildung 10: Nirgends ist es so wie im Durchschnitt – sozialräumliche Disparitäten in Oberhausen

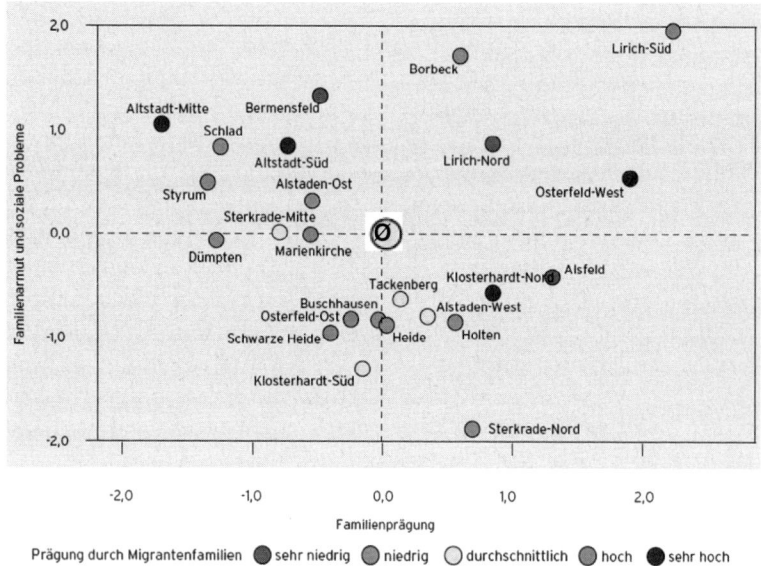

Für insgesamt elf Einkommensverwendungsmöglichkeiten, von den Lebensmitteln für den täglichen Bedarf über Kleidung bis hin zum Urlaub, wollten wir wissen, ob das Geld ausreicht. Mit diesen Antworten haben wir zwei Typen von Familien unterschieden:

Typ eins »Wir können uns fast alles leisten«: Das sind Familien die mindestens zehnmal geantwortet haben, dass *das Geld voll und ganz reicht*, und Typ zwei »Wir können uns fast nichts leisten«: Das sind Familien, die auf mindestens zehn der elf Fragen geantwortet haben, dass *das Geld überhaupt nicht reicht*.

Ein Drittel der Familien in Oberhausen gehört zur Kategorie, die sich nach eigenem Bekunden *fast nichts leisten* kann. Dieser Wert ist in allen Städten, für die wir bisher Familienberichte erstellt haben, nahezu gleich. Nur jede sechste Familie in Oberhausen gehört zur wohlhabenden Gruppe, die sich *fast alles* leisten kann. Diese Anteile schwanken, je nachdem, ob wir es mit wohlhabenden Umlandgemeinden im Speckgürtel oder mit schrumpfenden Industriestädten zu tun haben.

Abbildung 11: Subjektive Einschätzung der wirtschaftlichen Lage durch Familien in Oberhausen

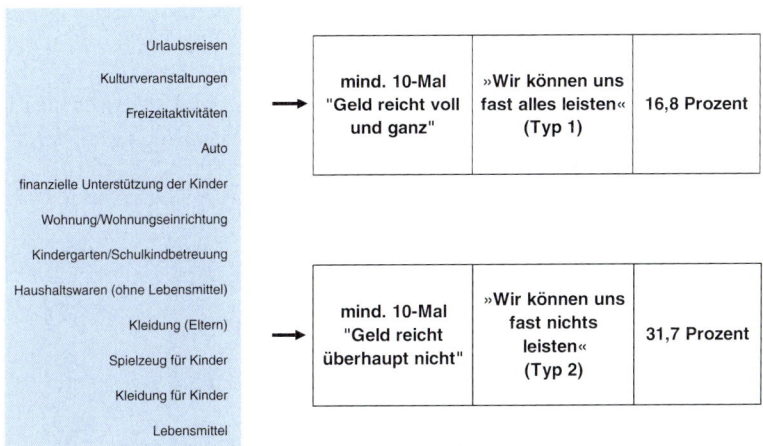

*Bildungsarmut* und Einkommensarmut hängen zusammen. Die Risiken, zu den Armen oder zu den Reichen zu gehören, hängen deutlich vom Bildungsstatus der Eltern ab. Die *reiche* Gruppe besteht überwiegend aus Familien, in denen die Eltern einen deutlich überdurchschnittlichen Bildungsstatus haben, während die *arme* Gruppe zugleich von Bildungsarmut geprägt ist. Andererseits ist der *Migrationshintergrund* der Familie bedeutsam: Neun von zehn Familien in der reichen Gruppe, die sich *fast alles leisten* kann, sind Deutsche, aber acht von zehn in der armen Gruppe, die sich *fast nichts leisten* kann, haben einen Migrationshintergrund. *Bei der Mehrheit der armen Familien reicht das Geld gerade für die Miete und für Lebensmittel. Urlaubsreisen kann sich keine leisten.*

Wo in der Stadt nun leben die einen und wo die anderen? Die Stadt Oberhausen verfügt über eine interne Differenzierung in *Sozialräume*. Betrachten wir die kleinräumige Verteilung der *subjektiv Armen* über diese Sozialräume, so stellen wir im Vergleich dieser Teilräume, die jeweils mehrere Stadtteile umfassen, eine eindeutige Konzentration der Familienarmut fest. Im relativ gemischten Sozialraum Alstaden/Styrum ist jeweils ein knappes Viertel der Familien *arm* beziehungsweise *reich*. Im Sozialraum Osterfeld dagegen, ist jede zweite Familie arm, und weniger als jede zehnte kann sich *alles leisten*. Auf der Stadtteilebene (also unterhalb der gröber abgegrenzten Sozialräume) ist die Konzentration noch höher, allerdings sind zum Teil die Fallzahlen zu gering. *Familien, die ihren Alltag in extremen Mangelsituationen unter erheblichen Einschränkungen bewältigen müssen, leben in der Stadt also hochgradig räumlich segregiert an bestimmten benachteiligten Standorten. Die kleinräumige Konzentration armer Familien wirkt zusätzlich benachteiligend.*

Abbildung 12: Verteilung »subjektiver Armut« über die Sozialräume in Oberhausen

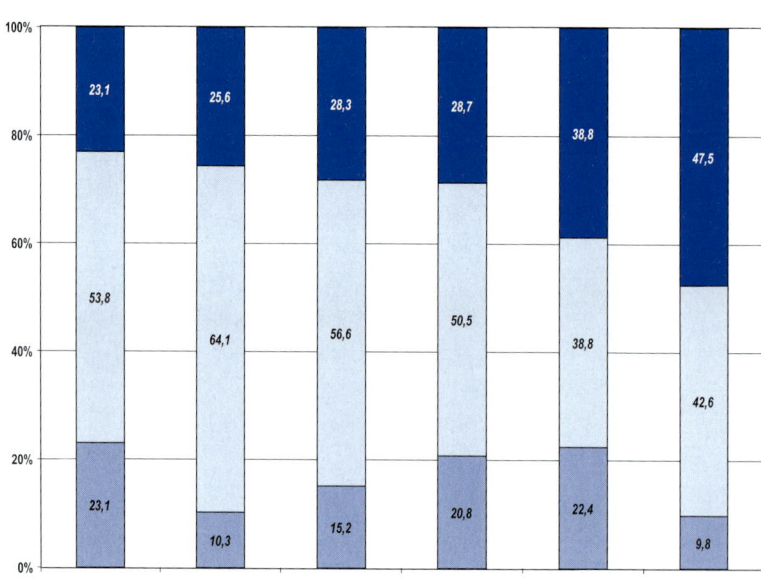

Die räumliche Konzentration armer und bildungsarmer Familien stellt eine nachhaltig wirksame massive Integrationsbarriere für die

nachwachsende Generation dar. Mit den Arbeiteranteilen von 1987 (in diesem Jahr gab es die letzte Volkszählung) lassen sich auch heute noch Bildungsbeteiligung, Bildungserfolg und Armutsquoten der Kinder in den Stadtteilen aller von uns untersuchten Städte verlässlich schätzen. Etwa zwei Drittel der Kinder in den Familien, die keine materielle Not empfinden, besuchen das Gymnasium. Dieser Anteil ist in der armen Gruppe deutlich niedriger. Familien mit einem (bedarfsgewichteten) Äquivalenzeinkommen von mehr als 1.500 € haben in Oberhausen weder ein Kind auf der Sonderschule noch eines auf der Hauptschule.

Fragt man nach leicht verfügbaren sozialstatistischen *Indikatoren* auf Stadtteilebene, die in den Städten (auch ohne familienpolitische Informationssysteme) die kleinräumigen Unterschiede der Lebenslage, der Bildungschancen und der Lebensqualität von Kindern am besten vorhersagen können, so findet man als besonders gute *Prädiktoren* (neben der *Sozialhilfedichte* als Armutsindikator) die *Wahlbeteiligung bei der Kommunalwahl* und die *Fluktuation der Bevölkerung:* In den Stadtteilen mit segregierter Armut im Ruhrgebiet, von denen hier die Rede ist, lag die Wahlbeteiligung bei der Kommunalwahl 2004 unter einem Drittel, und der Bevölkerungsumsatz pro Jahr (Zuzüge + Fortzüge + Umzüge) liegt in diesen Gebieten zwischen 30 % und 60 %.

Diese Zusammenhänge klingen nur auf den ersten Blick paradox, und es wäre natürlich ein ökologischer Fehlschluss, wenn man daraus folgerte, dass zur Wahl zu gehen Einfluss auf die Gesundheit der Kinder hätte (allerdings bewegt sich ein Großteil der aktuellen familienpolitischen Diskurse auf ebendiesem Niveau!). Auf den zweiten Blick aber wird deutlich: *Der entscheidende Startvorteil der (wenigen) Kinder in den bürgerlichen Vierteln liegt in einem partizipationsfreundlichen Umfeld mit relativ stabilen sozialen Verhältnissen. Niedrige Wahlbeteiligung und hohe Fluktuation kennzeichnen das Milieu der gestaltungspessimistischen, sozial isolierten und eher apathisch-resignativen neuen Unterschicht in den Städten.*

## 5 Was tun?

Die Ziele lokaler Familienpolitik in der Unterstadt sind leicht zu bezeichnen: Herstellung von Chancengleichheit, *Empowerment*, Aktivierung und Förderung sozialer Integration in den benachteiligten Milieus. Im Bund-Länder-Programm *Soziale Stadt* sind Instrumente der nachhaltigen Förderung benachteiligter Gebiete entwickelt worden, auch wenn in diesem Programm Kinder und Familien oft eine untergeordnete Rolle spielen. Bislang aber gelangen nur wenige ausgewählte Gebiete in den Genuss der privilegierten Förderung als *Stadtteile mit besonderem Entwicklungsbedarf*, und dies auch nur befristet. Wir meinen dagegen, *besonderer Entwicklungsbedarf besteht überall dort, wo die nachwachsende Generation unter Bedingungen sozialer Benachteiligung und reduzierter Lebenschancen aufwächst.* Hier sind auch Anstrengungen gefragt, die Eltern einzubeziehen. Eltern, die als Kinder nicht erfahren haben, was Kinder brauchen, sind allein oft überfordert. Kindertagesstätten und die Schulen im Stadtteil können als *niedrigschwellige* und *multifunktionale* Dienste eingesetzt ihre besondere Stärke zeigen. NRW ist auf dem Weg, mit dem Umbau dieser Tageseinrichtungen zu Familienzentren mit Beratungs- und Verweisungsfunktion wichtige Schritte in dieser Richtung zu tun.

Erst das bevölkerungspolitische Motiv (mehr Kinder!) hat der Familienpolitik in den letzten Jahren zu einer gewissen Konjunktur verholfen, auch wenn es jenes ist, das vermutlich kurzfristig gesehen am ehesten enttäuscht würde, wenn es zu einer Neuorientierung der familienbezogenen Politik käme (vgl. Strohmeier 2002). Eine auf die Verbesserung der Vereinbarkeit von Familie und Beruf fixierte Familienpolitik ist auf der lokalen Ebene nicht hinreichend. Es gibt Teile des Familiensektors unserer Gesellschaft, arme Familien und die Familien von Einwanderern in den Städten, die ganz andere Engpässe und Probleme in ihrer alltäglichen Lebensführung haben. In manchen armen Vierteln hat bereits eine Verbesserung der Wohnungen und des Wohnumfeldes Leerstände und Fluktuation verringert, wovon mittelbar die soziale Integration der Bewohner profitiert hat. Im Armutsmilieu ist oft solche Politik eine wirkungsvolle Familienpolitik, die ganz anders heißt und woanders veranstaltet wird. Damit kommen neben der öffentlichen Hand, den Arbeitgebern und den Wohlfahrtsverbänden, die üblicherweise zu den kommunalen familienpolitischen Akteuren gezählt werden, weitere Akteure, wie die Wohnungswirtschaft oder die Stadtentwicklung, ins Spiel. Aber das wäre die andere, die wirkungsanalytische Sicht auf Familienpolitik.

## 6  Kommunale Familienberichterstattung und lokale Familienpolitik

Familienpolitik in der *Oberstadt* und in der *Unterstadt* verfolgt unterschiedliche Ziele und muss unterschiedliche Schwerpunkte setzen (vgl. Neubauer/Strohmeier 1998, S. 289–307; Strohmeier 1996, S. 63–84). Damit sie dies tun kann, braucht es eine kontinuierliche kleinräumige kommunale Familienberichterstattung, die für diejenigen, welche die Arbeit tun, und für die Öffentlichkeit zugänglich und nützlich ist (www.familienberichterstattung.de). In den meisten Städten und Kreisen geschieht lokale Familien- und Sozialpolitik heute im sozialpolitischen Blindflug; die meisten Kommunen wissen nicht einmal, wie viele Familien mit Kindern innerhalb ihrer Grenzen leben, geschweige denn wie viele alleinerziehend, arm oder beides sind, und wo und wie diese Familien in der Stadt leben. Die gelegentlich publizierten Rankings auf Stadt- oder Kreisebene, soeben erscheint ein weiterer *Familienatlas*, den das Bundesministerium in Auftrag gegeben hat (www.prognos.com), enthalten keinerlei handlungsleitende Informationen und geben der lokalen Politik keinerlei praktische Orientierung. Die Unterschiede der Lebensverhältnisse von Familien in einer einzigen Großstadt sind in der Regel größer als die Unterschiede zwischen allen Städten in einem Bundesland.

Wir plädieren dafür, die vorhandenen und in etlichen Städten parallel betriebenen Berichtsformate einer kommunalen Bildungs-, Familien-, Gesundheits- und Sozialberichterstattung zu verstetigen und vor allem zu integrieren und zu Stadtteilmonitoringsystemen auszubauen. Erst solche Systeme erlauben es, einerseits sich abzeichnende Probleme und Entwicklungstrends so früh zu erkennen, dass man früh und rechtzeitig handeln kann, und andererseits die Veränderungen zu ermitteln, die politische Intervention gebracht hat (www.familienberichterstattung.de; www.sozialberichterstattung.de; www.bildungsberichterstatuung.de; www.city-monitoring.de). In der Tat bedarf es eines Politikwechsel und eines Umsteuerns. Dabei geht es aber nicht nur um die Bundesebene, wo nach Jahrzehnten einer Politik zugunsten der traditionellen Familienform jetzt *Wahlfreiheit* und die Förderung der Vereinbarkeit von Familie und Beruf neue Leitbilder geworden sind. Genauso ist die kommunale Ebene gefordert, auf der es um einen ebenso radikalen Paradigmenwechsel geht. Hier wird es künftig darauf ankommen, nicht mehr wie bisher Ungleiches gleich zu behandeln. In den Städten im Ruhrgebiet zum Beispiel leben mittlerweile zwei Drittel der Kinder und Jugendlichen in benachteiligten Wohngebieten. Diese im Hinblick auf den Integrationserfolg benachteiligten Gebiete brauchen »positive Diskriminierung« und besondere institutionelle Förderung (vgl. Schader-Stiftung/Deutscher Städtetag/GdW/DifU/Inwis 2005). Bislang ist z.B. dem kommunalen Gesundheitsdienst jedes Kind gleich viel wert. Das ist ungerecht.

# 7 Literatur

Andersen, Uwe (Hrsg.) (1998): Kommunalpolitik in Nordrhein-Westfalen im Umbruch. Schriften zur politischen Landeskunde Nordrhein-Westfalens, Band 12. Köln

Bertram, Hans/Allmendinger, Jutta/Fthenakis, Wassilios/Krüger, Helga/Meier-Graewe, Uta/Spieß, C. Katharina/Szydlik, Marc/Sachverständigenkommission Siebter Familienbericht der Bundesregierung (2006): Familien zwischen Flexibilität und Verlässlichkeit. Perspektiven für eine lebenslaufbezogene Familienpolitik. Im Auftrag des Bundesministeriums für Familie, Senioren, Frauen und Jugend. Berlin

Bundesministerium für Familie und Senioren (Hrsg.) (1994): Familien und Familienpolitik im geeinten Deutschland – Zukunft des Humanvermögens. Fünfter Familienbericht. Bonn

Helfferich, Cornelia/Klindworth, Heike/Wunderlich, Holger (2004): männer leben – Studie zu Lebensläufen und Familienplanung. Basisbericht. Köln

Kaufmann, Franz-Xaver (1990): Zukunft der Familie. München

Kaufmann, Franz-Xaver/Herlth, Alois/Strohmeier, Klaus Peter (1980): Sozialpolitik und familiale Sozialisation. Zur Wirkungsweise öffentlicher Sozialleistungen. Stuttgart

Kaufmann, Franz-Xaver/Kuijsten, Anton C./Schulze, Hans-Joachim/Strohmeier, Klaus Peter (Hrsg.) (2002): Family Life and Family Policies in Europe, Vol. II, »Problems and Issues in Comparative Perspective«. Oxford

Neubauer, Jennifer/Strohmeier, Klaus Peter (1998): Kommunale Sozialpolitik. In: Andersen, Uwe (Hrsg.): Kommunalpolitik in Nordrhein-Westfalen im Umbruch. Schriften zur politischen Landeskunde Nordrhein-Westfalens, Band 12, Köln. S. 289–307

Rürup, Bert/Gruescu, Sandra (2005): Nachhaltige Familienpolitik. Aus Politik und Zeitgeschichte 23–24/2005

Schader-Stiftung/Deutscher Städtetag/GdW/DifU/Inwis (Hrsg.) (2005): Zuwanderer in der Stadt. Empfehlungen zur stadträumlichen Integrationspolitik. Darmstadt

Schäfers, Bernhard/Wewer, Göttrik (Hrsg.) (1996): Die Stadt in Deutschland. Soziale, politische und kulturelle Lebenswelt. Gegenwartskunde. Sonderheft 9. Opladen

Schelsky, Helmut (1954): Der Irrtum eines Familienministers. In: Frankfurter Allgemeine Zeitung, 8.06.54, Heft 130, S. 6

Strohmeier, Henrika/Strohmeier, Klaus Peter/Schulze, Hans-Joachim (2006): Familienpolitik und Familie in Europa. Düsseldorf

Strohmeier, Klaus Peter (1996): Die Polarisierung der Lebensformen in den Städten und Gemeinden – soziale Hintergründe und sozialpolitische Probleme. In: Schäfers, Bernhard/Wewer, Göttrik (Hrsg.): Die Stadt in Deutschland. Soziale, politische und kulturelle Lebenswelt. Gegenwartskunde. Sonderheft 9. Opladen, S. 63–84

Strohmeier, Klaus Peter (2002): Family Policy – How does it work? In: Kaufmann, Franz-Xaver/Kuijsten, Anton C./Schulze, Hans-Joachim/Strohmeier, Klaus Peter (Hrsg.): Family Life and Family Policies in Europe, Vol. II, »Problems and Issues in Comparative Perspective«. Oxford, S. 326–370

# Kinderfördernde und familienunterstützende Einrichtungen

# Neue Orte für Familien

## Institutionelle Entwicklungslinien eltern- und kinderfördernder Angebote

## Thomas Rauschenbach

Man kann es drehen und wenden, wie man will: Mit Blick auf eine gedeihliche Rahmung des Aufwachsens von Kindern in den ersten Lebensjahren waren die letzten Jahre so ereignisreich wie noch nie. Noch nie gab es so viel öffentliche Zustimmung, noch nie wurde so viel in den Medien und der Öffentlichkeit über notwendige Veränderungen debattiert. Auch wenn Insider und Fachkräfte sich bisweilen irritiert die Augen reiben, weil vieles davon aus ihrer Sicht gar nicht so neu ist, so sind doch das Ausmaß und das Einvernehmen in Sachen Reformbedarf in Westdeutschland zweifellos ohne historisches Vorbild.

Der Wettbewerb der besten Ideen zur Neuformatierung des Aufwachsens von Kindern und des Zusammenspiels von privater und öffentlicher Erziehung kreist in diesem Zusammenhang um mehrere nebeneinander liegende Gravitationszentren: mehr Geld, mehr Angebote, mehr Qualität, mehr Bildung, mehr Vernetzung, mehr öffentliche Erziehung. Und bei der Vielzahl der politisch in Angriff genommenen oder zumindest andiskutierten Themen – Elterngeld, U-3-Ausbau, Bildungspläne, Anhebung der Erzieher/innenausbildung, Eltern-Kind-Zentren, Familienzentren, Mehrgenerationenhäuser, Kindergartenpflicht, Gebührenfreiheit, Sprachtests, um nur einige neuralgische Punkte zu nennen – kann man sich gegenwärtig kaum einigen, was in der langen Liste von Themen zuerst anzugehen ist.

Im Bewusstsein dieser Themenvielfalt sollen nachfolgend vor allem jene Gesichtspunkte beleuchtet werden, die den Blick auf den Gegenstandsbereich weiten, die zeigen, dass die Thematik der eltern- und kindfördernden Angebote eine Facette eines größeren Zusammenhangs ist.

## 1 Kinderbetreuung als Privatsache

Auf einer allgemeinen Ebene offenbart zunächst einmal der Blick auf die Entwicklungen in der institutionellen Kinderbetreuung der letzten 30 Jahre, wie viel sich in diesem Bereich im öffentlichen Bewusstsein und in der Realität verändert hat.

Seit jeher war die Betreuung der eigenen Kinder in der Bundesrepublik Deutschland ganz selbstverständlich *Privatsache*. Kinder wuchsen in den ersten Lebensjahren vor allem in der Zuständigkeit der Mütter – seltener der Väter – auf, unterstützt durch Großeltern, ältere Geschwister, Verwandte sowie punktuell durch Freunde und Nachbarn. Noch vor zwei Jahrzehnten, Ende der 1980er-Jahre, konnten Tietze und Roßbach mit Blick auf den werktäglichen *zeitlichen* Betreuungsumfang zeigen, dass – sofern die Mutter nicht arbeiten ging – unter dreijährige Kinder im Schnitt zu 99 % und Drei- bis Sechsjährige zu 88 % im privaten Umfeld betreut wurden. Im Falle einer mütterlichen Erwerbstätigkeit reduzierten sich diese Werte auf 88 bzw. 75 % (vgl. Tietze/Roßbach 1991, S. 567 f.). Mit anderen Worten: Auch im Falle der Erwerbstätigkeit einer Mutter wurde die Kinderbetreuung überwiegend privat organisiert.

Demgegenüber war damals – wohlgemerkt: wir reden vom Ende der 1980er-, nicht der 1950er-Jahre – die *öffentliche* Kinderbetreuung allenfalls eine mehr oder minder hilfreiche punktuelle Ergänzung der privaten Erziehung, weit davon entfernt, für *alle* Familien und Kinder ein selbstverständliches Angebot, gar ein Ganztagesangebot oder ein dezidiertes Bildungsangebot zu sein. Unterteilt man das zeitliche Betreuungsvolumen an einem Wochentag Ende der 1980er-Jahre in seine öffentlichen und seine privaten Anteile, dann lag der öffentliche Anteil bei den unter Dreijährigen damals bei Zeitanteilen zwischen 2 und 6 % – je nach Erwerbsstatus der Mutter –, bei den Drei- bis unter Sechsjährigen immerhin zwischen 11 und 23 %. Man kann also für die Bonner Republik mit Fug und Recht behaupten, dass bis zu dieser Phase die Frage der Kinderbetreuung vor der Einschulung eindeutig Privatsache war.

## 2 Der Mentalitätswechsel: Kinderbetreuung und die öffentliche Verantwortung

Gemessen an dieser die Betreuungsfrage in der ehemaligen Bundesrepublik kennzeichnenden Lage kann man getrost feststellen: In puncto Kinderbetreuung befindet sich Westdeutschland in einem einschneidenden Umbruch. Vermutlich gibt es keinen Bereich des Erziehungs- und Bildungswesens, der sich in den letzten 30 Jahren so nachhaltig verändert hat – und gegenwärtig verändert – wie die Kindertagesbetreuung. Dies lässt sich an zwei Aspekten eindrücklich beobachten.

(1) Zunächst zeigt ein grober Blick auf die zahlenmäßige Entwicklung des Platzangebots, dass in der Bundesrepublik bis 1970 für maximal jedes dritte Kind überhaupt ein Kindergartenplatz zur Verfügung stand (vgl. Abb. 1). Bis zum Ende der Bonner Republik, also bis 1990, verdoppelte sich dieser Wert zwar auf ein rechnerisches Platzangebot von zuletzt knapp 70 %; dabei muss aber beachtet werden, dass es sich fast durchweg um Halbtages- bzw. um unverbundene Vor- und Nachmittagsplätze handelte.

Abbildung 1: Entwicklung der Versorgungsquoten (je 100 Kinder) im Kindergartenalter (1965–2007; in %)

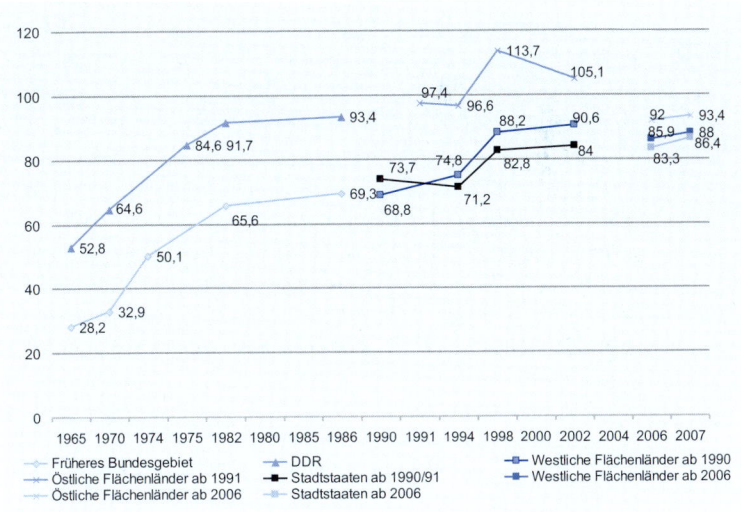

* Bis 2002: Verfügbare Plätze; ab 2006: Quote der Inanspruchnahme

Erst in den 1990er-Jahren stiegen die Werte dann in den westlichen Flächenländern zwischen 1990 und 1998 von 69 auf 88 %. Es dürfte mithin wenig strittig sein, dass innerhalb von 30 Jahren, also in nur einer Generation, zwischen den späten 1960er- und den späten 1990er-Jahren eine erhebliche Veränderung des westdeutschen Platzangebots im *Kindergartenalter* beobachtet werden kann, die damit indirekt auch zu einer veränderten Rolle der öffentlichen Erziehung im Prozess des Aufwachsens beigetragen hat. In Ostdeutschland, dies muss man bei dieser Thematik im Blick behalten, lag die Versorgungsquote bis 1998 im Lichte einer gänzlich anderen Vorgeschichte unterdessen durchgängig auf einem deutlich höheren Niveau (vgl. Galuske/Rauschenbach 1994).

(2) Dieser stetige Ausbau ging mit einem Mentalitätswandel einher. So wird inzwischen nicht mehr ernsthaft über Gefährdungen, Nachteile oder sonstige negative Einflüsse eines Kindergartens für Kinder ab drei Jahren lamentiert. Vorbehalte, deren Ausläufer noch vor wenigen Jahren zu hören waren, verlagern sich gegenwärtig mit leichten Variationen auf den Ausbau der Betreuungsangebote für unter Dreijährige und wiederholen sich dort umso vehementer.

Demgegenüber hat sich in puncto Kindergarten die Diskussionsrichtung in nur wenigen Jahren interessanterweise fast umgekehrt: Inzwischen wird leidenschaftlich und kontrovers darüber debattiert, ob für das letzte bzw. die beiden letzten Kindergartenjahre nicht sogar eine Kindergarten*pflicht* – analog zur Schulpflicht – eingeführt werden sollte, um auf diese Weise sicherzustellen, dass tatsächlich auch *alle* Kinder vor der Einschulung eine Kindertageseinrichtung besuchen. Ähnliches gilt mit Blick auf die Sprachstandserhebungen und die Diskussion um eine frühere Einschulung. Schon allein der Umstand, dass derartige Debatten überhaupt geführt werden, macht deutlich, dass gegenwärtig zu diesem Themenfeld ein ebenso tiefgreifendes wie folgenreiches Umdenken stattfindet.

Als zukunftsweisende Schlüsselthemen mit Blick auf eine neue *Kultur des Aufwachsens* drängen sich infolgedessen heute ganz andere Fragen in den Vordergrund als noch vor 20 Jahren: Wie erreichen wir, dass alle Kinder vor der Einschulung eine entsprechende Einrichtung besuchen? In welchem zeitlichen Umfang sollen diese bereitstehen? Wie lässt sich die Flexibilität mit Blick auf Öffnungszeiten und Angebotsformen erhöhen, ohne das Kindeswohl zu gefährden und die Kostenschraube zu überdrehen? Wie sollte ein modernes Kinderbetreuungsangebot konzeptionell gestaltet sein?

Wie kann es gelingen, dieses noch stärker zu einem integrierten Bildungs-, Betreuungs- und Erziehungsangebot zu verschmelzen? Wie lassen sich die Bildungs- und Entwicklungspotenziale der Kinder in diesem Alter noch gezielter anregen und fördern? Wie müssen die Angebotsformen weiterentwickelt werden, damit sie die optimale Förderung von Kindern und die Einbindung bzw. Unterstützung von Eltern gleichermaßen erfüllen? Wie lässt sich die Erziehungspartnerschaft zwischen Eltern und Kindertageseinrichtungen verbessern? Was und wie können öffentliche Betreuungsangebote dazu beitragen, dass die unterschiedlichen ökonomischen, sozialen, kulturellen Ausgangslagen in den Familien, d. h. die ungleichen Startbedingungen für Kinder, nicht zu einer bereits vorentscheidenden Weichenstellung zu Beginn des Lebenslaufs werden? Wie kann sichergestellt werden, dass möglichst alle Kinder vor der Schule ausreichend Gelegenheit erhalten, die deutsche Sprache zu erlernen? Und: Welches Personal, welche Qualifikation der Fachkräfte ist angesichts der neuen, anspruchsvollen Herausforderungen notwendig? Was muss getan werden, damit die vorhandenen fast 50.000 Kindertageseinrichtungen so sächlich ausgestattet, personell qualifiziert und organisatorisch weiterentwickelt werden, dass sie diesen erhöhten Anforderungen auf Dauer gerecht werden können?

Fragen dieser Art deuten an, dass sich die Akzente merklich verschoben haben. Wie aber, so ist zu fragen, kam dieser Mentalitätswechsel zustande? Eine zufriedenstellende Antwort darauf kann man nur geben, wenn man sich die gewandelten gesellschaftlichen Rahmenbedingungen vergegenwärtigt. Spätestens mit dem unaufhaltsamen Aufstieg der Mädchen im Bildungssystem, mit der wachsenden Zahl gut qualifizierter junger Frauen am Ende ihrer Schulzeit war absehbar, dass die Frage nach der Betreuung der Kinder, dass die Organisation des Aufwachsens nicht mehr allein privat, nicht mehr allein vonseiten der Mütter und nicht mehr allein in den eigenen vier Wänden gelöst werden kann.

Eine erheblich gestiegene Zahl hoch qualifizierter junger Frauen mit einem abgeschlossenen Studium – mit der fast unausweichlichen Folge einer verstärkten Erwerbsorientierung – erhöhte den privaten wie öffentlichen Handlungsdruck in Sachen Kinderbetreuung. Hinzu kam eine ebenso pragmatische wie stillschweigende Dreierkoalition: zwischen den Müttern, die nicht nur zu Hause bleiben wollten, den Vätern, die den damit einhergehenden Erwartungen ihrer Partnerinnen hinsichtlich einer stärkeren innerfamilialen Beteiligung an der Kinderbetreuung nicht nachkommen konnten oder wollten, sowie der Arbeitswelt, die vor allem im expandierenden Dienstleistungssektor ein wachsendes Interesse an gut ausgebildeten weiblichen Arbeitskräften hatte. In diesem übereinstimmenden Gesamtinteresse dürften wesentliche Motivbündel für die mentalen Veränderungen in diesem Themenbereich liegen.

Während der damit verbundene Handlungsbedarf in Sachen Kinderbetreuung jedoch bis zu Beginn der 1990er-Jahre bei den politischen Mehrheiten nicht zur Kenntnis genommen, kleingeredet oder aber als Privatangelegenheit der Familie abgetan wurde, veränderte sich im letzten Jahrzehnt die Stimmungslage merklich. Nach und nach wurde neben der privaten Verantwortung für das Aufwachsen von Kindern verstärkt auch die Frage der *»öffentlichen Verantwortung«*, wie dies der 11. Kinder- und Jugendbericht programmatisch formulierte, als eine gesamtgesellschaftliche Aufgabe und Herausforderung anerkannt (vgl. Bundesministerium für Familie, Senioren, Frauen und Jugend – BMFSFJ 2002).

Auf diese Weise hat sich mit Blick auf die »Privatsache Kinderbetreuung« der öffentliche Druck gegenüber der Politik in den letzten 20 Jahren kontinuierlich erhöht. Von allen Seiten, zuletzt auch vonseiten der Wirtschaft, wurde dementsprechender Handlungsbedarf reklamiert, dem sich die Politik auf der Ebene von Bund, Ländern und Gemeinden auf Dauer nicht entziehen konnte. Die einseitige Anpassung des »flexiblen Menschen« an die moderne Arbeitswelt (vgl. Sennett 1998), seine fortwährende und uneingeschränkte Verfügbarkeit – in der jüngeren Generation noch verschärft durch die Zumutung einer erhöhten beruflich-existenziellen Unsicherheit – ist mit den Anforderungen an eine kindgerechte, private Betreuung im Kleinkindalter jedenfalls nur noch schwerlich in Einklang zu bringen.

Mit einer allein familieninternen Umverteilung der Betreuungsaufgaben, etwa durch eine bessere Aufteilung zwischen Müttern und Vätern oder eine weitergehende Verlagerung der Betreuung auf die jung gebliebenen Großeltern, ist diese neue Herausforderung – zumal in Anbetracht eines sich generell flexibilisierenden und prekärer werdenden Arbeitsmarktes – offenbar nicht zu lösen. Dies zeigen auch die Befunde der Kinderbetreuungsstudie des Deutschen Jugendinstituts (vgl. Bien u. a. 2007). Eine gezielte und nachhaltige Ergänzung der privaten Familienbetreuung durch öffentliche Kindertagesbetreuungsangebote hat sich daher praktisch als ein Zukunftsprojekt ohne ernsthafte Alternative erwiesen. Und so war es letztlich nur eine Frage der Zeit, wann und wie die gesetzgebenden Instanzen auf diese kinder- und familienpolitische Herausforderung reagieren würden.

## 3 Die Schubkraft der rechtlichen Verankerung

Nachdem im Rahmen der sich abzeichnenden Reform des Jugendhilfegesetzes in den 1980er-Jahren die Bemühungen, einen Rechtsanspruch auf einen Kindergartenplatz in Westdeutschland zu verankern, im Sommer 1989 zunächst an den Vorbehalten der Länder scheiterten – die Zustimmung zum gesamten neuen Kinder- und Jugendhilfegesetz im Bundesrat wurde von der Nichteinführung eines Rechtsanspruches abhängig gemacht –, schien die Frage des Ausbaus der Kindertagesbetreuung in Westdeutschland erst einmal wieder auf die lange Bank geschoben. Umso überraschter war die Fachöffentlichkeit, als bereits drei Jahre später, im Juli 1992, im Rahmen des Neuregelungsbedarfs des Schwangeren- und Familienhilfegesetzes das Thema erneut – und diesmal erfolgreich – auf die Tagesordnung kam. Der Rechtsanspruch auf einen Kindergartenplatz wurde als ein Schwerpunkt der sozialpolitischen Begleitmaßnahmen zur Neuregelung der strafrechtlichen Vorschriften des Schwangerschaftsabbruchs eingeführt (vgl. Struck/Wiesner 1992, S. 453).

Der Beschluss, ab 01.01.1996 einen Kindergartenplatz rechtsverbindlich zu gewährleisten, fand nicht zuletzt aufgrund des großen Engagements der weiblichen Abgeordneten eine fraktionsübergreifende Mehrheit im Bundestag. Dass innerhalb einer so kurzen Zeit nach dem ersten Scheitern dennoch die Einführung eines Rechtsanspruchs möglich wurde, hatte zum einen damit zu tun, dass die inzwischen hinzugekommenen Abgeordneten aus den neuen Bundesländern in der Frage der Kindertagesbetreuung eine sehr viel gelassenere Haltung hatten, zum anderen aber auch damit, dass die Verabschiedung des Rechtsanspruchs ein politisches Zugeständnis und ein Kompromiss in den anhaltend kontroversen Debatten um den Schwangerschaftsabbruch war.

Obgleich es in der Folge bei der konkreten Umsetzung vor Ort einige Schwierigkeiten bzw. zeitliche Verzögerungen gab, so belegt die weitere Entwicklung des Platzangebots in dieser Phase dennoch, dass die gesetzliche Verankerung des Rechtsanspruchs auf einen

Kindergartenplatz den Durchbruch bei der Umsetzung eines öffentlichen Versorgungsanspruchs für Kinder im Kindergartenalter mit sich brachte. Dies lässt sich an zwei Befunden illustrieren.

(1) Auf der einen Seite belegt ein grober Blick auf die Expansionsdynamik vor und nach 1990, dass im Westen nach 1990 ein überdurchschnittlicher Zuwachs an Plätzen festzustellen ist (vgl. Abb. 2). Während die Kindergartenplatzzahlen zwischen 1982 und 1990 in der Summe um rund 217.000 zunahmen, erhöhte sich das entsprechende Platzangebot zwischen 1990 und 1998, also jenem Zeitraum, in dem der Rechtsanspruch beschlossen und umgesetzt wurde, um insgesamt ca. 600.000 Plätze. Damit stieg das Ausbautempo in der Zeit nach 1990 gegenüber den Zuwachsraten vor 1990 in einem vergleichbaren Zeitraum fast um das Dreifache. Dies ist ein deutlicher Beleg für die Durchschlagskraft des eingeführten Rechtsanspruchs.

Abbildung 2: Entwicklung des Platzangebotes für Kindergartenkinder (1982–1998; früheres Bundesgebiet mit West-Berlin)

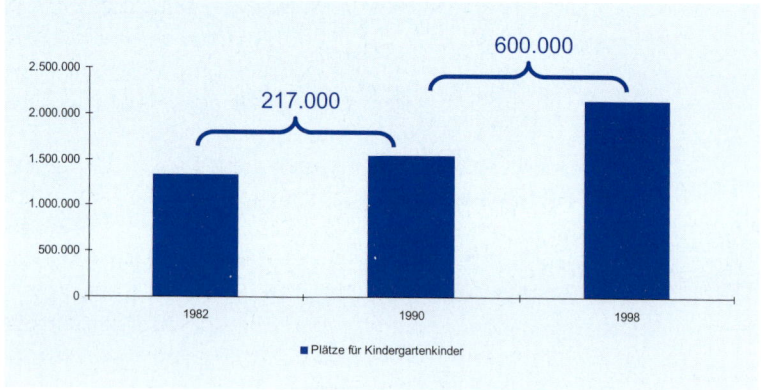

(2) Auf der anderen Seite zeigt ein Blick auf die altersspezifische Dynamik der Inanspruchnahme der Kindergartenplätze seit den 1990er-Jahren, dass der Ausbau seither vor allem den dreijährigen Kindern zugute gekommen ist (vgl. Abb. 3). Während die Vier- und Fünfjährigen schon zu Beginn der 90er-Jahre zu rund 80 % und damit zu großen Teilen einen Kindergarten besuchten, sich für diese Altersgruppe also seither nicht so viel veränderte, ist die stärkste Veränderung mit einem Anstieg von rund 30 % (1995) auf zuletzt über 75 % bei den Dreijährigen (2006) zu beobachten.

Abbildung 3: Kinder bis zum Schuleintritt in Kindertageseinrichtungen nach Altersgruppen in Westdeutschland (ohne Berlin; 1991–2007; in %)

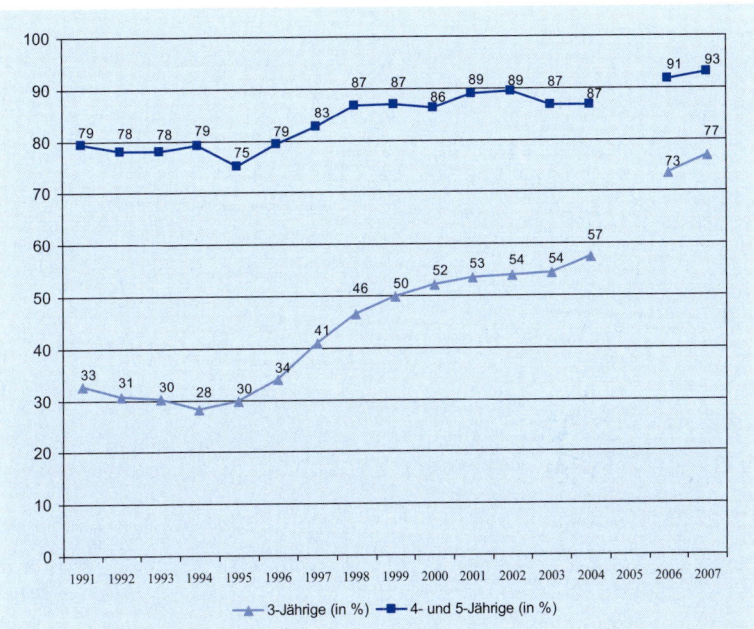

Beide Befunde belegen die zusätzliche Dynamik in den 1990er-Jahren, die vor allem durch den Rechtsanspruch ausgelöst worden ist. Auch wenn die weitere, detailgetreue Rekonstruktion der Entwicklung seit 1998 hier nicht weiter verfolgt werden soll – im Kern hat sich mit Blick auf das Kindergartenalter seither auch nicht mehr so viel verändert –, kann man unter Kapazitätsgesichtspunkten inzwischen bundesweit von einem zahlenmäßig ausreichenden Platzangebot für Kinder im Kindergartenalter ausgehen. Vor diesem Hintergrund wird es fachlich und politisch von besonderem Interesse sein, ob bei dem anstehenden Platzausbau bei den unter Dreijährigen im Lichte des Rechtsanspruchs ab 2013 eine vergleichbare Dynamik zu erreichen sein wird.

## 4 Herausforderungen für das Aufwachsen von Kindern in Familien

Da für Kinder alles in der Familie anfängt, muss neben der Kindertagesbetreuung selbstverständlich auch das Aufwachsen in der Familie ins Blickfeld gerückt werden. Familie ist nicht nur der erste Ort, sondern auch der einzig dauerhafte, gewissermaßen lebenslang begleitende Bezugspunkt des Aufwachsens. Durch seine besonderen Merkmale, seine Intensität und seine Dauer ist er zugleich in aller Regel auch der wichtigste Ort in diesem Prozess. Gleichwohl mehren sich die Indizien, dass diese Prozesse des Aufwachsens in der Familie weniger stabil sind, weniger selbstverständlich werden und dass Familien in einer wachsenden Zahl von Fällen ohne zusätzliche Hilfe und Unterstützung nicht auskommen. Vor diesem Hintergrund muss die nicht-monetäre Unterstützung von Familien neu ausbuchstabiert werden. Die damit verbundenen Besonderheiten und Herausforderungen zeigen sich in puncto Familie in dreifacher Hinsicht:

(1) Zum einen lässt sich die Familie mit Blick auf das Aufwachsen von Kindern dadurch kennzeichnen, dass sich hier die Dimensionen Bildung, Betreuung und Erziehung bis zur Unkenntlichkeit ineinander vermengen. In der Familie muss für das Kind ein Urvertrauen genauso entstehen wie eine stabilisierende Bindungsintensität, findet Alltagsbildung genauso statt wie informelles Lernen, bilden sich Regeln und Werte für die Kinder genauso heraus wie routinisierte Verhaltensweisen und habituelle Gepflogenheiten. Im Unterschied zu vielen anderen Orten des Aufwachsens geschieht dies jedoch in aller Regel nicht getrennt voneinander, schon gar nicht curricular gestaltet in einzelnen Kursen. Da diese Vermittlung von Alltagsbildung, von Beziehungsintensität und wertbezogenen Haltungen allerdings zumeist lebensweltlich, unbeobachtet, naturwüchsig und eher implizit abläuft, steht sie nicht eigens auf der politischen Agenda anzugehender Herausforderungen mit Blick auf das Aufwachsen von Kindern. Genau hier aber wäre anzusetzen.

(2) Zum anderen zeichnet sich die Familiendynamik durch eine Besonderheit aus, die man als ein Spannungsverhältnis zwischen den beiden Polen »alles ist möglich« und »nichts ist sicher« kennzeich-

nen kann. Dabei kommt der Familie als Interaktionsgefüge eine Intensität zu, über die kein anderes Beziehungsgeflecht verfügt. Infolgedessen steckt in der Familie aufgrund ihrer zeitlichen, räumlichen wie emotionalen Kontinuität und Intensität eine ungeheure Potenzialität, die mit dazu beigetragen haben dürfte, dass die Familie vielfach als Keimzelle der Gesellschaft idealisiert worden ist.

Dabei wurde aber allzu leicht übersehen, dass Familie kein Selbstläufer, kein Garant für eine gedeihliche Entwicklung ist, sondern dass die Interaktionsintensität zwischen Eltern und ihren Kindern immer wieder neu erbracht, eigens hergestellt werden muss (vgl. BMFSFJ 2006). Und genau diese Herstellungsleistung, dieses »Doing Family«, macht die Familie zugleich fragil, führt dazu, dass das Projekt Familie bei ungünstigen Voraussetzungen und Rahmenbedingungen auch scheitern kann. Dies ist die Schattenseite, die andere Seite der Familienmedaille, die erahnen lässt, warum wir in Extremfällen immer wieder massive Formen von Erziehungsversagen und Kindeswohlgefährdung kopfschüttelnd zur Kenntnis nehmen müssen.

(3) Schließlich muss im Horizont der beiden genannten Punkte eine weitere Herausforderung in Sachen Familie im Blick behalten werden: die vielfach nicht mehr zutreffende Annahme der Familie als einer nie versiegenden Quelle der naturwüchsigen Tradierung und Weitergabe des familialen Erbes an Können und Wissen, an Fertigkeiten und Fähigkeiten, an Werten und Einstellungen, an Beziehungen und Netzwerken. Auch diese Annahme erweist sich zunehmend als brüchig und ungewiss. So ist weder sichergestellt, dass die Weitergabe des – wie man es mit Pierre Bourdieu nennen könnte (vgl. Bourdieu 1983) – kulturellen und sozialen Kapitals zwischen den Generationen auch in einer ausreichenden Zahl von Fällen und in einer angemessenen thematischen Breite innerfamilial von allein funktioniert, noch ist gewährleistet, dass das, was weitergegeben, was tradiert wird, auch den zukünftigen Anforderungen an eine zeitgemäße Lebensführung gerecht werden kann.

Familien tragen diese Last einer unhinterfragten impliziten Bildungs- und Erziehungsaufgabe, die im Lichte sozialen Wandels inhaltlich bislang weder konkretisiert noch aktualisiert worden ist, vorerst ohne weitere Absicherungen, ohne zusätzliche Möglichkeiten einer zumindest gedanklichen Auseinandersetzung mit dieser spezifischen lebensweltlichen Herausforderung. Oder anders formuliert: Während die Schule ihre Themen, Formen und Methoden den Entwicklungen von Zeit zu Zeit anzupassen versucht, geschieht das innerhalb der Familie allenfalls zufällig, rudimentär, partikular, jedenfalls nicht in einer gezielten Form. Erhebliche Ungleichzeitigkeiten der innerfamilialen Transferleistungen und damit einhergehende Bildungs- und Entwicklungsbiografien von Kindern sind daher nahezu unvermeidlich.

Alle drei genannten Aspekte kennzeichnen spezifische Herausforderungen mit Blick auf das Aufwachsen von Kindern in den Familien, die unter dem Strich dazu beitragen, dass die Zukunftsfähigkeit der Familie als gelingende Erziehungs- und Beziehungsgemeinschaft zwischen Eltern und Kindern ohne zusätzliche Absicherungen in einer steigenden Zahl von Fällen nicht mehr normalitätssichernd und auch keineswegs mehr selbstverständlich ist, dass hierfür zusätzliche Hilfestellungen und Angebote bereitgestellt werden müssen. Sie verweisen auf eine, wenn nicht sogar auf *die* zentrale, inhaltliche Herausforderung, der sich eine Neuvermessung eltern- und kindfördernder Einrichtungen gegenübergestellt sieht.

## 5 Eltern- und kinderfördernde Einrichtungen als Antwort auf den Wandel des Aufwachsens

Vor diesem Hintergrund lassen sich Einrichtungen, die die Förderung von Kindern *und* Eltern gleichermaßen ins Blickfeld rücken, als eine Antwort im Sinne einer *gemeinsamen* Verantwortung von Eltern und Kindertageseinrichtungen für das Aufwachsen von Kindern betrachten. Dabei werden zwei Dinge wichtig: das Zusammenspiel von Bildung, Betreuung und Erziehung sowie die Gestaltung der Kooperationsbeziehungen zu den Familien, aber auch zu anderen Akteuren im Umfeld der Einrichtungen.

Ein zentrales Dilemma der bisherigen Kultur des Aufwachsens ist die künstliche Trennung von Bildung, Betreuung und Erziehung (vgl. auch BMFSFJ 2005): Während die Familie in ihrer Leistung für Heranwachsende häufig mit Erziehung gleichgesetzt wurde, war die Schule für die Bildung und die Kinder- und Jugendhilfe – einschließlich der Kindertageseinrichtungen – für die Betreuung zuständig. Eine solche, institutionell getrennte Sichtweise führte zwangsläufig nicht nur zu einer Verengung der jeweiligen Horizonte, sondern es wurde zugleich auch eine Trennung konstruiert, die nicht den tatsächlichen Entwicklungsverläufen von Kindern entsprach.

Zugespitzt formuliert: In Deutschland hat sich in puncto Aufwachsen – und in den dazugehörigen wissenschaftlichen (Teil-)Disziplinen – ein taylorisiertes Denken etabliert, in dem Arbeitsteilung und Spezialisierung zum Maß aller Dinge geworden ist, in dem alles fein säuberlich getrennt wurde, in dem unterschiedliche Zuständigkeiten reklamiert wurden, kurz: Es hat sich ein Denken durchgesetzt, in dem man sich eher voneinander abgrenzte als aufeinander zuging.

An diesem Punkt anzusetzen, könnte eine zentrale Perspektive eltern- und kindfördernder Einrichtungen sein, beinhalten diese doch das Potenzial, die widersprüchlichen, durch den gesellschaftlichen Wandel provozierten familiären Herausforderungen, wie sie sich im 7. Familienbericht wiederfinden, abzufedern (vgl. BMFSFJ 2006). Eltern- und kindfördernde Einrichtungen sind insofern auch Teil einer Antwort im Sinne eines integrierten Systems von Bildung, Betreuung und Erziehung, wie dies im 12. Kinder- und Jugendbericht entwickelt worden ist (vgl. BMFSFJ 2005). Ihre erfolgreiche Implementierung könnte positive Effekte ganz genereller Art für Kinder und Familien nach sich ziehen, die weit über den Wirkungsbereich der eigentlichen Angebote der Zentren hinausweisen.

Eltern- und kindfördernde Einrichtungen verbinden zum einen die Themen Elternkompetenz und Entwicklungsförderung für Kinder, und sie beziehen zum anderen Eltern zugleich verstärkt in den Alltag der Kindertageseinrichtungen mit ein. Somit verbessern sie nicht nur die Realisierung zeitgleicher bzw. aufeinander abgestimmter Angebote für Eltern *und* Kinder, sondern sie ermöglichen vor allem auch eine stärkere Verbindung von privater und öffentlicher Erziehung, Bildung und Betreuung.

Auf diese Weise werden praktische Anschlussstellen für ein aufeinander abgestimmtes Bildungs-, Betreuungs- und Erziehungskonzept geschaffen, das nicht nur die Entwicklungsmöglichkeiten für Kinder erhöht, sondern zugleich auch zu einer sozialräumlichen Vernetzung junger Familien im Gemeinwesen beiträgt. Derartige Angebote können mithin ein Weg sein, die vielfach beschworene und geforderte Erziehungspartnerschaft zwischen Familie und öffentlichen Einrichtungen zu verbessern und die soziale Isolation junger Familien bzw. alleinerziehender Mütter und Väter abzubauen.

Die bislang getrennte und isolierte Angebotsform – hier private Familienerziehung, dort öffentliche Kinderbetreuung, hier Kindergarten, dort Familienbildungsstätte, hier Kita, dort Tagespflege, um nur einige Beispiele getrennter Zuständigkeiten zu nennen – ist mit Blick auf das Aufwachsen von Kindern und den daran beteiligten Akteuren jedoch nicht der Weisheit letzter Schluss. Stattdessen bedarf es der Stärkung eines integrativen Blicks in zweifacher Richtung.

(1) Auf der einen Seite muss in Deutschland das Augenmerk verstärkt auf das Zusammenspiel und das Zusammenwirken unterschiedlicher Akteure – allen voran die Familie und die Kindertageseinrichtungen – im Prozess des Aufwachsens gerichtet werden. Das wäre der *organisatorisch-kooperative* Blick auf die beteiligten Akteure.

(2) Auf der anderen Seite muss der Blick aber zugleich auch auf die innere Verwobenheit von Bildung, Betreuung und Erziehung gerichtet werden; dies zielt auf die *inhaltlich-konzeptionelle* Seite der Prozesse des Aufwachsens. Dabei ist die inhaltliche Ausgestaltung der Kooperationsbeziehungen der beteiligten Akteure entscheidend. Der Fördergedanke muss dabei – im Sinne der Ganztagsbildung (vgl. Coelen/Otto 2008) – genauso über dem ganzen Tag, über dem gesamten Angebot schweben, wie zugleich Fragen der persönlichen Bindung und Beziehung zu den Kindern, aber auch der habituellen und wertebezogenen Erziehung mit diesen Prozessen verwoben sind.

Die bessere Integration der im Sozialraum vorhandenen, unterschiedlichen, nicht vernetzten Angebote und Dienste für Eltern und Kinder sowie der Mehrwert eines multifunktionalen Angebots für Familien, kann diese neuen Einrichtungsformen zu umfassenden und wichtigen Zukunftsorten für Familien werden lassen. Die Verknüpfung der Einzelangebote kann mithin dazu führen, dass die Segmentierung und Partikularisierung bisheriger Angebote für Eltern und Kinder, für Väter und Mütter, gemäß der Devise »für jedes Problem ein eigenes institutionelles Angebot«, überwunden wird.

Eltern- und kinderfördernde Einrichtungen bilden unter diesem Gesichtspunkt auch eine organisatorische Klammer, um die Kooperation zwischen den beteiligten Einrichtungen und Akteuren zu erleichtern. Auf der Grundlage einer gemeinsamen »sinnstiftenden Idee« können sich diese Kooperationen erfolgreich weiterentwickeln – allerdings nur dann, wenn eine wechselseitige Win-Win-Situation entsteht, also für alle Beteiligten ein Mehrwert erkennbar wird.

## 6 Eltern-Kind-Zentren, Familienzentren, Mehrgenerationenhäuser: Gemeinsamkeiten und Unterschiede

Unter den intergenerativen Einrichtungen, d.h. den Einrichtungen für Eltern *und* Kinder, nehmen die Eltern-Kind-Zentren bzw. Familienzentren und die Mehrgenerationenhäuser eine zentrale Position ein. Beide Typen weisen eine Vielzahl an Gemeinsamkeiten, aber auch Unterschieden auf. Als gemeinsames Profil, gewissermaßen als Schnittmenge beider Einrichtungstypen, lässt sich die gezielte Verknüpfung der Familienbildung und der Erziehungsberatung auf der einen Seite mit den Angeboten an frühkindlicher Bildung, Betreuung und Erziehung auf der anderen Seite kennzeichnen. Es geht mithin bei beiden Einrichtungstypen – den Familienzentren und den Mehrgenerationenhäusern – zunächst um so etwas wie institutionelle Arrangements für Angehörige unterschiedlicher Generationen aus einer Hand, um ein Angebotspaket, das über das herkömmliche getrennte Bildungs-, Betreuungs- und Erziehungsangebot für Kinder in Tageseinrichtungen hinaus weitere eltern- und familienorientierte Angebote und Dienste bereithält (und umgekehrt). Dies geschieht von der Anbieterseite her teilweise in eigener Verantwortung, teilweise aber auch in Zusammenarbeit zwischen mehreren verschiedenen Trägern, Diensten und Einrichtungen.

Die zusätzlichen Angebote für Eltern und Kinder sind dabei prinzipiell ohne thematische Einschränkung denkbar. Sie können sich auf die Schaffung von Begegnungsmöglichkeiten zwischen Angehörigen unterschiedlicher Generationen, wie sie definitorischer Bestandteil der Mehrgenerationenhäuser sind, genauso beziehen wie auf Angebote zur Eingliederung bzw. Wiedereingliederung des nichterwerbstätigen Elternteils in den Arbeitsmarkt. Auch bei den Familienzentren ist die Begegnung zwischen Jung und Alt ein Bestandteil des Konzepts – allerdings wird diese nicht so stark in den Mittelpunkt gestellt wie bei den Mehrgenerationenhäusern. Während bei Letzteren vor allem der Aspekt der Begegnung zwischen den Generationen im Vordergrund steht – und dies auch jenseits professioneller Angebote –, bildet bei den sich bisher abzeichnenden Formen der Eltern-Kind-Zentren das gleichzeitige Angebot für Eltern und Kinder sowie das verbesserte Zusammenspiel fachlich einschlägiger Angebote, wie diese etwa im Kinder- und Jugendhilfegesetz (KJHG) verankert sind, den Fokus. Hierin bestehen insoweit erkennbare Gemeinsamkeiten.

Schaut man sich unterdessen die Konzeptionen und die ersten Entwicklungen der beiden Einrichtungstypen genauer an, so lassen sich bei aller Gemeinsamkeit auch einige strukturelle Unterschiede identifizieren.

(1) Der erste Unterschied betrifft die *Stellung der Familie* in dem jeweiligen Konzept: Eltern-Kind-Zentren sind durch ihre spezifische Angebotsstruktur darauf ausgerichtet, dass sie Kinder *und* deren Eltern unterstützen. Zentrales Element ist dabei jedoch die professionelle Kindertagesbetreuung und die damit einhergehende Förderung der ganz »Kleinen«. Zugleich sollen aber auch Elternbildungsangebote unterbreitet und familiennahe Dienstleistungen angeboten werden. Unter dem Strich handelt es sich jedenfalls bei diesem individuellen Profil von Eltern-Kind-Zentren um ein *familienspezifisches* Unterstützungskonzept, bei dem ganz unstrittig die Familien – und dabei vor allem die Kinder – im Mittelpunkt stehen.

Anders sieht dies bei den Mehrgenerationenhäusern aus. Hier steht konzeptionell das *Zusammentreffen der Generationen* im Vordergrund. Nicht die intergenerative Organisation der eigenen Familie bildet dabei das Zentrum, sondern vorrangig die intergenerative Begegnung zwischen *nicht verwandten* Personen. Ob dies in der Realität tatsächlich das dominierende Muster wird, muss die Praxis zeigen. Aber konzeptionell wird immer wieder betont, dass Mehrgenerationenhäuser vor allem ein Ersatz für die früher so selbstverständlichen Großfamilien bzw. Familiennetzwerke sein sollen. Unabhängig davon, ob die Figur des »privaten Mehrgenerationenhauses« als ein adäquates Bild für das Alltagsleben vergangener Tage zutrifft – mir erscheint das Bild eines ehemals funktionierenden Gemeinwesens treffender –, lässt sich diese familienunabhängige, intergenerative Begegnung als konzeptionelles Element bei den Eltern-Kind-Zentren so nicht finden.

(2) Der zweite Unterschied liegt in der Ausrichtung zwischen *Bildung und Begegnung*: Eltern-Kind-Zentren haben den erklärten Anspruch, Bildung, Betreuung und Erziehung nicht nur zusammen zu denken, sondern dies auch praktisch zu ermöglichen. Damit können sie als familiennahe Bildungsorte angesehen werden, die die Vernetzung der vorhandenen professionellen Dienste rund um die Themen »Kind und Familie« konkret umsetzen.

Mehrgenerationenhäuser hingegen vertreten diesen Bildungsanspruch nicht in gleicher Weise. Im Gegenteil: Sie betonen vor allem den *Begegnungsaspekt*, sollen sie doch zuallererst *intergenerative Orte der Begegnung* sein. Dies macht ihre Besonderheit und Stärke aus. Wenn es gelingt, den damit verbundenen Anspruch tatsächlich zu erfüllen, so könnten sie eine, durch die gesellschaftlichen Wandlungsprozesse drohende Lücke der intergenerativen Begegnung schließen. Die erklärte Gleichrangigkeit zwischen professionellen Fachkräften und ehrenamtlichen Engagierten – auf Augenhöhe, wie es in den Konzeptionen stellenweise heißt – muss aber zumindest die Frage nach dem Bildungsverständnis zulassen. Vielleicht kann man es wie folgt zusammenfassen: Während die Mehrgenerationenhäuser versuchen, die bislang »naturwüchsig« vorhandenen familiären Formen der kommunikativen Begegnung zwischen Generationen räumlich zu verlagern und durch Begegnungen »zwischen Fremden« zu ergänzen, zielen Eltern-Kind-Zentren eher auf eine alltagsnahe Bildung von Eltern und Kindern, also »zwischen Angehörigen«.

(3) Ein dritter, struktureller, Unterschied, der sich in der Praxis letztlich als gewichtig erweisen könnte, liegt in der *Stellung von Kindern und Erwachsenen*. Zugespitzt formuliert: Der altersmäßige Bezugspunkt der beiden Einrichtungen unterscheidet sich. Familienzentren werden durch die dahinterliegende professionelle Kindertagesbetreuung auch in Zukunft die Bedürfnisse der Kinder in den Mittelpunkt rücken, zumal auch die elternbezogenen Angebote überwiegend auf Fragen des Aufwachsens und des Zusammenlebens mit Kindern gerichtet sind. Mithin stehen bei den »Zentren« unübersehbar die Kinder, steht die *jüngste Generation* im Mittelpunkt.

Konzeptionell ist dies bei Mehrgenerationenhäusern anders. Diese zeichnet eine breite Palette an Angebotssträngen aus, die zu einem großen Teil eher auf eltern- und familienbezogene Aspekte, also auf Bedürfnisse der Erwachsenen gerichtet sind. Insofern fungiert hier eher die *mittlere Generation* als impliziter Bezugspunkt.

Vor dem Hintergrund dieser drei Differenzen – (1) familienunterstützende vs. familienergänzende Angebote, (2) alltagsnahe Bildung vs. intergenerative Begegnung sowie (3) Kind- vs. Erwachsenenbezug – kann man den Schluss ziehen, dass sich mit dem Aufbau der ersten 500 Mehrgenerationenhäuser das Thema Eltern-Kind- bzw. Familienzentren keineswegs erledigt hat. Die genannten strukturellen Unterschiede sind mit Bezug auf die eingangs vorgestellte Analyse der gesellschaftlichen Rahmenbedingungen des Aufwachsens so weitreichend, dass man unter dem Strich fast sagen könnte, dass die beiden neuen Organisationsformen auf je unterschiedliche gesellschaftliche Entwicklungen reagieren: auf veränderte Bedarfe des Aufwachsens hier, auf verbesserte Möglichkeiten der intergenerativen Begegnung dort. Beide, Familienzentren und Mehrgenerationenhäuser, haben ihre Berechtigung und ihren Eigensinn, müssen sie doch als spezifische Antworten auf je unterschiedliche Herausforderungen des Aufwachsens und des Zusammenlebens in modernen Gegenwartsgesellschaften betrachtet werden.

## 7 Herausforderungen für den flächendeckenden Ausbau eltern- und kinderfördernder Einrichtungen

In Deutschland existieren rund 50.000 Kindertageseinrichtungen im Krippen-, Kindergarten- und Grundschulalter (vgl. Forschungsverbund Deutsches Jugendinstitut/Universität Dortmund 2008). Das ist nicht nur eine gewaltige vorhandene Infrastruktur für Kinder, sondern zugleich auch – noch vor den Schulen – das insgesamt größte flächendeckende institutionelle öffentliche Angebot überhaupt, das in Deutschland existiert. Dieses Potenzial kann, oder richtiger: muss zur breiten, flächendeckenden Entwicklung von Eltern-Kind-Zentren genutzt werden, wenn aus dieser Angebotsform eines Tages mehr werden soll als ein paar schöne Leuchttürme in der Landschaft, wenn dieses Konzept in Sachen familienfreundlicher Angebote und Dienste mithin Deutschland wirklich zum Leuchten bringen soll. Dazu sind aber noch gewaltige Anstrengungen notwendig, sowohl konzeptionell als auch in puncto Räume, Personal und Sachausstattung.

DJI-Recherchen haben gezeigt, dass es bislang nicht ausschließlich Kindertageseinrichtungen sind, die bei Eltern-Kind-Zentren als »Basiseinrichtungen« fungieren, sondern zum Teil auch bestehende Familienbildungsstätten (vgl. Diller/Riedel 2005). Diese Diversität an Einrichtungsformen ist im Ansatz zu begrüßen. Zugleich gibt es aber auch inhaltliche Gründe, die besonders für einen Ausbau der Kindertageseinrichtungen sprechen. Dadurch, dass ein Großteil der Kinder in Deutschland längere Zeit, unter Umständen mehrere Jahre in einer Einrichtung verbringt und die Eltern ihre Kinder aus freien Stücken dorthin schicken – es mithin eine starke und kontinuierliche, auch personelle Verbindung zwischen diesem Ort der öffentlichen Kinderbetreuung und der privat geleisteten Betreuungs-, Bildungs- und Erziehungsarbeit gibt –, bietet es sich förmlich an, dieses strukturierte Vertrauensverhältnis auch für die Entwicklung von Eltern-Kind-Zentren zu nutzen.

In vielen Bundesländern ist derzeit zu beobachten, dass Eltern-Kind-Zentren entstehen, auch wenn sie oft nicht so genannt werden. In Nordrhein-Westfalen heißen sie beispielsweise »Familienzentren« (vgl. Diller 2007; Lindner/Sprenger 2007). Dadurch, dass es kein einheitliches bundesweites Programm und damit auch kein übergreifendes Gesamtkonzept gibt, das Standards definiert, sind vielfältige Variationen zu beobachten. Was diese eint, ist, dass praktisch überall Einrichtungen der Familienbildung mit Kindertageseinrichtungen vernetzt werden. Dies geschieht z. B. im Rahmen von Landesprogrammen (Nordrhein-Westfalen, Brandenburg oder Hamburg) oder durch Förderung von Stiftungen (Baden-Württemberg), bisweilen aber auch durch die Initiative einzelner Gemeinden oder Städte (Hessen). Die Einrichtungslandschaft ist somit – jenseits und in Ergänzung der Mehrgenerationenhäuser – auch im Bereich der Eltern-Kind-Zentren in Bewegung geraten. Sie ist gegenwärtig auf Bundesebene vielleicht nur nicht so sichtbar wie das medial gut vorbereitete und öffentlich sichtbare Projekt der Mehrgenerationenhäuser.

Neben der quantitativen Seite gilt es jedoch auch qualitative Gesichtspunkte zu beachten. Die neuen Modelle vernetzter Angebotsformen werden dauerhaft nur dann erfolgreich sein, wenn es gelingt, damit die spezifischen und sich von Sozialraum zu Sozialraum unterscheidenden Bedürfnisse der Eltern und Kinder zu befriedigen. Eltern-Kind-Zentren müssten von ihrem konzeptionellen Anspruch her nicht nur in einer bestimmten Sozialstruktur eines

Einzugsgebiets, sondern zunächst überall und für alle Zielgruppen funktionieren. Die Bedarfsgerechtigkeit und Zielgenauigkeit der Angebote für Familien, Kinder und Eltern ist daher der Ausgangspunkt für erfolgreiches Arbeiten – und der entscheidende Faktor ist demzufolge die zielgruppenspezifische Ausrichtung der Angebote und der Kooperationspartner (vgl. Lindner/Sprenger 2007, S. 47f). Dabei gilt es mehrere Gesichtspunkte zu beachten.

(1) Für Eltern-Kind-Zentren in *typischen Mittelschichtsgebieten* zeigt sich durchgängig, dass die Vereinbarkeit von Familie und Beruf und damit einhergehende bedarfsgerechte Öffnungszeiten ein entscheidender Faktor für die Annahme durch die Eltern sind (vgl. Deutsches Jugendinstitut 2006, S. 34). Wenn die regulären Öffnungszeiten nicht passen und keine zusätzlichen Angebote angedockt oder vermittelt werden, sinkt die generelle Akzeptanz der Einrichtung und das Interesse an den zusätzlichen Angeboten deutlich.

(2) Der entscheidende Faktor für die Akzeptanz in eher *sozial benachteiligten Wohnquartieren* ist demgegenüber die Niedrigschwelligkeit der Angebote, verbunden mit einer positiven, vertrauensvollen Beziehung zum Fachpersonal. Dies wird durch eine aktive Beteiligung der Adressaten erreicht, indem Eltern mit verschiedenen kulturellen, sozialen und religiösen Hintergründen gleichermaßen angesprochen werden (vgl. Lindner/Sprenger 2007, S. 48). Schwellenängste zur Wahrnehmung weiterführender Angebote – selbst auf demselben Gelände – sind ohne das Herstellen von Brücken und kommunikativen Verbindungen durch das vertraute Personal extrem hoch.

(3) Wichtig erscheint zudem, dass es bei den Eltern-Kind-Zentren, über die beiden Grundpfeiler Elternbildung und Kindertagesbetreuung hinaus, noch weitere inhaltliche Angebote gibt und die Zentren auf diese Weise mehr werden als das bloße Zusammenlegen zweier bislang getrennter Einrichtungstypen. Sollen sie wirklich zu neuen sozialraumorientierten Zentren für Familien werden, so müssten sie konsequenterweise neben den Nutzern der regulären Betreuungsangebote auch diejenigen ansprechen, die beispielsweise noch keinen Betreuungsplatz in der Einrichtung haben, also beispielsweise Familien mit Neugeborenen. Die Zentren sollten sich mithin ganz generell zu sozialen Orten und Treffpunkten für junge Familien ent-

wickeln, die die zufällige Begegnung junger Eltern auf dem Spielplatz überflüssig machen und den dabei zum Ausdruck kommenden Bedarf des Kontaktes und des Austauschs zwischen Eltern mit kleinen Kindern gezielt im Blick haben. Anders formuliert: Familienzentren sollten dem Anspruch »Familien im Zentrum« in umfassender Weise Rechnung tragen und daher unterschiedliche familiennahe Dienstleistungen anbieten. Zu denken wäre dabei

- an *eltern- und kindbezogene* Dienstleistungen: Hier wäre die klassische Familienbildung ebenso ein zentraler Bestandteil wie Elterncafés, gemeinsame Elternaktivitäten oder Partnerschaftsseminare;
- an *haushaltsnahe* Dienstleistungen: Dazu könnten Hol- und Bringdienste, Wäschedienste, Babysitting, aber auch ambulante Arztbesuche gehören;
- an *arbeitsweltbezogene* Dienstleistungen: Hierzu könnten gezielte Weiterbildungen in Form von Computerkursen oder Sprachkursen ebenso zählen wie die Unterstützung beim Wiedereinstieg in den Beruf oder beim Weg in die Selbstständigkeit.

(4) Eltern sollten in den Zentren allerdings nicht nur konsumieren, sondern auch partizipieren können, zu Ko-Produzenten des Geschehens werden. Um Eltern verschiedener Zielgruppen ansprechen zu können, sollten die Angebote daher auch unterschiedlicher Art sein, also z. B. nicht nur auf sprachlicher und verbaler Kompetenz basieren, sondern auch praktische Fähigkeiten und Aufgaben des Alltags mit einbeziehen. Dies könnte auch eine gute Gelegenheit sein, verstärkt Männer mit und ohne Migrationshintergrund mit einzubeziehen.

(5) Und Eltern-Kind-Zentren könnten sich schließlich zugleich zu einer wichtigen Gelegenheitsstruktur entwickeln, junge Menschen auf die Rolle einer potenziellen Elternschaft vorzubereiten, ihnen frühzeitig Gelegenheiten zu eröffnen, sich mit den damit zusammenhängenden Fragen der Bildung, Betreuung und Erziehung eingehend zu beschäftigen, vielleicht sogar einmal in einer Kindertageseinrichtung zu hospitieren. So schwierig die Realisierung im Detail auch sein mag: Es müssen Wege gefunden und erprobt werden, die wichtigsten Bildungs-, Betreuungs- und Erziehungsagenten im Leben eines Kindes – die Eltern – so auf diese Rolle vorzubereiten und sie im Vollzug zu unterstützen, dass bereits dadurch die Förderbedingungen von Kindern durchgängig verbessert werden.

Hierzu könnten Eltern-Kind-Zentren als Verbundorte einer bildungsorientierten Kinderbetreuung und moderner Familienbildung einen ganz entscheidenden Beitrag leisten.

## 8   Ausblick

Wohin geht unterdessen die Reise bei den eltern- und kindfördernden Angeboten? Zum einen sind die Mehrgenerationenhäuser ein markantes Beispiel dafür, dass es generationsübergreifende Orte und Gelegenheiten für Begegnungen zwischen den Generationen in der Gesellschaft geben muss. In einer flexibilisierten, mobilen und »entbetteten« Gesellschaft muss die Begegnung zwischen den Generationen und zwischen »Fremden« neu gestaltet werden. Insoweit ist die Leuchtturmfunktion der Mehrgenerationenhäuser unbestritten. Zum anderen werden aber jenseits dieser Herausforderung zugleich auch Eltern-Kind- und Familienzentren – vielleicht unter anderem Namen – gebraucht und weiter ausgebaut. Die eingangs konstatierte veränderte Ausgangslage mit Blick auf das Aufwachsen von Kindern sowie der skizzierte Wandel der Familie wird kaum andere Alternative zulassen, wird den Bedarf nach entsprechenden institutionellen Antworten eher noch erhöhen. Die Politik ist hierbei gefordert, diese Herausforderungen zur Kenntnis zu nehmen und praktikable Antworten aktiv zu gestalten; die Fachwelt ist gefordert, die damit verbundenen Sachfragen so intelligent zu beantworten, dass sich die Ansätze, Konzepte und Modelle in die richtige Richtung entwickeln.

## 9   Literatur

Bien, Walter/Rauschenbach, Thomas/Riedl, Birgit (2007): Wer betreut Deutschlands Kinder? DJI-Kinderbetreuungsstudie. Berlin/Düsseldorf/Mannheim

Bourdieu, Pierre (1983): Ökonomisches Kapital, kulturelles Kapital, soziales Kapital. In: Kreckel, Reinhard (Hrsg.): Soziale Ungleichheiten (Sonderband 2 der Sozialen Welt). Göttingen, S. 183–198

Bundesministerium für Familie, Senioren, Frauen und Jugend – BMFSFJ (Hrsg.) (2002): Elfter Kinder- und Jugendbericht. Bericht über die Lebenssituation junger Menschen und die Leistungen der Kinder- und Jugendhilfe in Deutschland. Berlin

Bundesministerium für Familie, Senioren, Frauen und Jugend – BMFSFJ (Hrsg.) (2005): Zwölfter Kinder- und Jugendbericht. Bildung, Betreuung und Erziehung vor und neben der Schule. Berlin

Bundesministerium für Familie, Senioren, Frauen und Jugend – BMFSFJ (Hrsg.) (2006): Siebter Familienbericht. Familien zwischen Flexibilität und Verlässlichkeit. Berlin

Coelen, Thomas/Otto, Hans-Uwe (Hrsg.) (2008): Grundbegriffe Ganztagsbildung. Ein Handbuch. Wiesbaden. *(Im Erscheinen)*

Deutsches Jugendinstitut (Hrsg.) (2006): Diller, Angelika: Eltern-Kind-Zentren. Grundlagen und Rechercheergebnisse. München

Forschungsverbund Deutsches Jugendinstitut/Universität Dortmund (Hrsg.) (2008): Zahlenspiegel 2007. Kindertagesbetreuung im Spiegel der Statistik. München/Dortmund

Diller, Angelika/Riedel, Birgit (2005): Kinder- und Familien-Centren. Die neue Generation kinder- und familienfördernder Institutionen. Grundlagenbericht. München

Diller, Angelika (2007): Eltern-Kind-Zentren – fachpolitische Hintergründe und aktuelle Erkenntnisse einer bundesweiten Recherche. In: Kita spezial 2007, Heft 2 (Sonderausgabe), S. 6–9

Galuske, Michael/Rauschenbach, Thomas (1994): Jugendhilfe Ost. Entwicklung, aktuelle Lage und Zukunft eines Arbeitsfeldes. Weinheim/München

Konsortium Bildungsberichterstattung (Hrsg.) (2006): Bildung in Deutschland. Ein indikatorengestützter Bericht mit einer Analyse zu Bildung und Migration. Bielefeld

Lindner, Eva/Sprenger, Karin (2007): Auf dem Weg zum Familienzentrum – Die Pilotphase des Landesprojektes »Familienzentrum NRW«. In: Institut für soziale Arbeit e.V. (Hrsg.): Jahrbuch zur Sozialen Arbeit. Münster, S. 47–62

Sennett, Richard (1998): Der flexible Mensch. Die Kultur des neuen Kapitalismus. 5. Aufl. Berlin

Statistisches Bundesamt (Hrsg.) (2007): Statistiken der Kinder- und Jugendhilfe. Kinder und tätige Personen in Tageseinrichtungen am 15.03.2006. Wiesbaden

Struck, Jutta/Wiesner, Reinhard (1992): Der Rechtsanspruch auf einen Kindergartenplatz. Wirkungen und Nebenwirkungen einer Entscheidung des Gesetzgebers. In: Zeitschrift für Rechtspolitik, 25. Jg., H. 12, S. 452–456

Tietze, Wolfgang/Roßbach, Hans-Günther (1991): Die Betreuung von Kindern im vorschulischen Alter. In: Zeitschrift für Pädagogik, 37 Jg., H. 2, S. 555–579

# Familienbildung – institutionelle Entwicklungslinien und Herausforderungen
Sigrid Tschöpe-Scheffler/Wolfgang Wirtz

## 1 Erwartungen an Familien- und Elternbildung

Familien- und Elternbildung heute soll »(…) auf Bedürfnisse und Interessen sowie auf Erfahrungen von Familien in unterschiedlichen Lebenslagen und Erziehungssituationen eingehen, die Familie zur Mitarbeit in Erziehungseinrichtungen und in Formen der Selbst- und Nachbarschaftshilfe besser befähigen sowie junge Menschen auf Ehe, Partnerschaft und das Zusammenleben mit Kindern vorbereiten.« So steht es in § 16, Abs. 2 SGB VIII, der die Förderung der Familienerziehung in den Mittelpunkt stellt und die Träger der Jugendhilfe verpflichtet, den Erziehungsberechtigten Unterstützung anzubieten. Als Bereiche dieser Unterstützungsleistungen werden neben der Beratung und der Familienerholung und -freizeit die *Angebote der Familien- und Elternbildung* genannt. Das Ziel ist die Stärkung der Erziehungsverantwortung der Eltern, wobei diese bedarfsgerecht auf unterschiedliche Lebenslagen und Familienformen zugeschnitten sein sollte.

Mit der Verabschiedung des Gesetzes zum Recht des Kindes auf eine gewaltfreie Erziehung im November 2000 im Bürgerlichen Gesetzbuch § 1631, Abs. 2 ist es nicht mehr alleinige Sache der Eltern, *wie* sie ihre Kinder erziehen: »Kinder haben ein Recht auf gewaltfreie Erziehung. Körperliche Bestrafungen, seelische Verletzungen und andere entwürdigende Maßnahmen sind unzulässig.« Gleichzeitig wurden Jugendhilfeträger durch eine Ergänzung im Kinder- und Jugendhilfegesetz (§ 16) verpflichtet, dass sie »Eltern Wege aufzeigen sollen, wie Konfliktsituationen in Familien gewaltfrei gelöst werden können«.

Beiden Forderungen, der »Elternpflicht auf Erziehung« und dem *»Kindesrecht auf eine gewaltfreie Erziehung«* in Zusammenhang mit der Selbstverpflichtung des Staates, den Eltern Unterstützung in ihren Erziehungsaufgaben zu geben, entsprechen vielfältige Angebote der *primären Prävention*. Sie werden *allen Eltern* angeboten, damit sie Unterstützung und Begleitung für ihren Erziehungsalltag bekommen.

## 2 Von der Mütterschule zur Familienbildung

Die Entwicklungslinien in den institutionellen Angeboten kinderfördernder und elternunterstützender Arbeit hängen unmittelbar mit einem Wandel der Vorstellung von Familie unter gesellschaftspolitischen Aspekten zusammen. Die institutionelle Wurzel der Familienbildung findet sich in der Gründung der ersten »Mütterschule« 1917 in Stuttgart durch Luise Lampert.

Die Angebote richten sich grundsätzlich an Frauen und Mütter, in deren Zuständigkeit diese Bereiche fallen und es geht um Lernen im Sinne schulischer, kognitiver Vermittlung von Kenntnissen. Hintergrund ist ebenso das Frauenbild jener Zeit: »Sie (die Mütterschule, Verf.) muss einführen in die Aufgaben, die die Erziehung stellt, und die Erfahrungen, die auf diesem Gebiet vorliegen, verbreiten. Sie muss die Frauen überzeugen von der großen Verantwortung, die sie den Kindern und dem Volke gegenüber tragen ...« (Lampert 1934, zit. nach Schymroch 1989, S. 12).

Dieses Frauenbild und die Inhalte der Mütterschulen bestehen auch in der Weimarer Republik fort. 1929 gibt es in Deutschland 23 Mütterschulen.

In der Zeit des Nationalsozialismus werden alle Mütterschulen (und Frauenverbände) im »Deutschen Frauenwerk« zusammengeschlossen und wie andere Gesellschaftsbereiche gleichgeschaltet. Eine kritische und differenzierte Betrachtung der Mütterschulen im faschistischen Deutschland wäre eine eigene wichtige Betrachtung, die an dieser Stelle nicht geleistet werden kann. Wieder bzw. neu gegründete Mütterschulen arbeiten nach Ende des Zweiten Weltkrieges auf der Grundlage des vorherrschenden Bildes von Frau und Familie weiter. In einer Denkschrift von 1953 formuliert der Zusammenschluss von Mütterschul-Leiterinnen deren Arbeitsbereiche: Haushaltsführung, Säuglings- und Kinderpflege, Erziehungsfragen, Gestaltung von Familienleben und Heim (vgl. Schymroch 1989, S. 106). Ebenfalls in den 50er-Jahren entstehen drei Dachorganisationen:[1]

1. die »Arbeitsgemeinschaft der Mütterschulen des Bundesgebietes«,
2. die »Evangelische Arbeitsgemeinschaft für Mütterschulung«,

---

[1] Diesen Dachorganisationen gehören 1956 insgesamt 69 Mütterschulen, 1960 sind es 77.

**3.** die »Arbeitsgemeinschaft zur Förderung katholischer Mütterschulung«.

Eine Veränderung vollzieht sich ab Mitte der 60er-Jahre: Vorstellungen von Frauenbiografien, Familie und Partnerschaft werden grundlegend hinterfragt. Familie und Partnerschaft werden in ihren – auch unabhängig voneinander existierenden – Offenheiten der Entwicklung gesehen, Rollenverständnisse grundsätzlich diskutiert und überdacht. Die Familie gerät zunehmend in den Blick gesellschaftlicher Zusammenhänge.

Im Zuge dieser Entwicklung erfolgt auch die Umbenennung der »Mütterschule« in »Familienbildungsstätte«. Diese Begrifflichkeit kann als äußeres Merkmal einer inhaltlichen Veränderung unter zwei Aspekten gesehen werden: Zum einen sind jetzt nicht mehr nur Frauen bzw. Mütter Adressantinnen, sondern Familien als Ganzes, zum anderen beginnt ein Wechsel von kognitivem Lernen hin zu Erfahrungsaustausch und der Orientierung an Fragen und Anliegen der Teilnehmenden. »Aufgabe von Familienbildung ist es, Familien und ihre einzelnen Mitglieder zur Wahrnehmung ihrer Interessen, unter Einbeziehung der gesellschaftlichen Bedingungen zu unterstützen; sie zu ermutigen, die eigenen Kompetenzen zu sehen; ihre Orientierungs- und Handlungsfähigkeit zu stärken; Hilfen zu geben, praktische Fertigkeiten zu erlernen und persönliche Fähigkeiten zu entfalten« (AGEF 1982, S. 23).[2]

## 3 Systemisches Verständnis von Familie

Ein entscheidender Faktor bei der Entwicklung familienunterstützender Angebote ist die wachsende Verbreitung des systemischen Verständnisses von Familie. Der bereits seit den späten 60er- und in den 70er-Jahren allmählich wachsenden partnerschaftlichen Wahrnehmung von Familien- und Erziehungsaufgaben (Kronbichler 1979, S. 281) folgt eine systemische »Erweiterung« des Verständnisses von Familie dahingehend, dass

---

[2] Die drei oben genannten Arbeitsgemeinschaften auf Bundesebene existieren – jetzt jeweils umbenannt in Bundesarbeitsgemeinschaft für Familienbildung – weiter und ihnen gehören 1993 insgesamt 370 Einrichtungen der Familienbildung an. Aktuell sind in den drei Arbeitsgemeinschaften auf Bundesebene über 500 Einrichtungen organisiert.

1. der prozessuale Charakter familialer (innerer) Interaktion aller Familienmitglieder in seiner Bedeutung für die Entwicklung und
2. die Einbindung der Familie in »äußere« Systeme (Wohn- und Sozialraum, Institutionen)

gesehen und differenziert in den Blick genommen werden (Heidrich 2003, S. 209 ff.; Wirtz 2003, S. 420).

Der erste Aspekt berücksichtigt dahin gehend, dass das Verstehen individuellen Verhaltens davon abhängt, die Beziehungszusammenhänge des handelnden und sich verhaltenden Individuums zu kennen. Neben den physischen und psychischen Grunddispositionen des Individuums ist es von entscheidender Bedeutung, welche »Spielregeln« z. B. in der Familie gelten, in der ein Kind heranwächst. Daraus folgt, dass das Verhalten eines Kindes in Kindertagesstätte oder Schule nicht verstanden werden kann – und dass erst recht keine Prognosen gestellt werden können –, wenn nicht die Familie des Kindes in ihrer Gesamtheit in den Blick genommen wird.

Der zweite Aspekt erweitert diese Sicht auf die Familie insgesamt: So wie entwicklungsfördernde oder eben auch entwicklungshemmende Faktoren in der Erziehung von Kindern beschrieben werden können (Tschöpe-Scheffler 2003 b), so können auch entwicklungsfördernde oder eben -hemmende Faktoren im Umgang des Umfeldes (Stadtteil, Institutionen, Schulen …) mit der Familie bestimmt werden.

## 4 Konsequenzen für die Entwicklung institutioneller Angebote

Die multiple Verflechtung individuellen Verhaltens in systemischen Kontexten macht eine konsequente und strikte Trennung z. B. von Bildungs- und Beratungsangeboten in der Praxis immer schwieriger (Bundesministerium für Familie und Senioren 1992, S. 294). Vielmehr bedarf es eines an den Lebensbedingungen orientierten multiperspektivischen Angebotes. So formuliert Heuwinkel 1999: »Deshalb ist es sinnvoll, die Konfiguration der Angebote in den Einrichtungen der Familienbildung, Beratung und Betreuung unter Gesichtspunkten des sich wandelnden Bedarfs, der sozialräumlichen und sozioökonomischen Umfeldbedingungen und der fachlichen Zusammenarbeit weiter zu entwickeln« (Heuwinkel 1999, S. 40).

Die jüngere Entwicklung im Bereich kinderfördernder und elternunterstützender Einrichtungen trägt diesen Einsichten zunehmend Rechnung.

Familienbildung stellt dabei ein Unterstützungsangebot dar, das aus mehreren Perspektiven gedacht und umgesetzt wird: Sie sieht die Ebene der Erwachsenen, die sie (primär in ihren familialen Rollenbezügen) als solche anspricht und z. B. mit Methoden der Erwachsenenbildung Fragestellungen aufgreift. Hierbei steht die Familienbildung beispielsweise in Nordrhein-Westfalen auf der rechtlichen Grundlage des Weiterbildungsgesetzes, nach dem sie als staatlich anerkannte Institution der Weiterbildung arbeitet. Dabei ist der Gegenstand ihrer Arbeit die Familie in ihrem Anspruch auf Entwicklung ihrer selbst und ihrer Bedeutung als Ort des Heranwachsens junger Menschen. Familienbildung verfolgt damit ein Kernanliegen der Jugendhilfe und ist rechtlich eben auch dort im Kinder- und Jugendhilfegesetz (KJHG) verankert. Hier ist im § 16 (2) die Familienbildung beschrieben als Angebote, »… die auf Bedürfnisse und Interessen sowie auf Erfahrungen von Familien in unterschiedlichen Lebenslagen und Erziehungssituationen eingehen, die Familie zur Mitarbeit in Erziehungseinrichtungen und in Formen der Selbst- und Nachbarschaftshilfe besser befähigen sowie junge Menschen auf Ehe, Partnerschaft und das Zusammenleben mit Kindern vorbereiten (…)« (§ 16 [2] KJHG). Hier ist vernetztes Denken und Agieren intendiert.

Die Umsetzung der im § 16 KJHG beschriebenen Grundlagen der Inhalte stellen einen Anspruch dar, dem sich die Familienbildung stellt und der an vielen Stellen zu gelingen scheint. »Erwachsenen- und Familienbildung haben die Wandlungsprozesse im familialen Leben stets thematisch wie konzeptionell mit vollzogen und darin ihre Leistungsfähigkeit bewiesen« (Pettinger/Rollik 2005, S. 137). Gleichwohl sind noch nicht alle Ressourcen, die die Familienbildung zur umfassenden Realisierung des an sie gerichteten Anspruchs benötigt, vorhanden bzw. bereitgestellt (vgl. ebenda, S. 4 f.). Mit dem Anspruch inhaltlich vernetzten Arbeitens muss auch strukturell kooperatives vernetztes Arbeiten einhergehen. »Auf der Inhaltsebene geht es um bedarfsgerechte Angebote. Auf der Funktionsebene geht es um die Stärkung von Familien im Sinne lebensbegleitenden Lernens in wichtigen Feldern durch Angebote und Dienstleistungen. Auf der Strukturebene wird nach der Entwicklung von Kooperationsformen und Netzwerken der familienbezogenen Dienste von Bildung, Beratung und Betreuung gefragt« (Pettinger/Rollik 2005, S. 137).

Familienunterstützende Angebote, die erstens systemische Zusammenhänge ernst nehmen und zweitens solche Familien erreichen wollen, die in besonderem Maße von Unterstützung profitieren können, müssen sich – buchstäblich – bewegen. Das bedeutet, dort präsent zu sein, wo die Familien sich tatsächlich aufhalten bzw. wo sie eine vertraute Anlaufstelle haben. Dies sind zum Beispiel Kindertagesstätten, die mit ihrem Betreuungsangebot Eltern in einer großen Streuung sozialer Milieus erreichen und sich in der Regel im Lebens- und Sozialraum der Familien befinden. Die Einrichtung der »Familienzentren« in Nordrhein-Westfalen folgt dieser Idee, indem sie eine Vielzahl von Informationen und tatsächliche Angebote aus den Bereichen Betreuung, Bildung, Beratung und offener Begegnung bereithält. Dies bedeutet für die Familien, an einem zunehmend vertrauten Ort die unterschiedlichen Unterstützungsangebote vorzufinden, ohne sich ständig an neue Orte (mit entsprechenden Hemmschwellen) begeben zu müssen. Für die beteiligten Institutionen und dort handelnden Fachkräfte bedeutet es eine Erweiterung des eigenen Blicks unter Einbeziehung von Aspekten, die im jeweiligen Arbeitsfeld allein so nicht gesehen werden.

So kommt für diejenigen, deren professioneller Blick sich in der alltäglichen Arbeit auf die Kinder richtet, der Blick auf die Eltern neu hinzu, während diejenigen, die in ihrer Profession in Bildung und Beratung mit Erwachsenen stehen, einen realen Blick auf konkrete Lebensräume und -umstände nehmen, ohne den ein umfassendes Verständnis familialer Interaktion und sozialen Verhaltens schwer – unter systemischen Gesichtspunkten eigentlich gar nicht – möglich ist.

## 5 Angebote zur Unterstützung der elterlichen Erziehungskompetenz

Es ist deutlich geworden, dass Eltern- und Familienbildung heute nicht mehr bedeuten kann, Erziehungsstrategien zu vermitteln, vielmehr muss sie dazu beitragen, erzieherische und allgemeine Handlungsoptionen erweitern zu helfen. Das bedeutet für Projekte der Eltern- und Familienbildung, Ressourcen der Eltern zu aktivieren, die es ihnen ermöglichen, diese (wieder) für sich und ihre Kinder nutzen zu können. Neue Erfahrungen mit deeskalierendem, die kindliche Persönlichkeit unterstützendem Kommunikations- und Interaktionsverhalten helfen Eltern, ihr Repertoire an Handlungsspielräumen zu erweitern und offen zu werden für die Erprobung entwicklungsfördernder Verhaltensweisen. Werden Eltern mit »Erziehungsrezepten« oder abstrakten Informationen konfrontiert, von deren unreflektierter Umsetzung in die eigene Erziehungspraxis sie sich schnelle Konfliktlösungsstrategien erhoffen, ist eher eine Schwächung als eine Stärkung ihrer Selbstwirksamkeitskraft und ihres Kohäsionsgefühls zu erwarten. Wollen Elternbildungskonzepte erfolgreich sein, dürfen sie nicht allein auf die erzieherische Qualifizierung der Eltern beschränkt bleiben, sondern müssen Eltern sowohl Raum für die Auseinandersetzung mit eigenen Lebensfragen, für Sinnorientierung und Perspektivenwechsel, Entspannung und Entlastung vom Familienalltag ermöglichen als auch Unterstützung für die Partizipation im Sozialraum bieten.

Alles das, was heute im weitesten Sinn unter Elternbildung subsumiert werden kann, ist ebenso verwirrend vielfältig wie die dazugehörigen Bezeichnungen: Elternarbeit, Elternwerkstatt, Familienteam, Eltern-AG, Elternschulung, Elterntraining oder dialogische Begleitung, Beteiligungsprojekte für Eltern, Handwerkszeug für Eltern oder Stärkung der Erziehungskraft der Eltern – hinter jedem dieser Begriffe stehen differenzierte konzeptionelle Entwürfe mit konkreten praktischen Umsetzungsideen (vgl. Tschöpe-Scheffler 2003a, 2005a). Zunehmend erweitern elektronische und digitale Medien (wie z.B. Elternratgeber im Internet, Elternchats und Foren oder Erziehungskurse auf CD-ROM) die Angebote der Elternbildung und ergänzen damit die klassischen Printmedien (Elternbriefe, Ratgeberliteratur, Elternzeitschriften). Die umstrittene RTL-Fernsehserie »Super Nanny« muss trotz fachlicher Kritik (Tschöpe-Scheffler 2005c; Wahl/Hees 2006) an der entwürdigenden Zurschaustellung von Eltern und Kindern und den eher dirigistischen Vorgaben der »Expertinnen« zu den universellen Angeboten gezählt werden, da diese Sendung mit dem Präventionsziel antritt, Eltern sowohl in ihrer Erziehungssituation stärken als auch Orientierung geben zu wollen. Auf die Gefahren, die durch den Mythos einer »richtigen« Erziehung entstehen und Eltern in erster Linie zu Rezipientinnen und Rezipienten von Erziehungsstrategien, Rezepten und Maßnahmen machten, wird an anderer Stelle ausführlich eingegangen (Tschöpe-Scheffler 2005b).

Als »klassische« Eltern- und Familienbildung können nach wie vor Kursangebote für Mütter und/oder Väter und Eltern-Kind-Gruppen bezeichnet werden, die in regelmäßigen Einheiten einmal wöchentlich stattfinden, inhaltlich eine gewisse Programmstruktur aufweisen und nachfrageorientiert sind bzw. sich durch eine Kommstruktur auszeichnen.

Daneben gibt es Projekte und Veranstaltungen, die gezielt für schwer zu erreichende Zielgruppen konzipiert werden, z. B. Angebote mit eher erlebnisorientiertem Charakter, z. B. für Väter (und Söhne), Netzwerkangebote für alleinerziehende Elternteile, stadtteilbezogene Konzepte oder Sprachförderangebote für Eltern mit Migrationshintergrund etc. Die Suche nach ungewöhnlichen Orten wie z. B. Spielplätzen oder Supermärkten stellt sich als durchaus erfolgreiche neue Möglichkeit für erste Kontaktaufnahmen und daraus folgend weitere Formen der Zusammenarbeit zwischen Eltern, Semiprofessionellen und Fachkräften dar (Bündnis für Familie 2006; Armbruster 2006).

Um ihre Erziehungsverantwortung auch entwicklungsfördernd wahrnehmen zu können, benötigen Eltern neben der Begleitung durch Maßnahmen der Elternbildung allerdings auch gute Rahmenbedingungen und ein gut funktionierendes Netzwerk und nicht zuletzt eine positive Würdigung und gesellschaftliche Anerkennung ihrer Arbeit als Väter und Mütter. Die unten vorgestellten Angebote berücksichtigen dies, indem sie erstens in den letzten Jahren ihre Angebote vorwiegend dort platzieren, wo sich Familien aufhalten, zweitens indem sie die Netzwerkarbeit der Eltern untereinander unterstützen und indem sie drittens auch zielgruppenspezifische Veränderungen ihrer Konzeptstruktur vorgenommen haben.

Angesichts der Angebotsfülle wird ein Überblick unvollständig bleiben und kann lediglich Entwicklungslinien aufzeigen (Tschöpe-Scheffler 2003 a, 2005 a, 2005 b, 2006).

Die aktuelle Landschaft der Eltern- und Familienbildung erstreckt sich zur Zeit von standardisierten Konzepten mit klarer Programmstruktur über das Setting der Gruppenarbeit (sowohl mit Eltern als auch mit Eltern und Kindern) bis hin zu partizipativen Ansätze in Kindertageseinrichtungen, Familienzentren, Schulen oder Stadtteilen. Hinzu kommen niedrigschwellige Maßnahmen, die in den Familien durchgeführt werden. Auch *mediale Angebote der Familienbildung*, wie die klassischen Printmedien in Form von Elternratgebern, Elternzeitschriften und Elternbriefen, spielen neben der wachsenden Bedeutung des Internets für junge Eltern, insbesondere Väter, als Informationsquelle eine Rolle. Darum wird Familienbildung sich verstärkt auch damit auseinanderzusetzen haben und das Internet in ihre Angebotsstruktur integrieren müssen.

*Eltern-Kind-Gruppen* bzw. *Mütter-Kind-Gruppen* haben besonders in den Familienbildungsstätten eine jahrzehntelange Tradition und gehören zu der »klassischen« Angebotsstruktur. Meist schließen sie sich an Geburtsvorbereitungskurse und Rückbildungsgymnastikgruppen an. Für Eltern von Säuglingen und Babys gibt es ein relativ großes Angebot, insbesondere während des ersten Lebensjahres des Kindes. Die Inhalte bestehen, ob nach dem Prager-Eltern-Kind-Programm (www.pekip.de), dem Konzept nach Emmi Pikler oder anderen Konzepten, meist aus drei Hauptelementen: Entwicklungsanregungen für die gleichaltrigen Babys durch Initiierung neuer Erfahrungen, Austauschmöglichkeit und Wahrnehmungsschulung für Mütter und Väter, Informationen über wichtige Fragen während des ersten Lebensjahres (Ernährung, Gesundheit, motorische Entwicklung etc). Je früher und selbstverständlicher Mütter und Väter im entwicklungsfördernden Umgang mit ihren Kindern unterstützt werden, desto besser können sie nicht nur ihre Erziehungsautorität wahrnehmen, sondern auch sichere Bindungsmuster anbieten.

*Elternkurse*, die eine *klare Programmstruktur* vertreten, grenzen sich zurzeit sehr voneinander ab und zeigen deutliche Unterschiede in der inhaltlichen und methodischen Gestaltung (vgl. für die folgenden Ausführungen: Tschöpe-Scheffler 2003, 2005 a). Entweder arbeiten sie nach humanistischen Schulen, wobei die Bandbreite vom personenzentrierten Ansatz über den individualpsychologischen bis zum (humanistisch-)eklektischen gehen kann, oder sie arbeiten vorwiegend verhaltenstherapeutisch und kognitiv-behavioral. Gemeinsam ist ihnen, dass es regelmäßige Treffen gibt, sie die Erziehungsfähigkeit der Eltern stärken wollen und in Kleingruppen durchgeführt werden.

Ein Elterntraining, das bereits seit Jahrzehnten auf dem Markt ist und dessen Begründer *Thomas Gordon* viele Eltern mit der »Familienkonferenz« in Verbindung bringen, wurde in den 70er-Jahren des 20. Jahrhunderts in vielen Familien gelesen und erprobt. Manche der Elternkurse, die in den 90er-Jahren entwickelt wurden, beziehen sich auf Gordon und speziell seine Methoden des »aktiven Zuhörens« und der »Ich-Botschaften« oder auf den personenzentrierten Ansatz nach Carl Rogers, einem Lehrer Gordons. Inzwischen wurde mit dem »Familiy Effectiveness Training« noch einmal eine spezielle und in dieser Art neue Fokussierung auf die Familie vorgenommen (Breuer 2005).

Das Programm des Deutschen Kinderschutzbundes (DKSB) *Starke Eltern – Starke Kinder* gehört mit zu denjenigen, die momentan im deutschsprachigen Raum am meisten verbreitet sind. Es besteht in seinen Anfängen in Finnland schon seit 1985 und wurde im Kinderschutzbund Aachen von der Begründerin Paula Honkanen-Schoberth erprobt, bevor sie dann federführend im Jahr 2000 für den Bundesverband ein Kursleiterhandbuch herausgab, nach dem die Multiplikatorinnen jetzt geschult und in den Ortsverbänden eingesetzt werden. Ihm liegt ein eklektischer, auf humanistischen Konzepten begründeter Ansatz zugrunde, Aspekte der Individualpsychologie sind hier ebenso zu finden wie systemische oder kommunikationstheoretische Ansätze und Elemente aus dem personenzentrierten Ansatz und der Gesprächspsychologie, wie sie von Rogers und Gordon entwickelt wurden (Honkanen-Schoberth 2005). Die Eltern lernen u.a. ihre Werte in der Erziehung wahrzunehmen, sie genauer zu definieren und im Alltag zu realisieren.

Nicht minder weit verbreitet, bundesweit und im deutschsprachigen Ausland, aber aus einer anderen wissenschaftlichen Schule stammend ist das *Step-Elterntraining*, es basiert auf individualpsychologischen Grundlagen nach Alfred Adler und Rudolf Dreikurs, die das Zugehörigkeitsgefühl des Individuums als Antrieb für sein Verhalten verstehen (Kühn/Petcov 2005). Seit 1998 gibt es in Deutschland Step-Kurse, die sich sehr schnell verbreitet haben.

Schritte der Ermutigung, die notwendig sind, damit Kinder sich positiv zugehörig fühlen können, werden im *Kess* Erziehungstraining erlernt, das von der Arbeitsgemeinschaft Katholischer Familienbildung (AKF) konzipiert wurde und ebenfalls individualpsychologisch orientiert ist (Horst 2005). Das systemisch orientierte *Elterncoaching* arbeitet mit einzelnen Familien und wird besonders bei gewalttätigem oder selbstschädigendem Verhalten von Kindern und Jugendlichen eingesetzt. Das Coachingkonzept Haim Omers zur Unterstützung der elterlichen Präsenz in Form von gewaltlosem Widerstand dient der Wiederherstellung elterlicher Präsenz und basiert auf einer auf Deeskalation bedachten Haltung, die die Eltern mithilfe eines Coachs und eines selbst zusammengestellten Unterstützersystem aus dem Freundes- und Bekanntenkreis erlernen können (von Schlippe/Grabbe 2007; Omer/von Schlippe 2002). Als Gegenpol zu den bisher dargestellten, inhaltlich eher programmatischen Angeboten steht das Konzept »*Eltern Stärken*«, das nach der dialogischen Anthropologie Martin Bubers arbeitet und von Johannes Schopp (2005) entwickelt wurde. Hier wird der Ablauf *nicht* von einem professionellen Experten und einem didaktisch vorstrukturierten Konzept vorgegeben. Stattdessen steht der Dialog im Mittelpunkt. Auf der Basis von zehn Kernfähigkeiten des Dialogs werden mit den Eltern die für sie aktuellen Themen gemeinsam erarbeitet, die von einem Dialogprozessbegleiter moderiert werden.

Das neu entwickelte Empowerment-Konzept der *Eltern-AG* will eine niedrigschwellige, konstruktive Elternarbeit aufbauen und spricht die Eltern an ungewöhnlichen Orten, z. B. Spielplätzen, an, um sie zur Mitarbeit zu gewinnen. Der Ansatz ist partizipativ und ermutigt Eltern, an ihre Fähigkeiten zur Erziehung ihrer Kinder zu glauben und sich aktiv in die Elternrolle hineinzubegeben (Armbruster 2006).

In dem Kursangebot *FuN – Familie und Nachbarschaft* wird mit der gesamten Familie nach einem vorgegebenen achtstufigen immer wiederkehrenden Rahmenstrukturprogramm gearbeitet und dabei gleichzeitig Wert auf die Vernetzung mit einer Institution (Kindertageseinrichtung, Schule) und/oder dem Stadtteil gelegt. Die acht inhaltlichen Stufen wechseln zwischen erfahrungsorientiertem Spiel zwischen Eltern und Kindern, dem Austausch der Eltern untereinander, dem Spiel der Kinder, der Partnerarbeit zwischen Mutter/Vater und einem Zielkind. Ein wichtiger Programmpunkt ist das gemeinsame Essen an Familientischen und die Strukturierung des Angebots durch Rituale (Brixius/Koerner/Piltman 2005). Da dieses Konzept vorwiegend in Zusammenarbeit mit Kindertageseinrichtungen und inzwischen auch mit Schulen angeboten wird, können Eltern, die einen besonderen Bedarf in der Unterstützung ihrer Erziehungsautorität haben und sich durch Angebote an klassischen Bildungsorten der Erwachsenenbildung eher weniger angesprochen fühlen, von den Erzieher/innen oder Lehrer/innen persönlich angesprochen und motiviert werden.

Erfahrungen mit kooperativen Familienprogramm (wie z. B. FuN – Familie und Nachbarschaft) zeigen, dass sich Erweiterungen elterlicher Erziehungskompetenz und eine Verbesserung selbsthilfeorientierter Vernetzung im Sozialraum einstellen können, wenn das

Prinzip institutioneller Kooperation und des »Transportes« entsprechender Angebote in den Sozialraum hinein umgesetzt wird (Tschöpe-Scheffler/Mörs-Hoffmann 2006).

Durch den »Transport« solcher präventiver Angebote in die Sozialräume hinein werden verstärkt auch solche Familien erreicht, die eher als Adressaten intervenierender Sozialarbeit gelten.

Die institutionelle »Atomisierung« familialer Lebenswirklichkeiten (Entwicklung von Partnerschaft, Kindererziehung, Bewältigung von Übergängen, Bewältigung materieller Sondersituationen ...), denen sich Familien selten zeitlich und räumlich getrennt, sondern zumeist gleichzeitig und komplex stellen müssen, wird in einer solchen Entwicklung institutioneller Angebote zumindest teilweise aufgehoben und damit näher an die Dynamik familialer Lebenswirklichkeiten und damit an die Familien selbst herangerückt. In den letzten Jahren werden verstärkt Kindertageseinrichtungen, Familienzentren und Schulen, Hebammenpraxen, Krankenhäuser oder Stadtteile als Orte von Veranstaltungen sowohl der klassischen Elternbildung als auch neuer Formen genutzt (Bündnis für Familie 2006). Soziale und pädagogische Dienste, die bislang häufig mehr oder weniger isoliert ihre jeweilige Fragestellung mit dem entsprechenden Setting bearbeiteten, erweitern nunmehr ihr Spektrum und nehmen auch jene Fragestellungen und Umstände in den Blick, die nicht oder scheinbar nicht zu ihrem speziellen Auftrag gehören. Aber nur im »Gesamtblick« kann die familiale Wirklichkeit erfasst und angemessene Begleitung und Unterstützung entwickelt und angeboten werden. Dies bedeutet nicht, dass unterschiedliche Unterstützungs- und Hilfebereiche (etwa Bildung, Beratung, Therapie) ihre spezifischen Ansätze, Methoden und Kompetenzen »verwässern« – wohl aber, dass sie sich zueinander in Beziehung setzen und aufeinander verweisen können. Dies bringt ein Maß an Transparenz (qualitativer wie quantitativer Art) mit sich, das für manche Institution und die agierenden Personen ungewohnt ist.

Beeindruckende Beispiele hierzu aus Großbritannien *(Early Excellence Centres, Pen Green)* präsentierten, wie Elternarbeit in die Gemeinwesenarbeit integriert werden kann (Wehinger 2005); diese Modelle dienten u. a. dem Kinder- und Familienzentrum Berlin – Schillerstraße als Vorbild. Als konzeptionelle Erweiterung des institutionellen Erziehungs- und Bildungsangebots von Kindertagesstätten kann aufbauend auf den Erfahrungen des *Early Excellence Centre* in England die Förderung lebendiger *Erziehungspartnerschaften* in Kindertageseinrichtungen als zukunftsweisend angesehen werden. Das seit 2003 laufende Projekt »*Stärkung der Erziehungskraft der Familien durch und über den Kindergarten*« (Stolz/Thiel 2005) knüpft beispielsweise hier an, um die Entwicklung bedarfsgerechter lebensweltorientierter Formen der Kooperation zwischen Familie und Kindergarten zu initiieren und begleiten.

Grundlegend für gelingende *Erziehungspartnerschaften* zwischen Eltern und Erzieher/innen oder Lehrer/innen ist die innere Haltung bzw. das Selbstverständnis der professionellen Erzieher/innen gegenüber den Eltern. Die Förderung einer kooperativen Zusammenarbeit zwischen Eltern und Erzieher/innen setzt entsprechend Offenheit, Dialogbereitschaft sowie eine respektvolle wertschätzende Haltung voraus. Die Bereitschaft der professionellen Fachkräfte, Eltern als erste und wichtigste Erzieher/innen ihrer Kinder anzuerkennen, ist dabei ebenso wichtig wie die aktive Beteiligung der Eltern am institutionellen Erziehungsalltag (Tschöpe-Scheffler 2007a). Kindertagesstätten, die ca. 95% der Familien aus allen sozialen Schichten und mit unterschiedlichen kulturellen Hintergründen erreichen, stellen damit eine der wichtigsten Institutionen der Prävention in der sozialen Infrastruktur dar. Familienzentren, in denen viele Angebote und Kontaktmöglichkeiten unter einem Dach gegeben sind, bieten von daher gute Bedingungen für niedrigschwellige Unterstützung und Begleitung von Familien.

Die Programme *Opstapje – Schritt für Schritt* und *Hippy – Home Instructions for Parents of Preschool Youngster* (www.hippy-deutschland.de) sind zwei Beispiele für erfolgreiche sekundärpräventive Programme mit *Geh-Struktur*, die sich ursprünglich als Präventions- und Integrationsprogramm an Familien mit Migrationshintergrund richteten, inzwischen aber zunehmend auch biografisch benachteiligten Familien aus Deutschland angeboten werden.

*Opstapje* (Sann 2002) ist ein präventives Frühförderprogramm für Mütter (Eltern) mit Kleinkindern ab zwei Jahren. Durch pädagogisch sinnvolles Spielmaterial wird der Aufbau einer entwicklungsfördernden Eltern-Kind-Interaktion sowie eine altersgerechte ganzheitliche Entwicklung der Kinder unterstützt.

*Hippy* ist ein Eltern-Kind-Programm für Vorschulkinder, das insbesondere die Förderung kognitiver Fähigkeiten und sprachlicher Kompetenzen zum Ziel hat, um hierdurch die Bildungschancen der Kinder zu erhöhen. Das Programm möchte Mütter (Eltern) dazu ermutigen, ihre Erziehungsaufgaben selbstbewusst und eigenverantwortlich wahrzunehmen und sich ihrer Bedeutung als erste und wichtigste Bezugsperson, Erzieher/innen und Lehrer/innen ihrer Kinder bewusst zu werden.

Bei beiden Programmen werden mit der Absicht einer besseren Erreichbarkeit der Familien semiprofessionelle Laienhelfer/innen als zentrale Vermittler/innen eingesetzt. Die »Hausbesucherinnen« sind selbst Mütter mit eigener Erfahrung im Umgang mit kleinen Kindern, die aus dem soziokulturellen Umfeld der Familien stammen. Die in das Konzept integrierten Gruppentreffen, die in Einrichtungen des jeweiligen Sozialraums stattfinden, dienen vornehmlich der Informationsvermittlung sowie dem Erfahrungsaustausch und dem Kontaktaufbau der Eltern untereinander.

Alle der hier genannten Konzepte lassen sich gut in die Angebotsstruktur von Kindertagesstätten und Familienzentren integrieren. Durch die Organisation der Gruppentreffen in der nahe gelegenen Institution können Eltern die Institution und die Mitarbeiter/innen kennen lernen und Schwellenängste abbauen. Um auch besonders schwer erreichbare Familien für eine Teilnahme an niedrigschwelligen Bildungsangeboten gewinnen zu können, ist die Suche nach Türöffnern sehr bedeutend. Hier können wiederum vertrauensvolle von den Familien akzeptierte *semiprofessionelle Fachkräfte* der Schlüssel sein, um mit den Familien ins Gespräch zu kommen und zu erkunden, welche Barrieren bestehen und wie sie abgebaut werden könnten. So kann es notwendig sein, Eltern in besonders belastenden Lebenslagen zunächst die Gelegenheit zu gegeben, sich mit ihren individuellen Lebensthemen oder Lebensproblemen – ihren existenziellen Sorgen – in geeigneter Weise auseinanderzusetzen.

Auch Müttertreffs nach dem »Tupperpartysystem«, genannt FemmesTische (www.femmestische.ch), bei denen eine Mutter ihr bekannte Mütter zu sich nach Hause einlädt und eine Moderatorin (meist geschulte Laienhelfer/innen) den Austausch über Erziehungsfragen im privaten kleinen Kreis moderiert, gehören zu den eher niedrigschwelligen Angeboten.

Nach dem Prinzip der Hilfe zur Selbsthilfe arbeitet das Konzept der *»Stadtteilmütter Essen – Interkulturelle Sprachförderung und Elternbildung im Elementarbereich«*. Mütter mit Migrationshintergrund werden ausgewählt, um als Multiplikatorinnen in der Kindertageseinrichtung und im Stadtteil tätig zu sein (Breitkopf/Schweitzer 2005). Sie werden als Semiprofessionelle qualifiziert und leiten eine Müttergruppe aus ihrem kulturellen und sprachlichen Milieu (sechs

Stunden wöchentlich mit finanzieller Honorierung) mit dem Ziel, den Müttern die Inhalte der Elementarerziehung vertraut zu machen und sie anzuleiten, den Alltag ihrer Kinder durch spielerische Anregungen und sprachliche Förderung zu begleiten.

*Zur Förderung einer bedarfsgerechten lebensweltorientierten Angebotsstruktur im Sozialraum*, die den sehr unterschiedlichen Bedürfnislagen von Familien gerecht werden kann, gibt es in einigen Städten pädagogische Fachkräfte als *Eltern- und Familienbildungsberater/innen* bzw. *Präventionsbeauftragte*. Die Berater/innen verfügen über fundierte Kenntnisse der Eltern- und Familienbildungslandschaft (strukturierte Elternkurse, Familienprogramme, offene Angebote für unterschiedliche Bedarfslagen etc.) und haben die Aufgabe, im jeweiligen Sozialraum Bedarfsanalysen durchführen, um auf dieser Grundlage die Zusammenführung geeigneter Angebote zu koordinieren. In Zusammenarbeit mit den Mitarbeiter/innen der Kindertagesstätten, den Lehrer/innen der Schulen, den sozialen und medizinischen Diensten, den jeweiligen Trägern und nicht zuletzt mit den Familien selbst kann so eine bedarfsgerechte lebensweltorientierte Angebotsstruktur entwickelt und vertieft werden.

Immer mehr Gemeinden und Städte integrieren im Rahmen kommunaler Strukturveränderungen diese Art der *interdisziplinären Förderung* von Familien und bieten umfassende stadtteilnahe Gesamtkonzepte an.

## 6 Wie kommt Prävention zu den Eltern?

Je nach »Eltern-Typ« kann die Motivation, Unterstützung zu suchen, sehr unterschiedlich sein: Interessierte und motivierte Eltern, übermotivierte Eltern, hilflose oder entmutigte Eltern haben unterschiedliche Wünsche an die Art der Unterstützung (Tschöpe-Scheffler 2006 b). Interessierte und motivierte Eltern bekommen entweder gerade ihr erstes Kind oder haben kleine Kinder. Sie möchten von Anfang an richtig handeln, sind sehr aufgeschlossen, interessiert und wollen gerne dazulernen.

Übermotivierte Eltern wissen schon sehr viel, weil sie sich ausgiebig informiert haben und auf keinen Fall Fehler in der Erziehung machen wollen oder etwas bei ihrem Kind versäumen wollen. Diese Eltern stehen oft unter hohem Druck und muten auch ihren Kindern viel zu. Oft suchen diese Eltern Rat, weil sie noch »besser«

und »perfekter« sein möchten. Für sie kann es erleichternd sein, wahrnehmen zu lernen, dass ihr Kind mit seinen Selbstentfaltungskräften vieles eigenständig reguliert und sie nicht alles *für*, sondern mehr *mit ihrem Kind* entscheiden und gestalten können. Eltern, Kinder und das Beziehungsgefüge können durch unterstützende Beratung entlastet werden.

Die eher hilflosen und entmutigten Eltern stehen vor besonderen Erziehungsproblemen, für die sie keine Lösung finden. Oft haben sie resigniert aufgegeben, wenn ihre vergeblichen Bemühungen, den Schwierigkeiten mit ihren Möglichkeiten zu begegnen, fehlgeschlagen sind. Gewalt und wechselseitige Missachtung belasten die Beziehungen zwischen Eltern und Kindern, beide brauchen ganz konkrete und schnelle Hilfen für den Alltag, damit sie aus der Gewaltspirale herausfinden.

Eltern, die ihr Leben als willkürlich und ihr Tun als sinnlos erleben, sich als Opfer ihrer Lebensbedingungen wahrnehmen oder sich den Forderungen ihrer Kindern ausgeliefert fühlen, haben wenig motivationale Kraft, ihre Lebenssituationen zu ändern. Die Schwierigkeiten lähmen, und selbst wenn Unterstützungsmöglichkeiten im weiteren Umkreis vorhanden sind, können diese aus mangelnder Antriebs- und Selbstüberzeugungskraft nicht wahrgenommen werden. Entsprechend dem Modell der Salutogenese (Antonovsky 1997) können Probleme nur dann als positive Herausforderungen, die bewältigbar sind, verstanden werden, wenn das eigene Leben als verstehbar und als handhabbar erlebt wird. Werden Menschen mit ihren Ressourcen (inneren und äußeren) konfrontiert und erfahren, dass ihr Leben grundsätzlich auch durch eigene Kraft bewältigbar ist, kann sich ein Kohärenzgefühl entwickeln.

Antonovsky benennt in seinem Modell der Salutogenese u. a. drei Bedingungen für das Kohärenzgefühl: Verstehbarkeit, Handhabbarkeit und Sinnhaftigkeit des eigenen Tuns (Antonovsky 1997).

Niedrigschwelligkeit zeichnet sich neben der Kostengünstigkeit, der begleitenden Kinderbetreuung und dem geringen Verbindlichkeitsgrad auch dadurch aus, dass Angebote im gewohnten Umfeld mit vertrauten Personen, die eine hohe Akzeptanz vermitteln, zur Verfügung stehen. Die häufig geäußerte Klage »Eltern, die Elternbildung bräuchten, kommen ja nicht in die Veranstaltungen«, stimmt dann, wenn Angebote der Kommstruktur als einzige Wege der Elternbildung präsentiert werden. Werden Eltern in ihrem Sozialmilieu und von ihnen vertrauten Bezugspersonen angesprochen, sind sie eher bereit, im Rahmen ihrer Möglichkeiten mitzuarbeiten. Hier sind besonders die Hausbesuchsprogramme zu nennen, die die Eltern zuerst individuell in ihrem häuslichen Umfeld erreichen. Darüber hinaus ist angesichts veränderter gesellschaftlicher Strukturveränderungen Elternbildung keineswegs nur für speziell ausgewählte Elterngruppen hilfreich, sondern kann für alle Eltern aus unterschiedlichen Gründen sinnvoll sein, z. B. als Entlastung und Ermutigung für Eltern, die an sich und ihre Kinder einen besonders hohen Perfektionsanspruch haben.

Insbesondere Eltern, die einen erschwerten Bildungszugang haben oder (noch) motivationsschwach sind, werden als eine Zielgruppe betrachtet, die es in Zukunft besser zu unterstützen gilt. Im Sinne der Familienbildung als elementarem Bestandteil familienunterstützender Angebote wird es immer dringender, weitere und neue Zielgruppen zu erreichen (vgl. auch Deutscher Verein 2007, S. 5 ff.).

Zukünftig werden gerade kooperative, bündelnde, integrierende Ansätze wegweisend sein, da sie den aktuellen Entwicklungen eines systemisch-vernetzten Denkens entsprechen. Institutionen und handelnde Fachkräfte, die sich der Komplexität familialer Lebenswirklichkeiten in ihrer Arbeit mit den Familien so stellen, wie die Familien es in ihrem Alltag ständig tun müssen, werden qualitativ erweiterte Zugänge zu den Familien finden und damit noch mehr in der Lage sein, Familien bei der Entdeckung und Stärkung ihrer individuellen und sozialen Ressourcen zu begleiten.

## 7 Literatur

Antonovsky, Aaron (1997): Salutogenese. Zur Entmystifizierung der Gesundheit. Tübingen
Bundesarbeitsgemeinschaft Familienbildung & Beratung e.V.(AGEF) (Hrsg.) (1982): Materialien für die Praxis der Familienbildung. Neue Projekte, Ansätze, Methoden. Bonn
Armbruster, Meinrad (2006): Eltern-AG. Heidelberg
Bauer, Petra/Brunner, Ewald J. (Hrsg.) (2006): Elternpädagogik. Von der Elternarbeit zur Erziehungspartnerschaft. Freiburg im Breisgau
Bäuerle, Wolfgang (1971): Theorie der Elternbildung. Weinheim

Bäuerle, Wolfgang (1973): Elternbildung: Aufgaben, historische Entwicklung und heutiger Stand. In: Schleicher, Klaus: Elternmitsprache und Elternbildung. Düsseldorf, S. 85-104

Baum, Doris (2007): Elternschaft als Bildungsthema. Linz

Breitkopf, Tanris/Schweitzer, Helmuth (2005): Elternbildung und interkulturelle Sprachförderung – Stadtteilmütterprojekt. In: Tschöpe-Scheffler, Sigrid (Hrsg.): Konzepte der Elternbildung – eine kritische Übersicht. Opladen, S. 237–255

Breuer, Karlpeter (2005): Thomas Gordon's Family EffectivenessTraining. In: Tschöpe-Scheffler, Sigrid (Hrsg.): Konzepte der Elternbildung – eine kritische Übersicht. Opladen, S. 25–40

Brixius, Bernd /Koerner, Sabina./Piltman, Birgit (2005): FuN – der Name ist Programm – Familien lernen mit Spaß. In: Tschöpe-Scheffler, S. (Hrsg.): Konzepte der Elternbildung – eine kritische Übersicht. Opladen, S. 23–25

Bundesministerium für Familie und Senioren (Hrsg.) (1992): Handbuch zur örtlichen und regionalen Familienpolitik. Studie im Auftrag des Bundesministeriums für Familie und Senioren. Stuttgart/Berlin/Köln

Bündnis für Familie (Hrsg.) (2006): Familie im Stadtteil. Die Bedeutung des sozialen Nahraums für Erziehung, Bildung und Aufwachsen. Nürnberg

Deutscher Verein für öffentliche und private Fürsorge e.V. (2007): Bestandsaufnahme und Empfehlungen des Deutschen Vereins zur Weiterentwicklung der Familienbildung. Berlin

Fthenakis, Wassilios E./Minsel, Beate (2002): Die Rolle des Vaters in der Familie. Schriftenreihe des Bundesministeriums für Familie, Senioren, Frauen und Jugend, Band 213. Stuttgart

Grossmann, Klaus E. (2000): Bindungsforschung im deutschsprachigen Raum und der Stand bindungstheoretischen Denkens. In: Psychologie in Erziehung und Unterricht, Jg. 47, Heft 3, München, S. 221–237

Heidrich, Martin (2003): Aspekte systemisch-konstruktivistischer Sozialpädagogik. In: Badry, Elisabeth/Buchka, Maximilian/Knapp, Rudolf (Hrsg.): Pädagogik, Grundlagen und Arbeitsfelder, 4.überarb. Auflage, München, S. 209-215

Heuwinkel, Dirk (1999): Gesellschaftliche Zukunftstrends und Anforderungen an familienbezogene Dienste im Lebensraum. In: Landesinstitut für Schule und Weiterbildung (Hrsg.): Familienbildung 2010, Orientierungsrahmen für die Weiterentwicklung familienbezogener Dienste. Bönen

Honkanen-Schoberth, Paula (2005): Starke Eltern – Starke Kinder« Elternkurse des Deutschen Kinderschutzbundes – mehr Freude, weniger Stress mit den Kindern. In: Tschöpe-Scheffler, Sigrid (Hrsg.) (2005a): Konzepte der Elternbildung – eine kritische Übersicht. Opladen, S. 41–50

Horst, Christof (2005): Kess-erziehen – und Familie entspannter (er)leben. In: Tschöpe-Scheffler, Sigrid (Hrsg.): Konzepte der Elternbildung – eine kritische Übersicht. Opladen, S. 85–99

Kronbichler, Josef (1979): Familienbildungsstätten in kirchlicher Trägerschaft im Bistum Münster. Dissertation an der Westfälischen Wilhelms-Universität Münster

Kühn, Trudi./Petcov, Roxana (2005): STEP – Das Elterntraining – Erziehungskompetenz stärken – Verantwortungsbereitschaft fördern. In: Tschöpe-Scheffler, Sigrid (Hrsg.): Konzepte der Elternbildung – eine kritische Übersicht. Opladen, S. 67–84

Nave-Herz, Rosemarie (1964): Die Elternschule. Berlin

Nickel, Horst/Quaiser-Pohl, Claudia (Hrsg.) (2001): Junge Eltern im kulturellen Wandel. Untersuchungen zur Familiengründung im internationalen Vergleich. Weinheim/München

Omer, Haim/Schlippe, Arist von (2002): Autorität ohne Gewalt. Coaching für Eltern von Kindern mit Verhaltensproblemen. Göttingen

Pettinger, Rudolf/Rollik, Heribert (2005): Familienbildung als Angebot der Jugendhilfe, herausgegeben vom Bundesministerium für Familie, Senioren, Frauen und Jugend. Berlin. [Online] verfügbar unter: www.bmfsfj.de/Publikationen/familienbildung/root.html

Pikler, Emmi/Tardos, Anna (2001): Miteinander vertraut werden. Freiburg im Breisgau

Sann, Alexandra (2002): DJI Opstapje – Schritt für Schritt [Online] Verfügbar unter: www.vivafamilia.de/Downloads/Sann_DJI_Opstapje.pdf

Sann, Alexandra (2003): Guter Start mit Opstapje. In: DJI-Bulletin 2002, Heft 60/61, S. 3-5. München

Saßmann, Heike./Klann, Notker (2002): Es ist besser das Schwimmen zu lehren als Rettungsringe zu verteilen. Beratungsstellen als Seismografen für Veränderungen in der Gesellschaft. Freiburg im Breisgau

Schiersmann, Christiane/Thiel, Heinz-Ulrich/Fuchs, Kirsten/Pfizenmaier, Eva (1998): Innovationen in Einrichtungen der Familienbildung. Eine bundesweite empirische Institutionenanalyse. Opladen

Schlippe, Arist von/Grabbe, Michael (2007): Werkstattbuch Elterncoaching. Elterliche Präsenz und gewaltloser Widerstand. Göttingen

Schlippe, Arist von/Schweitzer, Jochen (1996): Lehrbuch der systemischen Therapie und Beratung. Göttingen

Schneewind, Klaus A. (1999): Familienpsychologie (2. überarbeitete Auflage). Stuttgart

Schoenaker, Theo (2003): Mut tut gut. Das Encouraging-Training. Sinntal

Schopp, Johannes (2005): Eltern Stärken – Dialogische Elternseminar – Ein Leitfaden für die Praxis. Opladen

Schymroch, Hildegard (1989): Von der Mütterschule zur Familienbildungsstätte. Freiburg im Breisgau

Smolka, Adelheid (2002): Beratungsbedarf und Informationsstrategien im Erziehungsalltag. Dokumentation des ifb. Bamberg

Stolz, Uta/Thiel, Thomas (2005): Kinder gemeinsam in die Welt begleiten. Elternbildung und Erziehungspartnerschaft als Angebot des Kindergartens. In: Tschöpe-Scheffler, Sigrid (Hrsg.): Konzepte der Elternbildung – eine kritische Übersicht., Opladen S. 199–212.

Süss, Gerhard J./Pfeifer, Walter-Karl P. (1999): Frühe Hilfen. Die Anwendung von Bindungs- und Kleinkindforschung in Erziehung, Beratung, Therapie und Vorbeugung. Gießen

Tschöpe-Scheffler, Sigrid (2003 a): Elternkurse auf dem Prüfstand. Wie Erziehung wieder Freude macht. Wiesbaden

Tschöpe-Scheffler, Sigrid (2003 b): Fünf Säulen der Erziehung. Mainz

Tschöpe-Scheffler, Sigrid (2004): Qualitätsfragen an Elternkurse – Wie man Konzepte leichter beurteilen kann. In: Theorie und Praxis der Sozialpädagogik, Heft 8, S. 4–7.

Tschöpe-Scheffler, Sigrid (Hrsg.) (2005 a): Konzepte der Elternbildung – eine kritische Übersicht. Opladen

Tschöpe-Scheffler, Sigrid (Hrsg.) (2005 b): Perfekte Eltern und funktionierende Kinder? Vom Mythos der richtigen Erziehung. Opladen

Tschöpe-Scheffler, Sigrid (2005 c): Die Super Nanny. Schnelle und simple Methoden im Sinne einer Fastfoodpädagogik. In: Forschung und Lehre, Jg.12, Heft 4, S. 168–188.

Tschöpe-Scheffler, Sigrid (2005 d): Innovative Formen der Stärkung der Elternkompetenz: Elternbriefe – Elternkurse – Elternbildung. In: Deegener, G./ Körner, W. (Hrsg.): Kindesmisshandlung und Vernachlässigung. Ein Handbuch. Göttingen, S. 59-93

Tschöpe-Scheffler, Sigrid (2006 a): Stärkung der elterlichen Erziehungsverantwortung durch Angebote der Elternbildung. In: Bauer, P./Brunner, E. J. (Hrsg.): Elternpädagogik. Von der Elternarbeit zur Erziehungspartnerschaft. Freiburg im Breisgau, S. 174-192

Tschöpe-Scheffler, S (2006 b): Die Arbeit mit hilflosen Eltern – zehn Empfehlungen. In: Deutsche Gesellschaft gegen Kindesmisshandlung und -vernachlässigung (DGgKV) e.V., Jahrgang 9, Heft 2, Kiel, S. 27–42

Tschöpe-Scheffler, S. (2007 a): Elternbildungsarbeit im öffentlichen Interesse. In: Homfeldt, H. G./Schulze-Krüdener, J. (Hrsg.): Elternarbeit in der Heimerziehung, München, S. 16–31

Tschöpe-Scheffler, S. (2007b): Erziehungspartnerschaften. Einführungsvortrag. In: Fachtagung Erziehungspartnerschaften der Stadt Köln am 20.05.2006. Dokumentation. Köln, S. 18–23

Tschöpe-Scheffler, S./Mörs-Hoffmann, S. (2006): Pilotstudie der Evaluation des Elternkurses FuN. Köln

Tsirigotis, Cornelia./Schlippe, Arist von/Schweitzer-Rothers, Jochen (Hrsg.) (2006): Coaching für Eltern. Mütter, Väter und ihr »Job«. Heidelberg

Wahl, Klaus./Hees, Katja (Hrsg.) (2006): Helfen Super Nanny und Co? Ratlose Eltern – Herausforderung für die Elternbildung. Berlin

Walper, Sabine./Pekrun, Reinhard (Hrsg.) (2000): Familie und Entwicklung. Perspektiven der Familienpsychologie. Göttingen

Walter, Heinz (Hrsg.) (2002): Männer als Väter. Sozialwissenschaftliche Theorie und Empirie. Gießen

Wehinger, Ulrike (2005): Einblick in die Arbeit des Pen Green Centre, Northhamptonshire, England. Ein Zentrum der besonderen Art. In: Tschöpe-Scheffler, S. (Hrsg.): Konzepte der Elternbildung – eine kritische Übersicht. Opladen, S. 175–187

Wirtz, W. (1995): Bildungsarbeit mit sozial benachteiligten Familien. Unveröffentlichte erziehungswissenschaftliche Arbeit an der Universität Essen

Wirtz, W. (2003): Praxisfeld Familienbildung und Beratung von Familien. In: Badry, Elisabeth/Buchka, Maximilian/Knapp, Rudolf (Hrsg.): Pädagogik, Grundlagen und sozialpädagogische Arbeitsfelder. München

www.femmestische.ch

www.hippy-deutschland.de

# Familienselbsthilfe und Mütterzentren
Annemarie Gerzer-Sass/Elisabeth Helming

## 1 Selbsthilfegruppen als Solidarnetze von unten

Schon seit Mitte der 70er-Jahre spielt die Selbsthilfe mit ihren vielfältigen Formen in der sozialen Wirklichkeit der alten Bundesrepublik eine wichtige, aber auch in den Debatten um die Zukunft des Sozialstaates zunehmend eine theoretisch konzeptionell bedeutsame Rolle. Dabei wird ihr eine gesellschaftstherapeutische Wirkung gegen die »kulturpessimistischen« Diagnosen zum sozialen Zerfall der Gesellschaft zugeschrieben (Erler 1999). Jenseits der Großverbände und Institutionen, denen die Fähigkeit zur Stiftung sozialer Kohäsion immer mehr abgesprochen wird, soll die Selbsthilfe einen Beitrag zur notwendigen Rekonstruktion des Sozialen von »unten« leisten. Während der 70er-Jahre entstanden zahlreiche Selbsthilfegruppen »im Sinne von Stützsystemen im lebensweltlichen Gesamtzusammenhang von Familien« (Notz 2007). Inzwischen gibt es in Deutschland etwa 100.000 dieser Organisationen »mit geschätzten drei Millionen Teilnehmer/innen, das ist mehr, als Parteien Mitglieder haben«, so Notz (2007).

Die Familienselbsthilfe hat in der gesamten Selbsthilfediskussion insofern einen eigenen Stellenwert, da sie an einer traditionellen sozialen Institution, nämlich der Familie ansetzt und sich an ihrer Erneuerungsfähigkeit orientiert. Der theoretische Bezugsrahmen von Familienselbsthilfe ist nicht am »Familienzerfall« und dem Ersetzen durch andere Formen orientiert, sondern betrachtet Familie als ein sich wandelndes, öffnendes, zwar partiell labiles, aber doch trotz aller Krisen noch enorm leistungsfähiges System, das von vielen Menschen immer noch gewünscht wird (vgl. BMFSFJ 2005, Siebter Familienbericht). Kennzeichen aller Initiativen im Familienselbsthilfebereich ist es, durch die Bildung kleinräumiger Solidarnetze eine strukturelle Unterstützung bei der Bewältigung der ständig zu erbringenden Anpassungs- und Erziehungsleistungen von Familien zu ermöglichen. Die damit verbundene »Öffnung der Familie« ist auch Ausdruck der kommunikativen und sozialen Energien, die im Zuge des Strukturwandels von Familien in deren geschrumpftem Binnenraum nicht mehr ausreichend ein- und umgesetzt werden können.

In diesen »halb öffentlichen Räumen« ist ein Aktionsfeld entstanden, auf dem neue Interaktionsformen innerhalb der Familien und zwischen Familie und ihrem sozialen Umfeld erprobt werden. Die Initiativen verändern damit die bisherige Stoßrichtung der Familienpolitik, in der Familien mehr oder weniger nur als Empfänger familienpolitischer Leistungen wahrgenommen wurden; vielmehr präsentieren sich die Initiativen als Akteure. Durch die Bildung kollektiver Solidargemeinschaften unterstützen sich die Initiativen bei der Bewältigung von gesellschaftlichen Modernisierungsprozessen und reagieren auf

- die Entwertung des häuslichen Nahbereichs,
- die Ausschließlichkeit der Mutter-Kind-Dyade,
- die Veränderung der Geschlechterrollen,
- die Entwertung der Eltern in Bezug auf ihre Kompetenzen

und tragen durch den Aufbau einer sozialen Infrastruktur für Familien und ihre Kinder zur Verbesserung der Lebensqualität für Familien bei. Sie spiegeln besonders lebenszyklische Phasen im Familienverlauf wider, so z. B. den Übergang von der Kinderlosen- zur Paarsituation (Stillgruppen, Mütter-, Familien- und Nachbarschaftszentren, Spielgruppen), den Übergang von der Familienbetreuung in die institutionelle Betreuung (Elterninitiativen) oder den Übergang in eine neu zusammengesetzte Familie (Stiefelterngruppen). Bisher sind diese Übergänge eher unter einem Krisenpotenzial gesehen worden, wo therapeutische Hilfe anzusetzen ist, weniger aber unter dem Aspekt der Freisetzung von Potenzialen für Engagement und Selbstgestaltung. So bieten z. B. Stillgruppen über ihre kleinmaschigen Unterstützungssysteme eine Stärkung der Mütter und geben Anregung und Aufklärung für das Gesundheitssystem. Elterninitiativen gestalten selbst ihre außerfamiliale Kinderbetreuung und fordern damit das professionelle System in Bezug auf pädagogische Konzeptionen und Rahmenbedingungen heraus in Richtung einer Liberalisierung der Erziehung. Stiefelterngruppen ermöglichen durch die Bildung neuer Solidarnetze nicht nur die Bewältigung ihrer speziellen Problemlagen, sie regen auch Gesetzgebungsverfahren in diesem Bereich an. »In der alten BRD war die Selbsthilfebewegung oft ein Stachel im Fleisch der etablierten Wohlfahrtsverbände und Sozialsysteme« (Notz 2007, S. 9).

## 2  Mütterzentren als besondere Form von Familienselbsthilfe

Eine Sonderform der Familienselbsthilfe sind die Mütter-, Familien- und Nachbarschaftszentren, offene Treffpunkte im Stadtteil bzw. in der Gemeinde, die von den darin engagierten Frauen selbst gestaltet und verwaltet werden. Sie haben sich in ihrer Konzeption vor 25 Jahren aus einem Forschungsprojekt des Deutschen Jugendinstitutes zur Elternbildung weiterentwickelt (Wahl u.a. 1980). Die Konzeption greift die Forderung der Frauen nach mehr Öffentlichkeit für ihr Leben mit Kindern auf und orientiert sich an Kinderbedürfnissen und Zeitrhythmen von Familien. Dies drückt sich in den Räumlichkeiten, den Öffnungszeiten, der Ausstattung, den Arbeitsformen sowie im emotionalen Klima aus. Aus den ersten Modellprojekten von Mütterzentren in den 80er-Jahren hat sich eine »Mütterzentrumsbewegung« entwickelt. Mittlerweile gibt es über 400 Mütterzentren in Deutschland, international haben sich in 15 Ländern wie z.B. Bulgarien, Bosnien, Holland, Österreich, aber auch in Afrika und in den USA Mütterzentren etabliert. Auch in der Tschechischen Republik hat sich die Idee der Mütterzentren mithilfe von deutschen Multiplikatorinnen durchgesetzt. 1998 gab es in Tschechien bereits 28 Mütterzentren, wobei sich weitere sechs in der Vorbereitungsphase befanden. Sie sind ein wichtiges Glied in einer Kette von Initiativen, die die Entwicklung zu einer demokratischen Gesellschaft vorantreiben und die sich an Initiativen anschließen, die seit Mitte der 80er-Jahre im Zusammenhang mit den wachsenden Bürgeraktivitäten gegründet wurden. In den kleinen Gruppen der Mütterzentren finden junge Mütter nicht nur Entlastung und die Möglichkeit zur Kommunikation, sie können auch Erfahrungen sammeln, die für sie als Bürgerinnen und berufstätige Frauen wichtig sind (Wagnerova 1998). Ähnliches gilt für die Ukraine und für Georgien.

Mütterzentren haben nicht zuletzt im Rahmen der Weltsiedlungskonferenz der Vereinten Nationen im Jahr 1996 an Bedeutung gewonnen, wo der Blick nicht nur auf sichere und gesündere, sondern vor allem auch auf lebenswertere und sozial verträglichere Siedlungen gelenkt wurde. Mütterzentren können hierzu einen wichtigen Beitrag liefern. Beispielhaft für ihr Integrationspotenzial zeigen sich die Mütterzentren insbesondere in den Ländern Albanien, Bulgarien, Rumänien und Slowenien: Sie machen Integrationsangebote für Roma-Familien. Der Mütterzentrumsansatz bietet hier eine Chance, dass sich Roma-Frauen aktiv in das kommunale Leben zur Verbesserung der Lebensbedingungen für ihre Kinder einbringen (Jaeckel 2007).

Um neue Mütterzentren beim Aufbau zu unterstützen, um Erfahrungsaustausch und Kontinuität zu sichern, wurde von den Mütterzentren in Deutschland das Konzept der Mütterbüros entwickelt. Sie übernehmen folgende Aufgaben:
- Fortbildungen und Supervisionen
- Vernetzung der Mütterzentren
- Zusammenarbeit mit Landes- und Bezirksregierungen und Bundesministerien, Beratung von Politikern und Behörden
- Öffentlichkeits- und Pressearbeit
- Kooperation mit Jugendämtern, Familienselbsthilfegruppen, Familienverbänden anderer Träger.

Jedes Zentrum hat ein eigenständiges Profil, die Arbeit ist jedoch von gemeinsamen Grundsätzen geprägt:
- Mütterzentren bieten eine *feste Anlaufstelle und offene Zugangsmöglichkeit* zur Förderung des nachbarschaftlichen Zusammenlebens. Solche offenen Zugangsmöglichkeiten können sein: Mutter-Kind-Café, Secondhand-Shop für Kinderkleidung, Vermittlung sozialer Dienste oder Kontaktstellen für verschiedene Lebenslagen (z. B. für Alleinerziehende). Im Rahmen einer bundesweit durchgeführten Evaluationsstudie zur Familienselbsthilfe am Deutschen Jugendinstitut (DJI/BMFSFJ 2001) konnten über 580 Mütterzentrumsbesucherinnen als auch Aktive befragt werden. Ein Ergebnis war, dass für 80 % der Befragten der offene Betrieb eine entscheidende Rolle spielt für ihre positive Bewertung der Zentren, für knapp ein Drittel (31 %) hatten sich neue Nachbarschaftskontakte ergeben und für gut ein Viertel (26 %) hatte sich durch das Engagement im Mütterzentrum die Beziehung zu den Nachbarn verbessert (ebenda). Zahlreiche Mütterzentren haben ihre Angebotspalette auch um Servicedienstleistungen für Familien erweitert: z. B. um einen Mittagstisch für Schulkinder, Hausaufgabenbetreuung, Bügelservice usw.
- *Grundprinzip ist die nachbarschaftliche Hilfe im Laienprinzip und in Selbstorganisation.* Zugangskriterien sind dabei die Alltagserfahrungen aus der Familie, es gilt: Jede/Jeder kann etwas, was sie/er ins Zentrum einbringen kann. Das gilt für Jung und Alt, für unterschiedliche Lebensphasen und für verschiedene Interessen. Das Selbsthilfeprinzip ermöglicht eine demokratische Mit-

beteiligung an der Organisation und den zu treffenden Entscheidungsprozessen im Zentrumsalltag. Die Aktivitäten bauen somit auf den Fähigkeiten und Eigenkompetenzen derjenigen auf, die sich dort engagieren. Diese entwickeln im Rahmen von gemeinschaftlicher Stärke (Empowermentkonzept) ihre Kompetenzen weiter. 79 % der Befragten (s. o.) gaben an, dass sie durch ihr Engagement im Mütterzentrum selbstsicherer geworden sind. 65 % nannten als sehr wichtigen Grund ihrer Beteiligung, im Mütterzentrum etwas für sich selbst tun zu können. Auch fühlten sie sich zu 69 % in ihrer Frauenrolle gestärkt (ebenda). »Die Mütter sind Expertinnen in eigener Sache, sie bringen ihre Kompetenzen und Fähigkeiten in das Mütterzentrum ein, und sie bestimmen durch ihre Interessen und Wünsche die Angebote mit. Mütterzentren arbeiten ›basisdemokratisch‹; es bestehen keine starren, hierarchischen Organisations- und Entscheidungsstrukturen. Sie vermeiden jede Form von schulischem Lernen und von Hierarchien durch ein Lehrer-Schüler-Verhältnis« (Bader 2002).

- *Trotz Selbsthilfeprinzip werden kontinuierliche, verbindliche Arbeiten im Zentrum über einen einheitlichen Stundensatz honoriert.* Damit sollen auch diejenigen Frauen angesprochen werden, die sich sonst nicht so ohne Weiteres engagieren könnten, sei es aus sozialen, kulturellen oder finanziellen Gründen. Dadurch haben gerade Mütterzentren eine breite soziale Streuung erreicht. Von den Befragten haben 34 % Hauptschul-, 25 % Realschulabschluss und 26 % Fachabitur/Abitur, was im Vergleich zu anderen Initiativen wie z. B. Elterninitiativen von Bedeutung ist, da diese mehrheitlich höhere Bildungsabschlüsse haben (DJI/BMFSFJ 2001).
- *Kinder sind jederzeit erwünscht.* Im Mutter-Kind-Café haben kleine Kinder ein Krabbelzimmer und Mütter können ihre Kinder selbst oder gegenseitig betreuen. Sie können aber auch eine altersgemischte, für alle offene Kinderbetreuung in Anspruch nehmen, die spontan und flexibel genutzt werden kann. So nutzten knapp 70 % der Mütter die stundenweise Kinderbetreuung im Alter der Kinder von 2–3 Jahren, fast die Hälfte der Mütter gab an, längere und regelmäßig angebotene Kinderbetreuung in Anspruch zu nehmen (ebenda).

Die durchschnittliche Zentrumsbesucherin – so ein Befund der Evaluation des Deutschen Jugendinstituts – war verheiratet, zwischen

31 und 40 Jahre alt und hatte zwei Kinder, der Anteil der Alleinerziehenden betrug ca. 20 %. Von den Befragten befand sich ein Drittel in der Elternzeit, ca. ein Drittel war außerhäuslich erwerbstätig, wobei Teilzeit- und geringfügige Beschäftigung überwogen, und ein Drittel war mehr als fünf Jahre als Hausfrau tätig (ebenda).

Die Aktivitäten der Mütter-, Familien- und Nachbarschaftszentren haben einen neuen Raum zwischen der Privatheit der Familie und der Öffentlichkeit im Beruf geschaffen, in dem das Leben mit Kindern und die darin liegende Verantwortung eine eigene Wertigkeit haben. Durch den Aufbau einer nachbarschaftlich orientierten sozialen Infrastruktur, wodurch auch neue Dienstleistungsfelder erschlossen werden, wird die Lebensqualität für Familien verbessert und die »Austrocknung« von Nachbarschaft verhindert. Vor allem durch ihre niedrigschwelligen Angebote wird eine Integration auch von belasteteren Familien ermöglicht.

Die Ergebnisse der Evaluationsstudie des Deutschen Jugendinstituts haben gezeigt, dass den Müttern aus den Mütterzentren eine zentrale Schlüsselfunktion im Wohnquartier zukommt, und zwar nicht nur als Anlauf- und Beratungsstelle, sondern auch als Ideengeberinnen und Beraterinnen für kommunale Entscheidungsprozesse. Familie ist im Sinne des Wohlfahrtspluralismus ein bedeutsamer Akteur geworden neben Staat, Markt und den Wohlfahrtsverbänden. Wird den Familien eine ernstzunehmende Kooperationsfunktion eingeräumt, dann stellen sie allerdings das gewachsene System von Zeitstruktur, professionellem Wissen und hierarchischen Strukturen und die institutionelle Eigenlogik der Kooperationspartner in Frage.

## 3 Mütterzentren – Orte der Aufwertung von Care-Arbeit und des Kompetenzzuwachses durch Engagement

Mütterzentren wenden sich einerseits gegen die Ausschließlichkeit der Mutter-Kind-Dyade, die sowohl eine Über-, aber auch eine Unterforderung für Mutter und Kind darstellt. Die Aktivitäten der Mütter-, Familien- und Nachbarschaftszentren schaffen hier eine Entlastung und Unterstützung durch die Erweiterung des sozialen Netzes und des Transfers von Erfahrungsbereichen innerhalb der Familien. Sie sind andererseits aber auch eine Art dritter Weg zwischen den herrschenden Alternativen von privat oder öffentlich,

Hausfrauen- oder Berufsstatus, Amt oder Ehrenamt, Professionalität oder Laienkompetenz. In Bezug auf Familie geht es um einen Öffnungsversuch und damit verbunden um eine sichtbare Verlagerung eines Teils von vorher an das Haus und an die Kleinfamilie gebundenen Aufgaben in einen halb-öffentlichen Raum, unter Beibehaltung des eigenen Anspruchs auf Einfluss und Mitgestaltung.

Mütterzentren stehen in einem Zusammenhang zu einer Ethik der Fürsorge (Care) und wenden sich gegen die Erfahrung des Ausschlusses von Müttern aus der Öffentlichkeit, gegen die gesellschaftliche Ausgrenzung und Abwertung von »Care-Arbeit«, gegen die gesellschaftliche Marginalisierung und Isolation von Müttern und gegen die einseitige Berufs- und Marktorientierung der Gesellschaft (Jaeckel 1998). Die Geringschätzung der fundamentalen Bedeutung der »Care-Arbeit« für die Konstitution und Reproduktion der Gesellschaft geht einher mit einem einseitig individualistischen Menschenbild, das primär in der Ökonomie wurzelt und als Idealbild den erwerbstätigen, konsumierenden Mann sieht, so Lynch (2007). »Because love, care and solidarity matter for the survival and development of humanity and for the effective functioning of economic, political and cultural systems, their importance cannot be denied. Someone has to do this nurturing work on a daily basis much of which is unpaid« (ebenda, S. 555).

Mütter, die sich in Mütterzentren engagieren, sehen ihre »Care-Arbeit« – und damit auch das Engagement in Mütterzentren – nicht einfach als Beschränkung für ihren Einsatz in bezahlter Arbeit. Auf sie trifft zu, was Duncan/Edwards u. a. (2003) in einer Studie herausgearbeitet haben: Insbesondere wenn es um die Sorge für die eigenen Kinder geht, gibt es nach Befunden der Autorinnen tiefsitzende, moralische Selbstansprüche von Eltern, für die Kinder zu sorgen und da zu sein – die »nicht verhandelbar« sind. Zwar sind auch Kosten-Nutzen-Überlegungen von Belang, diese sind aber auf eine sekundäre Relevanzschicht begrenzt, erheblich entfernt von der ersten Relevanzschicht der moralischen Selbst-Verpflichtung. »Decisions are still made rationally, but with a different sort rationality to that assumed by the adult worker model« (Duncan/Edwards 2003, S. 311; zur »Care-Moral« vgl. Sevenhuijsen 2002).

Wer sich engagiert, entwickelt ein positives Lebensgefühl und eine optimistische Grundhaltung, so ein weiteres Ergebnis der bereits genannten Evaluation (BMFSFJ 1999). Bei einem Vergleich von befragten Initiativen wie Mütterzentren und Elterninitiativen gaben 83% der Mütterzentrumsfrauen, 63% der Mütter der Münchner Elterninitiativen und 55% der darin engagierten Väter an, dass ihr Engagement in der Familienselbsthilfe sie lebensfroh und optimistisch gemacht habe.

Zur Mitarbeit im Mütterzentrum sagten die befragten Mütter, dass ihnen die Mitgestaltung des Zentrumsalltags Spaß macht und dass sie Spaß an organisatorischen Arbeiten (z.B. Vorbereitung von Veranstaltungen im Mütterzentrum) haben. Dies gilt auch für die Übernahme von Diensten im Mütterzentrum, für Teambesprechungen und Plena, für das Anbieten von Kursen, für die Mitarbeit in öffentlichen Gremien und für Verwaltungstätigkeiten wie Buchhaltung und Finanzen. Selbst hauswirtschaftliche Arbeiten, wenn sie nicht alleine zu Hause, sondern im Rahmen des Mütterzentrums geleistet werden, machten den befragten Frauen noch mehrheitlich Spaß, da hier u.a. die wechselseitige Anerkennung Selbstwirksamkeitserfahrungen bedingt. Diese Eigenschaften nehmen auch bei denen zu, die nichts oder nur wenig in der Initiative tun (DJI/BMFSFJ 2001).

Dabei ist auch der Faktor Zeit für den Zuwachs an Kompetenzen ausschlaggebend: Je mehr Zeit in diese Interaktionsprozesse investiert wird, desto mehr Kompetenzen werden erworben. In Mütterzentren engagieren sich die Mütter mit einer durchschnittlichen Stundenhöhe von 26,7 Stunden im Monat. Diese deutlich höhere Stundenzahl des Engagements im Vergleich z.B. zu den Elterninitiativen mit durchschnittlich 12,6 Stunden im Monat ist auch darauf zurückzuführen, dass die Frauen in den Mütterzentren auf Stundenbasis oder in geringfügigen Beschäftigungsverhältnissen mitarbeiten, während in den anderen Initiativen dies ausschließlich auf Ehrenamtlichkeit beruht.

Mütterzentren lassen sich durch ihre Interaktionsprozesse als lebendige Lernkultur beschreiben. Zum einen, da sie hierarchiearm und basisdemokratisch organisiert sind, zum anderen da sie auf dem Prinzip des »learning by doing« aufbauen, d.h. es wird unter den Engagierten im Rahmen des gemeinsamen Tuns Wissen ausgetauscht und weitergegeben, gemeinsam diskutiert und reflektiert. Man könnte die Lerneffekte in Initiativen auch mit dem Etikett eines handlungsorientierten Lernens versehen. Die aktive Teilnahme in den Initiativen und die gleichzeitige Bewältigung des Familienalltags erfordern von dem Einzelnen ein hohes Maß an Selbstkompetenz. Mit anderen Initiativmitgliedern nach Problemlösungen zu suchen, sich zu engagieren und zu solidarisieren erfordert Sozialkompetenz. Bei der Bewältigung von Problemen zu kreativen Lösungswegen zu kommen und diese zu reflektieren, erzeugt Methodenkompetenz (ebenda).

Durch die Mitarbeit in den Mütterzentren werden nicht nur die in der Familie genutzten Kompetenzen und Fähigkeiten von Müttern stärker wahrgenommen, sondern nach Einschätzung der Mütter werden auch neue Kompetenzen dazu gewonnen (Hebenstreit/Pettinger 1991; Jaeckel/Schooß/Weskamp 1997; DJI/BMFSFJ 2001). Den Blick auf den Kompetenzerwerb für die Familie bzw. die Erziehungskompetenzen zu lenken, ist deshalb von Bedeutung, da die Erwartungshaltungen an die Erziehung in der Familie während der letzten Jahrzehnte immer mehr gestiegen sind – sowohl die der Gesellschaft und ihrer Institutionen als auch die der Eltern an sich selbst. Mütterzentren stellen in diesem Zusammenhang einen Ort der Reflexion von Erziehung dar. Dabei spielen die häufigeren Begegnungsformen unter den Erwachsenen und die damit verbundene Intensität der Interaktionsprozesse eine wesentliche Rolle. Durch die Dichte von Interaktionsprozessen wird zudem »soziales Kapital« gebildet (DJI/BMFSFJ 2001). Die Mütterzentren ermöglichen durch ihren nichttherapeutischen Charakter, sich über Probleme und Sorgen, Nöte und Konflikte aus dem »normalen Familienalltag« auszutauschen, Rat zu holen oder zu geben und die Erfahrungen anderer kennenzulernen. Oft genügt schon das Miterleben des Trotzanfalls eines anderen Kindes im Zentrum, um das Verhalten des eigenen Kindes als Normalität zu begreifen. Einblicke in andere Familiensituationen nehmen zu können erhöht die Chance, strukturell angelegte Konflikte und Probleme, die sonst eher als individuelle, selbst verschuldete Probleme verstanden und behandelt werden, leichter zu erkennen und besser zu verarbeiten (ebenda). Hier liegt auch der sozialpräventive Charakter der Mütterzentren im Allgemeinen und im Besonderen gegen Gewalt. Gefördert wird eine Gegenposition zur normativen Ausgrenzung all dessen, was mit dem Ideal von Fürsorge und Verantwortung nicht vereinbar ist, indem die Normalität der Konflikthaftigkeit des Zusammenlebens erlebbar wird.

Obwohl Mütterzentren als Orientierungsraum und Unterstützungssystem gerade für Mütter konzipiert wurden, die sich in der Familienphase befinden, ist der subjektiv eingeschätzte Nutzen auch für den Beruf sehr hoch. Dies gilt für alle Bildungsschichten, aber auch für die arbeitslosen Mütter, die Studentinnen und die Auszubildenden. Das Klima bzw. die »Kultur« in den Mütterzentren und deren strukturelle Rahmenbedingungen, wie die Mitbestimmungs- und Mitgestaltungsmöglichkeiten, das »Laien-zu-Laien-Prinzip«, der Wechsel von der Nutzerrolle in die aktive Rolle und die damit verbundenen vielseitigen Interaktionsmöglichkeiten schaffen die Voraussetzung für den hohen Kompetenzzuwachs. Dies ermutigt nicht zuletzt viele Mütter, die aus dem Beruf ausgestiegen sind, zu einem Wiedereinstieg in den Beruf oder zur Teilnahme an Weiterqualifikationsmaßnahmen.

## 4 Dienstleistungen von Mütterzentren für den sozialen Nahraum – Ausblick

Mütterzentren bieten nicht nur den in den Zentren engagierten Familien Entlastung und Unterstützung, sondern auch den Familien aus der Nachbarschaft bzw. aus dem erweiterten Umfeld. Da es mittlerweile über 400 Mütterzentren in Deutschland gibt, sind es hochgerechnet etwa einhunderttausend bis einhundertfünfzigtausend Familien, die unmittelbar oder mittelbar von den Mütterzentren erreicht werden bzw. davon profitieren. Die ausdifferenzierten Dienstleistungsangebote reichen von Mutter-Kind-bezogenen Dienstleistungen – wie Stillgruppen, stundenweisen Kinderbetreuungen – bis hin zu Ganztagsbetreuungen in altersgemischten Gruppen, über praktische Dienstleistungen – wie Fahr- und Einkaufsdienste – bis hin zu Mittagstischen für Alt und Jung und ambulante Pflege usw. Auch im Bereich von Fortbildungen haben sich Angebote entwickelt. Das hessische Mütterbüro hat die angebotenen Dienstleistungen aller 53 Mütterzentren aufgelistet und in einem »Dienstleistungslexikon der hessischen Mütterzentren« zusammengestellt.

Die besondere Qualität dieser Dienstleistungen, die im Rahmen von Selbsthilfe allerdings auf Honorarbasis oder im Rahmen einer geringfügigen Beschäftigung erbracht werden, korrespondiert mit der besonderen Qualität der Arbeitsbedingungen – wie Selbstorganisation, Selbstverwaltung und Selbstreflexion. Die Arbeit geschieht miteinander und füreinander in einem überschaubaren Rahmen und ist nicht an strukturelle Sachzwänge wie bei Institutionen, sondern an Menschen orientiert. Dies entspricht den Forderungen, bei personenbezogenen Dienstleistungen verstärkt auch die Konsument/innen als »Koproduzent/innen« einzubeziehen. Gerade von diesen personenbezogenen Dienstleistungen, die außerhalb des Markt-Preis-Systems erbracht werden, wird ein anhaltendes Wachstum erwartet, von dem erhebliche Beschäftigungsimpulse ausgehen können (Badura u. a. 1996).

Dies zeigt sich schon in Ostdeutschland, wo stärker als in den westlichen Bundesländern Familienselbsthilfe auf die ökonomischen Bedrängnisse von Familien reagiert. Gestützt auf die Finanzierungsmöglichkeiten des zweiten Arbeitsmarktes hat sich eine deutlich größere Vielfalt an kleinen Trägern mit sozialen Projekten in diesem Dienstleistungsbereich gebildet. Mit ihrer spezifischen Mischung aus marktorientierten Dienstleistungsangeboten, niedrig bezahlter Arbeit im zweiten Arbeitsmarkt und honorierter Initiativarbeit sind hier kreative Mischungen verschiedener Arbeitsformen, Arbeitsrichtungen und Qualifikationen entstanden. Ähnlich wie in den westdeutschen Initiativen sind auch hier die Frauen die Ideengeberinnen, Gründerinnen und »Motoren«. Man kann in diesem Zusammenhang auch von weiblichen »Sozialunternehmerinnen« sprechen. Die von ihnen »gemanagten Initiativen« liegen in den Bereichen von Beratungsangeboten, offenen sozialen Treffpunkten, individuellen Angeboten für Kinderbetreuung, z. B. für unübliche Betreuungs- und Öffnungszeiten usw. Dies ist umso bemerkenswerter, da ähnlich wie in anderen ehemaligen sozialistischen Ländern im fest geknüpften institutionellen System Familienselbsthilfe in dieser Form nicht vorgesehen war.

Mütterzentren sind im Sinne ihres Beitrages zu einer lebendigen Bürgerkultur ein Beispiel für Formen von Freiwilligkeit und Selbstbestimmung in Verbindung mit ehrenamtlichem Engagement und damit auch für bürgerschaftliches Engagement im Rahmen der Mehrgenerationenhäuser. Nicht nur theoretisch, sondern auch praktisch sind Mütterzentren Modelle für Mehrgenerationenhäuser geworden: Als erstes Mehrgenerationenhaus wurde das Mütterzentrum Salzgitter am 20. November 2006 eingeweiht. Mittlerweile gibt es über 450 Mehrgenerationenhäuser in der Bundesrepublik, die den Grundgedanken der Eigeninitiative, des freiwilliges Engagements in Zusammenarbeit mit professionellen Kräften weiter praktizieren und damit auch neue Orte von Bürgerkultur schaffen.

Inzwischen findet man vielfältige neue Mischungen von Selbsthilfe, bürgerschaftlichem Engagement, Semiprofessionalität und professioneller sozialer Arbeit in vielen ursprünglich aus der Familienselbsthilfe entstandenen Projekten (vgl. Beitrag von Diller in diesem Band). Und umgekehrt werden ehrenamtliche Mitarbeiter/innen teilweise auch »benutzt«, um Löcher der Versorgung mit sozialen Dienstleistungen zu stopfen (Notz 2007). Welche Mitgestaltungskraft und -kapazität Selbsthilfestrukturen in direkter Kooperation mit Institutionen haben werden, ob bürgerschaftliches Engagement in konzeptionelle Entscheidungen integriert wird oder ob die in diesem Rahmen entstandene Professionalität gegenüber nicht hierarchischen Strukturen überhandnehmen wird, sind Kernfragen der Reflexion bei der Weiterentwicklung der Familienselbsthilfe im Allgemeinen und der Mütterzentren im Besonderen.

## 5 Literatur

Bader, Dagmar (2002): Mütterzentren – ihr Beitrag zu einem lebendigen Gemeinwesen. [Online] Verfügbar unter: www.familienhandbuch.de/cmain/f_Programme/a_Angebote_und_Hilfen/s_253.html

Badura, Bernhard./Evers, Albert/Hungeling, Gerhart (1996): Dienstleistung 2000 plus – Schlussbericht des Arbeitskreises 11: Sozial- und Gesundheitsdienste. Bonn

Bertram, H. (1997): Familie leben – Neue Wege zur flexiblen Gestaltung von Lebenszeit, Arbeitszeit und Familienzeit. Gütersloh

BMFSFJ – Bundesministerium für Familie, Senioren, Frauen und Jugend (Hrsg.); Gerzer-Sass, Annemarie./Erler, Wolfgang/Sass, Jürgen/Jaeckel, Monika (1999): Familienselbsthilfe und ihr Potential für eine Reformpolitik von 'unten'. Individuelle, familiale und gemeinwesenbezogene Wirkungen und Leistungen von Familienselbsthilfe. München

BMFSFJ – Bundesministerium für Familie, Senioren, Frauen und Jugend (Hrsg.) (2005): Familie zwischen Flexibilität und Verlässlichkeit. Perspektiven für eine lebenslaufbezogene Familienpolitik. Siebter Familienbericht. Berlin. [Online] Verfügbar unter: www.bmfsfj.de/bmfsfj/generator/RedaktionBMFSFJ/Abteilung2/Pdf-Anlagen/siebter-familienbericht,property=pdf,bereich=,sprache=de,rwb=true.pdf

Deutsches Jugendinstitut e.V./Bundesministerium für Familie, Senioren, Frauen und Jugend (DJI/BMFSFJ) (Hrsg.) (2001): Familienselbsthilfe und ihr Potential für eine Reformpolitik von »unten«. Materialien zur Familienpolitik, Nr. 15, Berlin

Deutsches Jugendinstitut (Hrsg.); Gerzer-Sass, Annemarie (1998): Familienselbsthilfe und ihr Beitrag zur kommunalen Wertschöpfung. Dokumentation einer Tagung im Dez. 1998. München

Duncan, Simon/Edwards Rosalind u.a. (2003): Motherhood, paid work and partnering: values and theories. Work, Employment and Society 17(2), S. 309–330

Erler, Wolfgang (1999): Familienselbsthilfe und die Landschaft des Sozialen. In: Familienselbsthilfe und ihr Potential für eine Reformpolitik von unten. Unveröffentlichter Forschungsbericht des Projekts: Evaluation der Familienselbsthilfe

Erler, Wolfgang./Tschilschke, Birgit von (1998): Familienselbsthilfe in Ostdeutschland. Sozialpolitische Potentiale einer Alltagsbewegung. In Diskurs, Heft 2, S. 25–39

Evers, Adalbert (1998): Familienselbsthilfe in Europa. In: Diskurs, Heft 2, S. 8–13

Gerzer-Sass, Annemarie (2000): Potentiale und Leistungen von Familienselbsthilfe. In: Zukunft der Familie. Schriftenreihe Zukunft der Familie, Forum Familie der SPD, Heft 1

Gerzer-Sass, Annemarie (2002): Familienselbsthilfe und bürgerschaftliches Engagement. In: Enquete-Kommission Zukunft des Bürgerschaftlichen Engagements des Deutschen Bundestages (Hrsg.): Bürgerschaftliches Engagement und Sozialstaat. Schriftenreihe, Band 3. Opladen

Gerzer-Sass, Annemarie (2003 a) Potentiale und Leistungen von Familienselbsthilfe. In: Blätter der Wohlfahrtspflege, Heft 3

Gerzer-Sass, Annemarie (2003 b): Familienselbsthilfe – Potenziale und Leistungen am Beispiel der Mütterzentren. In: Sozialpädagogisches Institut im SOS-Kinderdorf e.V. München: SOS-Dialog »Mütter stärken«

Gerzer-Sass, Annemarie (2003 c): Von der traditionellen Elternarbeit zu einer neuen Sicht auf Familien. In: DJI-Bulletin, Heft 64, S. 6–7

Gerzer-Sass, Annemarie/Sass, Jürgen (1998): Ehrenamtliche Arbeit in Münchener Eltern-Kind-Initiativen. In: Recht der Jugend und des Bildungswesens, Heft 3, S. 335–344

Gerzer-Sass, Annemarie/Sass, Jürgen (1999): Leistungen von Eltern-Kind-Initiativen. In: Landeshauptstadt München, Sozialreferat (Hrsg.): Eltern-Kind-Initiativen – ein Baustein der Familienselbsthilfe. Beiträge zur Sozialplanung 309, S. 31–62

Hebenstreit-Müller, Sabine/Pettinger, Rudolf (Hrsg.) (1991): Miteinander lernen, leben, engagieren – Neue soziale Netze für Familien. Bielefeld

Heyse, Volker/Erpenbeck, John/Neumann, Robert (1997): Der Sprung über die Kompetenzbarriere. Bielefeld

Jaeckel, Monika (1998): Familienselbsthilfe – die Aufkündigung des traditionellen Geschlechtervertrags. In: Diskurs, Heft 2, S. 40-47

Jaeckel, Monika (2007): Spolu/Cordaid/mine Pilot Project: Mother Centers in Roma Communities – Mother Centered Development in Europe. End Report – July 2000. [Online] Verfügbar unter: www.mine.cc/files/Roma_MC.pdf

Jaeckel, Monika./Schooß, Hildegard (2000): Wie Mütterzentren Institutionen verändern können. In: Sozialpädagogisches Institut im SOS-Kinderdorf (Hrsg.): Die Rückkehr des Lebens in die Öffentlichkeit. Neuwied

Jaeckel, Monika/Schooß, Hildegard/Weskamp, Hannelore (Hrsg.) (1997): Mütter im Zentrum – Mütterzentrum. Bilanz einer Selbsthilfebewegung. München

Lynch, Kathleen (2007): Love labour as distinct and non-commodifiable form of care labour. The Sociological Review, 55, 3, S. 550–570.

Notz, Gisela (2007): Familien und bürgerschaftliches Engagement. Friedrich-Ebert-Stiftung, Arbeitskreis Bürgergesellschaft und Aktivierender Staat, Bonn. [Online] Verfügbar unter:library.fes.de/cgi-bin/populo/digbib.pl?f_SSW=staat/verwaltung&f_SSW=zivilgesellschaft&logik=or&t_brg=x&sortierung=jab

Pestoff, Alexis (1998): Kooperative Kinderbetreuung in Schweden. In: Diskurs, Heft 2, S. 14–16

Sevenhuijsen, Selma (2002): A third way? Moralities, ethics and families. An approach through the ethic of care. In: Carling, Alan/Duncan, Simon/Edwards, Rosalin (Hrsg.): Analysing Families. Morality and rationality in policy and practice. London, S. 129–144

Tüllmann, Greta/Erler, Gisela (1988): Familienselbsthilfe – ein neues Konzept stellt sich vor. In: DJI (Hrsg.): Wie geht`s der Familie? München

Wagnerova, Alena (1998): Familienselbsthilfe in der Tschechischen Republik. In: Diskurs, Heft 2, S. 23–24

Wahl, Klaus/Tüllmann, Greta/Honig, M.- Michael-Sebastian./Gravenhorst, Lerke (1980): Familien sind anders! Wie sie sich selbst sehen: Anstöße für eine neue Familienpolitik. Reinbek bei Hamburg

# Blick auf Praxisentwicklungen

# Familienzentren in Nordrhein-Westfalen – eine neue Steuerung von niedrigschwelligen Angeboten für Kinder und Familien
Sybille Stöbe-Blossey

Familienzentren in Nordrhein-Westfalen sind Kindertageseinrichtungen, die über das Angebot an Bildung, Erziehung und Betreuung hinaus ein niedrigschwelliges Angebot zur Förderung und Unterstützung von Kindern und Familien in unterschiedlichen Lebenslagen und mit unterschiedlichen Bedürfnissen bereitstellen: Familienbildung und -beratung, Verknüpfung mit der Tagespflege, erweiterte Möglichkeiten für die Vereinbarkeit von Beruf und Familie. Ein Drittel der über 9.000 nordrhein-westfälischen Tageseinrichtungen, so die Absicht der Landesregierung, soll sich nach und nach zu Familienzentren weiterentwickeln. Hinter dieser Absicht steckt zum einen die Erkenntnis über die Wichtigkeit früher Förderung von Kindern und Familien – vor dem Hintergrund des »PISA-Schocks«, aber vor allem auch angesichts einer wachsenden Zahl überforderter Familien bis hin zu teils schweren Fällen von Kindesvernachlässigung. Zum anderen erreichen Kindertageseinrichtungen inzwischen den größten Teil der Drei- bis Sechsjährigen und sind damit Institutionen, die für die Umsetzung von flächendeckenden Unterstützungssystemen in besonderem Maße geeignet sind. Vor allem lässt sich feststellen, dass Familien dieser Institution meistens ein hohes Maß an Vertrauen entgegenbringen, was die Tageseinrichtung für die Funktion eines niedrigschwelligen Ansprechpartners prädestiniert.

Im Folgenden werden kurz die Ziele von Familienzentren skizziert (1). Zur Steuerung der Entwicklung von Familienzentren und zur Sicherung der Qualität wurde in Nordrhein-Westfalen ein Gütesiegel entwickelt. Dieses steht im Mittelpunkt dieses Beitrags. Beschrieben werden zunächst der Entwicklungsprozess (2), dann die Inhalte (3) und schließlich das Verfahren zur Erlangung des Gütesiegels (4). Abschließend wird eine erste Bilanz gezogen – sowohl im Hinblick auf die inhaltliche Entwicklung (5) als auch auf die Perspektiven des Steuerungssystems (6).

# 1 Ziele von Familienzentren

Das Projekt »Familienzentrum« ordnet sich in eine Entwicklung ein, die in den letzten Jahren an Bedeutung gewonnen hat. Diskutiert wurden derartige konzeptionelle Ansätze vor allem im Kontext von durch das Bundesfamilienministerium in Auftrag gegebenen Studien des DJI (Deutsches Jugendinstitut, München) zum Thema »Häuser für Kinder und Familien/Eltern-Kind-Zentren« (DJI 2004, 2005) – zwei in der Diskussion gängige Begriffe, die letztlich dasselbe meinten wie der Begriff des Familienzentrums. Hier wurde vom Vorbild der britischen »Early Excellence Centers« (EEC) ausgegangen, die seit 1997 über ein Pilotprogramm der Regierung ins Leben gerufen wurden. Ziel der EEC ist es, mit Angeboten aus einer Hand auf die komplexen Bedürfnisse von Familien einzugehen.

Konkretisiert wurde die politische Absicht mit dem Start eines Pilotprojektes zu Beginn des Jahres 2006. Alle Träger und Einrichtungen in Nordrhein-Westfalen wurden aufgerufen, sich bis Ende März mit einem Kurzkonzept für die Teilnahme an der Pilotphase zu bewerben, die sich über das Kindergartenjahr 2006/2007 erstrecken sollte. Im Aufruf des Ministeriums für Generationen, Familie, Frauen und Integration (MGFFI) findet sich eine nähere Beschreibung der Funktion von Familienzentren:

»Tageseinrichtungen für Kinder werden auf diese Weise Knotenpunkte in einem neuen Netzwerk, das Familien umfassend berät und unterstützt. Eine Voraussetzung hierfür ist, dass die vorhandenen Angebote vor Ort stärker miteinander vernetzt und durch die Kindertageseinrichtung gebündelt werden. Um dies zu gewährleisten, kooperieren die Familienzentren mit Familienberatungsstellen, Familienbildungsstätten und anderen Einrichtungen wie z.B. den Familienverbänden und Selbsthilfeorganisationen. Sie sollen frühe Beratung, Information und Hilfe in allen Lebensphasen ermöglichen und Eltern über die Alltagsnähe der Kindertageseinrichtung entsprechende Angebote leichter zugänglich machen. Auch die Einbeziehung weiterer bedarfsorientierter Hilfsangebote für Familien ist denkbar. Dies führt zu einer nachhaltig verbesserten Frühprävention und ist ein Beitrag für mehr Familienfreundlichkeit vor Ort.«[1]

Um diese Ziele zu erreichen, sollten die Tageseinrichtungen, die sich beteiligen wollten, folgende Grundvoraussetzungen erfüllen:

---

1 Zitiert nach Mayer-Ullrich/Schilling/Stöbe-Blossey 2008: 14f.

- Schriftliche Verankerung von Sprachförderung im Konzept der Einrichtung und Unterbreitung von konkreten Angeboten vorschulischer Sprachförderung,
- Kooperation mit den örtlichen Familienberatungsstellen, den Familienbildungsstätten, den Familienverbänden sowie anderen Einrichtungen der Familienhilfe,
- Leistung von Hilfe und Unterstützung bei der Vermittlung von Tagesmüttern und Tagesvätern sowie
- Ausrichtung des Angebots an den Bedingungen des Sozialraums.

Bis Ende März 2006 gingen 1.000 Bewerbungen aus allen Teilen Nordrhein-Westfalens und von Einrichtungen aus einem breiten Trägerspektrum ein. 251 Einrichtungen wurden für die Teilnahme an der Pilotphase ausgewählt – mindestens eine aus jedem Jugendamtsbezirk und darüber hinaus je nach Größe des Bezirks bis zu fünf weitere. Hinzu kamen sechs Einrichtungen, deren Entwicklung in Richtung »Familienzentrum« schon so weit fortgeschritten war, dass sie als »Best-Practice-Einrichtungen« definiert wurden, die den anderen Einrichtungen während der Pilotphase Orientierung geben konnten. Für die Piloteinrichtungen wurden zahlreiche Fortbildungen sowie ein individuelles Coaching im Umfang von ca. vier Beratungstagen angeboten. Die wissenschaftliche Begleitung wird bis Ende 2008 von PädQuis (Pädagogische Qualitätsinformationssysteme gGmbH, Kooperationsinstitut der Freien Universität Berlin) durchgeführt und beinhaltet neben der Evaluation die Entwicklung eines »Gütesiegels«.

## 2  Die Entwicklung des Gütesiegels »Familienzentrum NRW«

Im Aufruf zum Wettbewerb kündigte das MGFFI die Erarbeitung fachlicher Standards für ein Gütesiegel »Familienzentrum« an, das am Ende der Pilotphase allen erfolgreich arbeitenden Einrichtungen verliehen werden sollte. Ein Gütesiegel ist ein Zertifikat, das der zertifizierten Institution bestätigt, dass sie ein bestimmtes Qualitätsniveau erreicht hat und bestimmte Qualitätsstandards einhält. Mit dem Gütesiegel »Familienzentrum NRW« sollte ein sogenanntes konzeptgebundenes System der Qualitätssicherung (vgl. Esch u.a. 2006) eingeführt werden, das heißt, es sollte dabei nicht um eine Evaluierung der Einrichtung als Ganzes und ihrer pädagogischen Qualität gehen, sondern um die Prüfung, inwieweit die im Konzept »Familienzentrum« enthaltenen Leistungen und Strukturen umgesetzt werden. Für die Sicherung der pädagogischen Qualität haben viele Träger eigene, trägerspezifische Verfahren entwickelt, in die mit dem Gütesiegel »Familienzentrum« nicht eingegriffen werden sollte.

Der Aufbau von Familienzentren wurde somit mit dem Ziel verknüpft, ein System der Qualitätssicherung zu installieren. Angekündigt wurde weiterhin, dass die zertifizierten Familienzentren künftig jährlich eine Förderung von 12.000 Euro erhalten sollten. Mit dieser Anbindung der Förderung an ein Gütesiegel wurde eine neue Form der Steuerung eingeführt. Somit beschritt das Land Nordrhein-Westfalen nicht nur inhaltlich einen neuen Weg, indem es eine flächendeckende Erweiterung des Auftrages von Kindertageseinrichtungen in Angriff nahm. Vielmehr wurde dieser Weg verknüpft mit der Einführung einer bis dahin im deutschen System der Kindertagesbetreuung noch nicht praktizierten Form der Steuerung: Mit dem Gütesiegel sollte ein Instrument der Qualitätssicherung implementiert werden, das die Leistungen eines Familienzentrums definiert. Die jährliche Förderung wurde somit von der Erbringung eines bestimmten Leistungsspektrums abhängig gemacht. Dies bedeutet einen Übergang von einer Input- zu einer Outputsteuerung: Kontrolliert werden sollte nicht der Input – also etwa die Kosten für das eingesetzte Personal oder für die Räumlichkeiten –, sondern der Output, also die Leistungen, die für die Familien im Umfeld der Einrichtungen zugänglich sind.[2]

Die Fördermittel sollten pauschal gewährt werden, sodass die einzelne Einrichtung sie ihrem Bedarf entsprechend einsetzen kann, um den Output ihres Familienzentrums zu optimieren. Dies war ein neuer Ansatz für die Träger von Tageseinrichtungen, die bislang gewohnt waren, dass sie einen Antrag gemäß einer mehr oder weniger detaillierten Förderrichtlinie zu stellen und anschließend zwar die ordnungsgemäße Verwendung der Mittel, aber nicht die damit erzielten Outputs nachzuweisen hatten.

Das Gütesiegel sollte partizipativ entwickelt werden und Erfahrungen der Pilotphase aufgreifen. Um den Diskussionsprozess in Gang zu setzen, stimmte die wissenschaftliche Begleitung im August

---

[2] Vom Anspruch her darf diese Messung von Outputs nicht verwechselt werden mit einer Erhebung von Informationen über die Outcomes, also über die Effekte, die mit den entwickelten Angeboten für Kinder und Familien erzielt werden. Die Erhebung von Informationen über Outcomes beinhaltet komplexe Fragestellungen, die zwar im Hinblick auf das Gesamtprojekt »Familienzentrum« im Rahmen der wissenschaftlichen Begleitung behandelt werden, aber nicht im Rahmen einer Gütesiegel-Prüfung für das einzelne Familienzentrum zu beantworten sind.

2006 mit dem Ministerium die sogenannten »Orientierungspunkte« ab, welche eine Auflistung von möglichen Merkmalen eines Familienzentrums enthielten (siehe Beispiele im Kasten). Die Orientierungspunkte wurden den Verbänden, den Jugendämtern, den Piloteinrichtungen und anderen interessierten Akteuren zur Verfügung gestellt und führten zu einem Diskussionsprozess mit einer Vielfalt von Stellungnahmen, die für die Weiterentwicklung der Orientierungspunkte zum Gütesiegel ausgewertet wurden. Die Ergebnisse dieser Diskussionen bildeten zusammen mit ersten Resultaten der Begleitforschung die Basis für die Konkretisierung des Gütesiegels.

> Inhalte der Orientierungspunkte für die Entwicklung von Familienzentren (23.08.2006) – Beispiele
> 
> - Im Familienzentrum wird mindestens einmal monatlich eine offene Sprechstunde von Erziehungs- bzw. Familienberatung angeboten.
> - Im Familienzentrum werden Eltern-Kind-Gruppen für Familien mit unter dreijährigen Kindern angeboten.
> - Das Familienzentrum verfügt über eine Übersicht über Angebote der Eltern- und Familienbildung in der Umgebung.
> - Im Familienzentrum werden Kurse zur Stärkung der Erziehungskompetenz angeboten.
> - Im Familienzentrum wird ein Elterncafé angeboten, das Eltern als Treffpunkt dient.
> - Über das Familienzentrum werden Tagespflegepersonen vermittelt – entweder unmittelbar auf der Basis einer Kartei oder in Kooperation mit einem Partner auf der Basis einer Kartei des Partners.
> - Das Familienzentrum gibt Tagespflegepersonen die Möglichkeit, Räume der Einrichtung zu nutzen (d.h., die Tagespflege findet nicht in den Räumen der Eltern oder der Tagespflegeperson, sondern in der Einrichtung statt).
> - Das Familienzentrum führt Deutschkurse für Eltern mit Migrationshintergrund durch.
> - Angebote im Familienzentrum können auch von Familien im Ortsteil genutzt werden, die keine Kinder in der Einrichtung haben.
> - Das Familienzentrum hat mit wichtigen Kooperationspartnern Kooperationsvereinbarungen abgeschlossen.
> - Das Familienzentrum verfügt über ein System für Qualitätsmanagement/Qualitätssicherung/Qualitätsentwicklung.

## 3  Aufbau und Inhalte des Gütesiegels

Im Ergebnis wurde im März 2007 ein Gütesiegel vorgelegt, das insgesamt 112 Merkmale enthält (MGFFI 2007). Die einzelnen Merkmale sind in vielen Fällen identisch mit den Items der Orientierungspunkte, einige Aspekte waren aufgrund der Diskussionen neu aufgenommen, andere gestrichen worden, viele Formulierungen wurden modifiziert und präzisiert. Die Merkmale gliedern sich nun in vier Leistungsbereiche mit jeweils 18 Leistungen und in vier Strukturbereiche mit jeweils zehn Strukturen. In den Leistungsbereichen werden die einzelnen Angebote definiert, die die Inhalte eines Familienzentrums ausmachen. In den Strukturbereichen werden Strukturen benannt, mit denen eine am Bedarf des Sozialraums orientierte und nachhaltige Angebotsgestaltung unterstützt wird. Im Einzelnen handelt es sich um die folgenden acht Bereiche:

Teil A: Leistungsbereiche
1. Beratung und Unterstützung von Kindern und Familien
2. Familienbildung und Erziehungspartnerschaft
3. Kindertagespflege
4. Vereinbarkeit von Beruf und Familie

Teil B: Strukturbereiche
5. Sozialraumbezug
6. Kooperation und Organisation
7. Kommunikation
8. Leistungsentwicklung und Selbstevaluation

Jeder Leistungsbereich enthält acht Basis- und zehn Aufbauleistungen, jeder Strukturbereich vier Basisstrukturen und sechs Aufbaustrukturen. Als gütesiegelfähig wird ein Bereich definiert, in dem mindestens fünf Basisleistungen bzw. mindestens drei Basisstrukturen nachgewiesen werden können. Ist dies der Fall, erhält die Einrichtung für den jeweiligen Bereich drei Punkte. Durch den Nachweis von Aufbauleistungen bzw. -strukturen oder von zusätzlichen Basisleistungen und -strukturen können in jedem Bereich bis zu drei Zusatzpunkte erzielt werden, sodass pro Bereich maximal sechs Punkte und insgesamt höchstens 48 Punkte erreichbar sind.

Um das Gütesiegel zu erlangen, muss eine Einrichtung in mindestens drei Leistungsbereichen und in mindestens drei Strukturbereichen die Gütesiegelfähigkeit erreichen. Insgesamt müssen mindestens 25 Punkte erzielt werden; bei Nichterfüllung der Mindestanforderungen in einem der vier Leistungsbereiche kann ein Ausgleich durch Zusatzpunkte in einem anderen Leistungsbereich erfolgen; gleiches gilt für die Strukturbereiche. Eine Einrichtung, die in allen Bereichen die Mindestanforderungen erfüllt bzw. entsprechend ausgleichen kann, benötigt somit mindestens 20 von 72 Leistungen und 12 von 40 Strukturen, um das Gütesiegel zu erhalten.

Dieses Anforderungsniveau mag auf den ersten Blick niedrig erscheinen, ebenso wie die Anzahl von insgesamt 112 Merkmalen sehr hoch wirkt. Beides ist jedoch dadurch bedingt, dass die 112 Merkmale ein sehr breites Spektrum an Leistungen und Strukturen abdecken, aus denen die einzelne Einrichtung sich ihr spezifisches, an den Bedingungen ihres Sozialraumes, der lokalen Infrastruktur und der eigenen Prioritäten und Möglichkeiten orientiertes Profil entwickeln kann. Die hohe Anzahl der Merkmale verbunden mit einem im Verhältnis dazu eher niedrigen Mindeststandard dient somit der Schaffung von Auswahlmöglichkeiten. Diese Auswahlmöglichkeiten sind allerdings nicht unbegrenzt: Mit der Definition von Basisleistungen und -strukturen soll vermieden werden, dass einzelne Einrichtungen sich auf eher »exotische« Merkmale konzentrieren. Um das Gütesiegel zu erhalten, muss eine Einrichtung zumindest einen großen Teil der Leistungen und Strukturen nachweisen, die als »Basis« eines Familienzentrums betrachtet werden.

Das Gütesiegel hat eine Gültigkeit von vier Jahren; in vierjährigem Rhythmus ist eine Wiederholung der Prüfung vorgesehen. In dieser ersten Fassung des Gütesiegels wurde es als ausreichend erachtet, wenn eine Einrichtung nachweisen kann, dass sie bestimmte Angebote vorhält. Angesichts dessen, dass es sich vielfach um die Implementierung neuer Angebote handelt, für deren Nutzung noch keine Erfahrungen vorliegen, ist dies für eine erste Gütesiegel-Prüfung auch sachgerecht. Wenn nach vier Jahren eine Wiederholung der Zertifizierung erfolgt, sollte darüber hinaus der Nachweis geführt werden müssen, dass die Angebote auch genutzt werden. Dieser Aspekt wird bei einer Weiterentwicklung des Gütesiegels zu berücksichtigen sein.

## 4 Der Weg zum zertifizierten Familienzentrum

Die Piloteinrichtungen sollten das Gütesiegel zum Ende der Pilotphase erhalten. Im März bekamen daher alle Piloteinrichtungen einen Fragebogen, in dem sie ankreuzen und teilweise erläutern mussten, welche Leistungen und Strukturen sie vorhalten. Als Belege wurden zum einen Kontaktdaten von Kooperationspartnern und zum anderen entsprechende Unterlagen erfragt. In einer Zufallsauswahl von 30 % der Einrichtungen wurden die Angaben darüber hinaus durch eine Begehung überprüft. Vom Verfahren her handelte es sich also um eine Kombination zwischen einer strukturierten Selbstevaluation und einer stichprobenartigen externen Überprüfung. Auf dieser Grundlage erhielten 95 % der Piloteinrichtungen im Juni 2007 das Gütesiegel; die Übrigen wurden bis zum Herbst 2007 zertifiziert.

Künftig sollen jährlich neue Familienzentren hinzukommen, bis im Jahre 2012 die angestrebte Zahl von 3.000 Zentren erreicht sein wird. Ein großer Schritt in diese Richtung erfolgte bereits zum Kindergartenjahr 2007/08: Zusätzlich zu den Piloteinrichtungen, die ab August 2007 erstmals die Förderung erhalten, sind 750 weitere Einrichtungen an den Start gegangen.

Anders als die Piloteinrichtungen wurden diese ebenso wie die weiteren 2.000 Einrichtungen in den kommenden Jahren nicht in einem zentralen Wettbewerb ausgewählt, sondern von den örtlichen Jugendämtern in Abstimmung mit ihren örtlichen Trägern vorgeschlagen. Dieses Verfahren trägt der Verantwortung der örtlichen Jugendhilfeplanung für die lokale Infrastruktur Rechnung: Die Planung für die Versorgung der einzelnen Sozialräume und die Koordinierung zwischen den Trägern können nur »vor Ort« erfolgen. Orientiert an der Anzahl der Kinder im Alter von unter sieben Jahren erhielt jedes Jugendamt ein Kontingent, in dem festgelegt wurde, wie viele Familienzentren in seinem Bezirk in der Endstufe 2012 gefördert werden und wie viele davon im Jahr 2007 an den Start gehen könnten.

Jede von den Jugendämtern im Rahmen des Kontingents vorgeschlagene Einrichtung erhält für ein Jahr die Förderung. Dieses Jahr wird als Entwicklungsphase definiert, die die Einrichtung nutzen kann, um die Gütesiegelfähigkeit zu erreichen. Im Laufe des Jahres muss die Einrichtung sich zertifizieren lassen, um die Förderung für vier Jahre zu erhalten. Schafft sie es im ersten Anlauf nicht, steht ihr ein zweiter Versuch im Folgejahr zu; scheitert sie erneut, läuft die Förderung aus. Mit dieser Regelung werden die örtlichen Jugendämter in doppelter Hinsicht in die Steuerungsverantwortung einbezogen: Einerseits haben sie einen großen Handlungsspielraum für ihre sozialraumbezogene Planung, den sie gemeinsam mit den örtlichen Trägern ausschöpfen können und müssen. Andererseits sind sie gehalten, Einrichtungen auszuwählen, welche die landesweit vorgegebenen Standards zu erfüllen in der Lage sind. Schließlich müssen die Jugendämter die Träger und Einrichtungen entsprechend unterstützen.

## 5 Angebote von Familienzentren

Eine erste Übersicht über die Angebote der neu entstandenen Familienzentren ergibt sich zum einen aus Arbeiten der wissenschaftlichen Begleitung, die schriftliche Befragungen und Fallstudien durchgeführt hat, und zum anderen aus einer Auswertung der ersten Gütesiegel-Prüfung im Juni 2007. Einige wichtige Aspekte sollen im Folgenden vorgestellt werden.

Der Bereich »Beratung und Unterstützung von Kindern und Familien« wird von den Piloteinrichtungen auf breiter Basis abgedeckt. Fast 90 % der Einrichtungen erreichen hier mit fünf oder sechs Punkten eine sehr hohes Niveau. Ein wichtiges Element stellt dabei die Kooperation mit Erziehungsberatungsstellen dar. So ergab sich beispielsweise aus der schriftlichen Befragung, dass 18 % der Piloteinrichtungen bereits seit Längerem offene Sprechstunden von Beratungsstellen in ihrer Einrichtung anboten, weitere 52 % haben dieses Angebot während der Pilotphase neu eingeführt. Vor allem im ländlichen Raum, wo die Kapazitäten von Beratungsstellen oft nicht ausreichen, um auch abgelegene, kleine Einrichtungen mit einem solchen Angebot zu versorgen, sind teilweise qualifizierte Lotsenmodelle entstanden: So wurden in einer Kommune Erzieher/innen gezielt darüber informiert, welche/r Berater/-in in welcher Beratungsstelle für welche Problemlage angesprochen werden könnte, und mit den Beratungsstellen wurde vertraglich vereinbart, dass die jeweiligen Ansprechpartner/innen auf Anfrage der Erzieher/innen zu Terminen in die Einrichtungen kommen würden. Auf diese Weise sollte eine dezentrale Versorgung gewährleistet werden. Was die Nutzung der offenen Sprechstunden betrifft, so zeigte sich, dass dieses Angebot vor allem dann auf Akzeptanz stößt, wenn es in geeigneter Form eingebunden wird – etwa, indem sich die Berater/innen bei Elterncafés bekannt machen und indem Formen der Terminvereinbarung organisiert werden, die die Anonymität der Ratsuchenden gegenüber anderen Eltern gewährleisten. Insgesamt wird die Kooperation mit Beratungsstellen von den Tageseinrichtungen sehr positiv bewertet, nicht nur, weil es auf diese Weise gelingt, Familien Hilfen zu vermitteln, die sonst vielleicht nicht den Weg zu einer Beratungsstelle gefunden hätten, sondern nicht zuletzt auch deshalb, weil die Erzieher/innen selbst von dem multiprofessionellen Austausch mit Beraterinnen/Beratern profitieren. Für die Zukunft sind hier allerdings Engpässe zu erwarten: Es wird allgemein bezweifelt, dass die Kapazitäten der Beratungsstellen ausreichen werden, um den Kooperationsbedarf eines flächendeckend ausgebauten Netzes von Familienzentren abzudecken.

Auch die Angebote im Bereich »Familienbildung und Erziehungspartnerschaft« wurden auf breiter Basis umgesetzt, mit 82 % erreichte auch hier die überwiegende Mehrzahl der Piloteinrichtungen fünf bis sechs Gütesiegelpunkte. Je nach der Situation im Sozialraum ist hier ein sehr vielfältiges Spektrum an Angeboten entstanden. Dazu gehören gesundheits- und ernährungsbezogene Kurse, Kurse zur Stärkung der Erziehungskompetenz, Kreativ- und Sportangebote ebenso wie unterschiedliche Formen der Sprachvermittlung für Familien mit Migrationshintergrund. Teilweise werden solche Angebote von Mitarbeiterinnen/Mitarbeitern der Einrichtungen selbst durchgeführt, teilweise auch von Eltern in Eigenregie. Vielfach gibt es Kooperationsbeziehungen mit Familienbildungsstätten und anderen Bildungsanbietern. Für die Tageseinrichtungen bedeutet es eine wichtige Entlastung, wenn sie die Durchführung von Bildungsangeboten an darauf spezialisierte Institutionen delegieren können. Allerdings hat sich die Verständigung auf gemeinsame Ziele im Vorfeld als sehr wichtig erwiesen. Zum einen kann auf diese Weise das Angebot besser mit dem Alltag der Einrichtung verknüpft werden. Zum anderen zielt die Einbindung von Familienbildung in die Tageseinrichtung nicht zuletzt darauf ab, Zielgruppen anzusprechen, die sonst von der Familienbildung nur schwer erreicht werden. Dies wiederum ist nur dann möglich, wenn die Angebote in Form und Inhalt auf diese Zielgruppen abgestimmt sind. Erste Erfahrungen deuten darauf hin, dass es für die Anbieter von Familienbildung nicht immer einfach ist, den Schritt von einer »Komm«- zu einer »Geh«-Struktur zu vollziehen und geeignete Wege zur Ansprache neuer Zielgruppen zu finden. Hier ist es notwendig, dass die Tageseinrichtungen ihr Wissen über ihr Klientel in die Planung einbringen.

Die Verbindung mit der Tagespflege, also der dritte im Gütesiegel aufgeführte Angebotsbereich, stellt für die meisten Einrichtungen Neuland dar. 60% der Einrichtungen erreichen hier dennoch fünf bis sechs Punkte; immerhin 11% jedoch verfehlten in diesem Bereich die Gütesiegelfähigkeit. Erschwert wurde der Start teilweise dadurch, dass ein Teil der örtlichen Jugendämter bei der Vermittlung von Tagespflege auf zentrale Strukturen setzt und den vom Land initiierten Aufbau dezentraler Strukturen über Familienzentren als unwillkommene Konkurrenz und Eingriff in die lokale Organisationsform ansah. Jedoch wurde in vielen Fällen deutlich, dass sich zentrale und dezentrale Ansätze nicht nur integrieren lassen, sondern einander produktiv ergänzen können. So kann beispielsweise ein Familienzentrum die Erstberatung von an Tagespflege interessierten Familien übernehmen und das Profil der Familie an die zentrale Vermittlungsstelle des Jugendamtes weiterleiten. In anderen Fällen bieten Tagespflegevereine oder Jugendamtsmitarbeiter/innen Sprechstunden im Familienzentrum an. Vor allem aber ist die Zusammenarbeit mit Tageseltern von Bedeutung: Tageseltern aus dem Umfeld werden – teils fachlich begleitete – Treffpunkte und Austauschmöglichkeiten im Familienzentrum angeboten, Qualifizierungsmöglichkeiten werden über Familienzentren organisiert, Tageseltern übernehmen in Räumen von Familienzentren die Betreuung von Kleingruppen zu Randzeiten oder von unter Dreijährigen. In einigen Fällen haben sich interessante Kooperationsprojekte herausgebildet, die zu einer Qualitätssteigerung der Tagespflege beitragen dürften. Künftig wird es darauf ankommen, gute Praxisbeispiele zu analysieren und transferierbar zu machen.

Das Themenfeld »Vereinbarkeit von Beruf und Familie« hat sich im Vergleich zu den anderen Bereichen wenig dynamisch entwickelt. Dies deutete sich bereits in der schriftlichen Befragung im Herbst 2006 an. So gaben nur 6% der befragten Einrichtungen an, dass sie ihre Öffnungszeiten ausweiten würden. Bei der Gütesiegelprüfung zeigte sich, dass die Aktivitäten der Einrichtungen sich – neben dem Angebot eines Mittagessens, das in immerhin knapp 97% der Einrichtungen besteht – oft vor allem auf erweiterte Formen der Bedarfsabfrage und auf die Vermittlung von ergänzender Betreuung richten. Eigene Angebote außerhalb der Standard-Öffnungszeiten sind selten: Nur in knapp 15 % der Einrichtungen gibt es mindestens einmal wöchentlich eine Betreuung nach 18.30 Uhr, knapp 10 % bieten mindestens zweimal im Monat eine Wochenendbetreuung an. Eine Zusammenarbeit mit der Arbeitsagentur (etwa zur Vermittlung von Betreuungsplätzen für Kinder arbeitsuchender Eltern) besteht bei knapp 19 %, eine Kooperation mit Unternehmen bei 12 % der Einrichtungen. Mitarbeiterbefragungen zeigen, dass Bestrebungen nach einer Ausweitung und Differenzierung von Betreuungszeiten auf weit weniger Akzeptanz stoßen als andere im Gütesiegel angesprochene Themen. Hier treffen Ängste im Hinblick auf die Entwicklung der eigenen Arbeitszeit zusammen mit Unsicherheiten über die pädagogische Gestaltung.

Der sehr hohe Anteil an Einrichtungen, die eine sehr hohe Bewertung im Gütesiegel erreichen, könnte zu der Einschätzung führen, dass die Anforderungen im Gütesiegel zu niedrig angesetzt seien. Es ist jedoch davon auszugehen, dass ein großer Teil der Piloteinrichtungen bereits bei ihrer Bewerbung ihre Konzepte und Aktivitäten deutlich weiterentwickelt hatten als der Durchschnitt der Einrichtungen. In der Zukunft wird sich zeigen müssen, inwieweit die nachfolgenden Einrichtungen ein ähnlich hohes Niveau erreichen können.

## 6 Zwischenbilanz: das Gütesiegel als Steuerungsinstrument

Für eine Bilanz über die Wirkungen des Gütesiegels als Steuerungsinstrument ist es noch zu früh. Nach den Erfahrungen der Prüfung der Piloteinrichtungen sind zwei Aspekte positiv zu vermerken: Zum einen scheinen die im Gütesiegel definierten Merkmale die Entwicklung der Familienzentren relativ gut zu beschreiben; die Einrichtungen konnten darin ihre Konzepte im Allgemeinen wiederfinden und abbilden. Zum anderen hat die Zertifizierung bei vielen Einrichtungen noch einmal einen Organisationsentwicklungsschub ausgelöst: Vielfach wurden in der Zertifizierungsphase, ausgehend von den im Gütesiegel formulierten Merkmalen, Angebote ergänzt und vor allem Strukturen nachhaltig festgeschrieben. Dieses Potenzial für Organisationsentwicklung konnte allerdings angesichts der kurzen Zeitspanne zwischen der Vorlage des Gütesiegels und dem Ende der Pilotphase nur begrenzt genutzt werden. Für die Zertifizierung der nachfolgenden Einrichtungen sollte daher ein längerer Zeitraum eingeplant werden.

Im Sinne der Organisationsentwicklung sollten zumindest für einige zentrale Merkmale des Gütesiegels auch Erfahrungen ausgewertet und Hinweise zur inhaltlichen Gestaltung erarbeitet werden. Im Sinne eines konzeptgebundenen Verfahrens der Qualitätssicherung wird mit dem Gütesiegel überprüft, inwieweit die im Konzept vorgesehenen Leistungen und Strukturen umgesetzt werden. Eine Aussage über die Qualität der einzelnen Leistungen und Strukturen ist damit nicht verbunden. Dass eine Qualitätsprüfung für jedes einzelne Merkmal das Gütesiegel-Verfahren überfrachten würde, wird anhand von Beispielen schnell deutlich: So würde die Frage nach der Qualität von Elternkursen die Entwicklung eines umfassenden eigenen Instrumentariums allein für dieses Merkmal erforderlich machen. Umso wichtiger wird es sein, den Einrichtungen, Trägern und Jugendämtern Orientierungen darüber an die Hand zu geben, wie sie die einzelnen im Gütesiegel enthaltenen Merkmale mit möglichst hoher Qualität umsetzen können.

In der Fachdiskussion wurden derartige Potenziale der Weiterentwicklung bislang kaum beachtet. Die Debatte um die Entwicklung und Erprobung des Gütesiegels wurde teilweise durch andere Konfliktlinien überlagert: Zum einen wurde zeitlich parallel – begleitet von scharfen Auseinandersetzungen zwischen dem Land und den Trägerverbänden – der Entwurf für ein neues Kindergartengesetz erarbeitet, zum anderen wurde die für die Familienzentren vorgesehene Förderung von 12.000 € jährlich von vielen Beteiligten als zu gering und dementsprechend der Aufwand für die Gütesiegelprüfung als unverhältnismäßig angesehen. Hier ist zu hoffen, dass es künftig gelingen wird, die unterschiedlichen Konfliktlinien zu entzerren und damit zu einer Versachlichung der Debatte zu kommen.

Trotz der Anerkennung von trägerspezifischen Verfahren – die ja auch die Anerkennung des mit dem Verfahren verbundenen trägerspezifischen Leitbildes impliziert – stieß die Implementierung des Gütesiegels als trägerübergreifendes Verfahren auf große Skepsis. Derartige Konfliktpunkte weisen auf grundsätzliche Probleme in der Entwicklung und Umsetzung von Qualitätssicherungssystemen im Allgemeinen und von Steuerungskonzepten im Besonderen hin.[3]

---

3 Zu fachlichen Kontroversen um Qualitätsmanagement in Kindertageseinrichtungen vgl. die verschiedenen Beiträge in Diller/Leu/Rauschenbach 2005.

Zum einen läuft jeglicher Versuch einer trägerübergreifenden Steuerung Gefahr, als unzulässiger Eingriff in die Trägerautonomie interpretiert zu werden. Zum anderen stößt das Prinzip einer externen Prüfung auf eine weitverbreitete Ablehnung – Prüfungen werden als Ausdruck von Misstrauen gedeutet, und Bottom-up-Prozesse werden als eigentlicher Kern von Qualitätsentwicklung angesehen, die durch die Festlegung von Standards eher gestört werden.

Im Interesse einer Transparenz für die Familien ist jedoch die Sicherung des Leistungsniveaus über externe Prüfungen unverzichtbar. Plastisch umschrieben wurde das Transparenzziel in der Diskussion mit dem Satz: »Wo Familienzentrum drauf steht, muss auch Familienzentrum drin sein.« Es wird sich zeigen, inwieweit sich in den kommenden Jahren die fachlichen Argumente gegenüber (vielfach interessengeleiteten) Kritikpunkten durchsetzen werden. Positivbeispiele, bei denen die Potenziale des Gütesiegel-Verfahrens deutlich werden, könnten sich in einigen Jugendamtsbezirken entwickeln: Einige örtliche Jugendämter haben das Gütesiegel-Verfahren offensiv aufgegriffen und setzen es – oft gemeinsam mit den örtlichen Trägern – zur qualitativen Weiterentwicklung ihrer lokalen Infrastruktur ein. Die Verknüpfung dezentraler Verantwortung mit einem landesweit gültigen Orientierungsrahmen könnte sich dabei auch als Muster für Qualitätssicherungsverfahren über das Konzept »Familienzentrum« hinaus als ein zukunftsträchtiger Weg erweisen.

# 7 Literatur

Diller, Angelika./Leu, Hans Rudolf/Rauschenbach, Thomas (Hrsg.) (2005): Der Streit ums Gütesiegel. Qualitätskonzepte für Kindertageseinrichtungen. München

DJI (Deutsches Jugendinstitut e.V.), 2004: Rechercheberich Häuser für Kinder und Familien. Erstellt vom Deutschen Jugendinstitut im Auftrag des BMFSFJ. [Online] Verfügbar unter: cgi.dji.de/bibs/411_Grundlagenbericht_Eltern-Kind-Zentren.pdf

DJI (Deutsches Jugendinstitut e.V.), 2005: Eltern-Kind-Zentren: Die neue Generation kinder- und familienfördernder Institutionen. Grundlagenbericht. Erstellt vom Deutschen Jugendinstitut im Auftrag des BMFSFJ. [Online] Verfügbar unter: cgi.dji.de/bibs/411_Grundlagenbericht_Eltern-Kind-Zentren.pdf

Esch, Karin/Klaudy, Elke Katharina./Micheel, Brigitte/Stöbe-Blossey, Sybille (2006): Qualitätskonzepte in der Kindertagesbetreuung. Wiesbaden

MGFFI (Ministerium für Generationen, Familie, Frauen und Gesundheit des Landes Nordrhein-Westfalen) (2007): Das Gütesiegel Familienzentrum NRW. Zertifizierung der Piloteinrichtungen. Düsseldorf

Meyer-Ullrich, G./Schilling, G./Stöbe-Blossey, S. (2008): Der Weg zum Familienzentrum. Eine Zwischenbilanz der wissenschaftlichen Begleitung. Berlin: PädQUIS gGmbH. Forschungsbericht. http://www.paedquis.de/f+p/down/Transferbericht.pdf

# Kinder brauchen eine ganze Kommune – Erfahrungen aus dem Modellprojekt »Kind & Ko«
Kathrin Bock-Famulla/Anja Langness/Mandy Schöne

Was brauchen Kinder, damit sie optimal in einer Kommune, ihrer unmittelbaren Lebenswelt, aufwachsen können? Wie können ihre Bildungs- und Entwicklungschancen durch Kooperation und Vernetzung zwischen den Akteuren aus den Bereichen Kinder- und Jugendhilfe, Schule, Gesundheit und Soziales verbessert werden?

Diesen Fragen geht »Kind & Ko« nach, ein Modellprojekt, das die Kommunen Paderborn und Chemnitz in Kooperation mit der Bertelsmann Stiftung und der Heinz Nixdorf Stiftung durchgeführt haben. Kurz nach Ende der dreijährigen Laufzeit lassen sich zentrale Entwicklungsstränge und erste Ergebnisse des Projektes skizzieren.

## 1 Bildungsfördernde Lebenswelten für alle Kinder gestalten

Kooperation und Vernetzung sind kein Selbstzweck. Aus diesem Grund muss zunächst vereinbart werden, was die Zielsetzung von Kooperations- und Vernetzungsprozessen ist, die auf kommunaler Ebene geplant und initiiert werden. Kind & Ko verfolgt als zentrales Ziel die Verbesserung der Bildungs- und Entwicklungschancen von allen Kindern in der Kommune und fördert dazu den Aufbau eines kommunalen Netzwerkes für Kinder durch verstärkte Kooperation und Vernetzung zwischen allen beteiligten Akteuren.

Im Detail bedeutet das: Zunächst einmal müssen alle Kinder in einer Kommune in den Blick genommen werden, denn alle Kinder haben, unabhängig von ihrem familiären und sozioökonomischen Hintergrund, ein Recht auf individuelles Wohlergehen sowie anregende und bildungsfördernde Lebenswelten zur Entwicklung und Entfaltung ihrer Persönlichkeit. Aus diesem Grund müssen Kindern vielfältige Erfahrungen in allen Lebensbereichen ermöglicht und gesichert werden – innerhalb und außerhalb der Familie und Institutionen. Bildungs- und Entwicklungsprozesse von Kindern haben insbesondere in den ersten Lebensjahren einen erheblichen informellen Charakter, d. h. Bildungs- und Entwicklungsprozesse finden im Alltag der Kinder an allen Orten und zu allen »möglichen« und »unmöglichen« Zeiten statt. In diesem Sinne ist Bildung als ein ganzheitlicher Prozess zu verstehen, der sich nicht nur auf das formale Setting der Schule begrenzen lässt, sondern bereits mit der Geburt eines Kindes beginnt und gleichermaßen auch die informellen und nonformalen Settings in den Blick nimmt. Damit rückt die Qualität der Lebensverhältnisse der Kinder in einer Kommune in den Mittelpunkt, da diese auch gleichzeitig deren Bildungsverhältnisse beeinflussen. Aufgrund dieser räumlichen und zeitlichen Unbegrenztheit von Bildungsprozessen bedarf es einer breiten Verantwortungsgemeinschaft aller kommunalen Akteure. Neben den Eltern schaffen eine Vielzahl von kommunalen Akteuren, Einrichtungen, Institutionen direkt oder auch indirekt förderliche oder eben auch weniger förderliche Lebens- und damit Bildungsgelegenheiten für Kinder. Dies betrifft beispielsweise auch die Wohnsituationen von Kindern und Familien oder ihre Möglichkeiten, kulturelle Angebote wie Theater oder sportliche Angebote zu nutzen. Wesentliche Akteure einer kommunalen Verantwortungsgemeinschaft sind neben den Eltern und den kommunalen politischen Entscheidungsträgern sowie der Verwaltungsebene auch die professionellen Akteure wie z.B. Hebammen, Kinderärzte, Erzieherinnen, Sozialpädagogen, Grundschullehrerinnen, Vertreter von Erziehungsberatungsstellen, Bibliotheken, Familienbildungsstätten u. a.

## 2 Frühkindliche Bildung in Kommunen – Herausforderungen und Chancen

Welchen Herausforderungen und Chancen begegnet »Kind & Ko« aufgrund dieser Zielsetzung in den Kommunen? Viele Hilfesysteme und Bildungsangebote, insbesondere Haltungen von Erwachsenen gegenüber Kindern, sind defizitorientiert. Das heißt es werden überwiegend Mängel und fehlende Kompetenzen von Kindern wahrgenommen. Diese diagnostizierten »Defizite« begründen meist die Motivation für Bildung und sind u. a. die »Eintrittskarte« für Hilfen, Maßnahmen und Aktivitäten sowie Legitimation für ihre Finanzierung. Bildung wird somit weniger als eigenständiges Recht des Kindes anerkannt, sondern ist abhängig von einer Festlegung des Entwicklungsbedarfs durch Erwachsene. Für »Kind & Ko« sind positive und förderliche Lebens- und Bildungsbedingungen für Kinder ein grundsätzliches Ziel, welches dem Handeln von allen Erwachsenen als Prämisse dienen soll.

Bildung und Entwicklung sind gleichzeitig stattfindende sowie aneinander anknüpfende Prozesse, die durch Akteure und Institutionen aus den Bereichen Kinder- und Jugendhilfe, Schule, Gesundheit und Soziales begleitet und unterstützt werden. Diese sind allerdings rechtlich und strukturell in unterschiedliche Zuständigkeiten, Ämter etc. zergliedert. Die Frage muss daher lauten: Welche Konsequenzen haben diese Strukturbedingungen für die Bildungs- und Entwicklungsprozesse von Kindern? Folge ist die Vereinzelung der Institutionen vor Ort, die ihre fachspezifischen Angebote fragmentarisch – je nach Zuständigkeit und auch professioneller Logik – auf einzelne Lebensabschnitte der Kinder ausrichten. Ihre Maßnahmen und Aktivitäten sind häufig nicht aufeinander abgestimmt und haben deshalb oftmals widersprüchliche Handlungsstrategien auch für das einzelne Kind zur Folge.

Die Bedürfnisse und Bedarfe von Kindern und ihren Familien können dabei aus dem Blick geraten. Deshalb will »Kind & Ko« das Zusammenspiel aller kommunalen Akteure und Lebenswelten sowie Bildungsorte in der gesamtkommunalen Verantwortung forcieren. Die Lebens- und Lernwelten von Kindern sollen dadurch stärker miteinander verzahnt und aufeinander bezogen werden.

Leitziel des Projektes ist, dass jedes Kind individuell gestärkt und begleitet wird. Dazu gehört auch, dass Erwachsene die je eigenen Interessen der Kinder sensibel wahrnehmen und verstehen. Neben dem Ausbau der Kooperationen zwischen den kommunalen Akteuren, um bildungsfördernde Lebenswelten für Kinder zu gestalten, sollen Kitas in ihrem Bildungsauftrag gestärkt werden. Dazu gehört auch der Ausbau von Bildungs- und Erziehungspartnerschaften mit Eltern.

Das Modellprojekt »Kind & Ko« ist vor diesem Hintergrund als Prozess zu bewerten, der auch die Haltungsentwicklung der Erwachsenen gegenüber Kindern betrifft. Damit steht die Frage im Raum: Wie können Erwachsene, die mit Kindern arbeiten und zusammenleben, dafür sensibilisiert werden, die Interessen und Bedürfnisse der Kinder wahrzunehmen und diese in ihren Bildungs- und Entwicklungsprozessen zu fördern? Dies bedeutet gleichzeitig, die Erwachsenen darin zu unterstützen, zu stärken, zu qualifizieren, Lebens- und Lernwelten aktiv für Kinder zu gestalten, um genau diesen Bedürfnissen und Ansprüchen von Kindern gerecht zu werden. Die Entwicklung von Einstellungen und Haltungen braucht Dialog. Dieser Prozess benötigt Raum, Reflexionsmuster und Möglichkeiten, die im Rahmen von »Kind & Ko« durch gezielte Gelegenheiten und Strukturen geschaffen wurden. Für die Umsetzung der skizzierten Leitziele sind kommunale Strukturen notwendig, die eine zielorientierte Umsetzung unterstützen.

## 3 Ein Netzwerk für Kinder auf gesamtkommunaler Ebene initiieren und nachhaltig verankern

Verschiedene Fachebenen fordern zurzeit vielfach den verstärkten Aufbau von Kooperations- und Vernetzungsprozessen zwischen einzelnen Akteuren und Institutionen. »Kind & Ko« geht mit dem Ziel einer Governance frühkindlicher Bildung noch einen Schritt weiter und fragt danach, wie ein koordinierter, gemeinsamer Abstimmungs- und Handlungsprozess zwischen den vielen unterschiedlichen kommunalen Akteuren »rund ums Kind« auf gesamtkommunaler Ebene gelingen kann. Der Begriff Governance steht in diesem Zusammenhang für alle Formen und Mechanismen der Koordinierung zwischen Akteuren, deren Funktionen und Handlungen sich wechselseitig beeinträchtigen und unterstützen können. Der Aufbau sowie die nachhaltige Verankerung eines Netzwerks auf gesamtkommunaler Ebene ist die idealtypische Form von Governance. Sie schafft die geeigneten Räume, in denen ein interprofessioneller Dialog aller Akteure ermöglicht wird. Ziel ist die Entwicklung eines breiten Partizipationsprozesses, in dem Bürger und Eltern, die Fachebene, die Verwaltungsebene sowie die politischen Entscheidungsträger am Ende gemeinsame Ziele formulieren und konkrete Maßnahmen entwickelt haben. Dabei ist besonders wichtig, dass sich die Steuernden auf der Politik- und Verwaltungsebene als aktive Vermittler und Moderatoren zwischen den verschiedenen Ebenen der Akteure verstanden haben.

### Die Projektstruktur von »Kind & Ko«

In den beiden Modellkommunen Chemnitz und Paderborn wurden jeweils Koordinationsbüros eingerichtet. Die Stellen der dort arbeitenden Koordinatorinnen sowie die Infrastruktur wurden von den

Kommunen finanziert. Mittel für Qualifizierungen, Moderatoren, Evaluation sowie Maßnahmen wurden von der Bertelsmann Stiftung und der Heinz Nixdorf Stiftung eingebracht. Die angestoßenen Prozesse und das Koordinationsbüro werden auch nach Beendigung der dreijährigen Projektlaufzeit von »Kind & Ko« in den beiden Modellkommunen weitergeführt.

Abbildung 1: Projektstruktur von Kind & Ko

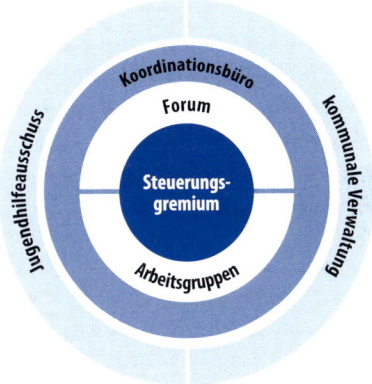

Für die kommunalspezifische Entscheidungsfindung ist in jeder Kommune ein Steuerungsgremium gegründet worden, das aus kommunalen Entscheidern verschiedener Bereiche besteht: Dezernenten, Jugendamtsleitung, Vertretern des Gesundheits- und Schulbereichs, Jugendhilfevorsitzendem, Vertretern der freien Träger und den Koordinatorinnen, die jeweils diese Sitzungen vorbereiten und leiten. Die Steuerungsgruppe ist »umrahmt« von einem Forum »Frühkindliche Bildung«. Das Forum ist besetzt mit Multiplikatoren aus den verschiedenen Berufsfeldern und Organisationen vor Ort. Das sind neben Elternvertretern alle Berufsgruppen wie Hebammen, Erzieherinnen, Grundschullehrerinnen, Vertreter aus dem Jugendhilfebereich, Heilpädagoginnen, Verantwortliche aus der Verwaltung und Politik. Dieses Gremium repräsentiert mit 50 bis 70 Mitgliedern eine breite Vertretung aus der Kommune. Sie reflektieren fachliche Themen, begleiten die Entwicklungsprozesse von »Kind & Ko« und verständigen sich über die Bedürfnisse und Bedarfe von Kindern und Familien in der Kommune. Die Vertreter der Berufsgruppen und Organisationen sollen Informationen in ihre Arbeitsfelder einbringen sowie Rückmeldungen in das Projekt geben.

Darüber hinaus haben sich im Laufe des Projekts themenzentrierte Arbeitsgruppen gebildet, die sich als Zentrum der fachlichen Entwicklungen und Konkretion der Maßnahmen entwickelt haben.

Die skizzierten Gremien und Strukturen werden vom Koordinationsbüro begleitet und unterstützt. Es ist Mittler zwischen allen Beteiligten, d.h. die Koordinatorinnen haben die Aufgabe, zwischen kommunaler Verwaltung, außerkommunalen Einrichtungen und Trägern sowie den Bürgern zu vermitteln, den Prozess zu strukturieren und Konflikte auszutragen, immer mit den Zielen von »Kind & Ko« im Blick. Für die Koordinatorinnen gibt es nur wenige Vorbilder. Ihre Aufgaben, Funktionen und Rollen wurden deshalb im Projekt mit Blick auf den Erfahrungstransfer für andere Kommunen differenziert reflektiert.

Der Jugendhilfeausschuss hat ebenfalls eine zentrale Bedeutung für das Projekt. Zunächst haben die Stiftungen von den beteiligten Kommunen einen Beschluss des Jugendhilfeausschusses zur Teilnahme am Projekt vorausgesetzt, damit dieser auch die normative Verantwortung für das Vorhaben übernimmt. Im weiteren Verlauf des Projektes ist immer wieder eine Einbindung, beispielsweise durch die Verabschiedung von Maßnahmen, notwendig. Die kommunale Verwaltung nimmt eine sehr förderliche Rolle für den Erfolg des Projektes ein. In beiden Modellkommunen kristallisiert sich als ein weiterer Erfolgsfaktor heraus, dass die Verwaltung sektoren- und ämterübergreifende Zusammenarbeit initiiert und aufrechterhält.

Grundsätzlich ist für die Gremien und Strukturen von »Kind & Ko« festzustellen, dass sich Aufgaben und Funktionen verändern können und sich dies aus den im Verlauf des Prozesses verändernden Zielsetzungen ergibt. Deshalb müssen Organisationsformen auf der einen Seite Stabilität und Verlässlichkeit gewährleisten, in einem durch die zahlreichen Partner sehr dynamischen Prozess, auf der anderen Seite muss regelmäßig die Eignung der Organisationsformen überprüft werden.

Ein solcher Prozess kann nur gelingen, wenn es eine gesicherte Koordination in der Kommune gibt, welche die Prozesse begleitet, Kommunikation ermöglicht, um Mitstreiter wirbt, in Konflikten vermittelt und den Prozess im Blick hat.

Daneben gab es während der Projektlaufzeit noch das Projektteam der Bertelsmann Stiftung, das in den ersten Phasen sehr intensiv in der konzeptionellen und operativen Beratung und Entwicklung vor Ort beteiligt war und sich im Laufe der Zeit zunehmend zu einem Reflexionspartner entwickelt hat, mit dem strategische Fragen oder auch Problemlagen diskutiert werden konnten. Phasenweise hat das Stiftungsteam auch die Rolle eines »Treibers« übernommen und Prozesse, die ins Stocken geraten waren, wieder angestoßen.

## 4 Neue kommunale Angebots- und Kooperationsstrukturen entwickeln sich

Zu Beginn von »Kind & Ko« sollten möglichst viele Menschen im Sinne einer breiten Partizipation auf kommunaler Ebene für das Projekt begeistert werden. Ausgeschrieben wurden sogenannte »Impulsprojekte« mit der Zielsetzung, dass mindestens zwei Kooperationspartner ein Projekt im Bereich der frühkindlichen Bildung entwickeln. Voraussetzung war, dass diese am Bedarf der Familien und der Kinder vor Ort ansetzen. Zur Unterstützung stand ihnen eine maximale Fördersumme von 5.000 Euro zur Verfügung. Vor Ort entschied das Steuerungsgremium, welche Projekte umgesetzt und mit welchen Zuwendungen gefördert werden sollten. Die Projekte hatten eine Laufzeit von einem Jahr und sind zu einem großen Teil durch selbst geschaffene Finanzierungsmöglichkeiten fortgesetzt worden.

Diese lokalen Projekte waren »Inseln«, an denen einzelne Einrichtungen, Kitas, Grundschulen oder auch Beratungsstätten beteiligt waren. Sie haben wichtige Impulse gegeben, obwohl es hier für die Beteiligten noch nicht darum ging, die gesamtkommunale Perspektive einzunehmen. In den Gremien vor Ort hat das Projekt dann einen Diskurs über die zentralen Themenbereiche initiiert, die sich in den Bewerbungen für die lokalen Projekte abgebildet hatten. Drei Bereiche wurden dabei identifiziert: die Arbeitsfelder »Rund um die Geburt«, »Kind und Familie im Zentrum« und »Kooperation Kita – Grundschule«. In beiden Modellkommunen wurde für jedes Thema eine Arbeitsgruppe gebildet, in der jeweils zwischen 20 und 40 Menschen beteiligt sind, die eine möglichst breite kommunale Vertretung des Themas repräsentieren. Ihre professionelle

Rolle qualifiziert sie, Maßnahmen zu initiieren, die nicht nur für einzelne Institutionen wichtig sind, sondern insgesamt für die Kommune.

Mit der Unterstützung von externen Moderatoren ist im vergangenen Jahr in den Arbeitsgruppen ein Prozess angeregt worden, in dem sich die Beteiligten einem gemeinsamen Bildungsverständnis angenähert und vor Ort Maßnahmen entwickelt haben, für die Bedarfe in der Kommune bestehen. Der in knapp sechs Monaten entstandene gemeinsame Zielfindungsprozess in den Arbeitsgruppen war geprägt von den unterschiedlichen »Sprachen und Logiken« der verschiedenen Professionen und den durchaus differierenden Eigeninteressen der beteiligten Einrichtungen. Diese gemeinsame Sprach- und Zielfindung war durchaus kein konfliktfreier Prozess.

Abbildung 2: Neue kommunale Kooperations- und Angebotsstrukturen entstehen

In beiden Kommunen ist es allen sechs Arbeitsgruppen in Zusammenarbeit mit der Steuerungsgruppe gelungen, Handlungsempfehlungen zu formulieren. Die daraus entwickelten konkreten Maßnahmen wurden dem Jugendhilfeausschuss erläutert und dann von ihm beschlossen. Derzeit werden die Maßnahmen gemeinsam in der Kommune umgesetzt. Die Maßnahmen sind angelegt auf eine gesamtkommunale Perspektive. Eine sozialräumlich orientierte Elternberatung in Kitas zu konzipieren und durchzuführen beschreibt nur einen Schritt. Ein weiteres Vorgehen sieht eine kontinuierliche Fortbildung zur Stärkung von Elternvertretern, sowohl im Kita-Bereich als auch im Grundschulbereich vor. Bei der Gruppe »Kooperation Kita – Grundschule« ist beispielsweise ein Theaterprojekt für die Gesamtkommune initiiert worden. Es soll Kinder, Eltern und Pädagogen ansprechen, um den Austausch über die Perspektiven von Kindern, Kindheitsbilder und Kinderwelten anzuregen und alle Beteiligten beim »Übergang in die Schule« zu stärken. In einer Modellkommune wurde darüber hinaus eine ehrenamtliche Familienbegleitung eingesetzt, die alle Familien mit einem Neugeborenen besucht und berät.

Die einzelnen Maßnahmen sind aus fachlicher Perspektive nicht unbedingt Pilotprojekte. Sie finden sich an verschiedenen Stellen in deutschen Kommunen wieder. Das Besondere an ihnen ist, dass sie das Ergebnis eines breiten Partizipations- und Entwicklungsprozesses in der Kommune darstellen und letztlich einen Konsens der verschiedenen Fachdisziplinen und der Verwaltungsebene repräsentieren, der so auch eine nachhaltige Verankerung der Maßnahmen sichert. Für die Zukunft stellt sich die Frage, ob sich neben einer erfolgreichen Umsetzung neue Angebotsstrukturen in der Kommune entwickeln, die mittelfristig zu dauerhaften Kooperationsstrukturen führen.

## 5  Fazit von »Kind & Ko«

Das Modellprojekt »Kind & Ko« wird im Frühjahr 2008 die Erfahrungen und Evaluationsergebnisse des Projektes in Form eines Handbuchs mit dem Titel »Kommunale Netzwerke für Kinder – ein Handbuch zur Governance frühkindlicher Bildung« veröffentlichen. Es soll anderen Kommunen praxisorientierte Unterstützung bei der Initiierung und Durchführung von vergleichbaren Netzwerkprozessen geben.

Zum jetzigen Zeitpunkt lassen sich bereits einige Eckpfeiler identifizieren, die nach den Erfahrungen von »Kind & Ko« für kommunale Netzwerkprozesse als bedeutsam eingeschätzt werden. Zunächst ist es hilfreich, dass sich die Beteiligten in der Kommune über den Handlungsbedarf und die gemeinsamen Ziele verständigen und entscheiden, welche Strukturen und Gremien geschaffen werden sollen. In diesem Kontext wird ein breiter Partizipationsprozess angeregt, in dem die Betroffenen, die Professionellen, die Verwaltung und die Politik am Ende gemeinsame Ziele formulieren können. Formale Verfahren wie Sozialberichterstattung und Elternbefragungen unterstützen diese Prozesse. Darüber hinaus muss eine Bereitschaft bei den beteiligten Institutionen bestehen, sich zu öffnen. Dies muss sich in ihrer Haltung, in ihrem Verständnis von frühkindlicher Bildung widerspiegeln. Damit verbunden ist ein Interesse am Dialog, an Veränderungen und Entwicklungen. Gleichzeitig muss es ein verantwortliches Steuerungsgremium geben.

In »Kind & Ko« halten das Koordinationsbüro und das Steuerungsgremium die Fäden zusammen. Sie müssen Regelsysteme entwickeln, welche die Umgangsformen zwischen den Beteiligten definieren und ermöglichen. Für eine nachhaltige Umsetzung und Verankerung der Angebots- und Netzwerkstrukturen braucht es vor allem auch die Politik. Sie gilt es von den Zielen eines kommunalen Netzwerkes für Kinder zu überzeugen und von Beginn an in den kommunalen Prozess einzubinden. Darüber hinaus müssen sich alle beteiligten Akteure bewusst werden, dass sie im Prozess der kommunalen Netzwerkentwicklung mit komplexen Strukturen und vielen Unsicherheiten konfrontiert werden. Prozesse in Netzwerken verlaufen nicht linear, sondern diskursiv und erfordern daher von den beteiligten Akteuren eine offene Grundhaltung gegenüber anderen Beteiligten zum Aufbau von vertrauensvollen Beziehungen. Der Aufbau eines kommunalen Netzwerkes für Kinder stellt sich als offener Lern- und Entwicklungsprozess dar, in dem es keinen »richtigen« Verlauf gibt. Je nach der spezifischen (Ausgangs-)Situation in den Kommunen ist ein offener Entwicklungsprozess – mit dem gemeinsamen Ziel, Bildungs- und Entwicklungschancen von allen Kindern zu verbessern – nötig, an dem alle kommunalen Akteure beteiligt sind.

# 6 Literatur

Benz, Arthur/Lütz, Susanne/Schimank, Uwe/Simonis, Georg (Hrsg.) (2007): Handbuch Governance. Theoretische Grundlagen und empirische Anwendungsfelder. Wiesbaden

Bertelsmann Stiftung (Hrsg.) (2008): Kommunale Netzwerke für Kinder. Ein Handbuch zur Governance frühkindlicher Bildung. Gütersloh

Weber, Susanne (2005): Netzwerkentwicklung als Lernprozess. In: Bauer, Petra/Otto, Ulrich (Hrsg.): Mit Netzwerken professionell zusammenarbeiten, Band 2. Tübingen

# Profis, Laien und andere Akteure – Anmerkungen zum Personalmix in familienbezogenen Einrichtungen
Angelika Diller

## 1 Einleitung

Lange Zeit funktionierte die soziale Infrastruktur nach tradierten, selbstverständlichen Regeln: Plurale Angebotsstrukturen, institutionelle Eigenständigkeit, klare Vorgaben für die Personaleinstellung waren fachpolitisch akzeptierte Grundlagen. Danach hatte jeder Institutionstyp sein »Territorium«, seine »Kunden«, seine Überzeugungen und heimliche oder offene Vorurteile über die jeweils anderen. Lange Zeit gab es wenig oder keine Berührungspunkte. Dabei erinnert – zugespitzt formuliert – das Szenario an eine Insellandschaft, in der jede Insel ein eigenes kleines Hoheitsgebiet ist. Analog zu den institutionellen Abgrenzungen waren auch die Sphären zwischen Familie und Institutionen getrennt. Die Familie, verstanden als Keimzelle der Gesellschaft, war eine Welt für sich, die grundsätzlich nicht auf institutionelle Unterstützung angewiesen war.

Seit einigen Jahren verlieren diese Grenzziehungen ihre Selbstverständlichkeit, die Auswirkungen gesellschaftlicher Veränderungen auf Familien werden intensiv diskutiert. Dabei zeichnen sich zwei Konsense ab. Erstens: Familien brauchen institutionelle Unterstützung, und zweitens: Im Verhältnis der Institutionen sind anstelle von institutioneller Abgrenzung Kooperation und Vernetzung in den Vordergrund gerückt.

Beide Veränderungen haben auch Auswirkungen auf die Personalzusammensetzung in den Einrichtungen in doppelter Hinsicht: Notwendige konzeptionelle Weiterentwicklungen werden durch eine Kooperation mit Mitarbeiter/innen aus anderen Institutionen umgesetzt, wie beispielsweise die Weiterentwicklung von Einrichtungen zu Eltern-Kind-Zentren (Diller 2006) bzw. zu Familienzentren belegen. Zusätzlich haben Demografieveränderungen, der Rückgang von Fördermitteln und die Arbeitsmarktpolitik neue Fakten geschaffen, die auch im Personaleinsatz ihren Niederschlag finden.

Personalmix ist die Formel für eine heterogene Personalzusammensetzung, bei der Multiprofessionalität, Einbindung freiwilliger bürgerschaftlicher Potenziale, Qualitätsverbesserung, Kostensparnis aktuelle Bezugspunkte sind. Diese Entwicklung ist nicht neu, weitet sich aber immer mehr auch in den Institutionen aus, die in der Vergangenheit ein stabiles, homogenes Mitarbeitertableau hatten. Ein prominentes Beispiel ist die Weiterentwicklung von der personalhomogenen Halbtagsschule zur personalheterogenen Ganztagsschule, die nur mit einem Mix unterschiedlicher Professionen und Positionen den neuen Anforderungen entsprechen kann (vgl. Beher 2005).

Mit einem Personalmix in Institutionen »rund um Familie« beschäftigt sich der folgende Beitrag.

Aus der Recherche »Mehrgenerationenhäuser – intergenerative Aktivitäten in unterschiedlichen Institutionstypen« (Diller u.a. 2006) werden Beispiele aus unterschiedlichen Einrichtungstypen vorgestellt. Die Beispiele geben Einblicke in die Praxisgestaltung vor Ort und zeigen institutionsspezifisch unterschiedliche Konzepte und Gestaltungsmöglichkeiten. Auf dieser Grundlage werden Anforderungen für die Personalsteuerung und für die weitere Entwicklung reflektiert.

## 2 Personalzusammensetzung in unterschiedlichen Einrichtungstypen

Ein differenziertes Einrichtungsspektrum mit einer vielfältigen, kaum noch zu überschauenden Angebotspalette kennzeichnet die soziale Infrastruktur »rund um Familie«.

Eine Unterscheidung der Einrichtungen ist weder entlang der Einrichtungsbezeichnungen noch entlang der Angebotspalette möglich, da unterschiedliche Einrichtungstypen gleiche Bezeichnungen haben. Ein »Familienzentrum« kann sowohl eine weiterentwickelte Tageseinrichtung für Kinder meinen als auch eine Einrichtung im Kontext von Nachbarschaftshilfe oder eine Einrichtung der Familienbildung. Die Bezeichnung »Mehrgenerationenhaus« kann, muss aber nicht, den Vorgaben des Aktionsprogramms der Bundesregierung entsprechen, da dieser Name auch schon vor dem Aktionsprogramm genutzt wurde.

Angesichts dieser begrifflichen Überschneidungen werden die hier vorgestellten Einrichtungen nach Traditionslinien, fachlichen Leitorientierungen und gesetzlichen Rahmenbedingungen unterschieden; Parameter, die auch für die Personalgestaltung handlungsleitend sind.

Vorgestellt werden vier Institutionstypen, die einen großen Teil der Angebote in der Kinder- und Familienbildung bereitstellen.

2.1  Familienbildungseinrichtungen

Dieser Einrichtungstyp hat eine lange Tradition, sie begann mit der Gründung der »Mütterschulen«, die um die Jahrhundertwende eine weite Verbreitung fanden. In der Nachkriegzeit haben sich die Einrichtungen weiterentwickelt. Ihr Angebot richtet sich mittlerweile an alle Generationen und Familienmitglieder; die Mehrzahl der Einrichtungen nennt sich »Familienbildungseinrichtung« (FBS). Die Angebotsprofile haben ein vergleichbares Kernangebot, das Geburtsvorbereitung, Frühpädagogik, Partnerbeziehung und Hauswirtschaft umfasst (vgl. Schöppe-Scheffler in diesem Band).

Darüber hinaus gibt es sehr unterschiedliche Angebote, beispielsweise Weiterbildung oder Ausbau zu Mehrgenerationenhäusern. Die Angebotspalette ist auch abhängig von den Bedingungen des Sozialraumes und den spezifischen Förderbedingungen in der Region.

Gesetzlich verankert sind die Familienbildungseinrichtungen im Sozialgesetzbuch (SGB VIII, § 16), als Angebote der präventiven Jugendhilfe sowie in den Weiterbildungsgesetzen einzelner Bundesländer. Einrichtungen, die nach dem Weiterbildungsgesetz finanziert werden, müssen Fachpersonal vorhalten, um eine öffentliche Förderung zu erhalten. Die Einrichtungen verstehen sich als Bildungseinrichtungen, die ihr Kernangebot mit ausgebildetem Fachpersonal umsetzen wollen. Dieses professionelle Selbstverständnis ist ein zentrales Gestaltungsprinzip des Institutionstyps, dessen Einhaltung durch den Rückgang öffentlicher Fördermittel schwieriger geworden ist (BMFSFJ 2006). Der größte Teil der Mitarbeiter/innen arbeitet als Kursleiter/innen, die spezifische Fachqualifikationen vorweisen (vgl. Tabelle 1).[1]

Die gesetzlichen Grundlagen und auch die Förderrichtlinien durch Kommunen stellen einen Teil der Grundfinanzierung sicher und ermöglichen eine relative Planungssicherheit von ca. zwei bis drei Jahren. Das Erwirtschaften von Eigenleistungen ist gestiegen und umfasst zwischen 30 und 60 % der anfallenden Kosten. Eigen-

---

1 Mit Blick auf die fachliche Verankerung im Kinder- und Jugendhilfegesetz problematisieren Heitkötter/Thiessen (2008), dass weniger als 7 % der Mitarbeiter/innen hauptamtlich tätig sind und dass »diese ungünstige Relation von Haupt- und Ehrenamtlichen mit Abstand zu den problematischsten in der ganzen Jugendhilfe zählt«.

leistungen werden erwirtschaftet durch Mitgliedsbeiträge, Teilnehmergebühren, Spenden, Einnahmen bei Veranstaltungen wie z.B. Kuchenverkauf, Eigenbehalt bei Flohmärkten etc.

Tabelle 1: Mitarbeiter/innen in den Einrichtungen (ausgewählte Beispiele)

| | FBS Hedwig-Dornbuch-Schule Bielefeld | Paritätische FBS München | FBS Haus der Familie Vegesack Bremen | FBS Anna-Krückmann-Haus Münster |
|---|---|---|---|---|
| Anzahl und Qualifikation der Festangestellten | zwei Sozialpädagogen/innen eine Lehrerin, zweieinhalb Verwaltungsstellen | 13 insgesamt, davon zehn 400-Euro-Jobs: Erzieher/innen (Sozial-)Pädagogen/-pädagoginnen, Verwaltungskräfte | zehn insgesamt: Verwaltungskräfte, Pädagoginnen, zwölf Minijobs für Kurassistenz und Hilfen | fünf insgesamt: drei Sozialpädagoginnen, eine Kauffrau, eine Ökotrophologin |
| Anzahl und Qualifikation der Honorarkräfte | 120 je nach Fachbereich | ca. 150 je nach Fachbereich | ca. 180 nach Fachgebiet | 180 je nach Fachbereich (z.B. Hebammen, Erzieher/innen, Köchin) |
| Anzahl Ehrenamtlicher | fünf Vorstandsfrauen | drei Vorstandsfrauen, 16 Beiräte (ein Mann) | 40 Ehrenamtliche | neun Vorstände |

Quelle: Diller/Liebich/Schröder (2006) Mehrgenerationenhäuser – intergenerative Aktivitäten in unterschiedlichsten Institutionstypen-Rechercheberichtbericht im Auftrag des BMFSFJ

Deutlich wird, dass Kursleitungen den größten Anteil der Fachkräfte ausmachen. In der Gruppe der Festangestellten sind einschlägig ausgebildete Fachkräfte tätig, allerdings mit unterschiedlichen Vertragsverhältnissen. Ehrenamtliche Mitarbeiterinnen sind überwiegend in Vorstandsfunktionen tätig.

## 2.2 Mütterzentren/Familienzentren: Einrichtungen auf der Grundlage von Selbsthilfe und nachbarschaftlichen Netzwerken

Dieser Einrichtungstyp entstand in den Achtzigerjahren als offener Treffpunkt für Mütter und ihre Kinder im Stadtteil. Engagierte und kompetente Frauen, die mit dem traditionellen Angebot der Familienbildung nicht zufrieden waren, entwickelten ihr eigenes Konzept, das ihnen eine Mitgestaltung im lokalen Raum ermöglichte. Die Arbeit ist orientiert am Prinzip »Laien für Laien«, danach verstehen sich Mütter aufgrund ihres Erfahrungswissens als »Expertinnen in eigener Sache«, die sich engagieren wollen. Dementsprechend ist die Angebotsstruktur sehr vielfältig und richtet sich nach den Bedarfen vor Ort (vgl. Gerzer-Sass/Helming in diesem Band).

Die Orientierung am Prinzip nachbarschaftlicher Selbsthilfe erklärt, dass die Einrichtungen einerseits wenig gesetzliche Vorgaben und kein Fachkräftegebot einhalten müssen, andererseits aber auch nur geringfügige finanzielle Sicherheiten haben. Die finanzielle Grundlage der Einrichtungen wird in erheblichem Umfang erwirtschaftet, zum Teil durch ein beachtliches unternehmerisches Engagement einzelner Mitarbeiterinnen, beispielsweise durch den Verkauf haushaltsnaher Dienstleistungen.

Diese Leitorientierungen sind die ideelle Grundlage der Zentren, dennoch haben sich die Einrichtungen veränderten Bedingungen angepasst. Beispielsweise öffneten sie sich in den Neunzigerjahren für Männer und ein Teil der Einrichtungen trägt die Bezeichnung »Familienzentrum«. Auch in der Personalzusammensetzung ist ein Veränderungsprozess festzustellen. In den Recherche-Interviews wurde berichtet, dass der Stellenwert der ehrenamtlich tätigen Laien sich verändert habe, Kontinuität und Zuverlässigkeit sei mit ausschließlich ehrenamtlich arbeitenden Laien nicht herzustellen. Mit Blick auf die erforderliche Weiterentwicklung der Konzeptionen und die Steuerung großer Einrichtungen sei eine Verlässlichkeit erforderlich, die im Prinzip nur durch ein Vertragsverhältnis hergestellt werden könne. Das Prinzip »Laien für Laien«, das jahrelang Markenzeichen der Einrichtungen war, wurde erweitert zu »Laien plus Profis« (vgl. Diller u.a. 2006). Terminologisch ist zu beachten, dass »Laienkräfte« sowohl unausgebildete als auch Mitarbeiter/innen mit beruflichen Qualifikationen meint, wie die nachfolgende Auflistung in Tabelle 2 deutlich macht. Entscheidend ist, dass die Motivation des nachbarschaftlichen, selbsthilfeorientierten Engagements Motor der Aktivitäten ist und nicht eine »echte« tarifliche Vergütung.

Die folgenden Beispiele zeigen das große Spektrum unterschiedlicher Akteure, die Mitarbeiter/innen kommen aus unterschiedlichsten Berufen: Sozialpädagoginnen, Verwaltungskräfte, Kaufleute, Ingenieurinnen und Ingenieure, Fachlehrer/innen, Handwerker/innen, tätig sind aber auch Akteure ohne abgeschlossene (Schul-)Ausbildung.

Tabelle 2: Personalmix in Mütterzentren (ausgewählte Beispiele)

| | SOS-Kinderdorf Mütterzentrum Zwickau | SOS-Kinderdorf Mütterzentrum Neuaubing | Mütterzentrum Dortmund | Mütterzentrum Klara e.V. Freiburg |
|---|---|---|---|---|
| Anzahl und Qualifikation der Festangestellten | elf mit unterschiedlichsten Qualifikationen (Betriebswirtin, Ingenieurin, Erzieherin, Köchin, Kauffrau, Sekretärin) viele ABMs und Minijobs | 14 insgesamt: sehr gemischt, auch Erzieherinnen und Sozialpädagoginnen, aber auch »Laien« | fünf insgesamt: eine Ingenieurin, zwei Verwaltungskräfte, zwei Sozialpädagoginnen | zwei 400-Euro-Jobs zwei feste halbe Erzieherinnenstellen |
| Anzahl und Qualifikation der Honorarkräfte | keine | drei insgesamt: eine Psychologin, zwei Sozialpädagoginnen (20 bis 30 € für eine Kursstunde) | zehn: Ungelernte bis Akademiker/innen (4,10 €/h), hauptsächlich Kursleitung in Eigenregie | eine Erzieherin (1,20 €/h) für Hilfsdienste |
| Anzahl der Ehrenamtlichen und Laien | 25: verschiedene Qualifikationen, Aufwandsentschädigung 1 bis 3 €/h | 30: verschiedene Qualifikationen, teilweise Aufwandsentschädigung (1 bis 5 €/h) | ca.18 (auch die Vorstände): verschiedene Qualifikationen, keine Aufwandsentschädigung | ca. 28: verschiedene Qualifikationen, Aufwandsentschädigung von 2 €/h bis 150 €/Monat Hilfskräfte an vielen Stellen |

Quelle: Diller/Liebich/Schröder (2006) Mehrgenerationenhäuser – intergenerative Aktivitäten in unterschiedlichsten Institutionstypen-Rechercheberichtim Auftrage des BMFSFJ

Bei der Gruppe der Festanstellungen ist folgendes zu beachten. Alle »Festangestellten« haben ein Vertragsverhältnis, das sehr unterschiedlich ausgestaltet sein kann und sowohl einen tariflichen Arbeitsvertrag, aber auch andere fragilere Vertragsverhältnisse beinhalten kann; in den Interviews (vgl. Diller u.a. 2006) wurde dazu berichtet: Die meisten Mitarbeiter/innen arbeiten in Teilzeit, viele von ihnen haben nur so genannte »Mini-Jobs«, sie verdienen 1 bis 6 € pro Stunde, oft als zusätzlichen Verdienst zu Hartz IV.

Neben der Gruppe der auf Vertragsbasis arbeitenden Mitarbeiter/innen gibt es die Gruppe der Honorarkräfte und der Ehrenamtlichen, dazu zählen auch die sog. Laienkräfte, die auch – ausgenommen das Beispiel Dortmund – eine monetäre Vergütung erhalten.

## 2.3 Tageseinrichtungen für Kinder

Tageseinrichtungen für Kinder sind das größte Arbeitsfeld in der Kinder- und Jugendhilfe, die Einrichtungen sind flächendeckend verbreitet und werden von ca. 90 % der Familien mit Kindern in den entsprechenden Altersstufen genutzt (vgl. DJI-Zahlenspiegel 2007). Kernauftrag ist die Betreuung, Bildung und Erziehung von Kindern und die Zusammenarbeit mit Eltern. Ein Teil der Einrichtungen hat sich zu Eltern-Kind-Zentren weiterentwickelt und durch Kooperation und Vernetzung die Angebotspalette für Eltern ausgeweitet. Der Auftrag der Einrichtungen ist im SGB VIII (§ 22 ff.) verankert und in jedem Bundesland mit eigenen Ausführungsbestimmungen präzisiert.

Die Einrichtungen haben klare gesetzliche Vorgaben für die fachliche Arbeit, die Personaleinstellung, die Qualifikation und für die Anzahl der Mitarbeiter. Die Einrichtungen sind verpflichtet, in jeder Kindergruppe mit ausgebildetem Fachpersonal zu arbeiten, das ergänzt wird durch sogenannte »Zweitkräfte«, die z.T. auch als Kinderpflegerin oder Sozialassistentin ausgebildet sind, oder keine Ausbildung haben. Der Einsatz von Fachkräften ist die Voraussetzung für die Erteilung der Betriebserlaubnis. Kitas sind – insbesondere im Westen – kleine Einrichtungen. Die Gesamtanzahl aller Mitarbeiter/innen in den einzelnen Einrichtungen ist abhängig von der Anzahl der Gruppen und beträgt – von Ausnahmen abgesehen – zwischen 15 und 20 Mitarbeiter/innen.

Zusätzliche Akteure sind ehrenamtlich tätige Mitarbeiter/innen, die sich teilweise aus der Elternschaft der Kinder rekrutieren. Ehrenamtliche Mitarbeiter/innen ergänzen die Tätigkeit der hauptamtlichen (vgl. Tabelle 3). Die ehrenamtliche Mitarbeit soll zu einer Qualitätssteigerung in den Einrichtungen führen und allen Beteiligten einen persönlichen Gewinn ermöglichen. Die ehrenamtliche Arbeit soll in keinem Fall die Arbeit der hauptamtlichen Kräfte ersetzen; teilweise ist dies auf der Ebene von Betriebsvereinbarungen geregelt. In strukturschwachen Regionen mit hoher Arbeitslosigkeit, z.B. im Ruhrgebiet und in den östlichen Bundesländern, werden zusätzliche Kräfte im Rahmen arbeitsmarktpolitischer Aktivitäten eingesetzt, beispielsweise Hartz-IV-Kräfte, die die Arbeit der Hauptamtlichen unterstützen. In den Recherche-Interviews wurden positive Erfahrungen über den Einsatz vermittelt.

Tabelle 3: Mitarbeiter/innen in den Einrichtungen

|  | Regeleinrichtung Kita (allgemeine Angaben) | Eltern-Kind-Zentrum Beispiel Nürnberg, Bleiweißstraße | Kindertagesstätte Spatzenhaus Frankfurt/Oder |
|---|---|---|---|
| Anzahl Stellen | pro Kindergruppe eine bis eineinhalb feste Stellen für Fachkräfte | sechs Fachkräfte | 19, davon 15 (Heim-) Erzieherinnen und vier Kräfte für Haus und Küche |
| Anzahl Honorarkräfte | wechselnd, nur bei Bedarf | wechselnd, je nach Kursangebot |  |
| Sonstige tätige Personen | Praktikantinnen/ Praktikanten, in wenigen Einrichtungen Hartz IV | Berufspraktikantin | Hartz-IV-Kräfte |
| Merkmale der Mitarbeiter/ -innen | Fachkräfte | Fachkräfte | Erzieher/innen, fortgebildet im Situationsansatz und Videoarbeit |
| Ehrenamtliche Akteure | die Anzahl schwankt je nach der Anzahl der Projekte | ca. zehn Senioren | ca. 10 bis 15 |

Quelle: Quelle: Diller/Liebich/Schröder (2006) Mehrgenerationenhäuser – intergenerative Aktivitäten in unterschiedlichsten Institutionstypen-Recherchebericht im Auftrag des BMFSFJ

In der Tabelle sind die Angaben für die »Regeleinrichtung« lediglich Richtwerte, eine genauere, nach Bundesländern differenzierte Analyse ist nachzulesen im DJI-Zahlenspiegel 2007.

Die Beispiele belegen den hohen Anteil einschlägig ausgebildeter Fachkräfte, ein Mix von Kompetenzen, Positionen und Vertragsbedingungen ist in Kitas im Vergleich zu den anderen Einrichtungen bislang nur schwach ausgeprägt.

## 2.4 »Hybride« Einrichtungen, die unterschiedliche Angebotssäulen verknüpfen

Dieser Institutionstyp ist – zum Zeitpunkt der Befragung – weder etabliert noch weit verbreitet. Eines seiner Merkmale ist die Verknüpfung unterschiedlicher Angebotsfelder, z. B. Kinderbetreuung und Seniorenarbeit, die normalerweise in der bestehenden sozialen Infrastruktur nebeneinander existieren und nicht vernetzt zusammenarbeiten. Die Einrichtungen haben eine ausgeprägte heterogene Personalzusammensetzung, sowohl sehr viele als auch sehr unterschiedliche Akteure sind in diesen Einrichtungen tätig.

Das Aufbrechen der Versäulung und die damit initiierte Öffnung ermöglichen eine integrierte Angebotspalette und unterschiedlichste Aktivitäten und Begegnungen zwischen den Generationen.

In der Recherche haben wir Einrichtungen vorgefunden wie z. B. die Generationenhäuser in Stuttgart, die auf der Grundlage dieses Konzeptes geplant wurden, aber auch Einrichtungen, die sich beständig ausgeweitet haben, wie Mütterzentren, die beispielsweise die Säule »Kita«, den Seniorentreff und die Jugendberufshilfe integrieren.

Charakteristisch für diesen Angebotstyp ist, dass sich im Kern die Einrichtung organisatorisch und konzeptionell erheblich verändert. Aus einer ehemaligen Basiseinrichtung entsteht ein neuer Einrichtungstyp, der unterschiedliche Angebotssparten umfasst.

In der Recherche wurden unterschiedliche Motive für die Verknüpfung genannt. Diese kann fachlich, organisatorisch und/oder finanziell motiviert sein. Finanzierungsaspekte haben dabei einen großen Stellenwert. So ermöglichen basisfinanzierte Angebotssäulen mit regelfinanzierten Fachkräften eine relative Planungssicherheit und erleichtern das Andocken anderer Angebote.

Tabelle 4: Mitarbeiter/innen in den Einrichtungen

| | Generationenhaus Stuttgart West | Generationenhaus Stuttgart Heslach | Mehrgenerationen Freizeitzentrum Güstrow |
|---|---|---|---|
| Anzahl und Qualifikation der Festangestellten | 31 in vier Bereichen je nach Fachgebiet (Erzieherinnen, Altenpflege, Pädagogen, Verwaltung) | eine Koordinatorin, Kulturmanagerin, ca. 25 weitere Fachkräfte in den fünf Bereichen | neun Pädagogen/ Sozialpädagoginnen, Erzieherinnen |
| Anzahl (und gegebenenfalls Qualifikation) der Honorarkräfte | 42 Frauen: Laien für Hilfsdienste und Fachkräfte bei Kursen z. B. (Krankengymnastin, Diätassistentin, Yogalehrerin, Kunsterzieherin, auch Hausfrauen) | eine Hilfe bei Veranstaltungen | 25 gemischt: Handwerker/in Krankenschwester, Pädagogen, Verwaltungskräfte, davon 22 Rentner |
| Anzahl Ehrenamtlicher in der Einrichtungen | ca. 80, Qualifikation gemischt | acht 1-Euro-Jobber (fest dabei als Hausmeister, Verwaltung) ca. 25 Mitarbeiter bei Projekten, Künstler | sechs Vorstände |

Quelle: DJ-Recherche, 2006

Die Beispiele in Tabelle 4 zeigen die Vielfalt der Akteure. In den Recherche-Interviews wurde berichtet, dass in den Häusern der Mix von Festangestellten, Ehrenamtlichen und Honorarkräften funktioniert. Auch hier sind die Festangestellten meist Teilzeitkräfte, d. h. Mini-Jobber, 1-Euro-Jobber oder Hartz-IV-Kräfte.

Darüber hinaus werden andere Aktivitäten von ehrenamtlichen Kräften und anderen Akteuren geleistet, die berufsspezifisch, aber auch berufsfremd sein können. Lediglich in den professionellen Sparten der Einrichtungen arbeiten Fachkräften zu tarifrechtlichen Bedingungen.

## 3 Professionen, Qualifikationen, Positionen und Vergütungen im Personalmix

Die Bilanz zeigt »quer durch alle Einrichtungen« ein großes Spektrum unterschiedlicher Kompetenzen, Qualifikationen, Positionen, Vergütungen und Vertragsbedingungen.

Auf den ersten Blick wird deutlich, dass in allen Institutionen (fast) alle Akteursgruppen vertreten sind. Die Analyse macht weitreichende Unterschiede deutlich, z. B. in der Qualifikation, in der Vergütung und in den Funktionen der Akteure (vgl. Tabelle 5).

- Hauptamtliche, ausgebildete Fachkräfte mit tariflichem Arbeitsvertrag sind die »tragenden Säulen« in den Tageseinrichtungen für Kinder, in denen ihr Einsatz gesetzlich vorgeschrieben und finanziert wird. In Familienbildungseinrichtungen haben wenige Fachkräfte tarifrechtlich bezahlte Stellen, die meisten Fachkräfte arbeiten als Kursleiterinnen. Wie berichtet wurde, ist die Anzahl der Fachkräfte mit festen Stellen zurückgegangen. In Mütterzentren ist eine geringe Zahl von Fachkräften auf tariflicher Basis eingestellt.
- 400-Euro-Kräfte sind in FBSs und Mütterzentren in unterschiedlichen Funktionen tätig. 400-Euro-Kräfte können ausgebildete Fachkräfte sein, die verantwortliche Funktionen und Aufgaben in den Einrichtungen wahrnehmen, für die, wie aus den FBSs berichtet wurde, keine tariflichen finanzierten Stellen mehr zur Verfügung stehen. 400-Euro-Kräfte können auch unausgebildet sein und für Hilfstätigkeiten eingesetzt werden.
- 1-Euro-Kräfte, Minijobber und vergleichbare Positionen sind in allen Einrichtungen vorzufinden, sie werden aber unterschiedlich eingesetzt. In Kitas, FBSs sind sie ergänzende Kräfte, in Mütter-

zentren und »hybriden« Einrichtungen können sie auch Schlüsselfunktionen wahrnehmen.

Tabelle 5: Zusammenhang von Einrichtungstypen und »Mitarbeitergruppen«

| | Mütterzentren | Familienbildungseinrichtungen | Kitas | »Hybride Einrichtungen« |
|---|---|---|---|---|
| Fachkräfte auf Planstellen und mit tariflichem Arbeitsvertrag | sehr geringer Anteil | kleiner Anteil | großer Anteil | in regelfinanzierten Sparten eingesetzt |
| Fachkräfte auf Honorarbasis | teilweise | eingesetzt als Kursleitungen | teilweise als Kursleitungen für Elternangebote | ein großer Teil der Mitarbeiter/innen arbeitet auf Honorarbasis |
| 400-Euro-Kräfte | großer Anteil in unterschiedlichen Funktionen tätig, z.B. als Einrichtungsleitung; ausgebildete und unausgebildete Kräfte | großer Anteil, als einschlägige Fachkräfte »Ersatz« für die ehemaligen Planstellen | wurde in der Recherche nicht ermittelt | in unterschiedlichen Funktionen tätig |
| Laien/nachbarschaftliche Selbsthilfe | großer Anteil, tätig in unterschiedlichen Funktionen, auch in Leitungsfunktionen, unterschiedliche Kompetenzprofile, zum Teil mit »Vergütung« tätig | wurde in der Recherche nicht ermittelt | wurde in der Recherche nicht ermittelt | vorhanden, zählen zu der Gruppe der »Ehrenamtlichen« |
| Ehrenamt/ freiwilliges bürgerschaftliches Engagement | in unterschiedlichen Funktionen tätig, zum Teil mit »Vergütung« | meistens als Vorstand, i.d.R. nicht eingesetzt in der fachlichen Arbeit | Ergänzung zu Hauptamtlichen, ohne monetäre Vergütung, Rekrutierung auch aus der Elternschaft | sind in großer Anzahl tätig |
| 1-Euro-Kräfte, Minijobber | in unterschiedlichen Funktionen tätig | teilweise, Einsatz abhängig von der Grundqualifikation | als Ergänzung zu den Fachkräften | vorhanden |

Laienmitarbeiter im Rahmen nachbarschaftlicher Selbsthilfe sind eine spezifische Akteursgruppe in Mütterzentren und »hybriden« Einrichtungen, sie können ausgebildet oder auch unausgebildet sein, sie arbeiten in den Einrichtungen zu unterschiedlichen Konditionen und können zentrale fachliche Aufgaben und Schlüsselfunktionen übernehmen. Beispielsweise können Laienmitarbeiter formal als 1-Euro-Kräfte eingestuft sein.

## 4 Ehrenamtliche Akteure

Ehrenamt und freiwilliges bürgerschaftliches Engagement stehen im Mittelpunkt verschiedener konzeptioneller und empirischer Studien, auf die an dieser Stelle nur hingewiesen werden kann.[2] Auch die Bezeichnung dieser Akteursgruppe variiert; in diesem Beitrag wird die Kurzbezeichnung »ehrenamtliche Akteure« für alle Varianten freiwilligen bürgerschaftlichen Engagements benutzt.[3] Die DJI-Recherche belegt, dass ehrenamtliche Akteure in allen Einrichtungstypen vertreten sind. Auch hier zeigt der Institutionenvergleich, dass ehrenamtliche Akteure zu unterschiedlichen Konditionen und in unterschiedlichen Funktionen arbeiten. In Kitas sind sie eine Ergänzung zum »Stammpersonal«, das Zusammenspiel mit den hauptamtlichen Fachkräften ist klar geregelt. In den interviewten Familienbildungseinrichtungen sind sie überwiegend in Vorstandspositionen tätig, in Mütterzentren können Ehernamtliche in allen Funktionen tätig sein. Die Abgrenzung zu den Laienmitarbeitern ist nicht immer trennscharf zu ziehen. Laienmitarbeiter/innen engagieren sich im Zusammenhang nachbarschaftlicher Selbsthilfe, ehrenamtliche Mitarbeiter/innen dagegen können einen anderen Zugang zur Einrichtung haben, beispielsweise über eine Ehrenamtsagentur.

Motive, Einsatzfelder und Konditionen dieser Akteursgruppe sind höchst unterschiedlich und können an dieser Stelle nicht differenziert ausgeführt werden. Zwei Aspekte, die für die Personalgestaltung von Bedeutung sind, verdienen besondere Aufmerksamkeit:

---

2 Die unterschiedlichen Ausprägungen ehrenamtlicher Aktivitäten im historischen und institutionellen Kontext analysiert Rauschenbach (2001). Der Bericht der Enquete-Kommission (2002) und Gensicke u. a. (2006) berichten über aktuelle Trends und Weiterentwicklungen auf der Grundlage empirischer Daten.
3 Vergleiche Rauschenbach (2005) und Gensicke u. a. (2006)

- In der Gruppe der »Senioren 50 plus« werden auch Akteure aktiv, die häufig vorzeitig im Ruhestand sind und ihre berufsbiografisch erworbenen Fachkompetenzen ehrenamtlich einbringen wollen, beispielsweise die pensionierte Kita-Leiterin, die sich für Bildungsprojekte in der Kita interessiert. Zugespitzt formuliert könnte man diese Gruppe aus fachlicher Sicht als »ehrenamtliche Fachkräfte« bezeichnen; aus institutioneller Perspektive sind sie es nicht, da sie nach ihren eigenen Zeitkonditionen arbeiten wollen und nicht selbstverständlich bereit sind, sich dem Zeitrhythmus professioneller Arbeitsabläufe anzupassen.
- Die »Vergütung« der ehrenamtlichen Tätigkeit zeigt eine große Spannbreite. Klassischerweise wird das »Ehrenamt« als eine unbezahlte Tätigkeit verstanden, als »Spenden von Ressourcen, Zeit, Geld, Know-how« (vgl. Rauschenbach 2001, S. 348 ff.; Enquete-Kommission 2002, S. 57 ff.), die im Rahmen einer Anerkennungskultur abgegolten wird. Dieses »Alleinstellungsmerkmal« trifft nicht mehr zu, wie auch bei Gensicke u. a. (2006) deutlich wird. In der DJI-Recherche wurde ein Kontinuum von »Engagement zum Nulltarif« bis zu 10 € die Stunde festgestellt, gezahlt werden auch Wochenpauschalen, z. B. 20 €.
Insbesondere in den Mütterzentren erhalten Laienmitarbeiter und ehrenamtliche Mitarbeiter eine geringe monetäre Vergütung. Aber auch in anderen Einrichtungen, z. B. Kindertageseinrichtungen engagieren sich Arbeitslose bzw. Hartz-IV-Kräfte als »ehrenamtliche Akteure«, die eine geringe monetäre Vergütung erhalten – die über die Erstattung entstandener Sach- und Fahrtkosten hinausgeht – und mit der eine prekäre Einkommenslage prozentual verbessert werden kann.

Im Vergleich der unterschiedlichen Einrichtungstypen wird deutlich: Personalmix, personelle Heterogenität ist von den Basisfaktoren der Einrichtungen abhängig. Rechtliche Vorgaben, Finanzierungsgrundlagen und Traditionslinien der Einrichtung setzen den Rahmen für den Einsatz unterschiedlicher Akteure. Hochprofessionalisierte Einrichtungen wie z. B. Tageseinrichtungen für Kinder haben aufgrund gesetzlicher Vorgaben eine größere Planungssicherheit, aber kleinere Gestaltungsspielräume. Im Fokus steht der Einsatz von Fachkräften, dem andere Akteure formal nachgeordnet sind, dementsprechend ist Profession und Position gekoppelt. Der Stellenwert professioneller Fachkräfte ist Ausdruck eines kontinuierlich gestiegenen bildungspolitischen Bedeutungszuwachses. In der Mehrzahl der Einrichtungen bildet die Berufsgruppe der Erzieherinnen das Stammpersonal. Eine multiprofessionelle Zusammensetzung ist mit Blick auf gestiegene Anforderungen zwar notwendig, aber selten anzutreffen. Familienbildungseinrichtungen befinden sich in einem Veränderungsprozess. Formal haben sie Gestaltungsspielräume; das »Professionalisierungsprinzip« schränkt diese ein, Profession und Position in den Einrichtungen sind nicht mehr »automatisch« verknüpft. Deutlich wird, dass ehemalige Vollzeitstellen mit 400-Euro-Kräften besetzt werden müssen. Diese Entwicklung scheint keine freiwillige, sondern eine erzwungene zu sein, ausgelöst durch die Reduzierung von Fördermitteln. Eine Entwicklung, die sowohl für die Einrichtungen, aber auch für die Akteure mit erheblichen Einschränkungen verbunden ist. Der Einsatz freiwilliger Akteure umfasst – zumindest in den befragten Einrichtungen – nicht die Kernaufgaben.

Insgesamt befindet sich der Einrichtungstyp in einem Veränderungsprozess, in dem wahrscheinlich die Einbindung ehrenamtlicher Akteure einen anderen Stellenwert bekommen wird.

Mütterzentren haben große personelle Gestaltungsspielräume und wenig Planungssicherheit. Profession und Position sind aufgrund der Selbsthilfeorientierung entkoppelt, grundsätzlich kann jede Akteurin jede Aufgabe übernehmen. Wie in den Interviews berichtet wurde, hat der Einsatz professioneller hauptamtlicher Kräfte häufig die Funktion, die große Zahl unterschiedlicher Mitarbeiter zu koordinieren, nicht aber die Vorgaben für die fachliche Arbeit zu machen. Lediglich bei der Inanspruchnahme öffentlicher Zuwendungen ist in einigen Bundesländern der Einsatz ausgebildeter Fachkräfte für bestimmte Aufgaben, z.B. die Kinderbetreuung vorgesehen.

## 5  Herausforderungen für die Einrichtungs- und Personalsteuerung

Heterogene und multiprofessionelle Personalkonzepte sind für die fachliche Weiterentwicklung, die Ausweitung der Programmpalette und für die Gewinnung neuer Zielgruppen erforderlich und stellen zusätzliche Anforderungen an die Personalsteuerung.

Gemeinsames Merkmal der hier beschriebenen Einrichtungstypen ist die freiwillige Inanspruchnahme des Angebotes. Die Nutzer buchen – in der Regel für eine geringe Kursgebühr – ein Angebot, das sie jederzeit beenden können; demnach haben die Nutzererwartungen einen hohen Stellenwert bei der Programmplanung; darüber hinaus müssen auch andere, förderungsrelevante Qualitätsstandards berücksichtigt werden. Angebotsqualität ist deswegen für alle Einrichtungen ein zentraler Maßstab. Garant für die Angebotsqualität sind die Mitarbeiter/innen; technokratischer formuliert: Das Personal ist der »kritische« Erfolgsfaktor für die Umsetzung des Einrichtungskonzeptes. Nutzerorientierung, Zuverlässigkeit und Fachlichkeit werden nicht über Hochglanzbroschüren, sondern über die fachliche Arbeit der Mitarbeiter/innen hergestellt. Das ist nun keine neue Erkenntnis, sondern eine bekannte Grundlage der Mitarbeiterführung, bzw. Personalsteuerung, die in allen Einrichtungstypen wahrgenommen werden muss und eine Schlüsselaufgabe der Leitungskräfte ist. Sie haben die Aufgabe, die Eignung der Akteure für das spezifische Angebot die Synchronisation unterschiedlicher Arbeitsbereiche und das Zusammenspiel unterschiedlicher Mitarbeiter zu gestalten.

Ein besonderes Spannungsfeld entsteht wenn traditionsgeleitete Einrichtungen ihr Profil zwar weiterentwickeln, aber nicht »verlieren« wollen.

Die Spezifika des Personalmixes, insbesondere die Vielfalt unterschiedlicher fachlicher Fähigkeiten, die »Entkoppelung« von Formalqualifikation, Position und Vergütung, die Zusammenarbeit von Mitarbeiter/innen mit unterschiedlichen Kompetenzen, Funktionen und Vergütungen und die Einbindung ehrenamtlicher Potenziale erweitern die Anforderungen an die Personalsteuerung. Die steigende Anzahl der Mitarbeiter/innen erhöht nicht nur die Heterogenität, sondern auch die Fluktuation und erschwert die erforderliche Bindung an die Einrichtungen. Beher (2006) reklamiert für den Personalmix in Ganztagsschulen differenzierte Personalkonzepte unter »der Beachtung von Personalmanagement und Personalentwicklungsmaßnahmen«.

Bisher liegen wenige empirische Daten vor, wie diese Aufgaben im Detail in den hier beschriebenen Einrichtungstypen bewältigt werden; dennoch lassen sich aus den vorliegenden Daten folgende Steuerungsaufgaben skizzieren:

- Große Mütterzentren und »hybride« Einrichtungen haben einen hohen Regelungs- und Koordinierungsaufwand. Je geringer die Anzahl von Planstellen und je größer die Anzahl der Mitarbeiter/innen, die für ein geringes Entgelt arbeiten, desto zeitintensiver wird die Gestaltung individueller, unterschiedlicher Vereinbarungen, um die Belange der Einrichtungen und die Wünsche der Akteure in Einklang zu bringen. Auch der Koordinierungsaufwand erhöht sich, bei mehr als 25 Mitarbeiter/innen sind in der Regel Unterstrukturen mit zusätzlichen Ansprechpartnern erforderlich.

- Eine wichtige Leitungsaufgabe ist die Förderung einer Kooperationskultur, die Mitarbeiter/innen an die Einrichtung bindet. Mitarbeiter/innen mit geringer Vergütung oder freiwilligem Engagement machen ihren Einsatz wesentlich vom »Klima« in der Einrichtung abhängig, sie wollen sich in der Einrichtung wohlfühlen und erwarten Wertschätzung und Anerkennung ihrer Arbeit.
- Eine zentrale Stellschraube in Mütterzentren und Familienbildungseinrichtungen ist auch die »Sicherstellung« der Finanzierungsgrundlagen, die an dieser Stelle nicht differenziert dargestellt werden kann, aber erwähnt werden muss. Dazu zählen Kenntnisse der Fördertöpfe und regionalen Sponsoren, aber auch der gesetzlichen Bestimmungen über Zusatzverdienstgrenzen bei Hartz-IV-Kräften und Rentnern. Diese Aufgaben binden erhebliche Zeitressourcen; unterschiedliche Förderlogiken und Abrechnungsverfahren sind zusätzliche Hürden.
- Das Zusammenspiel von Fachkräften, ehrenamtlichen Mitarbeiter/innen und anderen Akteuren ist insbesondere in Tageseinrichtungen für Kinder eine besondere Herausforderung. Es gehört zum Alltag der Einrichtungen, dass sowohl die Eltern der Kinder als auch externe freiwillige Akteure bei verschiedenen Aufgaben regelmäßig einbezogen werden. Eine besondere Herausforderung ist der Einsatz im pädagogischen »Kerngeschäft«. Zugespitzt formuliert ist das Prinzip »auf Augenhöhe miteinander zu arbeiten« ein kommunikatives, aber kein formales. In der Praxis gibt es sehr viele gelungene Beispiele für den Einsatz freiwilliger Akteure (vgl. DJI-Recherche), dennoch soll nicht verschwiegen werden, dass der Mix Spannungselemente enthält und leicht eine Konkurrenz zwischen Ehrenamtlichen und Hauptamtlichen entstehen kann. Diese Konkurrenz ist in dem spezifischen Tätigkeitsfeld der »Erziehung« naheliegend, da »jedermann« Erfahrungswissen »in Sachen Erziehung« vorweisen kann. Dieses Spannungsfeld zu gestalten, Entlastung und Bereicherung durch die Einbindung ehrenamtlicher Akteure zu vermitteln ist eine anspruchsvolle Leitungsaufgabe. Sie

wird an Bedeutung gewinnen, wenn man die freiwilligen bürgerschaftlichen Potenziale stärker als bisher in das Arbeitsfeld einbinden will. Ehrenamtliche Akteure können in wichtigen Aufgabenfeldern die Kernaufgaben der Fachkräfte ergänzen, die Vorzüge des institutionellen Settings, insbesondere Kontinuität, und zuverlässige Beziehungsgestaltung bieten eine verlässliche Plattform für freiwilliges Engagement, mit dem der Aufbau sozialer Netze »rund um Familie« unterstützt werden kann.

## 6 Risiken und Nebenwirkungen im Personalmix

Wechselt man den Analyserahmen von der institutionellen Alltagsgestaltung zur Arbeitsmarkt- und Sozialpolitik, werden die Schattenseiten dieser Entwicklung deutlich. Ins Auge fällt, dass Personalmix zwar nicht Ursache, aber auch Ausdruck prekärer Beschäftigungsverhältnisse ist, deren Hintergründe beispielsweise Ulrich Beck (2000) ausführlich analysiert hat. Beck begründet, warum Globalisierungseffekte zu einer radikalen Veränderung des Arbeitsmarktes führen. Er erläutert den dramatischen Rückgang »normaler«, tariflich geregelter und den Anstieg prekärer Arbeitsverhältnisse, deren Risiken auf die Individuen abgewälzt werden (Beck 2000, S. 58 ff.). Die Arbeitsmarktentwicklung der letzten Jahre und auch die hier diskutierten Daten bestätigen seine Analysen.

Drei kritische Aspekte sind im Kontext institutioneller Veränderungen zu beachten:

*Erstens:* Unterschiedliche Vergütungen für gleiche bzw. vergleichbare Tätigkeiten begünstigen auf Dauer einrichtungsinterne Spannungen. Die Beschäftigung im Niedriglohnbereich dürfte sowohl für die Anstellungsträger als auch für die Mehrzahl der Akteure keine freiwillig gewählte, sondern eine aufgrund mangelnder Alternativen getroffene Entscheidung sein, verbunden mit erheblichen Einschränkungen in der Lebensführung, da die Einkünfte keine Existenzsicherung ermöglichen. Verschärfend wirkt, wenn bei vergleichbarer Qualifikation vergleichbare Aktivitäten unterschiedlich vergütet werden; dies widerspricht dem Anspruch »gerechter Entlohnung«.

*Zweitens:* Monetäre Vergütung ehrenamtlicher Tätigkeit verwischt die Grenze zum Niedriglohnbereich. »Ehrenamtliche Arbeit« bekommt eine neue Qualität, wenn Bezahlung Teil der Existenzsicherung wird. Nicht nur die Grenze zum »Niedriglohnbereich« verschwimmt, sondern auch die Philosophie und Legitimation des Ehrenamtes, wie es im Freiwilligensurvey (vgl. Rauschenbach 2001; Enquetekommission 2002) definiert ist, wird fragwürdig. Das spricht nicht gegen die Akteure, im Gegenteil, sie verbessern durch ihr Engagement ihre ökonomische Grundlage und sie erzielen einen sozialen »Mehrwert«, denn ihr Engagement ermöglicht soziale Teilhabe und vergrößert ihre Chancen für den Wiedereinstieg in den regulären Arbeitsmarkt. Vielmehr berührt dies das Selbstverständnis ehrenamtlicher Tätigkeit. In diesem Zusammenhang stellt sich die grundsätzliche Frage, ob das Konzept bezahlter Bürgerarbeit (vgl. Beck 2000) eine realistischere Handlungsoption wäre und die bisherigen konzeptionellen Grundlagen ehrenamtlicher Tätigkeit erweitert werden müssten.

*Drittens:* Personalmix begünstigt Deprofessionalisierungstendenzen, wenn die Spezifika der verschiedenen Akteursgruppen verwischen.

Für die Einrichtungen, die im Kerngeschäft mit fachlich ausgebildetem Personal arbeiten, bzw. gearbeitet haben, ist es eine einfache Rechenaufgabe: Der Abbau von Fachstellen bzw. der Einsatz nicht fachlich ausgebildeter Kräfte für neu entstandene Fachaufgaben reduziert Fachqualität.

Dahinter stehen Grundsatzfragen: Wie viel »berufliches Handeln«[4] ist in den jeweiligen Institutionen erforderlich? Welchen Stellenwert hat die Professionalisierung in den sozialen Handlungsfeldern und wie viel »darf« sie kosten? Der Blick in die historische Entwicklung der Arbeitsfelder und Institutionen macht die Reichweite dieser Thematik deutlich. Bekanntermaßen sind alle Tätigkeiten »rund um Kinder und Familie« in früheren gesellschaftlichen Epochen unbezahlte Tätigkeiten von Frauen gewesen. Es hat lange gedauert, bis sich daraus etablierte Berufe entwickelt haben (vgl. Klement 2006). Der Einsatz unausgebildeter Kräfte für Aufgaben, in denen bisher Fachkräfte tätig waren bzw. tätig sein könnten, stellt die Legitimation des Fachpersonals infrage und ist – zugespitzt formuliert – ein Rückschritt in die Deprofessionalisierung.

---

4 Auf die damit verbundenen Professionalisierungsdebatten kann an dieser Stelle nur hingewiesen werden. Eine ausführliche Erörterung professionssoziologischer Konzepte ist nachzulesen bei Klement (2006).

Dabei geht es nicht nur um berufsständige Überlegungen, sondern um den Stellenwert beruflicher Qualifikation im Zusammenhang steigender Qualitätsanforderungen. Charakteristikum beruflicher Qualifikation ist die Ausweitung der Perspektive durch erworbene Wissensbestände; Bildung und Ausbildung führen zu erweiterten Reflexions- und Handlungsoptionen.

Um es an einem Beispiel zu erläutern: Für eine Bilderbuchbetrachtung braucht man eine kindorientierte, zugewandte Haltung, die lebensgeschichtlich erworben werden kann. Die Beachtung grundlegender Regeln und der differenzierte Umgang mit den Strukturebenen im Spracherwerb erfordern darüber hinaus theoriefundiertes Fachwissen, das in Ausbildungen vermittelt wird.

Im Arbeitsfeld der ambulanten Altenpflege haben Klement/Rudolph (2006) Einstellungen von Fachkräften zum Ehrenamt in qualitativen Interviews analysiert. Ihre Auswertungen belegen, dass ein Teil der ausgebildeten Kräfte ehrenamtliche Mitarbeiter/innen als Konkurrenz empfinden und Verdrängungseffekte befürchtet. Klement/Rudolf kommen zu dem Schluss, dass differenzierte und klare Konzepte erforderlich sind, um eine Abschottung zu verhindern und ein sinnvolles Miteinander zu ermöglichen. Voraussetzung für das Zusammenspiel unterschiedlicher Akteursgruppen ist die Akzeptanz der Unterschiedlichkeit. Diese kann nicht selbstverständlich vorausgesetzt, sondern muss durch Personalkonzepte, durch klare Aufgaben- und Tätigkeitsbeschreibungen hergestellt werden. Der Einsatz freiwilliger Akteure kann nicht gegen, sondern nur mit Unterstützung der beruflich ausgebildeten Fachkräfte gelingen.

Mit Blick auf die weitere Entwicklung ist davon auszugehen, dass sich der Trend zum Personalmix festigen wird: Die Weiterentwicklung der Institutionen erfordert die Einbindung zusätzlicher Kompetenzen, freiwilliges bürgerschaftliches Engagement ist für den Aufbau sozialer Netze und die Bildung sozialen Kapitals unverzichtbar, die Beschäftigung im Niedriglohnbereich bleibt Teil eines veränderten Arbeitsmarktes.

Die unterschiedlichen Motive für den Personalmix bewirken einen komplexen, mehrdimensionalen Veränderungsprozess. Er beinhaltet sowohl innovative Entwicklungen als auch die Risiken einer fortschreitenden Entmischung beruflichen und erfahrungsorientierten Handelns. Damit die Chancen des Personalmixes genutzt werden können, müssen die Risiken im Blick bleiben und Veränderungsprozesse fachlich und politisch unterstützt werden.

# 7 Literatur

Beck, Ulrich (2000): Schöne neue Arbeitswelt. Frankfurt am Main

Beher, Karin (2005): Lage und Probleme im Ganztag – Nebenwirkungen nicht ausgeschlossen –Das Phänomen der Personalfluktuation, BLK Verbundprojekt, Lernen für den Ganztag, [Online] verfügbar unter: www.ganztag-blk.de

BMFSFJ (Bundesministerium für Familie, Senioren, Frauen und Jugend) (2006): Bestandsaufnahme und Evaluation von Angeboten im Elternbereich

Deutsches Jugendinstitut (Hrsg): DJI-Zahlenspiegel 2007 – Kindertagesbetreuung im Spiegel der Statistik, Informationsdienst der Abt. Kinder und Kinderbetreuung, [Online] verfügbar unter: www.dji.de

Deutscher Bundestag (Hrsg.) (2002): Enquete-Kommission »Zukunft des Bürgerschaftlichen Engagements«

Diller, Angelika/ Liebich, Daniela/ Schröder, Delia (2006): Mehrgenerationenhäuser – intergenerative Aktivitäten in unterschiedlichen Institutionstypen, Rechercheberich im Auftrage des Bundesministeriums für Familie, Senioren, Frauen und Jugend (BMFSFJ) [Online] verfügbar unter: www.mehrgenerationenhaeuser.de/coremedia/generator/mgh/de/__Downloads/ DJI__MGH__Abschlussbericht.pdf

Diller, Angelika (2006): Eltern-Kind-Zentren – Grundlagen und Rechercheergebnisse. [Online] verfügbar unter: www.dji.de/bibs/411_Grundlagenbericht_Eltern-Kind-Zentren.pdf

Diller, Angelika (2006): Gemeinsam an einem Strang – Eltern-Kind-Zentren und Mehrgenerationenhäuser. In: Liga für das Kind, Heft 6

Gensicke, Thomas/Picot, Sybille/Geiss, Sabine (2006): Freiwilliges Engagement in Deutschland 1999–2004 [Online]verfügbarunter:www.bmfsfj.de/Kategorien/Forschungsnetz/forschungsberichte,did=73430.html

Heitkötter, Martina/Thiessen, Barbara (2008): Familienbildung: Entwicklungen und Herausforderungen. In: Macha, H. (Hrsg.): Handbuch der Erziehungswissenschaften: Grundlagenband Familie – Kindheit – Jugend – Gender. Bd. 3/I

Klement, Carmen (2006): Von der Laienarbeit zur Profession? – Zum Handeln und Selbstverständnis beruflicher Akteure in der ambulanten Altenpflege

Klement, Carmen/Rudolph, Brigitte (2006): Konkurrenz oder Ergänzung? Chancen und Risiken der Integration Ehrenamtlicher in der ambulanten Altenpflege aus der Sicht der beteiligten Akteure. In: Blätter der Wohlfahrtspflege, Heft 6

Rauschenbach, Thomas (2001): Ehrenamt. In: Otto, Hans-Uwe/ Thiersch Hans (Hrsg.) (2005): Handbuch – Sozialarbeit, Sozialpädagogik. 3. Auflage

Schwalb, L.ilian/Walk Heike (Hrsg.) (2007): Local-Governance – mehr Transparenz und Bürgernähe (Bürgergesellschaft und Demokratie)

# Beispiele flexibler und erweiterter Kinderbetreuung in der Bundesrepublik: ähnliche Ansätze, verschiedene Bedingungen und Wege der Finanzierung
Nicole Klinkhammer

## 1 Ausgangslage: differenzierte Betreuungsbedarfe im Kontext des deutschen Kita-Systems

Mit der Verabschiedung des Tagesbetreuungsförderausbaugesetzes (kurz: TAG) zum 01.01.2005 hat der Ausbauprozess von Angeboten der Kindertagesbetreuung eine neue Dynamik erfahren. Die Frage, ab welchem Versorgungsgrad eine Bedarfsgerechtigkeit erreicht werden kann und ob die vorgenommenen Bedarfskalkulationen wirklich bedarfs*gerecht* oder ausreichend sind (vgl. Rauschenbach u. a. 2007), bestimmt seit der Verabschiedung des Gesetzes die fachpolitische Diskussion. Binnen der letzten zwei Jahre wurde die Zielmarke für den Ausbau weiter erhöht: Während im Rahmen des TAG bis 2010 230.000 neue Betreuungsplätze für Kinder unter drei Jahren geschaffen werden sollen (vgl. Konsortium Bildungsberichterstattung 2006, S. 36), gibt das Bundesfamilienministerium mittlerweile die Zielvorgabe von insgesamt 750.000 Plätze bis zum Jahr 2013 an.

Dies ist nicht zuletzt ein Versuch, dem steigenden Bedarf Rechnung zu tragen. Wie sich derzeit die Betreuungssituation von Kindern in den ersten Lebensjahren gestaltet und welchen Aufholbedarf es nicht nur in quantitativer Hinsicht noch gibt, kam unter anderem in der bundesweit durchgeführten DJI-Kinderbetreuungsstudie, in der 8.000 Eltern mit Kindern unter sieben Jahren zu ihren Betreuungswünschen befragt wurden, zum Ausdruck (vgl. Bien u. a. 2007). Der Vergleich unterschiedlicher Bedarfskalkulationen macht trotz aller Unterschiedlichkeit deutlich, dass alle Daten auf eins hinweisen: den Ausbau von Angeboten. Welche Herausforderungen und Anstrengungen damit verbunden sind, zeigt der aktuelle Bericht zum Ausbaustand, der den benannten Zielen ein eher ernüchterndes Urteil ausspricht (vgl. Deutscher Bundestag 2007).

Insgesamt dominiert derzeit noch das Bemühen um den quantitativen Ausbau die politische Agenda. Dabei konzentriert sich die familienpolitische Debatte sehr stark auf die Verbesserung der infrastrukturellen Rahmenbedingungen für eine bessere Vereinbarkeit von Familie und Beruf bzw. in vielen Regionen der (westlichen) Bundesrepublik soll diese mit der Unterstützung öffentlicher Angebote überhaupt ermöglicht werden. Nicht zuletzt hängt dies auch mit der vom Gesetzgeber vorgenommen Bedarfsdefinition im TAG zusammen, welche vor allem an die Erwerbstätigkeit der Eltern gekoppelt ist (vgl. § 24 (3) SGB VIII).

Trotz politischer Bestrebungen weisen aktuelle Studien (vgl. u. a. Bien u. a. 2006) immer wieder auf das Spannungsverhältnis zwischen einem hohen, aber auch sehr *differenzierten* Bedarf von Eltern sowie den bestehenden Angeboten in der Kinderbetreuung hin. Nicht nur, dass Angebote in weiten Teilen der Bundesrepublik schlicht fehlen, der »Regelkindergarten« mit seinen recht starren und meist zu kurzen Öffnungszeiten dominiert die soziale Infrastruktur für Kinder und Familien erheblich. Somit gibt es nicht nur zu wenige, sondern auch zu unflexible Bildungs- und Betreuungsangebote (vgl. Fendrich/Pothmann 2006).

Ein zeitlich starres und inflexibles Bildungs- und Betreuungsangebot ignoriert, dass auch berufstätige Eltern von den Wandlungsprozessen auf dem globalisierten Erwerbsmarkt betroffen sind. So ist die häufig von Müttern ausgeübte Teilzeiterwerbstätigkeit schon lange keine typische Halbtagsbeschäftigung am Vormittag mehr (vgl. Stöbe-Blossey 2004). Aktuelle Daten zur Lage und Struktur von Arbeitszeiten belegen, dass immer mehr Beschäftigte von »betrieblich bedingten Schwankungen des täglichen und wöchentlichen Arbeitszeitvolumens« (Bauer/Munz 2005, S. 40) betroffen sind. Das bedeutet, die Arbeitszeit*verteilung* wird, neben dem tatsächlichen Arbeitszeit*umfang*, den betrieblichen Belangen angepasst und hat zu einer Ausbreitung von Schicht- und Wechseldienstsystemen sowie variablen Anfangs- und Endzeiten in den Arbeitszeiten geführt (vgl. Groß u. a. 2007).

In der heutigen Wissens- und Dienstleistungsgesellschaft sind immer mehr Branchen und Arbeitsmarktsektoren – neben dem traditionell bekannten Schichtdienst z. B. im Kranken- und Pflegebereich, der Gastronomie oder Polizei – von diesen Veränderungen betroffen. Diese Entwicklungen haben zur Folge, dass die Betreuungsbedarfe von Familien heute entsprechend ihrer Lebens- und Erwerbssituation sehr differenziert und vielschichtig sind: Zu dem durchaus immer noch bestehenden »Regelbedarf« einer »einfachen«

(Ganz-)Tagesbetreuung benötigen Eltern ebenso Betreuungslösungen für ihre variablen Arbeitszeiten, was den Bedarf an Angeboten am frühen Morgen, Abend und Wochenende mit einschließt (vgl. Schier u. a. 2007).

Da flexible und erweiterte Angebote – aus ganz unterschiedlichen Gründen – eine Minderheit im deutschen Kita-System darstellen, basteln sich Eltern mit viel Energie und Kreativität ihr »Betreuungspatchwork«. So geben sich schichtdienstarbeitende Paare buchstäblich »die Klinke in die Hand« und decken die Betreuung mit komplementären Diensten ab, alleinerziehende Elternteile setzen auf private Netzwerke, wie die in der Nachbarschaft wohnende Oma oder einen Babysitter aus dem Freundeskreis (vgl. auch Klenner u. a. 2004; Klenner/Pfahl 2005; Schier u. a. 2007). Dabei können schon geringe Veränderungen das fragile »Betreuungspatchwork« zum Erliegen bringen.

Ausgelöst durch die skizzierten Entwicklungen auf dem Arbeitsmarkt, nimmt vonseiten der Eltern die Forderung nach zeitlich und organisatorisch flexibleren und erweiterten Angeboten eine zentrale Bedeutung ein (vgl. Heitkötter 2006; Fendrich/Pothmann 2006). Die Aussagen der befragten Eltern der DJI-Betreuungsstudie belegen, dass eine nutzerfreundliche und damit entsprechend zeitsensibler bzw. bedarfsgerechtere Ausrichtung der Infrastruktur ein enormes Defizit darstellt (ebenda). Die Forderung nach zeitlich flexibleren Angebotsstrukturen wird übrigens in diesem Zusammenhang von Eltern formuliert, die nicht erwerbstätig sind. Welche Bedarfe diese Nutzergruppe hat und welche Chancen sich sowohl für das Kind als auch für die Eltern durch einen an den schrittweisen, an den Bedürfnissen der Familie orientierten Übergang in das Kita-System ergeben (z. B. in Form einer tageweisen Betreuung), bleibt in der aktuellen »vereinbarkeitsversierten« Debatte völlig unterbelichtet.

Sehr häufig fallen flexible und erweiterte Bildungs- und Betreuungsangebote für Kinder aus dem gesetzlich geförderten Regelsystem heraus. Das bedeutet, dass sie privat finanziert bzw. refinanziert werden – durch die Eltern selbst, durch Unternehmen oder anderen Sponsoren. Aufgrund subsidiärer Aufgaben- und Verantwortungsstrukturen des deutschen Systems der Kindertagesbetreuung sind in Deutschland große regionale Unterschiede im zeitlichen Umfang von Kinderbetreuungsangeboten charakteristisch. Was in einem Bundesland bzw. einer Kommune als Regelangebot gilt, geht an einem anderen Ort bereits weit über das hinaus, was Eltern an öffentlicher Unterstützung erwarten können. Dies hat zum einen erhebliche regionale Unterschiede in der sozialen Infrastruktur für Kinder und Eltern zur Folge, zum anderen, und das wird in den folgenden Modellstandorten deutlich, gilt es für die Finanzierung der Angebote unterschiedliche Finanzierungswege auszuloten, da teils sehr unterschiedliche Förderstrukturen die Möglichkeiten der gesetzlich finanzierten Angebote bestimmen.

Dass sich in der Praxis hauptsächlich »Regelangebote« finden lassen, ist zum einen eine Konsequenz der historischen Entwicklung dieses Systems, in dem der halbtägige Kindergarten in Westdeutschland und das Ganztagsangebot im Osten der Republik das jeweils dominante Familien- und Erwerbsmodell stützten (vgl. Rauschenbach 2006). Zum anderen lässt sich nicht verleugnen, dass die unterschiedlichen Interessenlagen von Arbeitgebern, Eltern, Kindern, pädagogischen Fachkräften und Trägern an mehr oder weniger Flexibilität in der Kinderbetreuung deutliche Spannungsfelder erzeugen. Die Bedürfnisse der Kinder nach Kontinuität und Verlässlichkeit sowie das in der pädagogischen Arbeit notwendige Maß an Regelmäßigkeit stehen im Widerspruch zu einer »grenzenlosen« Flexibilität, die eine jederzeit abrufbare »Ware Kinderbetreuung« fordert. Um die Qualität der pädagogischen Arbeit sowie das Wohlbefinden der Kinder in den Einrichtungen zu sichern, braucht Flexibilität eine konzeptionelle Rahmung, die mehr Wahlmöglichkeiten für Eltern schafft, ohne dabei auf neue zeitliche Eckwerte und Vorgaben zu verzichten.

Welche praktischen Wege – auch in Kooperation der oben benannten Akteure – möglich sind, sollen die im Folgenden exemplarisch ausgewählten drei Modelle flexibler und erweiterter Kinderbetreuung aufzeigen. Trotz einer ähnlichen Angebotsidee weisen sie unterschiedliche Entstehungshintergründe und verschiedene Träger- und Finanzierungsmodelle auf. Die Darstellung der Modelle konzentriert sich auf den (Träger-)Hintergrund, die zeitliche Flexibilisierung der Angebotsstrukturen sowie die Finanzierung der erweiterten Angebote. Interessant ist an zwei der drei Modelle zudem, dass sie weitere familienunterstützende Dienstleistungen an ihre Einrichtung anlagern. Welche grundlegenden Herausforderungen sich einerseits für die Gestaltung sowie andererseits Finanzierung flexibler Angebotsformen in der Kindertagesbetreuung ergeben, wird im Fazit thematisiert.

## 2 Flexible und erweiterte Kinderbetreuung: eine Überschrift, drei Modelle

Ein Blick in die Kita-Landschaft zeigt, wie sehr die bestehenden Modelle flexibler Kindertageseinrichtungen in ihrer Angebotsgestaltung und -organisation von den im System verankerten heterogenen Rahmen- und Förderbedingungen geprägt sind. Um den geäußerten Bedarfen von Familien und den damit verbundenen Betreuungsproblemen Rechnung zu tragen, sind inzwischen eine Reihe von Modellen entstanden, mit denen in unterschiedlichen Bundesländern, bei unterschiedlichen rechtlichen Vorgaben und unter Nutzung unterschiedlicher Ressourcen Angebote erweitert und flexibilisiert werden, die eine Betreuung beispielsweise am Abend, am Wochenende oder auch stundenweise in Ausnahmefällen umfassen.

Die hier vorgestellten Modelle zeigen lediglich einen Ausschnitt aus der Praxis.[1] Dabei erfolgte die Auswahl der Modelle *nicht* nach dem »Best Practice«-Prinzip, sondern im Vordergrund stehen die Unterschiede in der Angebotsstellung und -finanzierung.

### 2.1 Das »Trägerkooperationsmodell« im Kinderhaus Regenbogen (Stuttgart/Baden-Württemberg)[2]

Das Haus und seine Träger

Das Kinderhaus Regenbogen setzt sich bereits seit Ende der 1980er-Jahren mit dem Thema der Flexibilität in der Kinderbetreuung auseinander. So begann man in dieser Zeit bereits mit der Einführung von Teilzeitplätzen für Schulkinder; es folgte eine schrittweise Ausweitung der Öffnungszeiten, die Weiterentwicklung von individuell buchbaren Betreuungsbausteinen und damit die Möglichkeit für Familien, sich einen auf ihre eigene Lebenssituation abgestimmten Betreuungsplan zu gestalten. Mit der Abwendung von der normierten Angebotsstruktur und der Erweiterung der Öffnungszeiten

---

[1] Weitere Modelle sind in Klinkhammer (2005) und im Online-Handbuch »Flexible Kinderbetreuung« (hrsg. von Altgeld/Klaudy/Stöbe-Blossey) dargestellt.

[2] Im Rahmen einer wissenschaftlichen Begleitung hat das Deutsche Jugendinstitut für eineinhalb Jahre das Zusammenspiel der Akteure im Trägermodell, die Nutzung/Nutzungsmotive der erweiterten Angebote durch die Eltern sowie die Herausforderungen der pädagogischen Gestaltung und Organisation der Angebote in den Blick genommen (vgl. Klinkhammer 2007c).

setzte im Kinderhaus ein Entwicklungsprozess ein, mit dem Ziel, ein Bildungs- und Betreuungsangebot anzubieten, das den veränderten Alltagsrealitäten der *vor Ort lebenden Familien* gerecht wird. Bisher geschah dies unter der Trägerschaft der Kirchengemeinde St. Elisabeth, einem traditionellen, freien Träger der Kinder- und Jugendhilfe. In Stuttgart ist St. Elisabeth die größte Kirchengemeinde mit fünf weiteren Kindertageseinrichtungen in eigener Trägerschaft.[3] Bis heute hat die Kirchengemeinde dem Kinderhaus den Entwicklungsspielraum für flexible Angebote ermöglicht, auch wenn es sich dadurch teils wesentlich von den anderen Einrichtungen in der Trägerschaft unterscheidet.

Als die Idee aufkam, die Öffnungszeiten wochentags auf die Abendstunden bis 20.00 Uhr zu verlängern und die Angebotsstruktur auf den Samstag auszuweiten, wurde sehr schnell deutlich, dass die Finanzierung nicht über die Kirchengemeinde geschehen konnte. Da die Angebote nicht im System der Regelfinanzierung erfasst werden, bleiben öffentliche Zuschüsse und damit wichtige Finanzpartner für die Kirchengemeinde aus. Um das Angebot dennoch zu realisieren, entstand im Mai 2006 die Kooperation zwischen der Kirchengemeinde und dem privaten Dienstleistungsunternehmen der I.S.AR. München GmbH. Das in München ansässige Institut für Sozialpädagogische Arbeit (I.S.AR.) ist in verschiedenen Bereichen der sozialen Arbeit tätig, wie beispielsweise der betrieblichen Sozialarbeit, der Wohnungswirtschaft oder der Schulsozialarbeit. Durch die Kooperation erschließt sich I.S.AR. zudem ein neues Aufgabenfeld – die Kindertagesbetreuung.[4]

Wenngleich die Freundschaft zwischen dem Leiter des Kinderhauses sowie dem Geschäftsführer der I.S.AR. München GmbH den Motor für diese Kooperation ausmacht, stellt dieses Modell von zwei bis dahin unbekannten Trägern eine neuartige Form der Zusammenarbeit dar. An dem Punkt, wo die (finanzielle) Grenze des traditionellen Trägers aufscheint, beginnt zugleich die Chance für einen neuen Träger, wie der I.S.AR. München GmbH. Um Projektzuschüsse von der Stadt Stuttgart erhalten zu können, ist der für die Kinderbetreuung zuständige Teilsektor von I.S.AR. gemeinnützig (demnach: I.S.AR. München gGmbH).

---

3 Für weitere Informationen über die Kirchengemeinde, vgl. www.st-elisabeth-stuttgart.de.
4 Auftraggeber für die Bereitstellung der jeweils gefragten sozialen Dienstleistungen sind privatwirtschaftliche und kommunale Unternehmen, Verbände und Privatpersonen. Für weitere Informationen über das Institut für Sozialpädagogische Arbeit, s. www.isar-muenchen.de.

### Die Bildungs- und Betreuungsangebote

Während die Kirchengemeinde Träger des bereits sehr flexiblen »Regelangebotes« in der Zeit von Montag bis Freitag 6.30 Uhr bis 17.30 Uhr ist, hat die I.S.AR. München gGmbH die Trägerschaft für die erweiterte Betreuung bis 20.00 Uhr (Montag–Freitag) sowie am Samstag zwischen 9.00 und 16.00 Uhr übernommen. Darüber hinaus werden fünf Kurzzeitbetreuungsplätze angeboten, die eine Lösung für den sogenannten »Notfall« im Familienalltag bieten. Diese Plätze stehen in erster Linie externen Familien, die keinen regulären Betreuungsplatz im Kinderhaus haben, zur Verfügung. Fällt die eigentliche Betreuung aus, beispielsweise durch die Erkrankung der Tagesmutter, oder steht ein Termin an, bei der eine erweiterte Betreuung notwendig wird, können Eltern auf diese »Notfallplätze« zurückgreifen. Auch Eltern aus anderen Städten, die beruflich zeitweise in Stuttgart zu tun haben, konnten ihre Kinder im Rahmen dieser Betreuungsform bereits gut versorgen.

Abbildung 1: Das erweiterte Betreuungsangebot im Kinderhaus Regenbogen

Quelle: www.isar-muenchen.de/seiten/regenbogen/betreuungsangebot.html

Die Familien, die einen »Regelplatz« in der Einrichtung haben, können durch die Wahl verschiedener zeitlicher Bausteine und Buchungsmöglichkeiten einen Betreuungsplan entsprechend ihres Bedarfs zusammenstellen. Folgende Grundbausteine werden angeboten:
- Vier Stunden bis elf Stunden von Montag bis Freitag im Rahmen der Öffnungszeit;

- zu allen Betreuungsformen kann der Baustein Mittagessen dazu genommen werden;
- im Rahmen von Teilzeitplätzen sind auch einzelne Betreuungstage möglich;
- die Bausteine können für jeden einzelnen Wochentag gewählt und im Laufe einer Woche miteinander kombiniert werden;
- liegt bei Kindern mit Behinderungen ein erhöhter Betreuungsbedarf vor, so sind bei allen Betreuungsformen integrierte Eingliederungshilfen möglich.[5]

Da es ein wichtiges Ziel ist, eine Balance zwischen *Bildungs-* und *Betreuungs*auftrag der Einrichtung herzustellen, werden die Eltern vonseiten der Einrichtungsleitung bei der Gestaltung des Betreuungsvertrages beraten. Dabei spielen Tagesablauf sowie pädagogische Angebote in der Einrichtung eine wichtige Rolle. Denn in den letzten Jahren wurden nicht nur verschiedene Betreuungs-, sondern auch 18 verschiedene Bildungsbausteine im Haus entwickelt, die auf einem gemeinsamen prozessorientierten Bildungsverständnis beruhen. Damit versucht das Kinderhaus, auf die vielfältigen Bedarfe der Eltern, die ebenso vielfältigen Bedürfnisse der Kinder und die organisatorischen Herausforderungen der pädagogischen Arbeit zu reagieren. Im Rahmen des Qualitätsmanagementsystems im Haus werden immer wieder Fragestellungen aufgeworfen und bearbeitet, die die bedürfnisgerechte Gestaltung der Betreuungsangebote aus Sicht der Kinder betreffen. Wie wird die Eingewöhnungsphase bei den Kindern gestaltet, die die Kurzzeitbetreuungsplätze nutzen? Welche Personalkontinuität muss gewährleistet sein, damit ein externes Kind sich wohl fühlt? Wie kann ein verlässliches und vertrautes Betreuungssetting für das Kind sichergestellt werden? All dies sind Fragen, die den pädagogischen Alltag der Einrichtung immer wieder von Neuem beschäftigen.

### Die Finanzierung

Im Zuge der Reform des baden-württembergischen Kindertagesbetreuungsgesetzes (KitaG) im Jahre 2004 wurde den Kommunen die Gesamtverantwortung für die Finanzierung und Planung des

---

5 Weitere Informationen über das Kinderhaus, s. www.kinderhaus-regenbogen-stuttgart.de.

Betreuungsangebotes vom Land übertragen und die städtische Förderung der Tageseinrichtungen für Kinder auf die Förderung pro belegtem Platz umgestellt – in der konkreten Ausgestaltung eine Mischung aus Objekt- und Subjektfinanzierung. Wichtig ist mit Blick auf die Angebotsgestaltung des Kinderhauses, dass bei dem Zuschuss pro belegtem Platz zwar zwischen Öffnungszeiten und Altersgruppen der Kinder unterschieden wird, insgesamt regelt die kommunale Finanzierung aber nur die Vormittagsbetreuung, eine verlängerte Vormittagsbetreuung (bis ca. 13.30 Uhr) sowie die Ganztagsbetreuung.[6] Wenngleich sich keine konkreten Zeitangaben zu den drei Angeboten Vormittag, verlängerter Vormittag und ganztags in den gesetzlichen Ausführungen finden lassen, zeigt ein Blick in die bestehende Angebotsstruktur von Stuttgart, dass die Fördepraxis sich auf die Zeiten bis ca. 12.00 Uhr, 13.30 Uhr und 17.30 Uhr konzentriert. Die erweiterten und flexiblen Angebote des Kinderhauses fallen aus dieser gesetzlichen Regulierung heraus und sind damit nicht öffentlich finanziert.

Im Rahmen der Trägerkooperation wird das Regelangebot bis 17.30 Uhr über die Trägerschaft der katholischen Kirche und der damit verbundenen Förderung im Regelsystem abgedeckt. Die Elternbeiträge richten sich nach dem Gebührenverzeichnis der Stadt Stuttgart, das wiederum nach dem oben genannten Prinzip Halbtagsangebote, Regelangebote mit veränderten Öffnungszeiten und Ganztagsangebote unterscheidet. Neben dem Alter des Kindes bestimmt auch eine Geschwisterregelung den Elternbeitrag.[7]

Die erweiterten Angebote in der Trägerschaft der I.S.AR. München gGmbH werden durch die Nutzer, wie die Eltern, die Arbeitgeber/Unternehmen und/oder die Wirtschaftsförderung, finanziert bzw. refinanziert. Bis jetzt haben sich die Stadt Stuttgart sowie die Firma Bosch als erste Kooperationspartner dazu bereit erklärt, in unterschiedlichem Maß in das Projekt mit einzusteigen. Durch die (finanzielle) Beteiligung dieser Akteure verringert sich zum einen

---

6 Laut des baden-württembergischen Kindertagesbetreuungsgesetzes (KitaG 2006) gilt der Rechtsanspruch von Kindern zwischen drei und sechs Jahren. Die Gemeinden »haben darauf hinzuwirken, dass ein bedarfsgerechtes Angebot an Ganztagsplätzen oder ergänzend Förderung in Kindertagespflege zur Verfügung steht (vgl. § 3 Abs. 1).

7 Im Vergleich zu anderen Städten fallen die Gebühren für Eltern sehr gering aus (vgl. LH Stuttgart/Pressedienst 2006). Beispielsweise kostet ein Ganztagsbetreuungsplatz für Kinder bis drei Jahren 114,00 € bei einem Kind, 66,00 € bei zwei, 37,00 € bei drei und 33,00 € bei vier und mehr Kindern. Seit dem 01.01.2006 liegt allen städtischen Gebühren ein einheitlicher Preis pro Betreuungsstunde in Höhe von derzeit 0,63 € zugrunde. Inwiefern diese Kalkulation kostendeckend ist, bleibt an dieser Stelle offen!

das betriebswirtschaftliche Risiko der I.S.AR. München gGmbH, zum anderen senken sich die Beiträge der Eltern entsprechend der Finanzierungsbeteiligung. Derzeit liegen die Kosten für die Betreuung am Abend sowie die Kurzzeitbetreuung bei 8,00 € in der Stunde und für die Betreuung am Samstag bei 4,50 € in der Stunde bzw. 30,00 € für sieben Stunden. Die Differenz bei den Preisen kommt aufgrund der aktuellen Förderung der Angebote zustande: Im Rahmen eines Modellprojekts unterstützt die Stadt Stuttgart derzeit die Betreuung am Samstag, was eine Senkung der Preise für die Eltern zur Folge hat. Das Angebot am Abend liegt aufgrund fehlender Zuschüsse preislich deutlich höher.

### Resümee

Kennzeichnend für diesen »Angebotsweg« ist, dass im Rahmen eines neuartigen Trägerkonzeptes herkömmliche Zuständigkeiten überwunden und Synergieeffekte durch eine gemeinsame Raum- und Personalnutzung gesucht wurden. Damit unterscheidet sich das Modell auch von bereits existierenden öffentlich-privaten Partnerschaften. Neben einer nachhaltigen finanziellen Sicherung der Angebote wird es zukünftig eine Herausforderung sein, die Interessen und Anliegen aller Beteiligten – die beiden Träger mit unterschiedlichen Grundideen und Funktionslogiken als Anbieter, die Unternehmen und Familien als Nutzer – unter einen Kooperationsmantel zu bringen.

## 2.2 Der Ressourcenmix im Kinderhaus Rasselbande (Castrop-Rauxel, NRW)[8]

### Das Haus und sein Träger

Das Kinderhaus Rasselbande ist der Ausgangspunkt für eine erfolgreiche Entwicklung flexibler Betreuungsmodelle in Nordrhein-Westfalen. 1995 als Elterninitiative in Vereinsform gestartet, stellt das Kinderhaus heute eine gemeinnützige GmbH dar, die Träger von vier weiteren Einrichtungen im Umkreis von Castrop-Rauxel

---

8 Die folgenden Ausführungen beziehen sich im Wesentlichen auf den Internetauftritt der Einrichtung, s. www.kinderhaus-rasselbande.de, auf die Informationen über www.flexiblekinderbetreuung.de und auf die Ergebnissen einer Recherchearbeit (vgl. Klinkhammer 2005).

und Gelsenkirchen geworden ist. Fehlende Alternativen zum starren »Kindergartenregelangebot« waren die Ursache für die Gründung der Elterninitiative. Binnen kurzer Zeit wuchs die Nachfrage, was angesichts der Konzeption der Einrichtung, die Elternwünsche als Entwicklungsmotor für die Idee eines institutionellen Angebotes zu sehen, nicht verwunderlich ist.[9] Da der Organisationsaufwand zunahm, schnelle Entscheidungsprozesse und Kompetenzklärungen benötigt wurden, entschlossen sich die Mitglieder des Vereins »Rasselbande e.V.« zur Überleitung des Vereins in eine gemeinnützige GmbH.

Heute bietet das Kinderhaus Rasselbande ein umfassendes und flexibles Bildungs- und Betreuungsangebot für Kinder im Alter von vier Monaten bis zwölf Jahren. Aufgrund der steigenden Anfragen und des zunehmenden Beratungsbedarfs von Kommunen, Unternehmen und Existenzgründern/Existenzgründerinnen, wurde zudem die »do.it projekt-management GmbH & Co. KG«[10] aufgebaut. Diese berät Interessenten/Interessentinnen für die Entwicklung flexibler Betreuungsangebote und bietet ihnen zugleich die zur Organisation der Angebote notwendigen Dienstleistungen an, wie beispielsweise die Bedarfsermittlung in Unternehmen, die Abwicklung von Verträgen und die Beratung zu Förderprogrammen. Derzeit werden drei Kita-Standorte von der do.it beim Konzepttransfer begleitet.

Das Bildungs- und Betreuungsangebot

Die Angebote der einzelnen Einrichtungen in Trägerschaft des Kinderhauses richten sich nach der konkreten Bedarfslage der einzelnen Standorte. Dabei können die Öffnungszeiten leicht variieren, aber gemeinsam ist allen, dass den Familien ein flexibles Bausteinsystem angeboten wird, mithilfe dessen individuelle Lösungswege für die unterschiedlichen Betreuungsbedarfe der Familien gefunden werden können. In Abstimmung mit der Einrichtungsleitung entscheiden die Eltern selbst, wie oft und wie lange ihr Kind am Tag bzw. in der Woche die Einrichtung besucht. Wenngleich die familiale Bedarfssituation den Ausgangspunkt für die Festlegung von Betreuungszeiten bildet, spielen die Tagesstruktur des Kinderhauses sowie die Zei-

---

9 Zur Entstehungsgeschichte der Elterninitiative vgl. Kirstein 2000.
10 Vgl. hierzu: www.do-it-management.de.

ten der Projektangebote für Kinder ebenfalls eine wichtige Rolle. Um dem Kind die Eingewöhnung in die Einrichtung zu erleichtern, wird eine Mindestbuchungszeit von zweimal vier Stunden in der Woche vorgesehen. Im Rahmen des Platz-Sharing-Systems können sich bei einer Gruppe von acht Kindern in gleichzeitiger Anwesenheit ca. 10–15 Familien einen Betreuungsplatz teilen; insbesondere für Eltern mit Kleinkindern ist dies ein willkommenes Angebot für den Wiedereinstieg in den Beruf.

Abbildung 2 zeigt, welche Zeitfenster den Eltern in der Einrichtung Kinderhaus Rasselbande für die Gestaltung ihres Betreuungsplanes angeboten werden. Daran wird zum einen deutlich, dass Flexibilität in der Angebotsstruktur in einen definierten Zeitrahmen gegossen wird und zum anderen, dass im Haus zwei Kernzeiten angeboten werden. Diese sowie die Phase über Mittag sind wichtige Zeitfenster, in denen keine Störung durch ankommende oder abzuholende Kinder erfolgen sollte. In der Kernzeit am Vormittag sowie am Nachmittag finden Projektangebote für die Kinder statt. Die Vorgabe abgesteckter Zeitfenster stellt nicht nur eine Orientierung für die Eltern dar, sondern erleichtert zudem die (ungestörte) pädagogische Projektarbeit mit den Kindern erheblich.

Abbildung 2: Beispiel Kinderhaus Rasselbande[11]

| | |
|---|---|
| 07.00–07.30 Uhr | Frühaufsteher |
| 07.30–08.30 Uhr | Frühschicht |
| 08.30–12.30 Uhr | Kernzeit 1 |
| 12.30–14.00 Uhr | Über Mittag |
| 14.00–15.00 Uhr<br>15.00–16.00 Uhr<br>16.00–17.00 Uhr | |
| 14.00–18.00 Uhr | Kernzeit 2 |

Um die Flexibilität zu erhöhen und auch kurzfristig auf Bedarfe reagieren zu können, gibt es Kleingruppen mit max. fünf Kindern. Diese Gruppen werden im häuslichen Umfeld des Kindes oder in Betriebsnähe der berufstätigen Eltern dynamisch, d. h. entsprechend des Bedarfes, aufgebaut. Die Mitarbeiter/innen aus diesen Gruppen sind eingebunden in die pädagogische Konzeption des Kinderhauses und ergänzen die vorhandenen Teams.

---

11 Quelle online verfügbar unter: http://www.kinderhaus-rasselbande.de/cms/_rubric/index.php?rubric=CR-Zeiten.

Zum Buchungssystem im Kinderhaus Rasselbande gehören darüber hinaus ergänzende Dienstleistungen, die über das institutionelle Bildungs- und Betreuungsangebot hinausgehen. Um den vielfältigen Interessen der Kinder und Eltern gerecht zu werden, bietet das Kinderhaus aus unterschiedlichen Themenfeldern Kurse (z. B. Familienberatung, Begleitung von schwangeren Frauen oder musikalische Früherziehung) an, die von externen Fachleuten auf Honorarbasis angeboten werden. Haben Eltern einen Betreuungsbedarf, der über die Öffnungszeit der Einrichtung hinausgeht, gibt es die Option, dass die Kinder im Rahmen eines *Familiendienstes* von einer pädagogischen Fachkraft zu Hause betreut werden. Damit kennen die Kinder ihre Bezugspersonen und die pädagogische Fachkraft kennt die Familien, für die sie diesen Familiendienst leistet, was das Einstellen aufeinander erleichtert. Eine preislich günstigere Variante ist der *Babysitter-Dienst*, welcher auf die »reine« Betreuung am Abend abzielt, wenn die Kinder schlafen und lediglich eine Aufsicht gegeben sein soll. Studierende oder Erzieher/innen in der Ausbildung übernehmen nach der Einarbeitung durch die Fachkräfte des Kinderhauses dieses Angebot.

Durch den Familien- oder Babysitterdienst können Bedarfe außerhalb der Betreuungszeit abgedeckt werden. Da das Angebot altersunabhängig ist, besteht die Option, auch Freunde der Kinder in die Betreuung mit einzubinden. Eine preisgünstige Lösung kann außerdem angeboten werden, indem drei Kinder aus unterschiedlichen Familien von einer Fachkraft im Familiendienst betreut werden. In welchem Umfang und Rhythmus die Eltern das Angebot buchen, bleibt ihrem Bedarf überlassen – hier gibt es keine Verbindlichkeiten.

Einen weiteren Baustein bildet ein – ebenfalls individuell buchbarer – *Fahrdienst*, der die Kinder zu Hause abholt, ins Kinderhaus, zum Fußballtraining und wieder nach Hause fährt. Dieses Dienstleistungsangebot wird ebenfalls von den Mitarbeiterinnen und Mitarbeitern der Einrichtung abgedeckt.

Zudem bietet das Kinderhaus in den *Ferienzeiten* für Kinder von vier bis zehn Jahren ein Programm an. Eltern haben wiederum Wahlmöglichkeiten, aber es sollten mindestens drei Kernzeiten gebucht werden, um dem Kind die Erfahrung im Projekt zu ermöglichen. Darüber hinaus können erweiterte Zeitbausteine auch nur tageweise dazugebucht werden.

### Das Finanzierungsprinzip

Zur Finanzierung der Bildungs- und Betreuungsangebote werden im Kinderhaus Rasselbande mehrere Ressourcenstränge genutzt. Die entstehenden Kosten für die Eltern richten sich zum einen nach den gegebenen Standortbedingungen. Das bedeutet, die Kosten werden unter Einbezug kommunaler und landesbezogener Fördermittel und bestehender Unternehmensbeteiligungen berechnet. Nicht alle Angebote, die das Kinderhaus Rasselbande bietet, sind im Fördersystem des Gesetzes über Tageseinrichtungen für Kinder (GTK)[12] erfasst, sodass die Elternbeiträge entsprechend etwas höher sind als in einer komplett öffentlich bezuschussten Einrichtung. Zum anderen richtet sich der Elternbeitrag aber auch nach dem Umfang der Nutzung und dem Alter der Kinder.

Das Finanzierungsprinzip wird wie folgt zusammengefasst:
- Je mehr die Betreuungsangebote genutzt werden, desto günstiger wird der Stundensatz.
- Je älter das Kind ist, desto geringer die Kosten, da der Betreuerschlüssel günstiger wird.
- Sonderbetreuungen sind zusätzliche Betreuungszeiten, die flexibel, je nach Bedarf zum Grundvertrag hinzugebucht werden können. Diese Kosten sind im Verhältnis zum Vertragspreis höher, fallen jedoch nur bei Inanspruchnahme an.

Zudem bietet das Kinderhaus Unterstützung im Gespräch mit dem Arbeitgeber der Eltern an, die zwei Dinge erreichen soll: eine Übernahme der Kinderbetreuungskosten durch das Unternehmen und dass der Betrieb die eigenen Vorteile, wie beispielsweise die sinkenden Personalkosten, erkennt. Durch diese Finanzierungsstrategie hat der gemeinnützige Träger »Kinderhaus Rasselbande« Abstand genommen von einer einheitlichen Pauschalfinanzierung. Entsprechend der individuellen Buchbarkeit von Betreuungsbausteinen setzen sich die Elternbeiträge zusammen. Dabei wird nicht allein auf die Finanzstärke der Eltern gesetzt, sondern Land, Kommune und Unternehmen werden in das Finanzierungskonzept einbezogen. Erst

---

12 Dieses Gesetz wird gerade reformiert; zum 01.08.2008 wird das neue Gesetz zur frühen Bildung und Förderung von Kindern (Kinderbildungsgesetz – KiBiz) in Kraft treten. Mit dem KiBiz wird ein neues Finanzierungssystem eingeführt werden, das auf die kindbezogene und stundenpauschalisierte Finanzierung (25, 35 und 45 Stunden) abzielt.

wenn diverse Zuschussmöglichkeiten geprüft wurden, wird der Elternbeitrag festgesetzt.

Resümee

Ingesamt wird deutlich, dass das Konzept »Kinderhaus Rasselbande« darauf abzielt, die individuelle Bedarfslage einer Familie in Einklang zu bringen mit den Voraussetzungen einer qualitativen Bildungs- und Betreuungsarbeit in der Einrichtung. Durch den Rückgriff auf die Kompetenz der eigenen pädagogischen Fachkräfte bietet das Kinderhaus den Familien sowohl ein flexibles Regel- als auch ein erweitertes Dienstleistungsangebot »aus einer Hand«. Dabei spiegelt sich die Vielfalt familialer Bedarfslagen in der Vielfalt der angebotenen Betreuungsbausteine wieder. Mit der Beratungsagentur »do.it« setzt das Haus verstärkt auf die Kooperation mit Kommunen *und* Unternehmen. Dabei ist es der Agentur wichtig, Unternehmen von den Vorteilen ihres Engagements in der Kinderbetreuung zu überzeugen – die Verlässlichkeit berufstätiger Eltern wird durch ein ebenso verlässliches Bildungs- und Betreuungsangebot erhöht.

## 2.3 Betriebe tragen die Villa Rapunzel (Buxtehude/Niedersachsen)[13]

Das Haus und seine Träger

Die Idee zur Entwicklung einer Kindertageseinrichtung mit flexiblen Angebotsstrukturen geht in diesem Beispiel auf die Frauenbeauftragte der Stadt Buxtehude zurück, die Anfang der 1990er-Jahre in vielen Gesprächen mit Müttern von deren Alltagsproblemen bezüglich der Kinderbetreuung erfahren hat. Fehlende Krippenplätze erschwerten den Wiedereinstieg, hinzu kam die fehlende Flexibilität bei der Gestaltung der Betreuungszeit, insbesondere bei einer Teilzeitbeschäftigung, oder flexibler Lösungsmöglichkeiten bei Schwankungen in den Arbeitszeiten (z. B. phasenweise Mehrarbeit, Aufstockung bzw. Reduzierung von Arbeitszeit).

---

13 www.kindergarten-fuer-betriebe.de; www.flexiblekinderbetreuung.de –> Das Platz-Sharing-Modell in der »Villa Rapunzel«.

Ausgehend von der Annahme, dass ein flexibles Angebot nicht nur erwerbstätigen Eltern die Vereinbarkeit von Familie und Beruf erleichtert, sondern auch für die Betriebe Vorteile bringt, wurden von Anfang an die in Buxtehude ansässigen Unternehmen in die Planungen mit einbezogen. Gemeinsam mit dem Jugendamt und dem Wirtschaftsförderamt startete die Frauenbeauftragte das Projekt zur Organisation eines Betriebskindergartens, der von mehreren Unternehmen gleichzeitig genutzt und finanziell getragen wird. Konzeptionell diente das »Mütterzentrum Darmstadt« als Anregung: Flexible Betreuungsangebote, Platz-Sharing und alle sonst notwendigen Möglichkeiten, um auf die Wünsche berufstätiger Eltern eingehen zu können, sollten im Kita-Modell von Buxtehude verwirklicht werden. Um die Trägerschaft für ein solches Vorhaben zu sichern, wurde im Jahre 1998 der Verein »Kindergarten für Betriebe e.V.« gegründet. Dieser Verein, in dem u. a. Eltern als auch Unternehmen Mitglied sein können, ist Träger der »Villa Rapunzel«, die wiederum 2001 eröffnet wurde. Nachdem das flexible Angebot, mit besonderem Augenmerk auf das Platz-Sharing-System, in der Kindervilla in den Jahren 2004/2005 erst im Rahmen eines Modellversuchs des Landes Niedersachsen erprobt wurde, kann nach Abschluss das Modell Kindervilla seit dem 01.09.2006 auf alle Kindertagesstätten in Niedersachsen übertragen werden.

### Die Bildungs- und Betreuungsangebote

In der Zeit von 6.30 bis 18.00 Uhr werden in der Villa Rapunzel Kinder zwischen neun Monaten bis zu 14 Jahren betreut. Im Rahmen dieser Öffnungszeiten haben die Eltern die Möglichkeit, zwischen verschiedenen Platzformen zu wählen. Folgende wöchentlichen Stundenkontingente können gebucht werden:
- bis zu 9 Stunden (nur für Krippenkinder bis 3 Jahre und Hortkinder bzw. vorübergehend zur Eingewöhnung bei Kindergartenkindern),
- 10 bis 22,5 Stunden (für Krippen-, Kindergarten- und Hortkinder),
- 23 bis 32,5 Stunden (für Krippen-, Kindergarten- und Hortkinder),
- 33 bis 40 Stunden (nur für Krippen- und Kindergartenkindern).[14]

---

14 Vgl. ebenda. -> Modell Kindertagesstättenbetreuung.

Sind freie Platzkapazitäten vorhanden, können die Eltern ihr beantragtes wöchentliches Stundenkontingent bei Bedarf aufstocken und verlängern. Die Vorgabe ist hier allerdings, dass die Grenze von zehn Betreuungsstunden am Tag für ein Kind nicht überschritten werden sollte.

Aufgrund der häufigen Anfragen nach Teilzeitplätzen, erschien die Einführung eines Platz-Sharing-Systems, bei dem sich zwei Kinder einen Platz stunden- bzw. tageweise teilen können, als sinnvoller Schritt. Zur Qualitätssicherung ist in der Villa ein zweijähriges vom Land Niedersachsen gefördertes Modellprojekt zum Platz-Sharing durchgeführt worden. Durch dieses System haben insbesondere teilzeitarbeitende Elternteile die Gelegenheit, einen passgenauen Betreuungsplatz für ihr Kind zu nutzen. Nachdem es im Land Niedersachsen keine Regelung bezüglich des Platz-Sharing-Systems gab und damit die Umsetzung auch rechtlich nicht möglich war, dienten die Auswertung und der Abschluss der Modellprojektphase in der Villa Rapunzel zur Formulierung konkreter Richtwerte. Zum Kindergartenjahr 2006/2007 wurde vom Land ein Erlass zum »Platz-Sharing« verabschiedet, welcher folgende Eckpunkte vorsieht:

- In der Kinderkrippe werden bis zu drei Sharing-Plätze pro Gruppe genehmigt,
- im Kindergarten gilt es, eine Einzelfallentscheidung zu treffen,
- in der Hortbetreuung können bis zu vier Plätze pro Gruppe genehmigt werden und
- in altersgemischten Gruppen gibt es die Möglichkeit, drei Sharing-Plätze für Krippen- bzw. Hortkinder pro Gruppe zu genehmigen.

Wiederum werden die Eltern bei der Abstimmung von Tagesablauf und der Zeitfenster für die pädagogische Arbeit mit den Kindern und der Festlegung der Stundekontingente beraten.

Mit einem vereinseigenen Auto bietet das Haus zudem einen *Fahrdienst* an, der Kinder bei Bedarf zu Hause abholt, zum Beispiel in den Kindergarten oder in die Schule oder zum Verein bringt. Dieser Bring- und Abholdienst wird vor allem von den Schulkindern genutzt.

### Die Finanzierung

Die Finanzierung des Bildungs- und Betreuungsangebotes der Villa Rapunzel basiert auf folgenden Säulen:

- Zuschüssen des Landes Niedersachsen, die 20% der Personalkosten decken,
- Zuschuss der Kommune Buxtehude,
- Elternbeiträge, die nicht höher sind als in städtischen Einrichtungen,
- Betriebsbeiträge der Vertragsfirmen.

Die Beiträge der Firmen hängen von der gewählten Platzform der Familie ab. So liegt der Beitrag für einen Ganztagsplatz zurzeit bei monatlich 205,00 €, ein Zweidrittelplatz liegt bei 155,00 € und ein Teilzeitplatz bei 55,00 €. Verlässt das Elternteil das Unternehmen, zahlt das Unternehmen zwar nicht weiter, aber das Kind behält seinen Betreuungsplatz.

Neben der langfristigen Kooperation, die durch eine Anmietung von Belegrechten gesichert wird, gibt es zudem die Möglichkeit für Unternehmen, mit einem Mindestbeitrag von 60,00 € im Jahr Mitglied im Verein zu werden oder sich im Rahmen von Geld- oder Sachspenden für den Kindergarten zu engagieren. Durch das Sponsoring von verschiedenen Firmen konnte beispielsweise das vereinseigene Auto für den Fahrdienst angeschafft werden. Damit erweitert diese Mischfinanzierung aus öffentlichen wie privaten Mitteln und verschiedenen Möglichkeiten des betrieblichen Engagements deutlich den Handlungsspielraum der Einrichtung.

Die von den Eltern zu leistenden Beiträge richten sich nach der von der Stadt Buxtehude festgelegten Gebührenstaffel. Interessanterweise findet sich in der Gebührenstaffel ebenfalls die zeitliche Staffelung wieder (vgl. § 3, KindTagStättGebSatz). Folgende monatlichen Beiträge fallen an:

| Platz | Euro |
|---|---|
| bei einer Teilzeitgruppe mit bis zu 9 Std. wöchentlicher Betreuungszeit | 84,80 |
| bei Besuch einer Halbtagsgruppe mit 20 Std. wöchentlicher Betreuungszeit (vormittags) | 169,60 |
| bei Besuch einer rechtsanspruchserfüllenden Halbtagsgruppe mit bis zu 20 Std. wöchentlicher Betreuungszeit (nachmittags) im Elementarbereich | 148,40 |
| bei Besuch einer 2/3-Gruppe mit bis zu 32,5 Std. wöchentlicher Betreuungszeit | 212,00 |
| bei Besuch einer Ganztagsgruppe mit mehr als 32,5 Std. wöchentlicher Betreuungszeit | 254,40 |

Quelle: http://buxtehude.wizard.de/v1/UPLOAD/Formulare/ortsrecht/
05-02-kindertagesstaettengebuehren-satz.pdf

Geht der Betreuungsvertrag über 40 Stunden hinaus, fallen – ebenfalls in Anlehnung an die Gebührenstaffel – zusätzliche Kosten für Früh- bzw. Spätdienste an: bei mehr als zweimaliger Inanspruchnahme jeweils 10,00 € je begonnene 30 Minuten. Neben der zeitlichen Staffelung werden bei der Berechnung des Beitrages auch das Familieneinkommen und die Anzahl der zu betreuenden Kinder einer Familie berücksichtigt und entsprechend eingestuft.

Resümee

Sowohl der Verein »Kindergarten für Betriebe« als auch die Villa Rapunzel ist ein interessantes Beispiel für einen erfolgreichen Kooperationsprozess zwischen öffentlicher Verwaltung, hier in Gestalt der Frauenbeauftragten, und den verschiedenen Organen der Wirtschaft. Mit diesem Projekt wurde eine landesweite Debatte über die Gestaltung flexibler Betreuungsangebote in Gang gesetzt, welche am Ende dazu führte, dass durch einen Erlass allen Einrichtungen im Land Niedersachsen die Möglichkeit gegeben wird, diesem Modell zu folgen. Dass sich der Träger immer wieder mit neuen gesellschaftlichen, aber auch konzeptionellen Entwicklungen in seinem Umfeld auseinandersetzt, zeigt seine Aufnahme in das »Aktionsprogramm Mehrgenerationenhäuser« der Bundesregierung; seit Januar 2007 ist der Verein »Kindergarten für Betriebe e.V.« Träger des Buxtehuder Mehrgenerationenhauses.

## 3 Fazit

Der Ausflug in die Praxis zeigt sehr deutlich, wie unterschiedliche gesetzliche Förderbedingungen und gewählte Organisations- und Finanzierungsstrategien die Ausgestaltung des Bildungs- und Betreuungsangebotes für Kinder beeinflussen. Dass diese Angebote entstanden sind, ist auf das Engagement der einzelnen Akteure – wie Einrichtungsleitungen, Eltern, Frauenbeauftragte – und den Willen der kommunalen Behörden vor Ort zurückzuführen. Aber auch die Öffnung der Institutionen für die veränderten Bedarfe von Familien sowie die daraus resultierende Bereitschaft, die Bildungs- und Betreuungsangebote diesen Realitäten anzupassen, sind die wesentlichen Entwicklungsmotoren.

Auffällig an den Modellen ist, dass sie sich alle Anfang bis Mitte der 1990er-Jahre gegründet haben bzw. sich auf den Weg gemacht haben, flexible und erweiterte Angebote für Familien zu entwickeln. Erfolgsmodelle sind es allesamt, auf ihre je eigene Weise, da sie sich an der familialen Bedarfslage bzw. der individuellen Situation einer Familie orientieren und durch ein breites Angebotsspektrum Lösungen für Eltern mit einem »Regelbetreuungsbedarf« und eben auch für Eltern mit flexiblen, variablen Arbeitszeiten anbieten. Keines der Modelle nimmt damit ein bestimmtes Vereinbarkeitsmodell, wie es beispielsweise die nicht oder teilzeiterwerbstätige Mutter in Gestalt des Vormittagskindergartens benötigt, als normative Ausgangsbasis für die zeitliche Angebotsgestaltung. Vielmehr können die Eltern passend für die von ihnen gewählten Familien- und Erwerbskonstellation das institutionelle Bildungs- und Betreuungsangebot für ihre Kinder wählen.

Aber es ist nicht das alleinige Ziel der vorgestellten Modelle, den veränderten Herausforderungen der Erwerbstätigkeit Rechnung zu tragen und ein rein arbeitsmarktkompatibles Angebot zu stellen. Sondern bei der Organisation der Angebote wird deutlich, dass immer wieder eine Auseinandersetzung mit der Frage stattfindet, wie Flexibilität übereins gebracht werden kann mit den Anforderungen der pädagogischen Arbeit mit Kindern, in der Verlässlichkeit und Kontinuität eine wichtige Rolle spielen. Wenngleich Eltern durch die Attraktivität der Flexibilität im Angebot angesprochen werden, steht das Kind mit seinen Bedürfnissen bei der pädagogischen Gestaltung des Betreuungssettings im Mittelpunkt (vgl. hierzu auch Klinkhammer 2005, S. 68ff.).[15] Die Festlegung von Mindest- oder Maximalbuchungszeiten, von Zeitfenstern, in denen die Bildungsangebote für Kinder stattfinden, oder die Beratung der Eltern bei der Gestaltung bzw., wenn notwendig, auch Änderung des Betreuungsvertrages sind bereits erste Antworten auf diese Frage. Damit wird der Versuch unternommen, inhaltliche, pädagogische Fragen mit den organisatorischen sinnvoll zu vereinbaren. Flexibilität zu bieten und die Qualität der Bildungsangebote sowie des Betreuungssettings *für die Kinder* zu sichern, ist eine der zentralen Herausforderungen für diese Angebotsform (siehe hierzu Klinkhammer 2007a).

---

15 Dass sich noch einmal besondere Anforderungen an die (flexible) Betreuung von Kindern unter drei Jahren stellten, arbeitet Schneider (2007, S. 12f.) in ihrem Aufsatz heraus.

Abgesteckte, verlässliche Zeiten im Rahmen flexibler Angebotsstrukturen, sind aber nicht nur wichtig für die Kinder, sondern auch eine zentrale Bedingung für die Arbeit der pädagogischen Fachkräfte. Die Ausdifferenzierung der Angebotsstrukturen hat in den benannten Einrichtungen einen größeren Organisations- und Koordinierungs- sowie internen Abstimmungsaufwand mit sich gebracht, sodass die eigene Flexibilität und offene Haltung der Fachkräfte eine wichtige Rolle einnimmt. Die Entwicklung neuer Angebotsformen bedarf einer entsprechenden Organisationsentwicklung in der Einrichtung sowie der Gestaltung der Beschäftigungsverhältnisse des pädagogischen Personals (siehe hierzu auch Esch u. a. 2005). Dabei stehen die Debatte sowie die Praxiserfahrungen von flexibler Arbeitszeitgestaltung in der Kindertagesbetreuung noch am Anfang (vgl. Cramer 2003). Bieten Einrichtungen flexible Angebote, so sind »ausgetüftelte« Einsatzpläne und Dienstplangestaltungen notwendig, die nicht nur den zeitlichen Betreuungsbedarf, sondern auch die Ansprüche der pädagogischen Arbeit und die persönlichen Arbeitszeitinteressen der Fachkräfte angemessen bedenken (vgl. Klinkhammer 2005).

Wie eingangs bereits erwähnt, ist ein flexibles tageweise nutzbares Angebot auch für nicht erwerbstätige Eltern interessant: als Möglichkeit, nach bzw. bereits während der Elternzeit einen stufenweisen Wiedereinstieg in das Erwerbsleben zu finden oder dem Kind bei der privaten Erziehung zu Hause den Kontakt mit anderen Kindern zu ermöglichen. Ohne gleich »ganz« in die institutionelle Kinderbetreuung einzusteigen (ähnlich der Eltern-Kind-Gruppen), ergibt sich so für Eltern wie Kinder die Möglichkeit, den Kontakt zur Kita zu nutzen (z. B. Kontakt zu anderen Eltern, pädagogischen Fachkräften). Diese Nutzungsform bietet sicher auch das Potenzial, mehr Eltern früher und unverbindlicher über die Angebote und Möglichkeiten in der Kindertagesbetreuung zu informieren. Der Übergang des Kindes von der Familie in die Kindertageseinrichtung kann auf diesem Wege auch fließender erfolgen.

Bei der Finanzierung der Angebote zeigt sich wiederum die eingangs formulierte Annahme, dass sich erhebliche regionale Unterschiede hinsichtlich der Ausgestaltung infrastruktureller Rahmenbedingungen für Kinder und Familien sowie deren Zugang ergeben. Die Modelle zeigen zwar, dass in verschiedenen Regionen der Bundesrepublik flexible Angebotstrukturen bestehen, aber angesichts der fehlenden öffentlichen Finanzierung haben nicht alle Familien einen Zugang zu diesen Angeboten. Insbesondere Eltern, die über ein geringes Familieneinkommen verfügen, weichen bei einem regelmäßigen Bedarf auf private Lösungen aus. Denn im Gegensatz zu der gesetzlich anerkannten Regelförderung gibt es bei den erweiterten Angeboten aufgrund der privaten Finanzierung meist keine soziale Staffelung oder keine staatliche Übernahme der Kosten bei der Unterschreitung einer gewissen Einkommensgrenze.

Für die Gestaltung des anstehenden Ausbaus der Kindertagesbetreuung lassen sich damit folgende wesentlichen Punkte herausarbeiten:

1. Ein rein quantitativ orientierter Ausbau von Kindertageseinrichtungen mit so genannten »Regelöffnungszeiten« wird der differenzierten Bedarfslage von heutigen Familien nicht gerecht (vgl. Rauschenbach u.a. 2007). Um allen Eltern, unabhängig von ihrer Einkommenslage, eine *Wahlfreiheit* zu ermöglichen, ist es erforderlich, die Angebotsstruktur in der Kindertagesbetreuung mit dem Familienalltag – losgelöst von den Erfordernissen der Erwerbstätigkeit – abzustimmen und auszubalancieren. Ein flexibles Bildungs- und Betreuungsangebot kann insofern den differenzierten Bedarfen von Familie gerecht werden, indem es den *unterschiedlichen* Lebenslagen im Kontext des Kita-Systems eine Lösung anbietet.

2. Um das Dienstleistungsspektrum zu erweitern, müssen nicht, wie am Beispiel vom Kinderhaus Rasselbande deutlich wurde, alle Angebote im Rahmen der Einrichtung getragen werden, sondern durch die Organisation eines Familiendienstes oder Babysitterservices, einer Vernetzung von Tagesmüttern oder anderen Fachkräften, lässt sich bereits eine hilfreiche Lösung für viele Eltern finden. Eine soziale Preis- bzw. Finanzierungsgestaltung sichert, dass alle Eltern diese Lösung wählen können. Diese Aspekte finden durchaus Anschluss an die aktuellen Entwicklungen der *Öffnung und Vernetzung* im Rahmen integrativer Modelle von Kindertagesbetreuung, wie Eltern-Kind-Zentren oder Familienzentren (vgl. Diller 2006; Rauschenbach/Diller 2006).

3. Eine Ausdifferenzierung der öffentlichen Angebotsstruktur führt konsequenterweise auch zu einer Diskussion über die *Anerkennung* verschiedener Bedarfslagen im Fördersystem. Denn angesichts der Komplexität und Vielschichtigkeit familialer Lebens- und Erwerbssituationen greift die alleinige Anerkennung eines

»Regelbedarfes« bis 17.30 Uhr im Kategoriensystem eines Halbtags- oder Ganztagsplatzes zu kurz. Wenn es die gesetzliche Aufgabe von Kommunen ist, ein bedarfsgerechtes Angebot zu stellen und durch die Kindertagesbetreuung alle Familien zu unterstützen (vgl. § 22 Abs. 2.3 SGB VIII), stellt sich die Frage, warum das öffentliche Fördersystem sich auf gewisse Zeiten beschränkt und alles, was darüber hinaus anfällt, »Privatsache« ist. Fraglich ist diese Haltung einerseits aus Sicht der Bedarfsgerechtigkeit, andererseits aber auch mit Blick auf die soziale Gerechtigkeit im Kita-System. Es ist offensichtlich, dass diese Begrenzungen finanzieller Natur sind, angesichts der Entwicklungen auf dem Arbeitsmarkt und des Trends der Doppelerwerbstätigkeit von Eltern (dazu gehört auch das Modell der Vollzeit-Teilzeit-Erwerbstätigkeit) ist eine solche Diskussion aber dennoch notwendig. Denn, wie die Beispiele zeigen, ein Finanzierungsweg findet sich immer!

## 4 Literatur

Bauer, Frank/Munz, Eva (2005): Arbeitszeiten in Deutschland – 40 plus und hochflexibel. In: WSI-Mitteilungen, Jg. 58, H. 1, S. 40–48

Bien, Walter/Rauschenbach, Thomas/Riedel, Birgit (Hrsg.) (2006): Wer betreut Deutschlands Kinder? DJI-Kinderbetreuungsstudie. Weinheim/Basel

Bien, Walter/Rauschenbach, Thomas/Riedel, Birgit (2007): Wer betreut Deutschlands Kinder? Kurzfassung der DJI-Kinderbetreuungsstudie. [Online] Verfügbar unter: www.dji.de/kinderbetreuungssurvey/Resumee_Betreuungsbuch.04_07.pdf

Cramer, Martin (2003): Arbeitszeitmodelle und Dienstplangestaltung. Wie Kindergärten TOP werden. Weinheim/Berlin/Basel

Deutscher Bundestag (2007): Bericht der Bundesregierung über den Stand des Ausbaus für ein bedarfsgerechtes Angebot an Kindertagesbetreuung für Kinder unter drei Jahren. Unterrichtung durch die Bundesregierung, 16. Wahlperiode. Drucksache 16/6100

Deutsches Jugendinstitut (DJI) (Hrsg.) (2005): Zahlenspiegel 2005. Kindertagesbetreuung im Spiegel der amtlichen Statistik. München

Deutsches Jugendinstitut (DJI) (2007): Kinder, Krippen, Kosten. Fakten zur Kinderbetreuungsdebatte. Online-Thema 2007/04. [Online] Verfügbar unter: www.dji.de/cgi-bin/projekte/output.php?projekt=662

Diller, Angelika (2006): Eltern-Kind-Zentren. Grundlagen und Rechercheergebnisse. DJI-Materialien

Esch, Karin/Klaudy, Elke Katharina/Stöbe-Blossey, Sybille (2005): Bedarfsgerechte Kinderbetreuung. Gestaltungsfelder für die Kinder- und Jugendpolitik, Wiesbaden

Fendrich, Sandra/Pothmann, Jens (2006): Zu wenig und zu unflexibel. Zum Stand der öffentlichen Kinderbetreuung bei In-Kraft-Treten des TAG. In: Bien/Rauschenbach/Riedel: Wer betreut Deutschlands Kinder?, S. 26–42

Groß, Hermann/Seifert, Hartmut/Sieglen, Georg (2007): Formen und Ausmaß verstärkter Arbeitszeitflexibilisierung. In: WSI-Mitteilungen, Jg. 60, H. 4, S. 202–208

Heitkötter, Martina (2006): Von Zeitlücken und Zeitbrücken in der institutionellen Kinderbetreuung. Wo erwerbstätigen und erwerbssuchenden Eltern der Schuh drückt. In: Bien/Rauschenbach/Riedel (Hrsg.): Wer betreut Deutschlands Kinder?, S. 215–235

Institut für Sozialpädagogische Arbeit, www.isar-muenchen.de [07.07.2007]

Kinderhaus Rasselbande, Castrop-Rauxel, www.kinderhaus-rasselbande.de [07.07.2007]

Kinderhaus Regenbogen, Stuttgart, www.kinderhaus-regenbogen-stuttgart.de [07.07.2007]

Kirchengemeinde St.Elisabeth, Stuttgart, www.st-elisabeth-stuttgart.de [07.07.2007]

Kirstein, Angelika (2000): Die »Rasselbande« legt los. Geschichte einer Gründung. In: klein & groß. S. 14–16

Klenner, Christina/Pfahl, Svenja/Reuyß, Stefan (2003): Flexible Arbeitszeiten aus Sicht von Eltern und Kindern. In: Zeitschrift für Soziologie der Erziehung und Sozialisation, 23. Jg. (3), S. 268–285

Klenner, Christina/Pfahl, Svenja (2005): Stabilität und Flexibilität. Ungleichmäßige Arbeitszeitmuster und familiale Arrangements. In: Seifert, Hartmut (Hrsg.). Flexible Zeiten in der Arbeitswelt, Frankfurt/New York, S. 124–168

Klinkhammer, Nicole (2005): Tageseinrichtungen mit flexiblen Angebotsstrukturen. Neue Herausforderungen für die Gestaltung des pädagogischen Alltags von Erzieher/innen und Kindern. Projektbericht. München. [Online] Verfügbar unter: www.dji.de/bibs/449_4957_Flexi_KiBe_gesamt.pdf

Klinkhammer, Nicole (2007a): Flexibilität ermöglichen, Qualität sichern: Herausforderungen für die Veränderungen in der zeitlichen Angebotsstruktur von Kindertageseinrichtungen. In: Altgeld, Karin/Klaudy, Elke Katharina/Stöbe-Blossey, Sybille (Hrsg.): Flexible Kinderbetreuung – Online-

Handbuch. Verfügbar unter: www.flexiblekinderbetreuung.de/html/handbkap3.html
Klinkhammer, Nicole (2007b): Betreuung – »zeitgemäß« gestaltet? In: Welt des Kindes, Ausgabe 5, S. 13–15
Klinkhammer, Nicole (2007c): Bedarfsgerechte Angebote im Trägerverbund? Wissenschaftliche Begleitung des Stuttgarter Kinderhaus Regenbogen. Ein Projektbericht. München
Konsortium Bildungsberichterstattung (2006): Bildung in Deutschland. Ein indikatorengestützter Bericht mit einer Analyse zu Bildung und Migration. Bielefeld
Leu, Hans Rudolf (2005): Bildung in der frühen Kindheit – Anforderungen an die Institutionen. In: Esch, K./Mezger, E./Stöbe-Blossey, S. (Hrsg.): Kinderbetreuung – Dienstleistung für Kinder. Handlungsfelder und Perspektiven. Wiesbaden, S. 73–93
Rauschenbach, Thomas (2006): Wer betreut Deutschlands Kinder? Eine einleitende Skizze. In: Bien/Rauschenbach/Riedel (Hrsg.): Wer betreut Deutschlands Kinder? Weinheim/Basel, S. 10–24
Rauschenbach, Thomas/Diller, Angelika (2006): Eltern-Kind-Zentren. Entwicklungslinien, Organisationsformen und Handlungsstrategien. Ergebnisse einer bundesweiten Recherche. In: Nachrichtendienst des Deutschen Vereins für öffentliche und private Fürsorge, Jg. 86, H. 5, S. 255–258
Rauschenbach, Thomas/Riedel, Birgit/Schilling, Matthias (2007): Der Streit um die Zahlen – Bedarfsszenarien für unter Dreijährige und ihre Berechnungsgrundlage (pdf)
Schier, Michaela/Szymenderski, Peggy/Jurczyk, Karin (2007): Eltern in entgrenzter Erwerbsarbeit – differenzierte und flexible Bedarfe an Kinderbetreuung. Ergebnisse einer qualitativen Studie im Einzelhandel und in der Film- und Fernsehbranche. EntAF-Arbeitspapier 2, DJI
Schneider, Kornelia (2007): Aufwachsen von Säuglingen und Klein(st)kindern in Gruppen – vielfältige Möglichkeiten (Arbeitstitel). Manuskript, in Vorbereitung
Stöbe-Blossey, Sibylle (2004): Arbeitszeit und Kinderbetreuung. Ergebnisse einer Repräsentativbefragung in NRW. IAT-Report
Villa Rapunzel, Buxtehude, www.kindergarten-fuer-betriebe.de (07.07.2007)
Online-Handbuch »Flexible Kinderbetreuung, www.flexiblekinderbetreuung.de [07.07.2007]; Beiträge:
– Das Kinderhaus »Regenbogen« – »Ausgezeichnete« flexible Kinderbetreuung in Stuttgart

- Kinderbetreuung nach Bedarf – Lösungswege bei unterschiedlichen Arbeitszeiten: Das Kinderhaus Rasselbande und die do.it projekt-management GmbH & Co. KG
- Das Platz-Sharing-Modell in der »Villa Rapunzel«: Ein Projekt von »Kindergarten für Betriebe e.V« und dem Land Niedersachsen zur flexiblen Kinderbetreuung für Betriebe in Buxtehude

# Mehrgenerationenhäuser als Drehscheibe für familienunterstützende Dienstleistungen vor Ort
Melanie Staats und Christiane Krämer

Ramboll Management: Wirkungsforschung zum Aktionsprogramm Mehrgenerationenhäuser

## 1 Einleitung

Vor dem Hintergrund hoher Mobilitätsanforderungen, flexibilisierter Arbeitszeiten sowie reduzierter familiärer Unterstützungsstrukturen und den sich daraus ergebenden Folgen für die Vereinbarkeit von Beruf und Familie bei jungen Eltern sind familienunterstützende Leistungen zunehmend ins Zentrum des Interesses gerückt. So besteht ein Bedarf an Haushalts- und Betreuungshilfen, der nur durch ein breites und lokal verankertes Angebot familienunterstützender Dienstleistungen kompensiert werden kann. Die Bundesregierung setzt hierfür einerseits mit der Förderung von haushaltsnahen Dienstleistungen den rechtlichen Rahmen und unterstützt andererseits verschiedene Programme, die eine kommunale Infrastruktur für diese Leistungen etablieren.

Ein derartiges Programm ist das Aktionsprogramm Mehrgenerationenhäuser (MGHs). Das Aktionsprogramm ist darauf ausgerichtet, den Zusammenhalt zwischen den Generationen auch außerhalb der Familien zu stärken und Unterstützung für Familien und Menschen aller Altersgruppen anzubieten. Das Aktionsprogramm geht dabei inhaltlich und methodisch neue Wege: Es fördert durch vielfältige Angebote das Miteinander und den Austausch der Generationen und schafft ein Netzwerk familiennaher Dienstleistungen. Durch das Aktionsprogramm Mehrgenerationenhäuser werden 500 Häuser über einen Zeitraum von fünf Jahren mit einem Budget von jährlich 40.000 Euro gefördert. Die geförderten Einrichtungen gehen größtenteils aus bestehenden Eltern-Kind-Zentren, Familien- und Mütterzentren, Bildungsstätten sowie Kultureinrichtungen und Senioreneinrichtungen hervor. Die Häuser vermitteln haushaltsnahe Dienstleistungen und sind Kooperationspartner für die Erbringung dieser Leistungen. Ziel ist es, dass sich die unterschiedlichsten Angebotsformen sowie Netzwerke sozialer Dienste verschiedener Anbieter entwickeln, mit denen die Mehrgenerationenhäuser ihren Beitrag zur Unterstützung von Familien leisten können.

## 2 Die Tradition der haushaltsnahen Dienstleistungen und ihre rechtliche Verankerung

Haushaltsnahe Dienstleistungen wurden bereits seit Beginn der 80er-Jahre von Mütterzentren angeboten, um auf die Nachfrage insbesondere von Müttern zu reagieren. Dabei handelte es sich um Leistungen rund um die Schwangerschaft und Kinderbetreuung, die oftmals von ehrenamtlich tätigen Eltern oder Großeltern angeboten wurden.

Seit der Einführung des Gesetzes für moderne Dienstleistungen am Arbeitsmarkt (Hartz II) im Jahr 2003 werden diese Leistungen im Bereich der Pflege, Kinderbetreuung und Hausarbeit gesetzlich gefördert. Die Förderung von haushaltsnahen Dienstleistungen zielt darauf ab, aus familienpolitischer Perspektive die Vereinbarkeit von Berufs- und Privatleben zu gewährleisten, was gleichzeitig positive Auswirkungen auf die Beschäftigung haben soll. Eine engere Definition ist durch das Gesetz nicht gegeben. Das Finanzministerium definiert die haushaltsnahen Dienste als Leistungen, die »gewöhnlich durch Mitglieder des privaten Haushalts erledigt werden und für die eine Dienstleistungsagentur oder ein selbstständiger Dienstleister in Anspruch genommen wird« (Bundesministerium der Finanzen 2006). Als Beispiele werden Pflege- und Betreuungsarbeit, Reinigung und Gartenarbeit aufgeführt, auch Handwerksarbeiten sind absetzbar. Anspruchsberechtigt sind Haushalte, die Einkommenssteuer zahlen, nur bei der Pflege können die Leistungen auch dann geltend gemacht werden, wenn die pflegebedürftige Person nicht im Haushalt lebt.

Im Jahr 2006 wurde darüber hinaus eine weitere gesetzliche Neuregelung vorgenommen, die eine bedeutende finanzielle Besserstellung erwerbstätiger Eltern bewirkte. So wurde die steuerliche Absetzbarkeit von Kinderbetreuungskosten für erwerbstätige Eltern von Kindern im Alter bis 14 Jahre von 1.500 Euro auf bis zu 4.000 Euro jährlich pro Kind erhöht. Darüber hinaus können Alleinverdienende, die Kinder unter drei oder über sechs Jahren zu Hause betreuen lassen, seit der Neuregelung die Betreuung als haushaltsnahe Dienstleistungen absetzen.

## 3 Inanspruchnahme der Angebote im Bereich der haushaltsnahen Dienstleistungen

Die Mehrheit der haushaltsnahen Dienste wird in Deutschland im Bereich der Pflege und der Hausarbeit erbracht. Etwa 3,6 Millionen Haushalte nehmen eine Haushaltshilfe in Anspruch, 12% der Haushalte mit Pflegebedürftigen nutzen die Pflegedienste gemeinnütziger Träger und 13% private Pflegedienste (Schupp u. a. 2006, S. 51). Die Möglichkeiten der privaten Kinderbetreuung werden hingegen nur selten genutzt. Lediglich 4% der unter Dreijährigen werden bundesweit in Tagespflege betreut. Nur 12% der Eltern mit einem unter sechsjährigen Kind leisten sich überhaupt eine bezahlte private Kinderbetreuung wie Tagesmütter und Babysitter. Genutzt wird die private Kinderbetreuung vor allem von Eltern, die über ein überdurchschnittliches Einkommen und höhere Bildungsabschlüsse verfügen (BMFSFJ 2006). Insgesamt lässt sich eine höhere Nutzung haushaltsnaher Dienstleistungen von Familien mit Kindern gegenüber Familien ohne Kinder bisher kaum erkennen (Schupp u. a. 2006, S. 49).

Diese geringe Inanspruchnahme verwundert angesichts der bestehenden Betreuungslücken. Das Deutsche Institut für Wirtschaftsforschung geht davon aus, dass etwa 250.000 Betreuungsplätze bei erwerbstätigen Müttern und 1,2 Millionen Betreuungsplätze bei Müttern mit Erwerbswunsch fehlen (Spieß/Wrohlich 2005). Für 80% der unter dreijährigen Kinder erwerbstätiger Eltern steht kein Kindertagesstättenplatz zur Verfügung (Bien u. a. 2006). Auch für die über Dreijährigen können einige Kommunen besonders in westdeutschen ländlichen Regionen dem Betreuungsanspruch nicht nachkommen, was sich insbesondere negativ auf den Wiedereintritt der Mütter in den Beruf auswirkt.

Viele Eltern greifen zwar nach wie vor auf familiäre und informelle Beschäftigungs- und Betreuungsstrukturen zurück, bei denen insbesondere den Großeltern eine tragende Rolle zukommt. So zählen etwa 36% der Eltern auf die Unterstützung der Großeltern. Trotzdem stellt sich vor dem Hintergrund der aktuell nicht optimalen Betreuungsinfrastruktur die Frage, wodurch die geringe Inanspruchnahme von bezahlten Dienstleistungen einerseits erklärbar ist und wie andererseits die Inanspruchnahme gefördert werden kann.

## 4 Voraussetzungen der Inanspruchnahme

Bei der Beantwortung dieser Frage ist zu berücksichtigen, dass die Inanspruchnahme von familienunterstützenden Leistungen niedrigschwellige Zugangsmöglichkeiten voraussetzt (Deutscher Verein 2005). In der Praxis besteht aber eine Reihe von Barrieren, die den Zugang zu haushaltsnahen Dienstleistungen hemmen. Eine große Bedeutung kommt in diesem Zusammenhang zunächst den räumlichen und zeitlichen Strukturen der Angebote und der Vermittlung zu. Haushaltsnahe Dienstleistungen sollten unbürokratisch und ohne großen Aufwand für die Familien erreichbar sein. Damit berufstätige Eltern und Familien diese Leistungen nutzen können, müssen die familienunterstützenden Angebote zum einen im unmittelbaren Wohnumfeld angeboten werden und zum anderen auch am Abend und Wochenende verfügbar sein.

Ein weiteres wesentliches Kriterium für die Niedrigschwelligkeit stellt der Preis dar, der einen starken Einfluss auf die Entscheidung für die Nutzung von familienunterstützenden Dienstleistungen hat. So wünschen sich Eltern durchaus die Betreuung ihrer Kinder durch Dienstleister, wie z. B. Tagesmütter, doch die Kosten sind nach wie vor zu hoch (Bien u. a. 2006). Zwar begegnen die kürzlich eingeführten steuerlichen Vergünstigungen diesen Problemen, doch könnten weitere Fördermöglichkeiten, wie z. B. die direkte Subventionierung von haushaltsnahen Dienstleistungen, sinnvoll sein.

Neben der Niedrigschwelligkeit bestimmt vor allem auch die Beschaffenheit der Leistung über ihre Nutzung. Es zeigt sich, dass Familien bevorzugt bekannte Personen für stundenweise Haushalts- und Betreuungsarbeit einstellen. Aus diesem Grund herrschen insbesondere informelle Arbeitsverhältnisse vor (Robert Bosch Stiftung 2006). Durch Tauschbörsen könnten diese informellen Leistungen, die z. B. auch Freiwillige erbringen, gestärkt werden. Zudem wünschen sich Familien flexible Unterstützungsangebote, die einerseits ihren alltäglichen Bedarfen entsprechen und andererseits auch in Notsituationen zur Verfügung stehen. Daher ist ein bedarfsgerechtes Angebot gefragt, welches spezifische Situationen und regionale Eigenheiten integrieren kann. So wünschen sich Eltern z. B. mehr »Back-up«-Strukturen, wie Großelternnotdienste oder Angebote, die in Ergänzung der Regelstrukturen die Kinderbetreuung leisten können. Dies setzt eine Zusammenarbeit verschiedener Akteure

(z. B. der Jugendämter, professioneller Anbieter von Dienstleistungen, Mehrgenerationenhäuser) auf kommunaler Ebene voraus.

Darüber hinaus ist die Qualität des Angebots entscheidend. Gerade im Zusammenhang mit persönlicher Betreuung oder Hilfe im Haushalt spielt die Qualität der Angebote eine sehr bedeutende Rolle. Klare Strukturen und Regelungen sowie Schulungen für das Personal oder Zertifizierungen sind für ein professionelles Angebot unabdingbar.

Eine zukünftige Herausforderung für die Etablierung von familienunterstützenden Dienstleistungen stellt somit die Schaffung eines niedrigschwelligen und flexiblen Angebotes dar, das lokale Strukturen nutzt und vorhandene Angebote sinnvoll ergänzt. Gleichzeitig setzt die Gewinnung neuer Nutzergruppen die Bereitstellung von umfassenden Informationen über verfügbare Dienstleistungen und die gesetzlichen Rahmenbedingungen voraus. Die Einführung von Qualitätsstandards, Aus- und Fortbildungsmöglichkeiten sowie Zertifizierungen können die Qualität familienunterstützender Dienstleistungen optimieren.

## 5 Familienunterstützende Dienstleistungen in den Mehrgenerationenhäusern

Das vom Bundesministerium für Familie, Senioren, Frauen und Jugend 2006 gestartete Aktionsprogramm der Mehrgenerationenhäuser greift diese Anforderungen auf. Im Rahmen des Programms entstehen in bundesweit 500 Mehrgenerationenhäusern komplexe Netzwerke für Dienstleistungen jeglicher Art. Diese Angebote sind so vielfältig, wie die Bedürfnisse der Nutzer/innen vor Ort: vom Wäscheservice bis zu Großelterndiensten werden alle Leistungen geboten, die insbesondere Familien benötigen. Ziel ist es, einen lokalen Markt für haushaltsnahe Dienstleistungen zu etablieren, sodass die Angebote an neue Zielgruppen vermittelt werden, die zuvor keine familienunterstützenden Leistungen beansprucht haben. Die Häuser sind aufgrund der Einbettung in lokale Strukturen leicht zugänglich und sollen für alle Generationen offen und attraktiv sein. Zudem werden Preise für die familienunterstützende Leistungen möglichst niedrig gehalten, damit verschiedene soziale Gruppen das Angebot nutzen können. Gleichzeitig können die Einrichtungen durch ein entsprechendes Angebot ihre Attraktivität in der Region erhöhen.

Das Angebotsspektrum der Mehrgenerationenhäuser im Bereich familienunterstützende Dienstleistungen bewegt sich von informellen Nachbarschaftsdiensten bis hin zu professionellen Betreuungs- und Unterstützungsleistungen. Als Beispiele für derartige Angebote können Einkaufs- und Hausmeisterservice, Körperpflege, Friseurdienste und auch klassische Kinderbetreuung, Betreuung für Ferienzeiten und Notfälle genannt werden. Die Mehrgenerationenhäuser verfügen über einen ausgeprägten Personalmix, sodass ihre Angebote von Festangestellten, Selbstständigen, Honorarkräften, den Nutzerinnen und Nutzern sowie freiwillig Aktiven erbracht werden. Darüber hinaus treten die Mehrgenerationenhäuser als Vermittler und Plattform für die verschiedenen Leistungen auf, die recherchiert und auf den Bedarf der Nutzer/innen oder die lokalen Bedingungen abgestimmt werden. Somit verstehen sich die Mehrgenerationenhäuser als Dienstleistungsbörsen, die ihre eigenen Angebote und die lokaler Dienstleister oder Anbieter bündeln.

Dadurch können in Kooperation mit anderen Partnern umfassende Leistungspakete entstehen, beispielsweise indem die Kinderbetreuung für Eltern eines Volkshochschulkurses im Mehrgenerationenhaus erfolgt. Die betreuenden freiwillig Engagierten besuchen wiederum Weiterbildungsseminare der VHS. Professionelle Dienstleister stellen den Mittagstisch für das Mehrgenerationenhaus. In Zusammenarbeit mit Seniorinnen und Senioren werden Hausaufgabenhilfen und Notfalldienste für die Betreuung von Kleinkindern eingerichtet, während in den Mehrgenerationenhäusern integrierte Kindertagesstätten die Regelbetreuung anbieten.

## 6 Netzwerke für haushaltsnahe Dienstleistungen

Die derzeit 200 Mehrgenerationenhäuser führen damit ein vielfältiges, aufeinander abgestimmtes Angebot für die Unterstützung von Familien unter einem Dach zusammen. Insgesamt werden in den Häusern beinahe 600 Vermittlungsangebote bzw. familienunterstützende Dienstleistungen geboten. Die Schwerpunkte liegen dabei auf Betreuungsangeboten, die 45 % ausmachen und Essensangeboten, die etwa einem Viertel der Angebote entsprechen (vgl. Tabelle 1). Die Mehrheit der Betreuungsangebote hat Kinder und Jugendliche als Zielgruppe. Immerhin 15 % der Betreuungsangebote sind für pflegebedürftige Angehörige oder kranke Angehörige ausgerichtet, die ebenfalls entlastend für Familien und Berufstätige wirken.

Tabelle 1:

|  | Anzahl der Angebote | Prozent |
|---|---|---|
| Betreuung | 267 | 45 |
| Essensangebote | 142 | 24 |
| Erbringung anderer haushaltsnaher Dienstleistungen (Haushaltshilfen, Fahrdienste etc.) | 96 | 16 |
| Vermittlung haushaltsnaher Dienstleistungen | 88 | 15 |
| **Gesamt** | **593** | **100** |

Bei den 15 % der anderen haushaltsnahen Dienstleistungen, die von den Mehrgenerationenhäusern erbracht werden, handelt es sich mehrheitlich (70 %) um Haushaltsdienstleistungen (wie Waschen, Reinigung, Bügeln, Einkaufen, Reparaturen). Zudem stellen die Mehrgenerationenhäuser Transportdienste (11 %) bereit und unterstützen bei Gartenarbeiten (13 %). Bei der Vermittlung familienunterstützender Dienstleistungen stehen ebenso Haushaltsdienste (39 % der Vermittlungsleistungen) im Vordergrund, aber auch Betreuungs- und Besuchsdienste werden häufig (39 %) von den MGHs vermittelt.

Die familienunterstützenden Dienstleistungen erfreuen sich großer Beliebtheit. Täglich greifen im Durchschnitt über 9.700 Menschen auf die Erbringung oder Vermittlung von haushaltnahen Dienstleistungen wie Betreuungsangebote oder Mittagstische zurück. Mit höherer Arbeits- und familiärer Belastung steigt die Anzahl der haushaltsnahen Dienstleistungen, die die befragten Personen nutzen. Familien und Berufstätige sind daher Hauptnutzer dieser Angebote: Sie nehmen viermal so häufig Dienstleistungen ihres Mehrgenerationenhauses in Anspruch wie die übrigen Nutzer/innen.

Die Ergebnisse der ersten Nutzerbefragung in den Mehrgenerationenhäusern, an der 2.850 Nutzer/innen teilnahmen, belegt die sehr hohe Zufriedenheit mit den familienunterstützenden Dienstleistungen. Dabei bestehen kaum Unterschiede zwischen Alters- und Berufsgruppen. Besonders auffällig ist jedoch, dass die Zufriedenheit mit familienunterstützenden Leistungen mit wachsender Kinderzahl steigt und zudem berufstätige Eltern besonders zufrieden sind. Dieser Zusammenhang ist nicht auf eine generelle Zufriedenheit von

Eltern mit den Leistungen der Mehrgenerationenhäuser zurückführbar. Grundsätzlich bewerten Eltern nämlich die Angebote der Mehrgenerationenhäuser tendenziell kritischer als die übrigen Nutzergruppen. Vielmehr scheinen die alltäglichen Anforderungen aus Beruf und Familie den Bedarf dieser Angebote und damit auch die Zufriedenheit zu erhöhen. Dies belegt auch die Tatsache, dass insbesondere Familien nach eigener Einschätzung von den haushaltsnahen Dienstleistungen der Mehrgenerationenhäuser profitieren. So tragen die haushaltsnahen Dienstleistungen bei jedem zweiten Nutzenden zur deutlichen Entlastung in ihrem Alltag bei.

## 7 Qualität der Angebote

Um die Angebotsqualität in den Mehrgenerationenhäusern zu sichern und weiter zu steigern, stehen den Mehrgenerationenhäusern verschiedene Instrumente zur Verfügung. So dienen durch die wissenschaftliche Begleitung des Aktionsprogramms etablierte regelmäßige Nutzerbefragungen und das Selbstmonitoring sowie das Benchmarking auch dazu, die Passgenauigkeit und Qualität der Angebote zu verbessern.

Mit der sich jährlich wiederholenden Befragung der Nutzer/innen führen die Mehrgenerationenhäuser einerseits eine systematische Bedarfsanalyse durch und erheben andererseits die Zufriedenheit mit den aktuellen Angeboten. Im Ergebnis können die Mehrgenerationenhäuser ihre Angebote entsprechend der Bedürfnisse ihrer (potenziellen) Nutzer/innen anpassen und um neue, attraktive Dienstleistungen erweitern. Durch die Nutzerbefragung wird für die Häuser zudem die Möglichkeit geschaffen, die Zufriedenheit der Kunden mit den Leistungen zu analysieren. Die Häuser können somit prüfen, hinsichtlich welcher Dienstleistungen noch Verbesserungsbedarfe bestehen.

Auch das Selbstmonitoring soll zur Qualitätssicherung und -steigerung der familienunterstützenden Dienstleistungsangebote der Mehrgenerationenhäuser beitragen. Der Begriff »Monitoring« bedeutet grundsätzlich nichts anderes als die Beobachtung oder Erfassung eines Prozesses mittels technischer Hilfsmittel oder anderer Beobachtungssysteme. Die Häuser führen dazu im Abstand von sechs Monaten eine Selbstevaluierung zu verschiedenen Bereichen ihres Mehrgenerationenhauses durch. Familienunterstützende Dienstleistungen stellen einen Schwerpunkt dar. Über ein internetbasiertes Berichtsblatt erfolgt die Erfassung von relevanten Kennzahlen, die verschiedene Aspekte der Qualität, Zielerreichung und Effizienz der Dienstleistungen abbilden. Die Ergebnisse werden den Mehrgenerationenhäusern mithilfe eines Benchmarkinginstruments zurückgemeldet. Damit erhalten sie einen Überblick über ihre eigenen Dienstleistungsangebote. Außerdem ermöglicht dieses Instrument den Trägern, die eigenen Daten mit denen anderer Mehrgenerationenhäuser zu vergleichen. So kann festgestellt werden, welche haushaltsnahen Dienstleistungen von anderen Mehrgenerationenhäusern angeboten oder vermittelt werden und welche Zielgruppen diese nutzen. Durch diesen systematischen Vergleich mit anderen Häusern derselben Größe, desselben Prototyps oder derselben Region entstehen Lerneffekte, welche durch den regelmäßigen Austausch und eine gezielte Beratung zur weiteren Verbesserung der familienunterstützenden Angebote durch die Serviceagentur im Aktionsprogramm intensiviert werden können.

Zudem wird die Qualität der familienunterstützenden Angebote der Mehrgenerationenhäuser durch Weiterbildung der Mitarbeiter/innen und Aktiven sichergestellt. Immerhin drei Viertel der Festangestellten und auch der freiwillig Engagierten nimmt regelmäßig an Qualifizierungsmaßnahmen teil. Die Weiterbildungs- und Fortbildungsangebote werden dabei nicht immer vom Mehrgenerationenhaus selbst angeboten, sondern auch in Zusammenarbeit mit ihren Partnern und anderen Trägern organisiert. So bieten beispielsweise Freiwilligenagenturen für die Aktiven der Mehrgenerationenhäuser Fortbildungen im Bereich Kinder- und Jugendbetreuung sowie Pflege an. Als problematisch ist zu bewerten, dass für haushaltsnahe Dienstleistungen bisher übergreifende Qualitätsstandards fehlen (Robert Bosch Stiftung 2006, S. 51). Um den Nutzer/innen hier Sicherheit zu geben, werden die Mehrgenerationenhäuser zukünftig im Rahmen einer Qualitätsoffensive allgemeingültige Standards für ihre familienunterstützenden Angebote und nach Möglichkeit ein überregionales Gütesiegel für die angebotenen Dienste entwickeln.

## 8 Fazit: Mehrgenerationenhäuser als vielversprechender Ansatz zur Etablierung von haushaltsnahen Dienstleistungen

Insgesamt ist es den Mehrgenerationenhäusern bei der bisherigen Umsetzung des Aktionsprogramms gelungen, ein vielfältiges Angebot familienunterstützender Dienstleistungen zu etablieren und dabei gezielt die Bedürfnisse vor Ort zu erkennen und Lücken in der Angebotslandschaft zu schließen. Neben der Erbringung von Angeboten spielen die Mehrgenerationenhäuser dabei auch eine wichtige Rolle als Dienstleistungsvermittler. Bei ihrer Arbeit binden die Häuser eine Vielzahl unterschiedlicher – staatlicher, gemeinnütziger und privater Akteure – ein. Gleichzeitig beziehen die MGHs die Nutzer/innen aktiv in den Prozess der Qualitätsentwicklung ein und stärken so das Vertrauen in die Angebote der Häuser.

Begleitet wird die Etablierung der Mehrgenerationenhäuser durch die gezielte Gestaltung der Rahmenbedingungen, etwa in Form staatlicher Anschubhilfen, steuerlicher Erleichterungen für Familien mit Kindern sowie die Verbesserung der Infrastruktur auf kommunaler, Landes- und Bundesebene. Insgesamt entsteht damit die Grundlage dafür, dass haushaltsnahe Dienstleistungen eine wichtige ergänzende Funktion im Hinblick auf die Vereinbarkeit von Beruf und Familien erfüllen können. Voraussetzung hierfür ist, dass qualitativ hochwertige Angebote vor Ort entstehen. Die Mehrgenerationenhäuser sind auf dem Weg, in diesem Prozess eine wichtige Rolle bei der Entwicklung überregionaler Qualitätsstandards zu übernehmen.

## 9 Literatur

Bien, Walter/Rauschenbach, Thomas/Riedel, Birgit (Hrsg.) (2006): Wer betreut Deutschlands Kinder? Deutsches Jugendinstitut – DJI-Kinderbetreuungsstudie. Weinheim

BMFSFJ (Bundesministerium für Familie, Senioren, Frauen und Jugend) Monitor Familienforschung (2006): Haushaltsnahe Dienste – Neue Formen der Familienförderung. Ausgabe Nr. 5

Bundesministerium der Finanzen (2006): Anwendungsschreiben § 35a Abs. 2 Satz 1 EStG

Deutscher Verein (2005): Niedrigschwelliger Zugang zu familienunterstützenden Angeboten in deutschen Kommunen. Berlin. www.deutscher-verein.de/05-empfehlungen/empfehlungen2005/dezember/20051206/; (28.11.2007)
Robert Bosch Stiftung Hrsg. (2006): Unternehmen Familie. Studie von Roland Berger Strategy Consultants. Stuttgart.
Schupp, Jürgen/Spieß, Katharina/Wagner, Gerd (2006): Beschäftigungspotenziale in privaten Haushalten nicht überschätzen. In: Wochenbericht DIW Berlin Nr. 4.
Spieß, Katharina C./Wrohlich, Katharina (2005): Wie viele Kinderbetreuungsplätze fehlen in Deutschland? Neue Bedarfsermittlung für Kinder unter drei Jahren auf der Basis von Mikrodaten. In: Wochenbericht DIW Berlin Nr. 14.

# Sicht politischer Akteure

# Daseinsvorsorge in den Kommunen – Chancen und Grenzen kommunaler Familienpolitik
# Interview mit Uwe Lübking, Referent des Deutschen Städte- und Gemeindebundes[1]
Angelika Diller

*Diller:* Familie steht im Blickfeld öffentlichen und fachpolitischen Interesses, die Leistungsfähigkeit der Familie und ihre Bedeutung für das Gemeinwesen sind in den Vordergrund gerückt. Was bedeutet das für die Familienpolitik in den Kommunen?

*Lübking:* »Familie« wurde in der Vergangenheit nicht hinterfragt, die Gründung von Familien war selbstverständlich, getreu dem adenauerschen Motto, nach dem Paare heiraten, selbstverständlich Kinder zeugen und erziehen. Nun haben wir seit einigen Jahren eine gegenteilige Entwicklung, weder werden selbstverständlich Kinder gezeugt noch funktioniert Familie selbstverständlich.

Erstmals wird dabei bewusst, dass Kommunen auf Familien angewiesen sind, ohne Familien können Kommunen nicht existieren. Diese Situation hat den Stellenwert der Familie in der Kommune deutlich geändert.

*Diller:* Das bedeutet, Kommunen haben ein erhöhtes Interesse, Familien zu binden?

*Lübking:* Aus meiner Sicht kann ich das bestätigen, Kommunen stehen vor drei großen Herausforderungen: Wie können sie die sozialen und emotionalen Kompetenzen von Familien unterstützen? Womit kann eine Kommune familienfreundlich werden? Wie kann die Kommune das Lebens- und Wohnumfeld familienfreundlich gestalten?

Das ist ein komplizierter, mehrdimensionaler Prozess: Zunächst einmal brauchen wir in den Kommunen die Vernetzung zwischen unterschiedlichen Fachpolitiken und Ressorts, das ist bundesweit

---

1 Als kommunaler Spitzenverband vertritt der Deutschen Städte und Gemeindebund die Interessen von 12.500 Städten und Gemeinden, er nimmt Einfluss auf politische Entscheidungsfindungsprozesse, wirkt u. a. in bundesstaatlichen Beratungsorganen mit und hat ein kommunales Informationsnetzwerk aufgebaut.

noch nicht überall selbstverständlich. Familienpolitik ist nicht nur eine Aufgabe der Kinder- und Jugendhilfepolitik, vielmehr müssen unterschiedliche Politikfelder verzahnt werden, beispielsweise Seniorenpolitik, Integrationspolitik, Stadtentwicklung, Finanzen.

Zweitens geht es um die Frage: Wie lassen sich unterschiedliche Akteure in einer Kommune einbinden? Kann die Kommune noch alle Träger gleichmäßig fördern? Diese Thematik berührt die Trägerpluralität, ich weiß, das ist ein weitreichendes und sensibles Thema.

Und die dritte Dimension – da wird es dann relativ kompliziert – betrifft das Zusammenspiel von Bund, Ländern und Kommunen.

*Diller:* Bleiben wir bei der ersten Dimension, der Vernetzung innerhalb der Kommune.

*Lübking:* Ich bin davon überzeugt, dass Kommunen vor Ort Ressourcen neu bündeln und damit familienfreundlicher Politik gestalten können. Diese Steuerung ist zunächst unabhängig von den zur Verfügung stehenden Finanzen, dafür braucht man nicht unbedingt mehr Geld im System. Beispielsweise werden Ressourcen verschwendet, wenn die Arbeitsfelder unkoordiniert, als »operative Inseln« arbeiten, anstatt sich fachlich abzustimmen und durch Bündelung von Ressourcen Familienförderung als Querschnittsaufgabe zu gestalten.

Dabei sollte eine horizontale und vertikale Vernetzung im Blick sein. Beispielsweise muss eine Integrationspolitik vor Ort auch familienpolitische Aspekte berücksichtigen und Familienpolitik sollte nicht nur junge Familien mit Kindern sondern auch Familien mit Senioren berücksichtigen, denn auch für die Großelterngeneration sind Eltern zuständig.

*Diller:* Sie plädieren für eine ganzheitliche Familienpolitik, die langfristig geplant wird und Lebensalter und Lebenslagen als »Querschnittsthema« berücksichtigt. Wo liegen die Hürden, dieses Ziel zu erreichen?

*Lübking:* Ein großes Problem sind die unterschiedlichen Zuständigkeiten und das damit verbundene Ressortdenken. Ich möchte es am Beispiel des Konzeptes der kommunalen Bildungslandschaften erläutern. Konzeptionell wird hier nicht aus der Perspektive einer

Bildungsinstitution gedacht, sondern umgekehrt unter dem Primat des Aufwachsens von Kindern versuchen unterschiedliche Institutionen, ihre Angebote für Eltern und Kinder zu vernetzen. Die Konzeption scheitert, wenn z. B. der Schulleiter sich nicht als Kooperationspartner der Jugendhilfe versteht, weil für ihn nur die Vorgaben des schulischen Systems maßgeblich sind und die Perspektiven der Kooperationspartner nicht von Bedeutung sind, dieses institutionelle Silodenken verhindert Kooperation.

*Diller:* In diesem Beispiel fehlt der Blick über den institutionellen Tellerrand.

*Lübking:* Ja, und es gibt auch andere Beispiele, dass Schulleiter ganzheitlich denken. Aber grundsätzlich gibt es zu wenig Abstimmung zwischen der Jugendhilfe und der Schule über die Frage, welche emotionalen, sozialen Kompetenzen jungen Menschen in der Schule vermittelt werden sollen, damit sie in ihrem späteren Leben zurecht kommen. Das hat nicht nur individuelle, sondern auch kollektive Auswirkungen, individuelles Scheitern ist nicht nur für den Einzelnen von Nachteil, sondern wird für die Gesellschaft in mehrfacher Hinsicht teuer, und am deutlichsten spürbar in den Kommunen, dort wo Familien leben.

*Diller:* Reichen die bestehenden Instrumente im Rahmen kommunaler Jugendhilfepolitik aus, um ganzheitliche Konzepte für die Förderung von Familien umzusetzen?

*Lübking:* Ja, grundsätzlich geht das, aber ich bin skeptisch, was den Jugendhilfeausschuss in seiner jetzigen Form angeht, da kann man schon mal leicht den Eindruck gewinnen, dass er sich als »Geldbeschaffungsmaßnahme« für diejenigen versteht, die drin sitzen und weniger als Steuerungsinstrument für eine kommunale Kinder- und Familienpolitik.

*Diller:* Gibt es aus Ihrer Sicht andere, Steuerungsinstrumente in den Kommunen?

*Lübking:* Ich kann diese Frage nicht flächendeckend für alle Kommunen beantworten, aber es gibt für mich einen Indikator, der belegt, dass Kommunen die Weichen neu stellen. Es gibt ein hervorragendes Handbuch des deutschen Vereins für Öffentliche und Private Fürsorge e.V., das einen Riesenabsatz gefunden hat, was auch wieder zeigt, wie bedeutsam dieses Politikfeld für Kommunen geworden ist.

*Diller:* Was sind die neuen Perspektiven?

*Lübking:* Familienpolitik, verstanden als Querschnittsaufgabe, braucht eine ressortübergreifende kommunale Leitorientierung genauso wie Steuerungs- und Umsetzungsinstrumente, hierzu möchte ich einige Beispiele nennen: das Familienaudit, dazu gehören u. a. Familienprogramme, Familienberichte, Familienverträglichkeitsprüfungen usw. Bei jeder kommunalen Entscheidung kann »Familientauglichkeit« auf der Agenda stehen, und es können Familien eingebunden werden. Das betrifft nicht nur die sozialen Handlungsfelder, sondern auch die Stadtentwicklung und die Bauplanung.

*Diller:* Die Bedingungen des Sozialraumes sind ein zusätzlicher Aspekt.

*Lübking:* Die Umsetzung ist wesentlich abhängig von der Größe, der Struktur und den spezifischen Bedingungen des Sozialraumes. Dabei stellen sich folgende Fragen: Wie ist eigentlich die Situation der Familien bei uns? Was muss ich verbessern? Wie viele Familien haben Integrations- und soziale Beratungsbedarfe? Wie viele sind Arbeitslosengeld-Empfänger? Wie sieht eigentlich die wirtschaftliche und finanzielle Situation von Familien in der Kommune aus? Das sind zentrale ressortübergreifende Fragen in den Kommunen, über die man sich verständigen muss, wenn man Handlungsfelder vernetzen und ein gemeinsames Leitbild entwickeln will. Das ist leicht gesagt, aber »schwer getan«.

*Diller:* Ja, was ja ganz wichtig wäre.

*Lübking:* Ja, die unterschiedlichen Bedingungen des Sozialraumes sind entscheidend, deswegen macht es auch keinen Sinn, die Kommunen in ein bestimmtes Korsett zu zwängen. Man muss vor Ort das beste Konzept herausfinden. Und das ist eben im Bezirk Neukölln anders als in Starnberg.

*Diller:* Das ist nachvollziehbar. Dennoch bleibt der Spannungsbogen zwischen »Verbindlichkeit« und »Beliebigkeit«. Wie kann man verhindern, dass alles als »gut und richtig« verstanden wird?

*Lübking:* Man muss die Umsetzung überprüfen, Kommunen müssen bereit sein, ihre Arbeit evaluieren zu lassen, um es salopp zu formulieren: nicht nur im »eigenen Saft schmoren«, sondern auch kritisch zu hinterfragen: »Ist das, was ich einsetze, eigentlich wirksam?«

*Diller:* Sie plädieren dafür, dass »Evaluation« ein Steuerungsinstrument der Kommunen sein könnte. Damit würden die Kommunen eine Qualitätsforderung umsetzen, die in allen Bereichen gefordert wird. Ich möchte einen anderen Aspekt aufgreifen, den der unterschiedlichen Lebenslagen. Wie schätzen Sie die Situation in den ländlichen Regionen ein?

*Lübking:* Die Folgen der geforderten beruflichen Flexibilität verändern auch die kleineren, ländlichen Gemeinden. In den Städten war die Mobilität immer größer und dörfliche Strukturen zeichneten sich lange Zeit durch einen größeren Zusammenhalt der Familien aus, das hat sich dramatisch verändert. Auch hier brechen Strukturen auseinander und Familien brauchen institutionelle Unterstützungen. Die Gemeinden stehen vor großen Herausforderungen, ein Netzwerk in ländlichen Regionen aufzubauen. Meines Erachtens ist hier noch viel Entwicklungsarbeit zu leisten. Ich kann nicht erkennen, dass wir für dieses Problem schon überall die passenden Antworten gefunden haben.

*Diller:* Sie sprechen damit an, dass Familien, je nachdem wo sie leben, höchst unterschiedliche institutionelle Unterstützungsangebote vorfinden. Das betrifft zum einen das Stadt-Land-Gefälle, zum anderen aber auch die unterschiedlichen Bundesländer. Aus der Sicht der Familien kann das dramatisch sein, wenn sie aus Arbeitsplatzgründen umziehen und völlig andere Bedingungen vorfinden, insbesondere für das Aufwachsen der Kinder.

*Lübking:* Unter dem Aspekt der Chancengerechtigkeit in diesem Land ist das zu kritisieren, letztlich ist es eine Folge des Föderalismus, das ist in anderen europäischen Ländern anders. Auf der Länderebene wird dieses Problem leicht als »Wettbewerbsföderalismus«

propagiert. Das ist aber, denken wir nur an den Bildungsbereich, problematisch, bei ungleichen Startchancen kann man eigentlich nicht von einem Wettbewerb sprechen. Grundsätzlich sehe ich das kritisch, ich bezweifle, dass die Föderalismusreform II daran etwas ändern kann.

*Diller:* Damit sind wir bei dem Aspekt, den Sie zu Beginn des Interviews genannt haben, dem Zusammenspiel zwischen Bund, Ländern und Kommunen. Gibt die Föderalismusdiskussion neue Antworten auf die Strukturprobleme?

*Lübking:* Aus meiner Sicht stehen wir in Deutschland nach wie vor in der »föderalen Finanzierungsfalle«, denn auch die Neuregelung hat nicht die erforderliche Klarheit geschaffen. Das alte Kernproblem ist nach wie vor nicht beseitigt: Der Bund erlässt Gesetze, welche die Kommunen ausführen sollen, aber diese haben keinen Ansprechpartner bei der Frage: Wer hilft uns bei der Finanzierung? Die Länder verweisen auf den Bund, der seinerseits – juristisch korrekt – sagt: »Die Finanzierungspflicht gegenüber den Kommunen liegt bei den Ländern.«

Und das ist im Augenblick auch der richtige Schritt, Länder und Kommen müssen sich über die Finanzierung einer bestimmten Leistung austauschen, wenn man sie denn flächendeckend vorhalten will. Ansonsten muss man in Kauf nehmen, dass die Leistungsangebote in den einzelnen Ländern unterschiedlich sind, je nach Finanzkraft der Kommunen.

*Diller:* Aus Ihrer Sicht sind die alten Probleme geblieben?

*Lübking:* Denken Sie nur an die jetzigen Diskussionen über den Ausbau U 3. Wir reden über den quantitativen Ausbau, nicht über den qualitativen Ausbau. Möglichst viele Plätze sollen geschaffen werden – das sieht in der Statistik gut aus –, aber vor welchen Herausforderungen stehen Träger und Einrichtungen?

Es fehlt ein kohärentes Konzept. Beispielsweise welche Qualität brauchen wir, was bedeutet das für den Personalbestand, wie binden wir Eltern ein? Diese fachlichen Fragen spielen auf Bundesebene keine Rolle.

Es wird eine Summe von 4 Milliarden verteilt, ob diese für die vorgesehenen Aufgaben ausreichen, die mit dem Ausbau verbunden sind, steht nicht zur Diskussion. Der Bund gibt das Geld an die Länder, die an die Kommunen und die können dann sehen, wie sie damit klarkommen.

*Diller:* Sie kritisieren, dass die fachlichen Herausforderungen durch Strukturprobleme überlagert werden. Was sind Ihrer Meinung nach die wichtigsten Themen in Ausbauphase U 3, die diskutiert werden müssten?

*Lübking:* Zum einen geht es um die Frage, was Kinder in dem Alter brauchen, zum anderen geht es um Eltern. Die Tagesbetreuungsangebote müssen sich noch sehr viel stärker für Familien öffnen bzw. Eltern einbinden; das ist insbesondere bei sozial benachteiligten Familien eine Herausforderung. Es nützt den Kindern nur sehr bedingt etwas, wenn die Kinder zwar gut versorgt sind, aber Eltern »draußen vor der Tür bleiben«.

*Diller:* Sie wünschen sich eine stärkere Verzahnung von Familie und Institution, anders ausgedrückt, hier wäre ein Netzwerk »rund um Familie« notwendig?

*Lübking:* Ja, aber ich möchte auch noch auf einen anderen Sachverhalt hinweisen. Ich finde es wenig hilfreich, wenn der Bund immer wieder neue Programme auflegt, anstatt einmal begonnene weiterzuführen. Das bezieht sich auf das Aktionsprogramm Mehrgenerationenhäuser, das auf Bundesebene das Konzept der Eltern-Kind-Zentren abgelöst hat. Dafür gibt es keinerlei fachliche Begründungen. Eltern-Kind-Zentren knüpfen an der wichtigsten, flächendeckend verbreiteten Institution der Kindertageseinrichtungen an und intensivieren die Kooperation zwischen unterschiedlichen Institutionen »rund um Familie«. Dieses Konzept wird in vielen Regionen gefördert, die Unterstützung des Bundes hätte diesen Prozess erheblich intensivieren können.

*Diller:* Dem stimme ich zu.

*Lübking:* Ich möchte noch mal das Grundproblem des jetzigen Verfahrens zusammenfassen: Der Bund beschließt, die Länder verteilen und die Kommunen müssen umsetzen, und dabei entstehen viele zusätzliche Themen, auf die wir eine Antwort finden müssen. Jedes neue Programm bringt immer zusätzliche, häufig nicht bedachte Nebeneffekte, mit denen Länder und Bund aber nichts mehr zu tun haben wollen. Dieses Verfahren begeistert die Kommunen nicht und verstärkt kommunale Abwehrhaltungen, die uns aber in der Sache leider nicht weiterführen, das ärgert mich.

*Diller:* Sie fordern den umgekehrten Weg: Zunächst Ziele, Konzepte und deren Wirkungen erörtern und auf dieser Grundlage die Kosten definieren, nur über diesen Weg kann Qualität von Anfang an mitgedacht werden.

*Lübking:* Ich möchte das noch an einem anderen Beispiel erläutern, am Streit, ob es in den Schulen das Unterrichtsfach »Kochen« geben soll. Die Überlegungen waren sehr viel weitreichender, es ging nicht um »Kochen« nach dem Motto: Wie backe ich den besten Streuselkuchen, sondern um das Vermitteln hauswirtschaftlicher Kompetenzen, die Eltern brauchen, um ihre Kinder zu ernähren und den Haushalt zu führen. Wir wissen insbesondere im Umgang mit Risikofamilien, dass diesbezügliche Defizite weitreichende Folgen haben, die dann wieder mit zusätzlichen Präventions- und Gesundheitsmaßnahmen in den Kommunen ausgeglichen werden müssen. Die Kultusminister haben diesen Vorschlag abgelehnt, da er aus ihrer Sicht nichts mit Bildung zu tun hat.

*Diller:* Das ist noch mal ein Beispiel für Ressortdenken?

*Lübking:* Ja, und ich möchte hinzufügen, das ist leider typisch deutsch, in anderen europäischen Ländern wird Bildung viel ganzheitlicher begriffen.

*Diller:* Ich möchte noch mal den Blick richten auf die kommunalen Bedingungen: Wir haben die Gestaltungsmöglichkeiten der kommunalen Entscheider diskutiert, aber es gibt auch noch die andere Perspektive, die wir unter dem Aspekt der »Governance« diskutieren: Damit ist die Beteiligung, die direkte politische Einflussnahme von Bürgern gemeint; wie schätzen Sie das ein?

*Lübking:* Das ist grundsätzlich richtig und sehr wünschenswert, aber das löst nicht alle Probleme. Die Partizipationsmöglichkeiten der Bürger einer Kommune sind unterschiedlich ausgeprägt. Beteiligung setzt voraus, dass ich dafür Zeitressourcen einbringen kann und will. Nun wissen wir, dass gut ausgebildete, aktive und mobile Bürger beruflich stark eingespannt sind und diese Zeit nicht haben. Diese Gruppe der Bürger prüft aber sehr genau, was bietet die Kommune mir und meiner Familie, gibt es eine gute Infrastruktur für Familien, gibt es Kinderbetreuungsangebote etc.

Diese Gruppe der Bürger will nicht für ein familienfreundliches Angebot kämpfen, sie wollen ein familienfreundliches Angebot vorfinden, sonst »stimmen sie mit den Füßen« ab und gehen bzw. ziehen in eine andere Stadt um. Hier sehe ich einen Wettbewerb zwischen den Kommunen, die Familien mit einer familienfreundlichen Infrastruktur binden wollen. Eine Kommune, in der Familien nicht leben können, bekommt auf Dauer erhebliche demografische Probleme. Das ist bei den Kommunen angekommen, deswegen beschäftigt auch kleinere Kommunen beispielsweise die Überlegung: »Wie erhalte ich die Kita?«

Eine andere Gruppe von Bürgern, die sog. sozial Benachteiligten und sog. Risikofamilien aktivieren sich politisch im Gemeinwesen nur sehr schwer, das sind nicht die »Motoren«. Diese Gruppe ist nicht mobil und bleibt an ihren Wohnorten. Die Aktivierung dieser Gruppe ist ein großes Problem. Einen Zugang sehe ich, wenn diese Familien ihre Kinder institutionell betreuen lassen, das ist eine Brücke zwischen öffentlicher Institution und Familie. Aus meiner Sicht ist die Partizipation der Bürger ein wichtiger Ansatz, aber aus den Erfahrungen der realen Kommunalpolitik kann ich nur feststellen, dass damit nicht die Herausforderungen vor Ort zu bewältigen sind.

*Diller:* Ist das Primat der Familienfreundlichkeit in den Kommunen flächendeckend angekommen oder sind es einige Vorreiter, die sog. »Leuchttürme«?

*Lübking:* Diese Einschätzung teile ich nicht; wir haben in der letzten Zeit drei Kongresse zu diesem Themenfeld angeboten mit sehr hoher Resonanz, außerdem möchte ich daran erinnern, dass wir bereits zu der Zeit, als Frau Nolte noch Familienministerin war, damit begonnen haben, und schon damals gab es einen Wettbewerb für familienfreundliche Kommunen.

*Diller:* Das heißt, Sie sehen eher einen Entwicklungsprozess, der in der letzten Zeit im Zuge der demografischen Veränderungen an

Schubkraft gewonnen hat. Wie schätzen Sie denn die Möglichkeiten der Kommunen ein, mit Unternehmen zusammenzuarbeiten und die »mit ins Boot zu holen«?

*Lübking:* Auch diese Forderung ist mittlerweile konsensfähig, aber auch hier zeigen sich in der Praxis sehr unterschiedliche Entwicklungen. Es gibt große Unternehmen und wichtige Protagonisten wie Herrn Braun, der sehr wichtige Impulse in Melsungen gesetzt hat. Aber wir wissen auch, dass kleine Firmen oft große Probleme haben sich vor Ort zu engagieren. Beispielsweise ist die Einrichtung eines Betriebskindergartens für Großunternehmen relativ leicht, von kleineren Firmen nur sehr schwer auf den Weg zu bringen.

Aber das ist sicher ein Prozess, für den vom Bund wichtige Impulse gesetzt werden, insbesondere die lokalen Bündnisse halte ich für ein wichtiges Instrument, die Wirtschaft einzubinden. Von den IHKs wissen wir, dass sie ein großes Interesse haben, mit den Kommunen zu verhandeln, aber sich häufig mit Widerständen der Jugendhilfeausschüsse konfrontiert sehen.

*Diller:* Aus welchen Gründen?

*Lübking:* Ein Grund sind sicherlich die Arbeitszeiten und die damit gewünschten längeren Öffnungszeiten der Einrichtungen; die Jugendhilfevertreter sind hier mit Blick auf das Wohl des Kindes erst mal skeptisch, und das ist nachvollziehbar, denn es ist ihr »Job« das Wohl des Kindes im Auge zu behalten. Auf der anderen Seite will die »Wirtschaft«, auch mitreden und mitbestimmen, was den Jugendvertretern erst einmal schwer zu vermitteln ist. Aber ich denke, hier muss man verhandeln, um beiden Positionen gerecht zu werden.

Grundsätzlich gilt: Wenn man die Wirtschaft als Partner will, dann kann man nicht einfach nur »die Hand aufhalten«, nach dem Motto: Liefert euer Geld ab, den »Rest« machen wir, dann muss man auch bereit sein, über gegensätzliche Positionen zu verhandeln. Hier stehen wir meiner Meinung noch am Anfang.

*Diller:* Mit Blick auf unser Thema möchte ich abschließend zwei Ihrer zentrale Botschaften hervorheben: Kommunen haben grundsätzlich Steuerungsinstrumente, um regionale Netzwerke zu fördern und damit die Lebensbedingungen für Familien zu verbessern und zweitens: Kommunale, familienfreundliche Politik ist nicht nur von den Kommunen abhängig, sondern steht in einer Wechselwirkung mit den Vorgaben vom Bund und den Ländern.

*Lübking:* Ja, mir geht es darum, deutlich zu machen, dass die Kommunen ein Teil des gesamten politischen Systems in Deutschland sind, und dass es hier erhebliche Wechselwirkungen gibt, und andererseits plädiere ich noch mal für eine bessere Vernetzung zwischen den unterschiedlichen Strukturebenen, damit meine ich, dass wir nicht nur über Finanzströme und Geldverteilung reden, sondern bei den großen Herausforderungen, aktuell z. B. der Ausbau für die unter dreijährigen Kinder, konzeptionelle Leitlinien erarbeiten.

*Diller:* Vielen Dank für das Gespräch.

## Träger steuern institutionelle Weiterentwicklungen
## Interview mit Wolfgang Stadler, Geschäftsführer der AWO Bezirksverband Ostwestfalen Lippe e.V.[1]
Angelika Diller

*Einen Einblick in Aufgaben und Herausforderungen eines Geschäftsführers vermittelt der folgende Beitrag, in dem Herr Stadler zu verschiedenen Fragen schriftlich Stellung bezogen hat.*

*Diller:* Sie sind Geschäftsführer der AWO, eines großen sozialen Verbandes, der eine breite Angebotspalette für Kinder, Jugendliche, Auszubildende, Eltern, Senioren vorhält. Das Arbeitsfeld der Tageseinrichtungen steht seit einigen Jahren unter einem erheblichen Veränderungsdruck sowohl für die Bildungsarbeit als auch für die Unterstützung von Eltern und Familien. Was hat Sie als Geschäftsführer motiviert, den Prozess von der Kita zum Familienzentrum voranzutreiben?

*Stadler:* In unseren Einrichtungen erleben wir in den letzten Jahren ein rapide verändertes Nutzungsverhalten der Erziehungsberechtigten: Das Aufnahmealter der Kinder ist ständig gesunken und die Betreuungszeiten werden immer länger. Das heißt, die Bedeutung der Kindertageseinrichtungen sowohl für die Bildungs- und Erziehungsprozesse der Kinder als auch für die Vereinbarkeit von Familie und Beruf ist ständig gestiegen. Aber auch die Funktion der Einrichtungen hat sich ausgeweitet, Kindertageseinrichtungen sind als familienergänzendes Angebot konzipiert, de facto haben sie eine weiterreichende Funktion. Für viele Erziehungsberechtigte sind die Kindertageseinrichtungen zentraler Ansprechpartner in allen Fragen der Kindererziehung und -betreuung geworden. Diese Funktionserweiterung verändert die Beziehungsdynamik, denn Eltern erwarten auch ein Verständnis für ihre spezifische Lebenssituation. Das ist die Grundlage der vertrauensvollen Zusammenarbeit, die wiederum sehr wichtig für die Förderung der Kinder ist. Die Eltern

---

1 Der AWO-Bezirksverband Ostwestfalen Lippe bietet ein differenziertes Angebotsspektrum in unterschiedlichen Handlungsfeldern; er ist auch Träger von 120 Kindertageseinrichtungen, die auf der Grundlage eines extern zertifizierten ISO-Qualitätsmanagementsystem arbeiten; ein Teil der Einrichtungen hat auch das Gütesiegel »Familienzentren NRW«.

sind die wichtigsten Bezugspersonen für ihre Kinder, deshalb ist eine aktive und gute Zusammenarbeit von Eltern und Erzieher/innen grundlegend für die erfolgreiche Förderung und Entwicklung der Kinder. Unter dieser Prämisse ist es sinnvoll und notwendig, bedarfsgerechte, integrierte Angebote zu entwickeln, die die Bildungs- und Entwicklungsprozesse von Kindern fördern und zugleich Eltern/Familien bei der Bewältigung des Alltags mit ihren Kindern unterstützen. Das bedeutet in der Umsetzung, dass Kindertageseinrichtungen eine differenzierte und niedrigschwellige Angebotsstruktur vorhalten müssen, durch die Erziehungsberechtigte kompetente Hilfe und Unterstützung erhalten. Der Schwerpunkt in diesem Bereich liegt in Angeboten, die Eltern helfen können, ihre Erziehungsaufgaben qualifizierter und engagierter zu bewältigen. Kindertageseinrichtungen müssen auf diese veränderten Bedarfe der Familien reagieren und sich auch für neue Angebote und Dienstleistungen für Eltern und Familien öffnen.

*Diller:* Ich möchte auf einen weiteren Aspekt zu sprechen kommen: Die AWO ist ein Verband, der einerseits ein ausgeprägtes sozialpolitisches Profil hat, andererseits sind Sie als AWO-Geschäftsführer auch Unternehmer, der auf Dauer keine roten Zahlen schreiben »darf«. Wie groß ist das Spannungsfeld zwischen »sozialpolitisch Wünschenswertem« und »unternehmerisch Machbarem«, konkret bezogen auf die Weiterentwicklung von Kindertageseinrichtungen? Wie viel Risiko muss man für neue Angebotsentwicklungen eingehen?

*Stadler:* Ich möchte es umgekehrt formulieren, das Risiko ist aus meiner Sicht größer, wenn man sich nicht für neuere Entwicklungen öffnet. Aus unternehmerischer Perspektive betrachtet haben wir eine erhebliche Konkurrenz beispielsweise durch privat-gewerbliche Anbieter, die neue Entwicklungen schnell aufspüren und kurzfristig darauf reagieren. Diese Anbieter suchen schon heute intensiv die Zusammenarbeit mit Kooperationspartnern, die den Trägern der Freien Wohlfahrt bisher eher fremd sind und finden in Unternehmen finanzkräftige Partner für ihre Angebote.

Allerdings kann ich als Geschäftsführer bei den notwendigen Weiterentwicklungsprozessen nicht »aus dem Vollen« schöpfen. Manchmal kommt es aber auch darauf an, vorhandenen Ressourcen andere Prioritäten zu geben und notwendige Entwicklungsprozesse zu unterstützen, beispielsweise durch gezielte Personalentwicklungsstrategien in Form von Fortbildungsangeboten oder auch Investitionsentscheidungen.

*Diller:* Hat man mehr Gestaltungs- und Spielräume je mehr Sparten man in seinem »Betrieb« hat oder wird man unflexibler?

*Stadler:* Ich halte nichts von isolierten Branchenlösungen in der Wohlfahrtspflege. Sie verhindern Vernetzung und verstärken den Ökonomisierungsdruck. Natürlich ist es auch sinnvoll und wichtig, »Experten« vorzuhalten, denn wir können nicht nur mit »Generalist/innen« arbeiten. Dennoch sollten Unterstützungsbedarfe nicht nur isoliert auf eine Fragestellung hin, sondern im jeweiligen Kontext betrachtet werden; nur durch eine ganzheitliche Sichtweise können wir kundenorientierte, passende Lösungen entwickeln, dabei kommt es auf den »richtigen Mix« an, zusätzlich kann ich den »Branchenmix« auch betriebswirtschaftlich einsetzen, um zeitlich befristete Durststrecken in schwierigen Arbeitsfeldern zu überbrücken bzw. Mittel auch für neue Innovationen und Bereiche zu rekrutieren. Isolierte Branchenlösungen führen häufig – das zeigt die Praxis – zur Aufgabe von Diensten und Einrichtungen.

*Diller:* Mitarbeiter/innen sind keine homogene Gruppe, und man kann auch nicht selbstverständlich bei allen Begeisterung für Veränderungsprozesse voraussetzen, d.h. ein Teil der Mitarbeiter/innen ist häufig »strukturkonservativ«. Wie machen Sie das, haben Sie Konzepte, Strategien, um Veränderungsbereitschaft der Mitarbeiter zu fördern?

*Stadler:* Die zunehmende und durch Rahmenbedingungen auch »aufgezwungene« Ökonomisierung der sozialen Arbeit hat dazu geführt, dass es in der Freien Wohlfahrtspflege und natürlich auch in der AWO Tendenzen gibt, die ökonomisch interessanten Bereiche herauszufiltern und Arbeitsschwerpunkte auf diese Bereich zu verlagern. Insbesondere der Kinder- und Jugendbereich, soweit er nicht die stationäre Erziehungshilfe betrifft, wird eher als nebenher laufendes Angebot betrachtet. Diese Sichtweise ist mir fremd und das vermittele ich auch den Mitarbeiter/innen in meinem Einzugsbereich ganz deutlich. Ich lege sehr großen Wert auf eine hohe Transparenz bei der Darstellung und Vermittlung dieser Entwicklungsprozesse. Ich beteilige die Mitarbeiter/innen soweit als möglich, denn nur so werden Änderungsnotwendigkeiten nachvollzogen und nachhaltig umgesetzt. Ich will dadurch, dass ich solche Prozesse zur Chefsache mache, deutlich machen, wie sehr ich die Arbeit wertschätze. Gleichzeitig vermittle ich aber auch, dass eine traditionelle und nach dem Käseglocken-Prinzip arbeitende Kita, auch aus Sicht der Mitarbeiter/innen, nicht zukunftsfähig ist. Dabei stößt man manchmal an die Grenzen. Insbesondere der sehr unstete und auf Symbolpolitik ausgerichtete Aktionismus der Politik belastet diesen Entwicklungsprozess. Dadurch wird die Kooperationsbereitschaft der betroffenen Kolleg/innen oft arg strapaziert.

*Diller:* Mit Blick auf das Konzept der Familienzentren in NRW: Die neuen Entwicklungen erfordern zusätzliche Kooperation und Vernetzungsaktivitäten, hat das Auswirkungen auf die internen Strukturen? Arbeiten beispielsweise bestimmte Bereiche enger zusammen, gibt es ressortübergreifende Konzepte?

*Stadler:* Selbstverständlich hat eine veränderte Kooperations- und Vernetzungsaktivität sowohl innerhalb der Strukturen der Tageseinrichtung als auch in der Zusammenarbeit mit den internen und externen Partner/innen Auswirkungen. Ein ressortübergreifendes Konzept ist das A und O einer geöffneten Kita-Arbeit. Vor diesem Hintergrund können sich z.B. verschiedene Ressorts, die unterschiedliche Generationen ansprechen, sehr gut ergänzen, verstärken und auch gegenseitig entlasten.

*Diller:* Welche Bedeutung hat in dem Zusammenhang Ihr Qualitätsmanagementkonzept?

*Stadler:* Wir waren der erste große Träger in NRW, der ein flächendeckendes Qualitätsmanagementkonzept für seine Kitas entwickelt hat. Wir werden seit 2002 extern zertifiziert. Ich behaupte, dass Weiterentwicklung ohne ein solches Qualitätsmanagementkonzept nicht denkbar wäre. Die Strukturierung durch einen QM-Prozess und die Stabilisierung, die dadurch einhergeht, machen den »Blick über den Tellerrand« möglich. Die Mitarbeiter/innen sind gewohnt, in klar definierten Strukturen zu denken und zu handeln. Neue Herausforderungen können innerhalb bestehender Strukturen relativ schnell integriert und weiterentwickelt werden. Ich habe das Tagesgeschäft besser im Griff, bin hier sicherer und habe deshalb den Blick frei für innovative Projekte und Weiterentwicklungsprozesse.

*Diller:* Seit einiger Zeit wird die Zusammensetzung von Teams unter dem Aspekt des »Personalmix« diskutiert. Insbesondere im Arbeitsfeld der Tageseinrichtungen wird gefordert/vorgeschlagen, die Teams multiprofessionell zusammenzusetzen. Wie schätzen Sie das ein?

*Stadler:* Ich halte nichts davon, dass die Mitarbeiter/innen in Kitas eine Rundum-Ausbildung für alle Fragestellungen erhalten. Ihr originärer Auftrag ist und bleibt die Bildungsförderung, Betreuung und Erziehung von Kindern. Und darauf muss auch der Arbeitsschwerpunkt liegen. Ich bin aber schon dafür, dass es Spezialisierungen innerhalb der Mitarbeiterschaft gibt. Die Teams sind so groß, dass man neben Grundlagenkenntnissen auf weitere Spezialisierungen einzelner Fachkräfte setzen sollte. In bestimmten Feldern muss man überlegen, ob man nicht auch Kita-übergreifend Fachleute in Form eines Pools einsetzt, um bestimmte Fragestellungen zu erörtern. So haben wir beispielsweise in Bielefeld ein sehr fortschrittliches Projekt von »FörderFachStellen« entwickelt. Danach kommen Fachkräfte der Erziehungshilfe bei Bedarf und in Abstimmung mit dem Jugendamt in Kitas und leisten dort niedrigschwellige ambulante Erziehungshilfe in der vertrauten Umgebung. Solche und ähnliche Konzepte sollten neben einem Personalmix angewandt werden.

*Diller:* Wie schätzen Sie in diesem Kontext die Akademisierung der Erzieherinnen ein?

*Stadler:* Geschäftsführer haben bei der Fragestellung im Regelfall den Tarifvertrag und die Kosten vor Augen. Ich möchte hier fachlich antworten: Im Rahmen eines Konzeptes von Personalmix ist es notwendig, insbesondere mit Blick auf das zunehmend anspruchsvoller werdende Aufgabenprofil und auch den wachsenden Anteil an Managementtätigkeiten der Leiter/innen, dass auch Fachkräfte mit akademischer Ausbildung eingesetzt werden.

*Diller: Welchen Stellenwert hat die Einbindung freiwilliger bürgerschaftlicher Potenziale? Welche Konzepte haben Sie dafür?*

*Stadler:* Wir haben unter dem Dach der AWO in Ostwestfalen-Lippe eine Freiwilligenakademie, die sehr intensiv und erfolgreich Freiwillige zielgerichtet in Einsatzfelder vermittelt und begleitet. In diesem Zusammenhang spielt der Kita-Bereich eine sehr große Rolle. Dies machen wir seit über sieben Jahren und deshalb weiß ich, dass dem bürgerschaftlichen Engagement in Kitas eine große Bedeutung zukommen kann. Dies hat nichts, aber auch gar nichts mit Abbau von Arbeitsplätzen zu tun, sondern wird ausschließlich dazu genutzt, um ergänzende und unterstützende Angebote in Kitas vorzuhalten und auch die Motive der bürgerschaftlich Engagierten in eine solche Arbeit einzubringen. Wir organisieren beispielsweise zurzeit trägerübergreifend für alle Kitas in Bielefeld ein Konzept Sprachförderung für die Kinder, die nicht über Landesrichtlinien Sprachförderunterstützung erhalten können. Hier schulen wir weit über 100 Freiwillige systematisch, um den Kitas unterstützende Hilfestellung zu geben.

*Diller:* Die Entwicklung zu Familienzentren in NRW wird wesentlich durch Kooperation und Vernetzung mit anderen Institutionen hergestellt, nun ist die Zielmarke der Landesregierung bis 2012 30 % der Kitas zu Familienzentren auszubauen; welche Effekte hat das Ihrer Meinung nach auf die bestehende Infrastruktur »rund um Familie«? Was wird sich, was muss sich verändern?

*Stadler:* Ich setze mich dafür ein, dass alle Kindertageseinrichtungen, wenn sie es wünschen und dazu in der Lage sind, die Rolle von Familienzentren übernehmen. Von daher halte ich die Quotierung der Landesregierung NRW auf 30 % für falsch. Sie schafft Kitas 1. und 2. Klasse.

Das, was ich eingangs zur Vernetzungsnotwendigkeit von Kitas genannt habe, bezieht sich natürlich auch auf die gesamte Infrastruktur, die für Kinder, Jugendliche und Eltern in den Kommunen vorhanden ist. Auch hier muss die gleiche Bereitschaft zur Öffnung der Angebote gegeben sein und dies ist auch weitestgehend so. Die Zeiten, in denen beispielsweise Erziehungsberatungsstellen auf die Selbstmelder warteten, um ihnen dann nach einer angemessenen Wartezeit Hilfestellung anzubieten, sind vorbei. Es geht darum, dass sich alle an dem Prozess Beteiligten vernetzen und auch aktiv auf die Eltern und Kinder zugehen. Wenn wir die vorhandene Infrastruktur aus dieser Sichtweise betrachten, wird das Hauptproblem deutlich: Die Infrastruktur gerade im Bereich der Beratungsdienste ist immer noch unterentwickelt. Wenn wir uns offensiv mit dem Thema beschäftigten wollen, ist die erste Voraussetzung, dass die vorhandenen Ressourcen vergrößert und ausgebaut werden.

*Diller:* Reicht es Ihrer Meinung nach, dass Ressourcen für den Einrichtungstyp Familienzentren bereitgestellt werden, die Kooperationspartner aber »leer ausgehen«?

*Stadler:* Natürlich nicht. Der ganze Bereich ist bezogen auf die gestellten Anforderungen unterfinanziert. Hier müssen im Sinne meiner vorherigen Antwort deutlich mehr Ressourcen zur Verfügung gestellt werden. Es kann nicht angehen, dass z. B. Tageseinrichtungen aufgefordert werden kooperativ mit Erziehungsberatungsstellen in der Kita zusammenzuarbeiten, aber gleichzeitig die Mittel für die Erziehungsberatungsstellen gekürzt werden. Das ist paradox.

*Diller:* Wie schätzen Sie die Aufgaben des Jugendhilfeausschusses und des kommunalen Trägers ein, der ja die Planungsverantwortung hat? Ist Ihrer Meinung nach ein »Mehr an kommunaler Steuerung« erforderlich?

*Stadler:* Der Jugendhilfeausschuss und der Rat müssen offensiv hinter einem solchen Vernetzungskonzept stehen und dafür sorgen, dass den Worten dann auch Taten, sprich die Finanzierung, folgen. Steuerungsverantwortung liegt sowohl beim Jugendamt als auch bei den Trägern. Hier sollte man nicht der einen oder der anderen Seite mehr oder weniger Steuerungsverantwortung zubilligen, sondern dafür sorgen, dass sie gemeinsam entsprechend der jeweiligen Verantwortungsbereiche wahrgenommen wird.

*Diller:* Sind veränderte Kooperationsformen innerhalb kommunaler Jugendhilfe erforderlich? Sind veränderte Steuerungsformen erforderlich, z. B. eine kommunale »Vernetzungsressource«? Haben sich die Gestaltungsmöglichkeiten freier Träger verändert?

*Stadler:* Man sollte den bestehenden Institutionen nicht immer neue Namen geben, davon wird die Arbeit nicht besser. Die vorhandenen Strukturen einer Jugendhilfeplanung vom Jugendhilfeausschuss über das Jugendamt über die Arbeitsgemeinschaft nach § 78 bis hin zu den Fach- und Arbeitsgruppen, die unterhalb dieser Ebene bestehen, bieten den geeigneten Rahmen, um ein solches Konzept umzusetzen.

*Diller:* Womit können Ihrer Meinung nach das Land und die Kommunen Vernetzungs- und Kooperationsprozesse (besser) fördern?

*Stadler:* Ich habe das Thema schon an anderer Stelle angesprochen: Land und Kommunen neigen insbesondere über die politikgesteuerten Bereiche stark dazu, jedes anstehende Thema sehr schnell anpacken und lösen zu wollen. Dadurch entsteht die von mir eben schon einmal genannte »Flatterhaftigkeit« im Bereich der sozialen Arbeit. Gleichzeitig werden Anforderungen ständig erweitert und erhöht und es findet eine Diskussion um Ressourcenabsenkung statt. Weiterhin macht man sich Gedanken, ob nicht neue Anbieter wie z. B. privat-gewerbliche das Geschäft besser erledigen können. Dieser »Aktionismus-Mix« schafft eine Atmosphäre, die für notwendige Vernetzungs- und Weiterentwicklungsstrategien schädlich ist. Etwas mehr Ruhe, ein roter Faden, vom Anfang bis zum Schluss durchdachte Konzepte sowie die Bereitstellung von notwendigen Ressourcen bilden einen guten Rahmen, um die notwendigen Veränderungsprozesse einzuleiten. Schnell dahingeschriebene Programme und im Rahmen von Symbolpolitik für die Medien wirksam herausgestellte Begriffe helfen da wenig. Daraus entstehen bei allen Beteiligten Verunsicherungen, die für den gesamten Prozess eher kontraproduktiv sind. Ich sehe aber auch, dass Träger selbst kritisch reflektieren müssen. Nicht selten verharren Träger länger als notwendig und beharrlich in festgefahrenen Strukturen, ohne die Veränderungsbedarfe zu erkennen und anzugehen.

*Diller:* Muss man nicht langfristig das ganze System »rund um Familie« neu denken, sind wir eventuell am Anfang einer neuen Epoche, an deren Ende erheblich veränderte Einrichtungsstrukturen stehen, die unterschiedliche Angebotssäulen vernetzen? Wäre das aus der Perspektive der Nutzer nicht sogar wünschenswert? Wie stehen Sie zu dieser Überlegung?

*Stadler:* Auf Dauer könnte man sich das vorstellen. Ich neige aber nicht dazu, zum Schluss den großen Wurf aus der Tasche zu lassen und über Dinge zu sprechen, die mittelfristig nicht realisierbar sind. Ich glaube, dass sich durch den festen Willen der Mitarbeiter/innen von Einrichtungen, der verantwortlichen Trägerschaften und der Kommunen und der Länder tatsächlich ein neues System entwickeln kann und wird. Dieser Prozess muss aber fair und offen für jedermann ablaufen und darf nicht dadurch geprägt sein, dass man einseitig Verantwortung zuschiebt. Dies haben wir im Bereich der Gesetzesnovelle zum Kindertagesstättengesetzes in NRW erlebt. Hier gab es Tendenzen, den Kitas extreme Beharrlichkeit vorzuwerfen und die Träger als Dinosaurier darzustellen. Solche Verhaltensweisen führen zu Misstrauen und Abwehr und schaden einer Weiterentwicklung hin zu einem neuen vernetzten Unterstützungssystem rund um die Familie.

*Diller:* Vielen Dank für das Gespräch.

# Familienunterstützende Einrichtungen auf der Basis eines zivilgesellschaftlichen Ansatzes – Eckpunkte und Belastbarkeit einer Vision mit Bodenhaftung
## Interview mit Dr. Konrad Hummel, Sozialdezernent, Stadt Augsburg
Dr. Martina Heitkötter

*Heitkötter*: Herr Hummel, Sie sind dafür bekannt, dass Sie sich in Augsburg sowie darüber hinaus für eine Stärkung der Zivilgesellschaft und damit auch für eine zivilgesellschaftliche Verankerung integrierter Angebote für Familien stark machen. Dieser »zivilgesellschaftliche Ansatz« soll der rote Faden für unser Gespräch sein. Uns interessiert, was in Ihrem Sinne genau unter einem »zivilgesellschaftlichen Ansatz« bezogen auf kinderfördernde und familienunterstützende Einrichtungen zu verstehen ist? Und inwieweit diese Ausrichtung bzw. diese Vision – so habe ich es ja auch überschrieben: »Eckpunkte und Belastbarkeit einer Vision mit Bodenhaftung« – nicht nur eine schöne Idee ist, die man rhetorisch gut darstellen kann, sondern inwieweit diese auch wirklich praktikabel, umsetzbar und alltagsfähig ist? Ich würde mit Ihnen gemeinsam im Gespräch gerne folgende Aspekte abschreiten: Was ist das Besondere der zivilgesellschaftlichen Fundierung auch gerade in Abgrenzung zu der Tradition von bürgerschaftlichem Engagement in Kitas, wie man es schon seit längerem kennt? Welche Chancen und Potenziale verbinden Sie damit? Was bedeutet dieser Ansatz aus unterschiedlichen Perspektiven betrachtet und welche Konsequenzen ergeben sich daraus für die Eltern, das soziale Umfeld, die Kinder, die pädagogischen Fachkräfte und nicht zuletzt für die Einrichtungen selber? Abschließend würde ich gerne die Grenzen und Herausforderungen mit Ihnen diskutieren, die Sie auch bei der konkreten Umsetzung hier in Augsburg sehen.

Zu meiner ersten Frage: Worin genau besteht der »zivilgesellschaftliche Ansatz«, den Sie stark machen?

*Hummel*: Das bürgerschaftliche Engagement, das wir, wie Sie eingangs gesagt haben, seit Jahrzehnten in Kindertageseinrichtungen kennen, dieses bürgerschaftliche Engagement bedeutet faktisch zu

90 % die Aktivierung der Eltern. Und das ist damit im Kern überhaupt nicht das, was ich unter Zivilgesellschaft verstehe. Eltern sind in dem alten zivilgesellschaftlichen Sinne gar nicht »Bürgerschaft«, sondern sie sind Betroffene. Wenn ich von bürgergesellschaftlichem oder bürgerschaftlichem Engagement spreche, dann meine ich damit eher, das, was Hillary Clintons berühmtes Zitat ins Bild setzt: dass es eigentlich ein ganzes Dorf braucht, um ein Kind zu erziehen. Dieser banale Satz ist fundamental richtig, und das heißt im Klartext: Kinder brauchen, um erwachsen zu werden, alles: Natur, Menschen, Umgebung, Vergleich usw. Warum bauen wir das nicht in eine Art kontextuelle Gesamtplanung ein? Damit meine ich nicht pädagogische Detailkonzepte wie bei Montessori beispielsweise, die die Natur und die Urbanität durch den Ausflug in die Innenstadt in die Einrichtung hinein holen und so eine Art Baukastenwelt für das Kind erzeugen. Aber wir lassen die Welt nicht so, wie sie ist für die Kinder. Also mir geht es bei dem zivilgesellschaftlichen Ansatz zuerst einmal um grundlegende Wahrheiten von Kindererziehung und von Zusammenleben von Gesellschaft, worin die staatlichen Institutionen ohnehin immer nur einen Teil ausmachen.

Mein Verständnis von Zivilgesellschaft geht davon aus, dass zwischen staatlichem, wirtschaftsorientiertem und zivilgesellschaftlichem – im Sinne von vereins- und organisationsorientiertem – Handeln ein neues Gleichwicht entsteht.

Es gibt nur ein staatliches Dach, in dem ein Gefüge von Rechtsvorschriften und Ordnung ist. Zivilgesellschaft bedeutet ein Transparentmachen, ein Infragestellen der Träger, ein Infragestellen, ob die Alternative nun heißt »staatlich« oder »konfessionell«. Im Bereich der Kindertagesbetreuung sind jenseits der herkömmlichen Betreuungseinrichtungen »Zwischenzonen« entstanden in den letzten fünfzig Jahren: die Mütterzentren, die Krabbel- und Kleinkindgruppen oder auch dynamische Sportvereine, die sich um zweijährige Kinder kümmern mit Bewegungsangeboten, eine dynamische Entwicklung der Tagesmütter, die – zum Teil auch aus kommerziellen Gründen – Kinder versorgen. Wir haben also zwei Bewegungen gehabt, doch der öffentliche Diskurs hat sich immer um die klassischen Kindergärten oder die Krippe gedreht.

Demgegenüber verweist bürgerschaftliches Engagement immer wieder zurück auf den Tatbestand, dass die Subjekte – Vater, Mutter, Kind, Geschwister – Subjekte sind, die sich ja in dieser Gesellschaft zu bewähren haben und zwar jeder auf seine Art und in seiner Rolle: als Vater, Mutter, Berufstätige oder Erzieher. Nur ein kleiner Teil ist die Kita. Dieser kann ganz wichtig werden, wenn sie die Rolle bürgerschaftlich, zivilgesellschaftlich definiert. Dann ist für die Einrichtung das Glück dieser Mutter, das Glück des Vaters, der Beziehung des Kindes genauso wichtig. Dann ist eine gelingende Erziehung wichtig.

*Heitkötter:* Wenn ich Sie richtig verstehe, zielt Ihr Verständnis eines zivilgesellschaftlichen Ansatzes ab auf eine verstärkte Kontextualisierung, eine Einbettung der Einrichtungen in das gewachsene soziale Umfeld über das hinaus, was es im Sinne der Gemeinwesenorientierung bereits gibt.

*Hummel*: Ja, oder vielleicht besser sogar eine Rekontextualisierung, ein »Zurückbetten« von Kindheit und Familie in das normale, vielfältige Leben. Gesellschaftstheoretisch wird ja von einer Dreiteilung von Staat, also Politik, Ökonomie und dem zivilgesellschaftlichen Bereich ausgegangen. Mein Verständnis ist demgegenüber eher integrativ. In meinem Verständnis von Zivilgesellschaft geht es um eine neue Gemengelage aus Staat, Wirtschaft und Zivilgesellschaft, bei der der Staat nicht wegzudenken ist. Es ist eine neoliberale Illusion, dass man antietatistisch sein könnte. Wir brauchen den Staat zum Schutz der Kinder, wir brauchen den Staat für Zieldiskussionen, wir brauchen den Staat – darauf komme ich noch zu sprechen im Zusammenhang mit Segregationstendenzen in den Städten – für Gerechtigkeitsfragen. Aber ich brauche den Staat nicht primär, um Institutionen zur Verfügung zu stellen. Ich bin der Meinung, wir brauchen ein neues Gleichgewicht zwischen diesen drei Bereichen, eine Repolitisierung des Zusammenhangs dieser drei Sphären.

Ausgehend davon komme ich zu anderen Schlüssen. Elternaktivierung ist wichtig und gut und kann verschieden kompetent gemacht werden. Aber dies entspricht noch nicht dem Kriterium einer wirklich bürgerschaftlich geöffneten oder zivilgesellschaftlich aktiven Kitastruktur. Das wäre der Fall, wenn eine Kinderversorgungs- oder Kinderbetreuungseinrichtung den Platz im Gemeinwesen definiert. Das muss nicht – wie in Augsburg – zwangsläufig sozialräumlich sein.

*Heitkötter:* Lassen Sie uns noch einmal auf diesen Punkt zurückkommen und herausarbeiten, wo für Sie der Unterschied zwischen dem zivilgesellschaftlichen Ansatz und der »Elternaktivierung« liegt – in der Integration der Kita in das normale Leben im Stadtteil?

*Hummel:* Ja, und zwar immer im Austausch. Ich sage es mal polemisch, damit es deutlich wird: Aktivierung der Eltern ist im schlimmsten Fall Instrumentalisierung der Eltern. Über Kindergärten erreiche ich das Wertkonzept der Eltern. Das ist doch der Grund, weshalb Kirchen trotz größtem Finanzdefizit nicht aufhören, sich im Bereich der Kindertagesbetreuung zu engagieren, weil sie genau wissen, dass sie darüber ihre Werte transportieren und auf Familie einwirken können. Die Eltern und Kinder sind daher ein Mittel, um damit in der Gesellschaft eine Duftnote zu setzen. Entsprechend fangen die Migranten in Deutschland zurzeit an, muslimische Kindergärten, jüdische Kindergärten, russischsprachige Kindergärten zu fordern. Das fegt uns jede Sozialräumlichkeit weg. Warum wollen wir spätemanzipatorisch alle türkischen Kinder in einen deutschen Kindergarten geben? Weil wir hoffen, dass sie damit die Sprache lernen, erfolgreich in der deutschen Schule sind, nicht arbeitslos werden und sich so in die Gesellschaft integrieren. Wir transportieren gesamtgesellschaftliche Werte über Kindertageseinrichtungen.

*Heitkötter:* Es ist doch auch nichts daran auszusetzen, dass eine Kindertageseinrichtung und noch mehr eine multifunktionale Einrichtung eine wichtige Form der Integration darstellt, oder?

*Hummel*: Ich bin, wenn Sie mir es erlauben, an der Stelle ein bisschen »spätromantisch« und sage: Vorsicht, auch dort gilt Herrschaftskritik. Natürlich »darf man das«. Aber dann muss man es transparent machen und darum ringen. Wie löst das Deutschland? Das bayerische Kindergartengesetz sagt ganz aktuell: Im Zweifel hat ein freier Träger Vorrang vor einem städtischen. Wenn wir also eine schwierige Situation im Stadtteil haben, verlangt das Gesetz von uns eigentlich, dass wir zuerst die städtische Einrichtung schließen, bevor wir eine konfessionelle schließen. Warum eigentlich? Wird unterstellt, dass die städtische Einrichtung keine Werte transportiert? Was soll ich denn in einer globalen Gesellschaft tun? Würfeln?

Bevor wir würfeln »evangelisch« oder »katholisch«, möchte ich zuerst wissen, welche Werte wollen wir beispielsweise in einem Neubaugebiet transportieren. Die Auseinandersetzungen um Werte in der öffentlichen Kinderbetreuung und -erziehung, auch wenn sie mühsam sind, sind alle wertvoll. Aber dann muss ich mit der muslimischen Gemeinde, der katholischen Gemeinde und wem auch immer darum ringen. Das Modell der »Stadtteilmütter« beispielsweise – auf das ich auch noch zu sprechen komme – passt unter dieser Perspektive konsequent in das Augsburger Konzept: Es nimmt die Mütter mit Migrationshintergrund ernst und beteiligt diese am ganzen Kontext. Das ist viel mehr als herkömmliche Elternbeteiligung. Das ist eine neue Rolle türkisch-russischer Mütter im Kindergarten. Und prompt haben manche Fachkräfte Schwierigkeiten, weil sie auf Augenhöhe mit diesen Müttern, nicht nur für die eigenen Kinder, sondern für alle, den gleichen Text lesen müssen nach dem »Rucksack-Programm« aus Essen, ein Ansatz zur interkulturellen Sprachförderung und Elternbildung im Elementarbereich.

*Heitkötter:* Also ich verstehe Sie so, dass die notwendige Auseinandersetzung und die Repolitisierung, die eine zivilgesellschaftliche Fundierung eigentlich verlangt und ermöglicht zugleich, eine wesentliche Stärke dieses Ansatzes kennzeichnet. Welche Chancen und Potenziale sehen Sie darüber hinaus? Welche weiteren Gründe sprechen dafür, dass eine Kommune Kitas oder Familienzentren – bzw. Familienstützpunkte, wie sie hier in Augsburg ja heißen und wie sie am Ende dieses Bandes auch noch detaillierter beschrieben werden – in dieser Weise zivilgesellschaftlich einbettet?

*Hummel:* Ein Menschenbild. Das Menschenbild, das dahintersteht, geht zutiefst davon aus, dass Menschenrechte und damit Grundrechte oder auch die Würde des Menschen sowie Gewaltfreiheit, gewahrt werden. Im Kindergarten kann das alles gelebt werden und zwar in seiner Widersprüchlichkeit. Also das hohe Recht auf Religion kann ja dazu führen, dass eine türkische Mutter ihr Mädchen abmeldet von einer Kita. Die Gleichberechtigung von Jungs und Mädchen verbietet, dass sie es abmeldet. Nicht vor Gericht, sondern im Kindergarten und in der Schule muss das ausdiskutiert werden.

*Heitkötter:* Wo genau findet denn diese Auseinandersetzung statt? Findet die quasi hier bei Ihnen am ovalen Tisch statt mit den Trägern? Oder ist es wirklich so gedacht und möglich, diese Auseinandersetzungen in den Einrichtungen vor Ort auszutragen? Klar kann man sagen hier am grünen Tisch: »Wunderbar, diese Auseinandersetzung, die die Gesellschaft führen muss, wird nun endlich in dieser kleinen Einheit Kita geführt und es ist sozusagen emanzipatorisch.« Aber die Frage ist doch: »Wollen das die Menschen?« Ist das nicht unglaublich strapaziös?

*Hummel*: Das ist natürlich anstrengend. Aber das eigentlich Anstrengende ist komischerweise nicht, dass man es tut. Ich gehe davon aus, dass in 75 % oder sogar 80 % aller Augsburger Kindergärten inzwischen Ramadan und Weihnachten gleichberechtigt gefeiert werden. Sie machen es, weil eine durchschnittlich aufgeklärte, gute Erzieherin den Tatbestand, dass sie Kinder mit verschiedenen kulturellen Hintergründen vor sich hat, als Aufgabe akzeptiert. Wenn man das zulässt, was da ist, ist man bei integrativen Ansätzen. Das, was anstrengend ist, ist der Diskurs darüber, das »Darüber-reden-Können«, das »Verstehenkönnen«, das »Ordnenkönnen«, das »Daraus-Bausteine-Machen«, das Aushalten, dass eine stumme »Kopftuchmutter« ermuntert wird, über sich selbst zu sprechen oder eine aktive Rolle zu spielen.

Anstrengend ist nicht so sehr, dass man es tut, sondern dass man das zum Konzept macht, dass man das in den Leitgedanken bringt. Die Eloquenz, darüber zu reden, die lässt manchmal sehr zu wünschen übrig, weil wir so wenig politische Kultur haben, pragmatisch differenziert über diese Dinge zu reden. Bei uns wird es ganz schnell zu einem Glaubensstreit. Für mich ist das der erste Schritt der Elternbildung. Nicht eine Elternbildungseinrichtung drei Kilometer neben dem Kindergarten, sondern diese beschriebenen Prozesse sind Elternbildung. Das Verständigen über diese wichtigen Feste der Kinder, der Umgang mit dem Computer und vieles mehr.

*Heitkötter:* Und aus der Sicht der Eltern bzw. der Familien – wo sehen Sie da die Chancen und Potenziale dieses zivilgesellschaftlichen Ansatzes? Salopp gefragt, was bringt das für die Eltern konkret in ihrem Alltag?

*Hummel:* Selbstbewusstere, selbstständigere Kinder; Kinder, die weniger Angst haben; Kinder, die sich auf die Fremdheit eher einlassen; Kinder, die viel mehr Honig saugen aus der Vielfalt und das Andersartige mitnehmen. Reden wir jetzt nicht nur von Migranten, reden wir vor allem von Ungleichheit zwischen arm und reich. Die größte Absetzbewegung findet nicht ethnisch statt, sondern sozial: die reichen deutschen Eltern ziehen weg, sodass wir sozialräumlich in den Großstädten einfach »Armenkindergärten« haben, wo schon das Finanzieren der Fahrt in die westlichen Wälder schwierig ist. Und es gibt Kindergärten, wo die Eltern mal kurz in die Tasche greifen und 100 Euro rausgeben. Das ist jetzt schon hoch segregiert mit der Folge, dass diese Kinder nicht unbedingt Arm-Reich-Unterschiede erleben. Aber davon lebt ein Stück weit Erziehung. Eltern und Kinder, die sich darauf einlassen, lernen unendlich viel. Nicht umsonst sind die ganz konservativen englischen Erziehungseinrichtungen immer auch mit solchen Mentorensystemen ausgestattet. Also Leistungsfähige helfen weniger leistungsfähigen Jugendlichen.

*Heitkötter:* Die Grundidee der zivilgesellschaftlichen Einbettung ist klar geworden und ist mir sympathisch. Ich frage mich jedoch ganz konkret und praktisch: Wie kommt die Buntheit, die Vielfalt der Berufshintergründe, der kulturellen Hintergründe, der sozialen Statusverschiedenheiten in den Alltag der Einrichtung, gerade angesichts der Segregationstendenzen, die wir insbesondere aus den Großstädten kennen?

*Hummel:* Von der äußeren Erscheinung gibt es wie bei fahrenden Zügen Momente, da sieht ein Kindergarten, der, wie ich sage, »additiv« arbeitet, also normale Kindererziehung plus Elternarbeit leistet, genauso aus wie eine – wie Sie sagen würden – »kontextuelle Kita« oder, aus meiner Sicht, ein zivilgesellschaftlicher Kindergarten. Das Sommerfest sieht auf den ersten Blick vielleicht gleich aus. Der Unterschied besteht dann oft darin, dass in der zivilgesellschaftlichen Einrichtung eine gute Erzieherin – oder wer auch immer dort jetzt arbeitet – mit Eltern in sehr viel mehr verschiedenen Rollen arbeitet. Eltern und andere, nicht Verwandte werden in verschiedene, gebende wie auch nehmende Rollen »eingespannt«. Oder dass eine Erzieherin viele Hausbesuche macht und auch einmal Stunden Eltern überlässt oder auch andere Akteure wie Schulen, Erziehungsberatungsstellen, Gesundheitsamt und viele andere mehr mit einbezieht. Das heißt, über die Dyade Kindergarten-Eltern hinaus wird Gesellschaft wahrgenommen. Im Grunde haben sich das die berühmten Erziehungstheoretiker oder Kindergartenpädagogen ja auch schon gedacht. Mir geht es beim zivilgesellschaftlichen Ansatz um eine Einrichtung, die sich primär der erfolgreichen Kindererziehung verpflichtet fühlt. Wenn ich es einmal radikal zuspitze, wird zukünftig eine Kita gar nicht mehr so sehr bezahlt nach dem Kind, das in die Einrichtung kommt, sondern nach dem Kind, das im Stadtteil wohnt und gefördert wird. Man könnte sagen, die Einrichtung ist für den Stadtteil verantwortlich und macht Hausbesuche und freut sich, wenn die Mutter zu Hause das Kind versorgt. Aber die Mutter kann theoretisch einen Tag in der Woche mit dem Kind in diese Einrichtung gehen und dort Spiele machen. Oder die Erzieherin sagt: »Mich interessiert dein Kind, ich will, dass ihr fünf Mütter miteinander mal drüber redet.« Und zwar nicht nur über die üblichen Dinge, sondern vielleicht auch über Hygiene, Geld, Einkommen sonst was. Es könnte die Vision sein, dass eine Krippe, die, wenn man es so will, dezentrale Kindererziehungsagentur ist, in der Gesundheit, Mütterberatung, Berufsberatung etc. zumindest im Ansatz fokussiert wird und dann an andere Akteure weiter verweist.

*Heitkötter:* Ich möchte jetzt gerne weiter mit Ihnen die verschiedenen Perspektiven abschreiten: Welche Rolle haben die Eltern, das weitere soziale Umfeld und andere Bürgerinnen und Bürger? Welches Aufgaben- und Tätigkeitsspektrum können diese Akteure Ihrer Meinung nach sinnvollerweise in solchen multifunktionalen Einrichtungen übernehmen, gerade auch im Abgleich mit den pädagogischen Fachkräften?

*Hummel:* Aus meinen bereits dargelegten Grundüberlegungen– ein neues Gleichgewicht zwischen Staat, Wirtschaft und Zivilgesellschaft, eine klare Unterscheidung zwischen privat und öffentlich und eine Gesamtverantwortung für die nachwachsende Generation – folgt, dass Kinder bis zu einem bestimmten Maß ein »öffentliches Gut« sind. Damit kann ich auch andere Nichtverwandte für Kinder in die Pflicht nehmen. Das ist ein wichtiger Punkt. Ich muss dann aber auch als Eltern akzeptieren, dass auch andere meine Kinder »anpflaumen«. Das geht nicht einseitig. In dem Augenblick, wo meine Kinder ein teilweise öffentliches Gut sind, muss ich in der Straßenbahn oder sonst wo damit rechnen, dass gesagt wird: »Kannst Du bitte damit aufhören …« Und nicht: »Könnten Sie Ihrem Kind vielleicht sagen, dass …« Das sind feine kleine Unterschiede. Ich muss ein Stück weit akzeptieren, dass andere sich einmischen.

Eine wesentliche Dynamik in Familien liegt ja in der wachsenden Fragilität von Beziehungen. Und wir wissen, dass manche Scheidung zustande kommt, weil durch eine hohe Identifikation mit den Kindern, eine hohe Präsenz, eine hohe Aufmerksamkeit und Belastung – was auch durch eine Reihe von Untersuchungen des DJI mit Blick auf die Sandwich- und andere Generationen sowie Patchworkstrukturen belegt wird – die Gestresstheit von Eltern zunimmt. Es wäre unendlich entlastend, wenn man junge Eltern häufiger am Wochenende »abdüsen« lassen, verliebt sein lassen könnte ohne Geschrei von Kleinkindern. Und das ohne deshalb eine Dienstleistung des Staates in Anspruch nehmen zu müssen. Das ist eben der alte Effekt der Großeltern gewesen. Der funktioniert ja so nicht mehr.

*Heitkötter:* Jetzt machen Sie ein wichtiges Entlastungsbedürfnis gerade von jungen Eltern stark. Und ich denke, ein zentraler Punkt ist, dass Eltern und Familien auch Unterstützung und Entlastung brauchen, und dazu treten »Eltern-Kind-Zentren« ja auch an. Aber steht das nicht gerade dem entgegen, dass Eltern bei dem von Ihnen skizzierten Ansatz mehr Aufgaben übernehmen sollen?

*Hummel*: Nein, nein. Mindestens 50 % von dem, was ich sage, ist Entlastung. Eltern sind in der Gesellschaft überlastet.

*Heitkötter:* Eben. Inwieweit haben Eltern nicht einfach auch einen gewissen Dienstleistungsanspruch, weil sie in dem Spannungsfeld stehen, ihren Alltag und die Kindererziehung zu bewältigen und im Beruf zu aktiv sein. Und gleichzeitig sollen sie dann auch noch, was ja auch sinnvoll ist, sich engagieren, sich einbringen, renovieren, ihren Beruf in den Kindergarten hineintragen, weil es gut ist, dass andere Kinder davon auch etwas mitbekommen.

*Hummel*: Wir dürfen Bürgerengagement nicht mit Elternengagement gleichsetzen. Wie bereits gesagt ist Elternengagement im Kindergarten noch überhaupt nicht Bürgerengagement. Das Engagement, dass ich für meinen Sohn am Sonntag auf dem Sportplatz erbringe, ist noch lange kein Bürgerengagement. Ich bin der festen Überzeugung, dass Elternarbeit noch lange nicht identisch ist mit bürgerschaftlichem Engagement. Bürgerschaftliches Engagement bedeutet daher mindestens zu 50 % Entlastung der Elternrolle, weil es andere Bürgerinnen und Bürger neben den Eltern anspricht. In

Augsburg haben wir versucht, allmählich ein umfassendes System aufzubauen, in dem es auch Paten, Sozialpaten und Familienpaten sowie Stadtteilmütter gibt, die eine gewisse Rolle bekommen und zwar unabhängig von Blutsverwandtschaft. Diese Personen denken und gestalten aktiv mit, nicht im Sinne des unmittelbaren Helfens, das wäre die alte katholische, evangelische Rolle. Eher im Sinne eines »Ombudsmans«, eine Person, die sagt: »Ich trete für diese Belange ein.«

In Augsburg machen rund siebzig Sozialpaten beispielsweise Schuldnerberatung. Diese Menschen blühen auf, wenn in ihre Sprechstunde – wir halten, unterstützt vom Sozialamt, in allen Stadtteilen Sprechstunden dieser Sozialpaten ab – eine Familie mit Kindern kommt. Da strengen die sich unglaublich an und sind am Wochenende zugange und haben kein Dienstproblem, das jeder städtische Mitarbeiter hätte, wenn sie eine Sprechstunde auch am Sonntagmittag um 16 Uhr ausmachen und sagen: »Ich komme bei Ihnen vorbei und übrigens: Warum haben Sie Handyschulden? Warum geben Sie Ihrem Kind überhaupt ein Handy?« Da laufen Dialoge zwischen nicht verwandten Leuten, die unendlich wertvoll sind. Wir geben den Freiwilligen eine Rolle. Sie sind Pate, oder Mentor. Da passiert auch manchmal eine Panne. Aber meistens funktioniert es. Wir geben ihnen eine Rolle, den Migrantenmüttern, den Entschuldungshelfern, den Familienpaten, den Change-in-Botschaftern, das sind Freiwillige, die helfen, den Einsatz in der Schule zu organisieren. Also: Wir müssen viel mehr solcher zivilgesellschaftlichen Rollen in der Gesellschaft schaffen.

*Heitkötter:* Wir haben gerade eben schon von Segregation gesprochen. Trägt dieser Ansatz auch in sozial belasteten Stadtteilen, in sozialen Brennpunkten oder funktioniert er nur mit einer gutbürgerlichen, engagierten Mittelschicht?

*Hummel:* Bürgerengagement ist sehr schichtabhängig. Diese Frage nach dem sogenannten Mittelstandsbias kenne ich seit 15 Jahren gut. Das ist natürlich ein Problem in jeder klassengespaltenen Gesellschaft. Aber die Situation in Augsburg spricht für sich: Seit drei bis vier Jahren haben wir unsere größeren Erfolge in den »Unterschichts- und Migrantenkindergärten«. Weil das Rollenkonzept dort schneller verstanden wird. Noch einmal, die neue Elite junger deutscher Eltern hat ein völlig neues Problem, das wir schnellstens diskutieren müssen, das ist die Absetzbewegung zugunsten der Kinder: »Mein Kind muss Deutsch, Englisch sofort lernen. Mein Kind muss fit werden mit allen Dingen vom Ballett bis zum Musikunterricht.« Das ist eine Absetzbewegung von der sozialräumlichen Durchschnittsentwicklung. Lassen Sie mal eine aufgeklärte, liberale, junge deutsche Familie in der Münchner Innenstadt entscheiden, ob ihre Kinder mit 60 % Türken und Russen zusammen erzogen werden sollen oder ob sie zwei Straßen weiter in einen montessoriaufgeklärten Kindergarten gehen.

Und dann stellt sich die Frage: »Wie kriege ich das Engagement hin?« Da brauche ich bei den einen nicht nachzudenken, die engagieren sich, aber ob das das Engagement ist, von dem ich rede, ist eine andere Frage. Ich sage, die Stadtteilmütter sind zu 90 % türkisch und russisch sprechend aus dem unteren Einkommensbereich. Sie sind unglaublich stolz auf ihre neue Rolle als Stadtteilmütter und darauf, dass sie jetzt eine Rolle spielen können neben deutschen Erzieherinnen, die sie akzeptieren. Hier können sie endlich auch darüber nachdenken, welche unterschiedlichen Rollenerfahrungen sie gesammelt haben in ihrem Leben. Lassen Sie mal eine türkisch sprechende Mutter über ihre Heimaterfahrungen reden, dann sagt die: »In der Türkei waren alle Kindergärtnerinnen ausgebildete Lehrerinnen.« Oder eine aus Russland kommende sagt: »In jedem zweiten Kindergarten war eine Psychologin der Universität.« Wenn diese Frauen anfangen, eine Rolle zu spielen, reden sie über solche Erfahrungen. Und alle unsere Erzieherinnen, die sich darauf einlassen, profitieren davon, weil sie sagen: »Endlich reden die mit mir!«

*Heitkötter:* Sie meinen also, dass sich gerade in sozial belasteten Stadtteilen mit einem hohen Anteil von Familien mit Migrationshintergrund sogar eher Potenziale erschließen und Menschen für bürgerschaftliches Engagement, das Familien unterstützt, gewinnen lassen.

*Hummel*: Richtig. Die Menschen werden so aus der Passivität, aus der Ohnmacht, aus der Rolle als Dienstleistungsempfänger herausgeholt, die nur fragen: »Wie viel müssen wir zahlen?« Ein Beispiel: Warum melden zurzeit manchmal türkischstämmige Eltern ihre Kinder ab? Der deutsche Reflex: Weil der Kindergarten zu teuer ist. Das ist völlig falsch. Der Ehemann verlangt, dass die Mutter, wenn sie schon arbeitslos ist und ALG II bezieht, die Kinder auch zu

Hause versorgt, damit man den Kindergartenbeitrag spart. Dabei ist es völlig egal, wie hoch der Beitrag ist. Es wird gespart. Der deutsche Reflex – ebenfalls völlig falsch: Noch billiger machen. Und trotzdem bleibt das Kind nicht im Kindergarten, weil die innere Familienlogik erwartet, dass die Mutter jetzt daheim bleibt. Dort wo wir Stadtteilmütter haben, wird kein einziges Kind abgemeldet. Die Mutter will doch weiterlernen, die Mutter bekommt das Lehrmaterial, die Mutter trifft sich mit anderen Müttern, die Mutter hat Einfluss auf eine deutsche Kindergärtnerin.

Das ist Stärkung der Rollen. Die Rolle in der Familie. Wir wirken auch darauf ein – wenn es geht –, dass auch Konflikte diskutiert werden. Was glauben Sie, was da nach einem Vierteljahr des Projekts »Stadtteilmütter« als Erstes kam? In vielen Familien wurde uns berichtet, dass natürlich – wie es das Klischee verlangt – der türkische Ehemann sagt: »Warum musst du da immer weg? Ihr trefft euch jetzt auch abends? Sind da auch deutsche Männer dabei?« Bis zur Frage der Gewaltprävention. Manche Mutter traut sich plötzlich, über Scheidung zu reden. Und prompt geht es um Ehre und Gewalt. Als ein konsequentes Konzept muss das ganz in Ruhe zu Ende gedacht werden bis hin zur leichten Erreichbarkeit von Notrufstellen usw. Aber das ist wirkliches Leben.

*Heitkötter:* Wir haben die Perspektive der Kinder an verschiedenen Punkten bereits angeschnitten. Können Sie noch einmal zusammenfassen und auf den Punkt bringen, was der zivilgesellschaftliche Ansatz aus Sicht der Kinder bedeutet?

*Hummel:* Wir verlangen von den Kindern vielfältige Sozialkompetenzen. Je früher Kinder Vielfalt erleben und erproben können, desto besser werden sie auf das Erwachsensein vorbereitet. Und diese Umgebungen müssen wir heute mehr denn je sozial definieren. Kinder werden dadurch beweglicher, resilienter und selbstbewusster.

*Heitkötter:* Ich möchte gerne den Blick auf die Erzieherinnen und Erzieher bzw. die verschiedenen Fachkräfte in einer Einrichtung mit integriertem Angebotsspektrum lenken. Bei dem, was Sie skizziert haben, wird eine Reihe von neuen Anforderungen an die Fachkräfte gestellt. Was sind Ihrer Ansicht nach die wesentlichen Kompetenzen und Haltungen, die pädagogische Fachkräfte in diesem Arbeitsumfeld benötigen?

*Hummel*: Ich sehe hier im Wesentlichen drei Punkte: Erstens brauchen Fachkräfte heute die Fähigkeit, das, was sie tun, auch in Worte zu kleiden, damit sie es interaktiv erklären können. Die Eltern wechseln ständig, die Milieus wechseln, ich muss mich auseinandersetzen, ich muss mich gegenüber Schule und anderen Einrichtungen abgrenzen. All das muss kommunizierbar werden. Die gute Tat allein zählt nicht. Also an beiden »Lebensenden«, für die ich politisch verantwortlich bin – Arbeit mit Kindern und Arbeit mit alten Menschen – haben wir das gleiche Problem: Es findet eine relativ gute Praxis statt, aber sie wird miserabel kommuniziert.

Der zweite wichtige Punkt: Es ist mehr Ent- und nicht mehr Belastung notwendig. Erzieherinnen müssen den Stolz erfahren, dass sie für eine öffentliche Aufgabe gebraucht werden und sie dürfen nicht für alles verantwortlich gemacht werden. Wenn das eine Kind dem anderen Kind einen Zahn ausschlägt, dann hat eine Erzieherin Angst, dass sie vor Gericht kommt. Da muss man sich auch manchmal schützend davor stellen und sagen: »Die Frage ist nicht: ›Hat es die Kindergärtnerin verhindert?‹, sondern die Frage ist: ›Hat die Kindergärtnerin beide hinterher in den Arm genommen?‹« Erziehung in der Kindertageseinrichtung darf nicht bedeuten, dass sich Erzieher/innen permanent rechtfertigen müssen.

Und drittens ist eine hohe interkulturelle Handlungsfähigkeit erforderlich: Beispielsweise kommt eine türkische Familie und der Vater gibt keine Hand zur Begrüßung. Warum? Wenn ich interkulturelle, habituelle Rituale spielerisch kennen lerne, gehe ich damit auch spielerisch um. Also so komisch es klingt, das, was Erzieherinnen in den letzten dreißig Jahren gegenüber den Kindern gelernt haben, müssen sie sich zunehmend auch in Bezug auf die Eltern bei der Erwachsenenbildung erwerben.

*Heitkötter:* Das scheint mir eine ganz zentrale Anforderung zu sein: Pädagogische Fachkräfte – insbesondere in Einrichtungen, die nicht nur kinderfördernd, sondern auch familienunterstützend sein möchten – sind nicht ausschließlich Ansprechpartnerinnen und Bezugspunkte für die Kinder. Im Rahmen des neueren Verständnisses von Erziehungspartnerschaft werden Eltern gleichberechtigt zu Ansprechpartnern. Für eine familienunterstützende Einrichtung wird die Familie als Ganzes zum Bezugspunkt ihrer Arbeit.

*Hummel*: Der Begriff Erziehungspartnerschaft gefällt mir gut. Man stelle sich bei jeder Anmeldung vor, da sitzt die Erzieherin und ein Elternteil und man denkt gemeinsam drüber nach:»Was ist für das Kind gut? Was können Sie tun, was kann ich tun?« Stellen Sie sich einmal vor, so eine Frage würde heißen: »Welche Paten, welchen Patenonkel des Kindes gibt es, wo hat das Kind Freunde?« Also auch das ist schon hinreichend aus der Netzwerkarbeit bekannt. Erzieherinnen und Eltern entwickeln gemeinsam den Kontext für eine förderliche Entwicklung der Kinder, das ist sehr gut.

*Heitkötter:* Welche Ressourcen sind erforderlich, damit Fachkräfte diese Anforderungen auch erfüllen können?

*Hummel*: Aufwertung, Aufwertung, Aufwertung. Ich glaube, dass diese Berufe wie auch der der Lehrer mehr Aufwertung braucht. Ob das allmählich auch zu einer Akademisierung führt, ob das allmählich Gehaltserhöhungen mit sich bringt, das kann alles sein, aber dann nicht auf breiter Ebene. Ich kann mir durchaus vorstellen – auch wenn es nicht dem gewerkschaftlichen Denken entspricht –, dass es einfach eine sehr kompetente Kita-Leitung geben muss, die durch Hilfskräfte unterstützt wird, die kommen und gehen und Erfahrung mitbringen und mitnehmen. Manchmal sind junge Menschen, die ein freies soziales Jahr ableisten, oder Praktikanten sehr viel wert, weil sie frisches Blut in die Einrichtung bringen. Aber es braucht zumindest eine sehr kompetente – damit sind wir wahrscheinlich auch beim nächsten Punkt – institutionelle Leitung. Die Institution wird wichtiger. Aber nicht als geschlossene Institution, sondern als umfassende Agentur des Erziehens. Wenn sich eine Kita im Stadtteil für vieles mit verantwortlich fühlt, ist das toll. Also: die Institution wird zu einer Agentur, die sich anders definiert als nur über Kinderbetreuung.

*Heitkötter:* Das führt uns direkt zur nächsten Frage: Wie müssen sich Einrichtungen wandeln, welches Selbstverständnis brauchen sie, um Ihren Vorstellungen im Sinne einer zivilgesellschaftlichen Einbettung gerecht werden zu können?

*Hummel*: Wir haben als kleines Leuchtturmprojekt vor drei Jahren in Augsburg vier sogenannte K.I.D.S.-Standorte eingeführt. K.I.D.S. steht für »Kinder in der Stadt«[1]. Das ist eine spannende Erfahrung. Es ist ein Ringen, nicht perfekt, aber die Richtung der Entwicklung stimmt. In diesen vier K.I.D.S.-Standorten wird immer wieder Anstiftung zu einem Treffen, zu einem Projekt, zu einem Kinderbasar geleistet und zwar nicht neben den Kitas, sondern schon ein bisschen für diese Einrichtungen, für die Spielplätze, für die Krippen, für Kirchengemeinden. Es geht also darum, Fäden zu ziehen und Netzwerke zu knüpfen.

*Heitkötter*: Mit diesem Konzept, wie es hier in Augsburg umgesetzt wird, animieren und unterstützen diese Familienstützpunkte andere Einrichtungen also darin, sich zu vernetzen?

*Hummel*: Richtig. Ein K.I.D.S.-Standort zum Beispiel, der gut läuft, denkt für den ganzen Stadtraum mit und sagt: »Dann leiten wir vielleicht auch mal Gelder, die wir in der Wirtschaft akquirieren zu der Kita um, die nicht automatisch an Spendengelder kommt.« Damit sind wir bei dem Punkt, der mir eigentlich moralisch so wichtig ist: Wir werden mit neuen Gerechtigkeitsfragen konfrontiert. Wer in bestimmten Gegenden oder Gebieten wohnt oder lebt und sich drauf einlässt, hat objektiv weniger Chancen als andere. Ich versuche als Sozialreferent das »Ghetto« zu vermeiden, ich versuche »Brennpunkte« zu vermeiden. Aber man wird heute in ganz unterschiedliche Chancen hineingeboren. Nehmen Sie mal an, Sie bekommen in Augsburg ein Kind. Hier ist die Chance, dass Sie einen Krippenplatz bekommen, zurzeit relativ gut. Wohnen Sie fünf Kilometer außerhalb, ist die Chance definitiv schlecht.

*Heitkötter:* Wir haben jetzt viel über die Potenziale und Chancen eines zivilgesellschaftlichen Ansatzes gesprochen. Lassen Sie uns zum Abschluss auch noch auf die Grenzen schauen. Wo sehen Sie Grenzen bzw. Schwächen?

*Hummel*: Das Ganze ist eine typische Infrastrukturqualität, für die im modernen Kapitalismus keiner zahlen will. In das, was ich da gerade konstruiere oder rekonstruiere im Sinne einer politischen

---

1 Vgl. den Beitrag »K.I.D.S. (KinderInDerStadt) – Familienstützpunkte in Augsburg« im letzten Kapitel des Bandes.

Gesamtverantwortung für Kindererziehung muss ein Stück Verlässlichkeit rein. Ich kann nicht jedes Jahr eine Agentur aufmachen. Und das heißt, irgendjemand muss die Basisversorgung sicherstellen. Diese Basisversorgung erfordert an der Stelle irgendeine, wahrscheinlich eine kommunal gesicherte, erwartbare Grundversorgung. Das beginnt jetzt nicht bei der Anzahl der Mitarbeiter oder bei den Quadratmetern, aber doch eine Erwartbarkeit der Ausstattung. Das ist eine der Hauptgrenzen: Wer sorgt in diesem Land eigentlich für eine erwartbare Grundinfrastruktur? Die Grundinfrastruktur darf man zum Beispiel nicht Sponsoren überlassen. Die zweite Grenze liegt in dem sehr offenen Konzept. Sie sagen »kontextuell«, und alle offenen Konzepte sind immer angreifbar für Dogmatiker. Wenn dogmatische Gruppen kommen und ein Konzept dominieren, Glaubensrichtungen, Sekten, fanatische Gruppen oder auch Parteien derartige Einrichtungen instrumentalisieren, muss man aufpassen. Es braucht daher sicherlich – etwas sehr Altmodisches – jemanden, der irgendwie eine Art Aufsichtsrat, eine Art Kuratorium bildet, das sich ideell verantwortlich fühlt für ein solches Konzept. Man braucht einen demokratischen Puffer, der sagt: »Das muss offen bleiben.«

*Heitkötter:* Es braucht also eine Grundinfrastruktur, um eine Verlässlichkeit herzustellen, weil bürgerschaftliches Engagement basiert ja auf Freiwilligkeit …

*Hummel:* Sekunde! Wahrscheinlich kommt jetzt die alte Frage, ob Bürgerengagement verlässlich ist. Das ist nicht mein Punkt. Bürgerengagement ist verlässlich, genauso verlässlich wie Mitarbeiter, die auch krank werden können. Der Punkt ist, dass Bürgerengagement immer nur ein Teil ist. Ein anderer Teil sind immer Fachkräfte, aber ein dritter Teil sind immer auch Eltern – die für mich nicht identisch sind mit freiwilligem Engagement – und immer auch Menschen, die sich zum Beispiel jetzt als Paten in einer verantwortlichen Rolle fühlen. Unterschätzen Sie auch nicht die Bedeutung von Stadträten in einem Stadtteil für eine Kita, das sind weder die bezahlten Fachkräfte noch die freiwillig engagierten Bürger noch die betroffenen Eltern. Dennoch fühlen sich die Stadträte verantwortlich für einen Stadtteil. Die Gemengelage all derer macht ein verlässliches System. Das ist der wichtige Punkt.

*Heitkötter:* Bedeutet das aber nicht, dass das, was Eltern und engagierte Bürgerinnen und Bürger einbringen, ein Zusatz ist, bei dem es schön ist, wenn er da ist. Aber darf eine Stadtteilmutter beispielsweise eine »tragende Säule« im System sein?

*Hummel*: Aus meiner Sicht schon. Übrigens, Eltern sind die wackligste Konstruktion in dem ganzen System. Das kann Ihnen jede Erzieherin bestätigen. Nach drei Jahren sind die Eltern weg. Ein paar idealistische Eltern engagieren sich hinterher noch für die Einrichtung, aber ansonsten sind sie zu 99 % weg, nachdem ihr Kind die Kita verlassen hat. Mir ist klar, auf was Sie hinauswollen: In einem professionalisierten System müssen Fachkräfte vorhanden sein. Ich bin der Meinung, dass das immer in einem ausgewogenen Verhältnis sein muss. Unsere K.I.D.S.-Standorte haben eine klare Vorgabe: ein Drittel des Budgets sind Liegenschaften, Mieten etc., ein Drittel können Personal- und andere Kosten sein und ein Drittel sind Maßnahmen, Anschaffungen und Projekte. Das hat sich sehr bewährt. Und wehe diese Einteilung wird geändert.

*Heitkötter:* Noch ein Wort zu den Herausforderungen: Es gibt ja eine Grauzone zwischen bürgerschaftlichem Engagement ohne Bezahlung, bürgerschaftlichem Engagement mit Aufwandsentschädigung oder auch mit geringer Bezahlung im Niedriglohnsektor. Wie blicken Sie auf diese Entwicklung?

*Hummel*: Das ist eine wichtige Frage, die aber in der Praxis oft viel harmloser ist. Da gibt es eine Faustformel: Der Niedriglohnsektor ist eine ganz eigene arbeitsmarktbezogene Problematik. Er ist dann verantwortbar, wenn er Wiedereinstiegschancen für Menschen mit schwierigen Biografien eröffnet. Weshalb ich immer ein Anhänger von 1-Euro-Jobs war. Der Niedriglohnsektor ist dann unverantwortbar, wenn er instrumentalisiert wird. Der Niedriglohnsektor hat etwas mit dem Arbeitsmarkt zu tun und dieser muss flexibler werden in diesem Land. Die Aufwandsentschädigung ist eine ganz andere Logik, auch wenn es um den gleichen Geldbetrag gehen mag. Es kann natürlich Eltern geben, denen tatsächlich jedes Telefonat weh tut, das sie von daheim führen oder die sich tatsächlich keine Monatskarte für die Straßenbahn leisten können. Aufwandsentschädigung, die restriktiv gehandhabt wird, finde ich gut, aber sie darf keinen Lohncharakter haben. Bei einkommensschwachen Familien ist eine Aufwandsentschädigung tatsächlich eine Sicherheit, dass Menschen handeln können.

*Heitkötter:* Manche Fachkräfte haben die Befürchtung, dass durch ehrenamtliche Mitarbeit ihre hauptamtliche Tätigkeit zurückgedrängt wird, um Kosten zu sparen. Oder andere negative Effekte werden erwartet, beispielsweise dass ihre fachliche Qualität reduziert wird und eine Deprofessionalisierung stattfindet. Wie schätzen Sie das ein? Wie gehen Sie mit solchen Befürchtungen um?

*Hummel*: Diese Position macht mich müde. Ich kenne die Befürchtungen seit zwanzig Jahren. Empirisch war immer beweisbar das Gegenteil der Fall. Mit guten Bürgerengagementkonzepten konnten Einrichtungen eher gerettet werden. Viele Stadtteilbüchereien dieser Republik beispielsweise gibt es nur deshalb, weil Bürger sich engagiert haben und damit gab es auch weiter eine Bibliothekarin. Kindergärten kosten mich netto seit Jahren permanent mehr und nicht weniger. Anstatt zu sparen können wir überhaupt bloß über eine Verflachung der Kosten reden und ich fühle mich genauso verantwortlich für alt wie für jung. Wenn alle so argumentieren würden, kann der Staat »einpacken«. Dann kann man das Ehrenamt bei der Altenarbeit, das Ehrenamt bei der Arbeit mit Kindern, das Ehrenamt in der Jugendarbeit oder der Armutsprävention »einstampfen« mit der Folge, dass die Kosten steigen. Es kann dann niemand die Antwort darauf geben, wie wir die Kosten bei weniger Steuern, die die Leute auch haben wollen, in den Griff bekommen wollen. Also mit anderen Worten, ich bekenne mich ganz klar dazu, dass die Kosten gebremst werden müssen, nicht gesenkt, sondern gebremst werden müssen.

Wir müssten mehr tun bei der Gesundheitserziehung der Kinder, wir müssten mehr tun bei der Spracherziehung. Also wir entdecken laufend neue Aufgaben, für die wir aber nicht automatisch mehr Personalmittel in Anspruch nehmen können. Und folglich brauchen wir höchste Kompetenz. Und da ist der nächste Irrtum, dass es zu einer Dequalifizierung der Kompetenzen kommt. Da muss man bei den pädagogischen Fachkräften genau hinschauen. Zum Teil sind junge Mütter heute kompetenter als junge Erzieherinnen. Aber Professionalität hat sich schon immer anders definiert. Professionalität im Sozialbereich hat sich definiert durch Neutralität. Das eifrigste

Bürgerengagement dieser Welt, für das ich bin, erspart uns nicht einige bezahlte, neutrale Menschen, das ist wichtig.

*Heitkötter:* Meine letzte Frage bezieht sich auf Qualitätsstandards mit Blick auf bürgerschaftliches Engagement. Inwieweit sind Eltern oder andere Menschen, die sich engagieren, dazu qualifizieren? Oder geht es gerade darum, an vorhandenen Stärken im Sinne einer Ressourcenorientierung anzusetzen?

*Hummel*: Eindeutig das Letztere. Es geht darum, Fähigkeiten zu entdecken, die Ressourcen zu kommunizieren und dann zusammenspielen zu lassen. Also mein Lieblingsbild ist immer das Orchester. Sie können natürlich den Posaunisten und die Flötistin und den Violinisten fit machen. Das nützt Ihnen irgendwann nichts, wenn das nicht zusammen einen Klang ergibt. Wir müssen also die Orchestrierung hinbekommen. Die letzten vierzig Jahre haben wir auf Spezialisierung einzelner Angebote und Dienstleistungen für Familien gesetzt. Jetzt haben wir unsere liebe Not, wie das ein Orchester geben soll.

*Heitkötter:* Gut, Herr Hummel, das ist eine schöne Metapher zum Schluss, die die Frage aufwirft, wer der Dirigent ist … Ganz herzlichen Dank für Ihre Zeit und das anregende Gespräch.

# Beispiele aus der Praxis

# Das Kinder- und Familienzentrum »Blauer Elefant« Stadtmitte Essen
Mariamar del Monte

## 1 Standort und Entwicklungsgeschichte

Das Kinder- und Familienzentrum Blauer Elefant in der Stadtmitte von Essen, Gerswidastraße, ist eine Einrichtung des deutschen Kinderschutzbundes Essen; die Einrichtung liegt im Innenstadtbezirk, der den höchsten Anteil an Einwanderungsfamilien und in Armut lebender Menschen zu verzeichnen hat. Über 75 % der Besucher der Kindertagesstätte – und in einzelnen Projekten bis zu 97 % – haben eine Einwanderungsgeschichte; ein Großteil von ihnen lebt in Armut.

Die Einrichtung ist in einer ehemaligen Schule untergebracht und verfügt über ein großes Raumangebot, insgesamt 24 Räume verteilen sich auf 500 m². Hinzu kommen eine 400 m² große Turnhalle und ein Garten. Neben den Gruppenräumen wurden eine große Bibliothek, ein Literacy-Raum, ein Experimentierraum und ein Kunst-Atelier eingerichtet. Das großzügige Raumangebot hat die fachliche Ausweitung erleichtert, die verschiedenen Etappen zeigt der folgende Überblick:

- 1996 startete die Einrichtung als dreigruppige Kindertagesstätte,
- 2000 begann das Schulkinderprojekt »Lernen wie man lernt«,
- 2001 wurde das Kinderrechtebüro eingerichtet,
- 2001–2003 war die Einrichtung Standort im Modellprojekt »Soziales Frühwarnsystem in Nordrhein-Westfalen«,
- 2004 begann das Bewerbungstraining für benachteiligte Jugendliche,
- 2007 erfolgte die Zertifizierung »Familienzentrum NRW«.

Seit 2001 ist die Einrichtung mit dem vereinsspezifischen Gütesiegel »Blauer Elefant« ausgezeichnet. Dieses Gütesiegel belegt eine praxisnahe Orientierung an der Kinderrechtekonvention der Vereinten Nationen. Hohe Qualitätsstandards in der pädagogischen Arbeit, Multiprofessionalität und Vernetzung sind zentrale Kriterien für die Vergabe des Gütesiegels, dessen Einhaltung im dreijährigen Rhythmus überprüft wird. Entsprechend der fachlichen Vielfalt ist das Team multiprofessionell zusammengesetzt, zum Team gehören Erzieher/innen, Sozialpädagoginnen/Sozialpädagogen und eine Ergotherapeutin, die über folgende Zusatzqualifikationen verfügen: Spieltherapie, Entspannungspädagogik, Kinderschutzfachkraft, Systemische Familientherapie, Soziales Management, Coaching in der sozialen Arbeit.

## 2 Leitorientierungen und fachliche Angebote

Die praxisnahe Umsetzung der UN-Kinderrechtekonvention ist eine wesentliche Leitlinie für die Arbeit im Blauen Elefanten. Im Mittelpunkt stehen relevante Rechte für Kinder und Jugendliche, deren Umsetzung in der Einrichtung möglich ist: beispielsweise die Rechte auf Gesundheit und gesunde Ernährung, Gewaltfreiheit, Bildungs- und Chancengleichheit, Partizipation, Spiel und Sport. Den wichtigsten Schwerpunkt bildet eine umfängliche Gesundheitsförderung auf der Grundlage des salutogenetischen Modells von Aaron Antonovsky, in dem die Entwicklung des Kohärenzgefühls im Mittelpunkt steht als eine Grundhaltung, mit der die Welt zusammenhängend und sinnvoll erlebt und positive Bewältigungsstrategien entwickelt werden können. Diese vom ganzen Team mitgetragenen Orientierungen begründen Respekt, Wertschätzung und aufrichtiges Interesse im Umgang mit den Kindern, ebenso altersangemessene Partizipationsmöglichkeiten; die Partizipationspraxis für die Altersgruppen zwischen vier Monaten und 18 Jahren haben die Mitarbeiter/innen in einer Broschüre mit dem Titel »Partizipation ermöglichen, Anregungen aus der Praxis und für die Praxis im Kinder- und Familienzentrum Blauer Elefant Stadtmitte« dargestellt.

*Die Kindertagesstätte* hält 52 Plätze (hiervon zwei einzelintegrative) für Kinder im Alter zwischen vier Monaten und sechs Jahren in drei Gruppen vor. Zentrale Aufgabe ist neben einer qualifizierten Ganztagsbetreuung die Bildung und Erziehung der Kinder. Das zugrunde liegende Konzept orientiert sich eng an der Bildungsvereinbarung des Landes Nordrhein-Westfalen und hält ein breites Angebot innerhalb und außerhalb des Hauses zur Unterstützung der Selbstbildungsprozesse der Kinder vor. Hierzu zählen eine intensive Sprachförderung, Experimentier-AGs, Bewegungsbaustellen, Tanz-AGs, Entspannungsgruppen, Trampolinspringen, Waldkindergarten, PC-Stunden, Taek-Won-Do, Kunst-AGs und Stadterkundungen.

Ihre Entwicklung wird von neun Erzieherinnen, drei Praktikantinnen/Praktikanten und zwei Ehrenamtlichen (Erzieherinnen) intensiv begleitet und detailliert dokumentiert.

*Im Projekt »Lernen wie man lernt«* werden 43 Kinder und Jugendliche im Alter zwischen sechs und 18 Jahren von drei haupt- und zwölf ehrenamtlichen Mitarbeiterinnen/Mitarbeiter betreut. 97 % stammen aus Einwanderungsfamilien, und so stehen deren Lern- und Bildungsförderung im Mittelpunkt. Dazu gehören Einzel- und Kleingruppenangebote, eine breit angelegte Leseförderung, aber auch vielfältige Sportaktivitäten und musische Betätigungen. Langfristig angelegte Projektarbeiten wie die Veröffentlichung eines Buches oder die Produktion von Kurzfilmen runden die Angebotspalette ab. In den Schulferien finden neben Workshops in Deutsch, Mathematik, Englisch und Französisch auch Ferienfahrten und vielfältige Freizeitaktivitäten statt. Das Projekt »Lernen wie man lernt« erhält keine öffentlichen Fördermittel, so dass sämtliche Kosten über Spenden und Stiftungsgelder akquiriert werden müssen.

*Kinderrechtebüro:* Von den einstmals zwei Stellen mit insgesamt 50 Wochenstunden sind nur mehr noch 12 Stunden finanzierbar. Daher mussten die vielfachen Aktivitäten rund um das Thema Kinderrechte drastisch reduziert werden. Geblieben ist jedoch ein sehr wichtiger Schwerpunkt: die Trennungs- und Scheidungskindergruppen. Hier haben betroffene Kinder die Möglichkeit, die überaus schwierige Trennungssituation ihrer Eltern mit anderen Kindern gemeinsam zu bearbeiten. Parallel hierzu erfolgt auch eine Beratung der Eltern im Einzel- und Gruppenkontext.

*Bewerbungstraining für sozial benachteiligte Jugendliche:* Dieses Angebot wird mit einer Laufzeit von drei Jahren von der »Aktion Mensch« gefördert und richtet sich an die Jugendlichen des Projektes »Lernen wie man lernt« aber auch an Jugendliche und junge Erwachsene aus dem Stadtteil.

*Angebote für Eltern und Familien:* Im Mittelpunkt steht die gemeinsame Erziehungsverantwortung und eine konsequente Zusammenarbeit im Dienste eines gesunden Aufwachsens der Kinder. Auf der Grundlage ausführlicher Informationen gehen die Eltern bewusst einen Erziehungspakt mit der Einrichtung ein, der auch vertraglich fixiert ist. Dahinter steht die Philosophie, dass die eigentlichen Experten für die Kinder stets Mutter und Vater sind. Das Fachpersonal ist auf deren Mitwirkung angewiesen, will es seinem Gesamtauftrag gerecht werden und eine individuelle Begleitung gewährleisten.

Von besonderer Bedeutung ist die individuelle Begleitung und Beratung für die ärztliche und therapeutische Versorgung der Kinder. Eltern und Erzieherinnen tragen gemeinsam dafür Sorge, dass alle ärztlichen Vorsorgeuntersuchungen durchgeführt werden. Ein intensiver Austausch (ggf. auch schriftlich) mit den behandelnden Ärzten gehört ebenso dazu wie die Begleitung der Familien und Kinder in Kliniken, wenn eine weiterführende Diagnostik bzw. Behandlungen vonnöten sind. Die Quote der durchgeführten Vorsorgeuntersuchungen liegt bei 100 %. Die Eltern verpflichten sich auch zur Teilnahme an Informationsveranstaltungen und zu einem aktiven Austausch über die Entwicklung des Kindes. Die Einrichtung ihrerseits hält mannigfaltige Unterstützungsangebote für Familien vor, auch wenn sie ihre Kinder nicht im Blauen Elefanten betreuen lassen. Hierzu zählen Familienberatung, die offene »Caféteria«, Familiencoaching, Hausbesuche, Vermittlung von Tagespflege, Integrationskurse, Notbetreuungsplätze für Kinder von Hartz-IV-Empfängern, Kleider- und Spielzeugbörsen, Eltern-Kind-Gruppen, Kurse für Trennungs- und Scheidungsfamilien, eine internationale Müttergruppe, Bildungsangebote, aber auch musische und kreative Angebote. Daneben können Eltern selbstorganisierte Veranstaltungen durchführen.

## 3 Kooperationsangebote und Kooperationspartner

Zur Gewährleistung der oben definierten Angebote arbeitet der Blaue Elefant mit insgesamt 13 Partnern verbindlich zusammen. Diese sind im Einzelnen:

- Zentrum für Kindesentwicklung: Dieses stellt der Einrichtung jeweils eine Sprachheil- und eine Ergotherapeutin zur Verfügung, die die Kinder in der Einrichtung behandeln.
- Kinderschutzzentrum Essen: In Kooperation mit dem Zentrum werden sowohl Beratung bei Trennungsproblemen und Scheidungen als auch bei allgemeinen Erziehungs- und Familienproblemen durchgeführt; eine Beraterin des Zentrums bietet 14 tägig eine

offene Sprechstunde für Eltern an; die Eltern-Kompetenz-Kurse »Starke Eltern – Starke Kinder« werden ebenfalls in Kooperation mit dem Zentrum durchgeführt.
- Ärztliche Beratungsstelle: Der leitende Pädiater steht für fachliche Fragen, aber auch im Kontext der Behandlung von Kindern im engen Kontakt mit dem Team.
- Verband alleinerziehender Mütter und Väter: Der Verband ist Ansprechpartner in Fragen der Tagespflege, die hier organisierten Tagesmütter treffen sich 14-tägig im Haus.
- Behindertenreferat der evangelischen Kirche: Dieses arbeitet eng mit der Einrichtung zusammen und berät das Team im Kontext einzelintegrativer Maßnahmen.
- Neue Arbeit der Diakonie: Die Einrichtung stellt Notbetreuungsplätze für die Kinder arbeitssuchender Hartz-IV-Empfänger zur Verfügung.
- Arbeit und Bildung: Dieser Partner organisiert im Blauen Elefanten Integrationskurse (560 Stunden) mit Kinderbetreuung.
- Tamilischer Kultur- und Wohlfahrtsverein: Rund 100 Kinder, Jugendliche und Erwachsene beleben jedes Wochenende das Haus. Das Angebot: Tanz, Gesang, muttersprachlicher Unterricht, Instrumentalunterricht, Elterntreff.
- Migrationserstberatung: Diese bietet individuelle Beratung an und wirkt bei den Integrationskursen mit.
- Landesverband des Deutschen Kinderschutzbundes NRW: Der Landesverband ist beteiligt am Kooperationsprojekt »Soziales Frühwarnsystem« und an der Ausbildung von Kinderschutzfachkräften.
- Tiegel-Grundschule: Diese Schule kooperiert durch gemeinsame Angebote im Rahmen der offenen Ganztags-Grundschule, z.B. Sprachförderung, Hospitationen im Rahmen des Überganges von der Kita zur Schule und durch die Entwicklung gemeinsamer Beobachtungs- und Dokumentationsinstrumente für die Kinder des Projektes Lernen wie man lernt.
- Arbeiterwohlfahrt: Sie stellt eine Stadtteilmutter (mit Migrationshintergrund) zur Verfügung, die die internationale Müttergruppe bei ihren wöchentlichen Treffen begleitet und betreut. Dies geschieht in Fortführung des »Rucksack-Projektes«, das im Haus installiert wurde.
- Progressiver Eltern- und Erzieherverband: Der Familienbildungsträger ist Partner für Elternbildungsangebote im Kinder- und

Familienzentrum und für die Qualifizierung von Tagesmüttern. Die Leiterin des Blauen Elefanten wiederum ist als Referentin in die Qualifizierungsmaßnahmen der Tagesmütter eingebunden.

Die Verbindlichkeit in der Zusammenarbeit wird mit allen Partnern über Protokolle und Einzelvereinbarungen gewährleistet. Darüber hinaus wurden mit fünf der erwähnten Partner Kooperationsverträge abgeschlossen. Zweimal jährlich finden unter der Federführung der Einrichtungsleiterin im Blauen Elefanten Konferenzen mit allen Beteiligten statt.

## 4 Vernetzung im Stadtteil

Das Netzwerk ist stadtteilorientiert und gewährleistet einen hohen Informationsfluss, jedoch nur eine punktuelle Zusammenarbeit. Die Arbeitsbeziehungen sind von einer geringeren Verbindlichkeit als jene mit den Kooperationspartnern, dennoch aber unverzichtbar. Sowohl im Einzelfall als auch für die Gesamtentwicklung der Einrichtung werden hier wichtige Dienstleistungen und Informationen für die Familien der Einrichtung generiert. In diesem Sinne vernetzt ist das Haus mit folgenden Institutionen: Gesundheitsdienste der Stadt Essen, Allgemeiner sozialer Dienst, Kindernotaufnahme, stationäre Familienhilfe, andere Kindertageseinrichtungen, weiterführende Schulen, Ärzte und Krankenkassen. Darüber hinaus ist das Haus in der Stadtteilkonferenz und der Projektgruppe Familienzentren eingebunden sowie im Unterausschuss »Kinder« des Jugendhilfeausschusses. Für die letztgenannten Gremien zeichnet das Jugendamt verantwortlich.

## 5 Aktuelle Herausforderungen

Der Blaue Elefant ist eine anerkannte und geschätzte Einrichtung: Sieben Tage in der Woche ist das Haus belebt, fachliche Vielfalt, familiennahe Hilfen, Offenheit und Vernetzung im Stadtbezirk sind seine Merkmale. Das engagierte, multiprofessionelle Team arbeitet mit einem großen Stamm an Ehrenamtlichen zusammen. Dennoch steht die Einrichtung vor großen Herausforderungen, die dringlichsten liegen zum einen im Bereich der Integration ausländischer Familien und zum anderen in der Generierung materieller bzw. finanzieller Ressourcen.

Nach Auffassung der Akteure basiert Integration auf der einfachen Erkenntnis, dass jeder einzelne Mensch ungeachtet seiner familiären, kulturell-ethnischen und sozialen Herkunft wertvoll und eine Bereicherung für die Gemeinschaft ist. Was sich so schlicht liest, bedarf vielfältiger persönlicher Erfahrungen und inhaltlicher Auseinandersetzungen, die vor allem emotional verankert sein müssen. Allerdings ist der Blick auch über den Tellerrand der Einrichtung hinaus auf den weiteren sozialen Lebensraum zu richten. Die Frage ist also zum einen, wie Integration im Blauen Elefanten selbst gelingt, zum anderen, wie dort die Kinder, Jugendlichen und Eltern für den gesellschaftlichen Integrationsprozess ausgestattet werden. In diesem Prozess ist die authentische Begegnung mit Familien deutscher Herkunft von großer Bedeutung, denn sie gehört unabdingbar zum Gelingen der beschriebenen Erfahrung. Die Bevölkerungsstruktur im Stadtteil setzt dieser Notwendigkeit klare Grenzen; überdies hat man es in Essen mit den gleichen Vorurteilen wie andernorts zu tun: Einrichtungen mit einem hohen Anteil an Migrantenfamilien werden gemieden – auch von Einwanderern. Es ist wohl der guten Qualität der Einrichtung zuzuschreiben, dass trotzdem über 100 Familien – davon ca. 40% deutsche – auf eine Aufnahme warten. Dieser erste gemeinsame Bezugspunkt wird zukünftig weiterentwickelt werden müssen, will man das prozentuale Verhältnis in ein besseres Gleichgewicht bringen.

Dass ein Kinder- und Familienzentrum wie der Blaue Elefant Stadtmitte in Essen mit der beschriebenen Struktur existieren kann, setzt nicht nur hohe pädagogische Standards, sondern darüber hinaus entsprechende materielle Ressourcen voraus. Da jedoch nur die Kindertageseinrichtung öffentlich gefördert wird und die Kosten für alle anderen Bereiche vom Träger selbst akquiriert werden müssen, ist dies eine Situation, die die kontinuierliche Qualitätsentwicklung nicht unwesentlich beeinträchtigt. Mehr denn je ist man hier auf Sponsoring und ehrenamtliches Engagement angewiesen. So haben zurückgehende Spendeneinnahmen zu der drastischen Kürzung im Bereich der Kinderrechtearbeit geführt. Das Bewerbungstraining muss Ende 2007 eingestellt werden. Vor diesem Hintergrund stellt das derzeit diskutierte neue Kinderbildungsgesetz (KiBiz) eine massive Bedrohung für die Erhaltung der beschriebenen Standards dar. Würde es wie im Entwurf vorgesehen umgesetzt, stünden der Einrichtungsleiterin für ihre Aufgaben nur mehr 27 statt 40 Wochenstunden zur Verfügung, der Betreuungsschlüssel verschlechterte sich empfindlich, die Angebotsvielfalt ließe sich nicht mehr aufrechterhalten, Eltern und Personal hätten keine Planungssicherheit. Die Etablierung von Familienzentren in Nordrhein-Westfalen muss daher sowohl die Freistellung der Leitungskräfte als auch eine dem Angebot angemessene Planungssicherheit gewährleisten. Mangelnde Planungssicherheit und nicht ausreichende Ressourcen gefährden die Umsetzung des fachpolitischen Anspruches, dieses sinnvolle und gewinnbringende Projekt der Familienzentren NRW wäre gefährdet und der begonnene und richtige Weg zu einer kinder- und familienfreundlicheren Gesellschaft erheblich erschwert.

## 6 Ansprechpartner

Marimar del Monte
Kinderhaus Blauer Elefant
Gerswidastr. 1–3
45127 Essen
Fon: 0201 20470
E-Mail: blauer-elefant.stadtmitte@kinderschutzbund-essen.de

# Das Mehrgenerationenhaus Pattensen Mobile e.V.
Annette Köppel

## 1 Daten über die Einrichtung und die Entwicklungsgeschichte

- 1994 wurde MOBILE – Verein für Gesundheits- und Familienbildung e.V. mit dem Ziel gegründet, Kursangebote für Familien im ländlichen Raum anzubieten. Pattensen hat einschließlich eingemeindeter Ortsteile 14.000 Einwohner und liegt in der südlichen Region Hannover, 15 Kilometer von der Innenstadt Hannovers entfernt. Der Ort und die Umgebung sind durch landwirtschaftliche Strukturen geprägt, die seit den 1990er-Jahren aufgrund von Zuzügen aus dem städtischen Bereich starke Veränderungen erfahren. Angebote der Familienbildung entsprachen zum Zeitpunkt der Vereinsgründung nicht dem örtlichen Bedarf, außerdem waren die im Bereich Kinderbetreuung vorhandenen Strukturen defizitär.
- 1996 griff MOBILE e.V. diese Lücken auf und gründete eine Initiative zum Aufbau eines Mütter- und Familienzentrums.
- 1999 bauten zehn Familien ein ehemaliges Tischlereigebäude gemeinsam mit örtlichen Handwerksfirmen zum Mütter- und Familienzentrum Pattensen mit Kursangeboten, offenem Frühstücks- und Nachmittagstreff für Eltern, Großeltern und Kinder und einem Hort für 20 Grundschulkinder aus. In den nächsten Jahren wurden die institutionellen Angebote erweitert mit einem Minikindergarten für Zwei- bis Dreijährige, einer Kindertagesstätte für Drei- bis Sechsjährige und einem Betreuungsangebot in den Grundschulen. Darüber hinaus entwickelte sich die Freiwilligenarbeit mit Dienstleistungsangeboten außerhalb des Zentrums in Form eines Wunschgroßelterndienstes und eines Schulfrühstücks in einer Gesamtschule. Selbsthilfegruppen, Hobbygruppen und Gesprächskreise nutzten das Haus als Kommunikationstreffpunkt.
- 2003 wurde das Zentrum als erstes Niedersächsisches Mehrgenerationenhaus von der damaligen Niedersächsischen Sozialministerin Ursula von der Leyen eröffnet. Es folgte ein Ausbau der Kindertagesstätte (70 Kinder) sowie die Weiterentwicklung der

generationenübergreifenden und an Senioren gerichteten Angebote: Märchenoma, Austausch Hort – Pflegewohnstift, Spielrunden für Senioren, Senioren als Berater und Helfer (Geschäftsführung, EDV, Reparaturen), Treffpunkt und Betreuung für demenziell Erkrankte, Jung-hilft-Alt-Angebote (Computerkurs, Internet-Café). Das Mehrgenerationenhaus steht einmal monatlich für ein Wochenende Umgangsvätern, die ihren Wohnort nicht in der Nähe von Hannover haben, mit ihren Kindern als Umgangshaus zur Verfügung.

Mit Ausnahme der Außerhaus-Dienstleistungen und einer Außengruppe für Hortkinder sind alle Bereiche und Angebote unter dem Dach des Mehrgenerationenhauses (700 m$^2$ Fläche) untergebracht.
- 2006 wurde die Kindertagesstätte auf 90 Plätze erweitert. Es erfolgte die Aufnahme des Hauses in das Aktionsprogramm Mehrgenerationenhäuser des Bundesministeriums für Familie, Senioren, Frauen und Jugend.
- 2007 eröffnete MOBILE e.V. in Kooperation mit der Stadt Pattensen ein Familienservicebüro. Die Kindertagesstätte erweiterte ihr Angebot um eine Betreuungsgruppe für Ein- bis Dreijährige.

MOBILE e.V. hat kontinuierlich 25 Mitglieder. Mehr als 100 Menschen zwischen 14 und 85 Jahren sind auf freiwilliger, neben- und hauptberuflicher Basis in den unterschiedlichen Bereichen tätig.[1]

Das Einzugsgebiet umfasst die Stadt Pattensen mit den Ortsteilen sowie die umliegenden Gemeinden in der südlichen Region Hannover im Umkreis bis ca. zehn Kilometer. Besonders die Kursangebote haben einen weiter gestreuten Teilnehmerkreis.

## 2  Angebote für Kinder

In Trägerschaft von MOBILE e.V. wird eine Kindertagesstätte für 105 Kinder im Alter von 1 bis 14 Jahren betrieben:
1–3 Jahre:   15 Kinder
3–6 Jahre:   50 Kinder
6–14 Jahre:  40 Kinder

---

1  15 Hauptamtliche über 20 Wochenstunden, davon 12 in der Kita, 15 geringfügig Beschäftigte, 45 Freiwillige, 10 Wunschgroßeltern, 28 Honorarkräfte, 1 Mitarbeiterin im FSJ, 1 Praktikantin als Sozialpädagogin im Anerkennungsjahr, div. Praktikantinnen und Praktikanten.

Im Rahmen der verlässlichen Grundschule betreuen zehn Mitarbeiterinnen 150 Grundschulkinder in der jeweiligen Schule.

Der Anteil der Kinder mit Migrationshintergrund ist sehr gering (ca. 7 %) und spiegelt die Bevölkerungsstruktur in Pattensen wider.

## 3 Familiennahe Dienstleistungsangebote

Im Mehrgenerationenhaus wird täglich ein Mittagstisch für alle Generationen und zusätzlich einmal wöchentlich ein pädagogischer Mittagstisch für Grundschüler angeboten. Eine pensionierte Lehrerin und eine weitere freiwillige Mitarbeiterin begleiten die Kinder beim Essen und bei den Hausaufgaben.

In den Schulferien werden im Rahmen einer zusätzlichen Gruppe Schulkinder ganztags betreut, die sonst nicht den Hort besuchen. Im Rahmen des Familienservicebüros werden Tagespflegepersonen, Notmütter, Wunschgroßeltern und Babysitter vermittelt. Es dient als Informationsdrehscheibe für Familien vor Ort.

Der offene Treff ermöglicht eine flexible Kinderbetreuung bei Arztbesuchen oder Behördengängen.

Auch der Treffpunkt für demenziell erkrankte Menschen und ihre Angehörigen, »Café Zeitlos« sowie die häusliche Betreuung der Kranken durch geschulte freiwillige Mitarbeiterinnen entlasten Familien und geben darüber hinaus Raum für die Vereinbarkeit von Beruf und Familie.

Die im Mehrgenerationenhaus angesiedelte Familienbildung spricht auch Familien an, deren Kinder die Einrichtung nicht (mehr) besuchen und ist somit Türöffner für einen weiteren Personenkreis im Umfeld des Hauses.

## 4 Kooperationen

Kooperationen bestehen mit der Stadt Pattensen (Familienservicebüro), den Grundschulen (Betreuung im Rahmen der verlässlichen Grundschule), einer Gesamtschule (Schulfrühstück) sowie einem Pflegewohnstift (gemeinsame Aktivitäten von Senioren und Hortkindern). Punktuelle oder zeitlich befristete Kooperationen bestehen zur Volkshochschule (Elternschule, Babysitterkurse, Qualifizierungsmaßnahmen).

Lediglich bei den Kooperationen mit der Stadt und den Grundschulen bestehen schriftliche Vereinbarungen. Alle anderen Absprachen wurden und werden mündlich zwischen den beteiligten Mitarbeiterinnen und Mitarbeitern getroffen. Sie richten sich stark an dem jeweiligen Bedarf und Interesse aus und werden auf der Ebene des operativen Geschäfts getätigt.

Die Kooperationen entwickeln sich durch Gespräche auf der Leitungsebene, durch Ideen der Mitarbeiterinnen und Mitarbeiter in Rücksprache mit der Leitung oder durch Initiativen von Besuchern des Hauses. Grundsätzlich besteht seitens MOBILE e.V. eine große Offenheit für Kooperationen, da durch sie unterschiedliche Ressourcen zusammengefügt und neue Handlungsmöglichkeiten geschaffen werden können, z. B. übernimmt die Stadt Pattensen im Rahmen der Tagespflegevermittlung die administrativen Anteile (Berechnung der Elternbeiträge, Zuschüsse), während MOBILE e.V. für die pädagogischen Aufgaben (Vermittlung zwischen Familie und Tagespflegeperson, Begleitung der Beteiligten) zuständig ist.

## 5 Vernetzung

»Begegnung, Bildung und Betreuung unter einem Dach« war 1996 die Leitidee zur Gründung des Mütter- und Familienzentrums. Ihr lag der Gedanke zu Grunde, dass Familien Angebote brauchen, die miteinander vernetzt sind, damit sie einen effektiven Nutzen haben. Statt der üblichen Versäulung sollte ein Netzwerk bestehend aus Dienstleistungen, Begleitung und Möglichkeiten zur Selbsthilfe geschaffen werden. Dieser Gedanke wurde im Laufe der Jahre weiterentwickelt und im Rahmen der intergenerativen Arbeit fortgeführt.

Das afrikanische Sprichwort *»Um ein Kind groß zu ziehen braucht man ein ganzes Dorf«* wurde zum Leitmotiv des Mehrgenerationenhauses. Es bedeutet die Nutzung und Bündelung der vor Ort vorhandenen Ressourcen aller Generationen durch Begegnungen im Alltag, durch Selbsthilfe, Freiwilligenarbeit und professionelle Dienstleistungen.

Das Mehrgenerationenhaus ist für das Umfeld Anlaufstelle für Fragen, Anregungen, Ideen und Angebote. Den Mitarbeiterinnen und Mitarbeitern fällt dann die Rolle zu, mit dem vorhandenen Wissen über örtliche Strukturen die Besucher zu beraten, Kontakte herzustellen oder Aktionen, Angebote und Projekte zu initiieren und zu organisieren. Auch in der Freiwilligenarbeit entstehen auf diese Weise neue Kontakte und personelle Ressourcen. Gleichzeitig werden auch ohne direkten Anstoß von außen Defizite aufgegriffen und mit vorhandenen oder neu zu schaffenden Möglichkeiten bearbeitet.

Durch die örtliche Verbundenheit und den Bekanntheitsgrad des Hauses haben sich im Laufe der Jahre Netzwerke gebildet, die sich kontinuierlich weiterentwickeln und immer wieder überraschend neue Möglichkeiten eröffnen.

## 6 Spezifische Probleme und Herausforderungen

Eine wesentliche Herausforderung ist die interne Kommunikation und Koordination. Durch die Menge und Vielfältigkeit der Angebote liegt ein Schwerpunkt in der Vernetzung der Mitarbeiterinnen und Mitarbeiter. Es ist wichtig, auf der operativen Ebene Sachinformationen kontinuierlich zu transportieren.

Es geht aber auch um Grundsätzliches: Die Ausweitung bestehender und die Erschließung neuer Geschäftsfelder unter den Gesichtspunkten von Wirtschaftlichkeit und ideeller Zielsetzung sind für die Zukunftssicherung des Hauses notwendig. Dieser Prozess geht einher mit Vergrößerung, mindestens aber Veränderung, und ist für die Aktiven manchmal schwer nachvollziehbar. Aus diesem Grund müssen die Mitarbeitenden Möglichkeiten der Gestaltung haben und kontinuierlich am Prozess der Entwicklung des Hauses beteiligt sein. Dabei ist die Leitidee die inhaltliche Klammer für alle Aktiven, damit Veränderungen gemeinsam getragen werden. Nur dann stehen alle Beteiligten auch nach außen für die »Philosophie« des Mehrgenerationenhauses.

Die immer wieder gestellte Frage zur Überprüfung der Zielsetzung lautet: »Passt das Angebot ins Haus/zu unseren Aufgaben, ist es das, was wir wollen und meinen?« Sie ist die Stellschraube für ein weiteres Gelingen oder Scheitern. Veränderungen um jeden Preis oder das bunte Sortiment eines Gemischtwarenladens machen unzufrieden und nach außen unglaubwürdig. Vielfältigkeit und gleichzeitig Balance – das ist die eigentliche Herausforderung.

Strukturelle Defizite im ländlichen Bereich waren der Auslöser dafür, dass MOBILE e.V. mit dem Mehrgenerationenhaus Pattensen umfassende eltern- und familienunterstützende Aufgaben vor Ort wahrnimmt. Die Ressourcen der Aktiven – hauptamtlich oder freiwillig – machen aber erst die Vielfältigkeit des Angebotes aus.

# 7 Ansprechpartner

Annette Köppel
MOBILE e.V.
Mehrgenerationenhaus Pattensen
Göttinger Str. 25a
30982 Pattensen
Fon: 05101 10 90 30
Fax: 05101 10 90 31
E-Mail: annette.koeppel@mobile-pattensen.de
web: www.mobile-pattensen.de

# K.I.D.S. (KinderInDerStadt) – Familienstützpunkte in Augsburg

Gabriele Kühn/Susanne Wittmair

## 1 Konzeptionelle Ausrichtung

Die K.I.D.S.-Familienstützpunkte wurden 2005 auf Initiative des Sozialreferenten Dr. Hummel vom Jugendhilfeausschuss ins Leben gerufen. Grundgedanke der Familienstützpunkte im Hinblick auf die Vereinbarkeit von Familie und Beruf ist es, wegzukommen von der Zufälligkeit der Verteilung der Kinderbetreuung im Stadtgebiet mit einer dezentralen Steuerung der Platzverteilung an Kita-Plätzen in der Sozialregion und hinzukommen zu passgenaueren und gerechteren Verteilungen.

Darüber hinaus ist K.I.D.S. der Versuch, kommunale Steuerung, Trägerprofil und bürgerschaftliches Engagement regional zusammenzubringen. Damit soll sowohl die Quantität und Qualität der Betreuungsangebote gesteigert, als auch Sozialraumverantwortung etabliert werden. K.I.D.S. ist also mehr als eine additive Zunahme an Betreuungsorten und Hilfeangeboten. Es ist eine Grundhaltung, die konsequent durch kommunale Gesamtverantwortung, Trägerinteressen und die Einbindung der Bürgerinnen und Bürger auf Augenhöhe Gestaltungsraum mit und für Familien ermöglicht.

Der Aufgabenzuschnitt der K.I.D.S.-Stützpunkte umfasst zum einen die Vermittlung von Einzelfalllösungen und zum anderen das Erfassen der Komplexität und Dynamik in der jeweiligen Stadtregion – ein Spagat, der gut gelungen ist. Das Vorhaben wurde ausgeschrieben und in den vier Sozialräumen erhielten unterschiedliche Träger den Zuschlag:

Region Nordwest: Graceland e.V. (evangelischer Kita-Träger)
Ost: Kindernest e.V. (Eltern-Kind-Initiative)
Mitte: Deutscher Kinderschutzbund Augsburg
Süd: Arbeiter-Samariter-Bund (ASB) Augsburg e.V.

## 2 Angebote für Kinder

Die ersten Aufgaben bestanden darin, zusammen mit den Eltern und der Bürgerschaft eine niedrigschwellige Betreuung für Kinder aufzubauen, den Kontakt zu den Einrichtungen in der Region herzustellen und die Platzbelegung in der Region unter den Aspekten von Passgenauigkeit und Gerechtigkeit zu steuern. Plätze und Wartelisten werden frei koordiniert. Die Eltern werden im Einzelfall dabei begleitet, den richtigen Betreuungsort zu finden.

Heute haben alle vier K.I.D.S.-Standorte niedrigschwellige Kinderbetreuungsangebote, unter Mitgestaltung von Eltern und Bürgern. Drei haben ein Krippenangebot angegliedert, jeweils unter Beteiligung von Eltern, Sozialraum und Wirtschaft; ein K.I.D.S.-Standort hat in der Trägerschaft auch die Tagesmüttervermittlung.

Es entstanden kleinteilige Betreuungsarrangements, eng an den Bedürfnissen der Eltern und Kinder, z. B. Tagespflege im Anschluss von Kindergartenzeit, gegenseitige Unterstützungen beim Bringen und Abholen. K.I.D.S. übernimmt auch Ferienvertretung für geschlossene Krippen, springt mit der Betreuung für erkrankte Tagesmütter ein oder organisiert ein eigenes offenes Ferienprogramm für Schulkinder.

## 3 Angebote für Eltern und die ganze Familie

Alle vier K.I.D.S.-Familienstützpunkte richten sich an ihre Region und sind im offenen Prozess mit Institutionen, Familien und Bürgerschaft. Sie entwickeln sich entsprechend unterschiedlich in ihren Ausrichtungen. Gemeinsam haben sie die Haltung der partnerschaftlichen Zusammenarbeit auf Augenhöhe, sind partizipativ in allen Aktivitäten. Ein gemeinsamer Ansatz ist das K.I.D.S.-Mobil, das mit gutem Spielangebot Spielplätze anfährt und dort aktiv auf Eltern zugeht. Hier sollen die Themen und Anliegen der Eltern aufgegriffen werden und ebenso partizipativ in Gesprächskreise und Angebote aller Art münden. Diesen Ansatz verfolgt aus Kapazitätsgründen bislang nur der K.I.D.S.-Standort Mitte.

In der Region Ost sind die Mutter-Kind-Sprachgruppen für Migrantinnen und Migranten entstanden, ein Projekt, das Mütter befähigt, zu Expertinnen der Sprachentwicklung ihrer Kinder zu werden. Der Elternkurs »Starke Eltern, starke Kinder« mit Stadtteilmüttern türkischer und russischer Herkunft wurde in Selbstinitiative in einem Deutschkurs für Eltern weitergeführt.

In der Region Nord gibt es ein großes Neubaugebiet. Hier ist entsprechend eine große Nachfrage nach Betreuungsplätzen aller Art, insbesondere aber auch für Schulkinder. Hier war der Aufbau einer vernünftigen Gesamtlandschaft von Betreuungsmöglichkeiten das Zentrum der Arbeit. Die Synergie durch Kooperationsformen wurde vom K.I.D.S.-Standort gesteuert.

Der K.I.D.S.-Familienstandort Süd ist ein Ort für Mehrgenerationen nach dem Bundesmodell geworden und arbeitet eng mit den Hessingkliniken zusammen. Die Ferienbetreuung für Schulkinder ist hier erstmals erfolgreich entwickelt worden.

Allen Standorten gemeinsam ist auch, dass Familienbildung nicht verstanden wird als eine Botschaft von Wissenden an Nichtwissende. Vielmehr sollen Anliegen gemeinsam aufgegriffen werden und der Bildungsprozess als eine gemeinsame Reflexion von Standort, Zielen, Bedürfnissen und als Erarbeitung von Möglichkeiten verstanden werden.

## 4 Kooperationsangebote und Kooperationspartner

Markant und allen Standorten gemeinsam ist die Niederschwelligkeit und die »Gehstruktur«, d. h. K.I.D.S. ist an allen wichtigen Veranstaltungen für Familien vor Ort, es werden z. T. Sprechstunden in einzelnen Stadtteilen angeboten.

Die K.I.D.S.-Standorte sind in Kontakt mit allen Kindertagesstätten und anderen Betreuungsorten und steuern Nachfrage und Angebot dort, wo es keine selbstverständlichen Lösungen gibt.

Kooperationspartner sind alle in der Sozialregion lebendigen Netzwerke und auch Steuerungsgremien wie z. B. die Sozialraumplanung des Allgemeine Sozialdienstes. Eine ständige und gute Zusammenarbeit erfolgt mit den Kindertagesstätten, mit der ARGE, mit Augsburger Firmen und mit allen sozialen Institutionen. Die Verbindung zum »Bündnis für Augsburg« soll intensiviert werden.

Da die K.I.D.S.-Standorte aufgrund ihrer Niederschwelligkeit unvoreingenommen von Familien aller Ethnien und von allen sozialen Milieus frequentiert werden, werden sie derzeit auch modellhafter Standort für die Anbindung von Frühpräventionsketten.

## 5 Vernetzung im Stadtteil

Die Sozialraumorientierung ist mittlerweile systematischer Bestandteil der sozialen Wirklichkeit in der Stadt. In den letzten Jahren wurden alle sozialen Überlegungen sozialräumlich aufgestellt: von der Geburt bis zum Hospiz, von der Kleinkinderversorgung bis zum Altenheim, von der Kinderarmut bis hin zu bürgerschaftlichem Engagement, zu Migration und Integration.

Die K.I.D.S.-Stützpunkte haben diese Ausrichtung konsequent und nachhaltig geprägt und umgesetzt. Sie haben einen hohen Bekanntheitsgrad in der Region, der am stärksten im eigenen Stadtteil ist. Die Wirkung von K.I.D.S. lässt mit der räumlichen Entfernung zum Stützpunkt zwar nach; hier erfolgt die Anbindung jedoch über die Fachstellen des jeweiligen Stadtteils, die auf den Standort zukommen. Die Stützpunkte sind Teil aller relevanten Gremien im Stadtteil, oftmals dort auch durch die Bürger/innen selbst vertreten.

## 6 Rahmenbedingungen

Jeder Stützpunkt erhält jährlich ein Budget von 50.000 €, das selbstständig verwaltet und in etwa gedrittelt verwendet wird für Personal, Raum und niedrigschwellige Betreuung für Kinder. Es gibt jeweils eine Teilzeitkraft mit ca. 12–16 Wochenstunden, die den Stützpunkt leitet und koordiniert.

In Planung ist der Ausbau des K.I.D.S.-Mobil, das in unterschiedlichen Brennpunkten vor Ort eingesetzt werden kann, zum einen als Spielmobil für die Kinder, zum anderen als Beratungsmöglichkeit und Anlaufstelle für die Eltern zum gegenseitigen Austausch und für Ansätze von partizipativer, mobiler Familienbildung. Jedoch liegt dieses Projekt im Moment »auf Eis«, da bisher keine Finanzierungsmöglichkeit gefunden werden konnte.

# 7  Ansprechpartner

Stadt Augsburg
Kompetenzzentrum Familie

Gabriele Kühn,
Göggingerstr. 59a
86159 Augsburg
Tel.: 0821 324-2968

Susanne Wittmair
Tel.: 0821 324-2819
E-Mail: kofa@augsburg.de

Informationen zu den einzelnen Standorten auch unter:
K.I.D.S.-Süd: www.augsburg-asb.de/content/view/22/68/
K.I.D.S.-Mitte: www.kinderschutzbund-augsburg.de/projekte/pro_kids.htm
K.I.D.S.-Ost: www.kindernest.com/

# Eltern-Kind-Zentren für junge Familien in Kindertageseinrichtungen in Hamburg
Ursula Meyer-Rumke

In Hamburg werden seit April 2007 in Stadtteilen mit sozialen Problemlagen insgesamt 22 Eltern-Kind-Zentren in Kindertageseinrichtungen eingerichtet. An dem Programm, das von der Behörde für Soziales, Familie, Gesundheit und Verbraucherschutz gefördert wird, sind verschiedene Träger von Kindertageseinrichtungen beteiligt. Als Standorte der Zentren wurden Stadtteile bzw. kleinere Quartiere ausgewählt, in denen ein hoher Bedarf an zusätzlichen Unterstützungsangeboten für Familien besteht. Alle in diesen Regionen ansässigen Kindertagesstätten hatten Gelegenheit, sich im Rahmen einer öffentlichen Ausschreibung um die Einrichtung eines Eltern-Kind-Zentrums zu bewerben. Bis Anfang 2008 sollen alle Eltern-Kind-Zentren ihren Betrieb aufgenommen haben.

## 1 Konzeptionelle Ausrichtung

Die Eltern-Kind-Zentren richten sich an Familien mit Kindern unter drei Jahren, die noch keinen Anspruch auf eine öffentlich geförderte Kindertagesbetreuung haben oder die aus anderen Gründen bisher kein Krippen- oder Tagespflegeangebot nutzen. Angesprochen werden sollen vor allem solche Familien, die sich in belasteten Lebenssituationen befinden und deren Umfeld für Kinder nur wenige Anregungen bietet. Diese Familien nehmen die bestehenden Angebote der Familienförderung häufig nicht in Anspruch. Durch die Anbindung der Eltern-Kind-Zentren an Kindertageseinrichtungen soll ein niedrigschwelliges Angebot im Wohnumfeld der Familien geschaffen werden, das sich aktiv um die Einbindung isoliert lebender Familien bemüht und auch Familien mit Migrationshintergrund integriert. Im Kontakt mit Familienhebammen oder anderen Familiendiensten sollen die Mitarbeiterinnen des Zentrums die Familien persönlich ansprechen, sie zum Mitmachen einladen und auch im Falle plötzlichen Wegbleibens erneut Kontakt aufnehmen.
Ziel der Eltern-Kind-Zentren ist es, die Familien mit vielfältigen Förder-, Bildungs- und Beratungsangeboten zu stärken und zu akti-

vieren. Die Zentren sollen die Eltern in ihrer Rolle als Erziehende unterstützen und zum Aufbau einer positiven Eltern-Kind-Bindung beitragen. Damit sollen sie frühzeitig darauf hinwirken, dass es nicht zu Situationen kommt, von denen eine Kindeswohlgefährdung ausgehen kann. Auch sollen Kinder gezielt gefördert werden und Eltern Anregungen zur Förderung ihrer Kinder zu Hause erhalten. Zudem bieten offene Angebote Raum für den Austausch der Familien untereinander und für eigenständige Aktivitäten.

## 2 Angebote für Kinder

Zweimal in der Woche gestalten die Erziehungskräfte der Eltern-Kind-Zentren ca. zweistündige Gruppenangebote für Kinder unter drei Jahren. In diesen Spiel- und Lernstunden werden die Kinder gezielt mit entwicklungs- und sprachanregenden Spielen – wie z. B. Singen, Tanzen, Finger- und Bewegungsspiele, Malen, oder Basteln – gefördert.

## 3 Angebote für Eltern und für die ganze Familie

Herzstück der Eltern-Kind-Zentren ist der Eltern-Kind-Club, ein offenes Angebot, der an drei Tagen in der Woche insgesamt mindestens zwölf Stunden geöffnet ist. Hier können Eltern und Kinder andere Familien kennenlernen, und sie werden ermuntert, die vielfältigen Angebote des Eltern-Kind-Zentrums zu nutzen.

Den Besucherinnen und Besuchern des offenen Eltern-Kind-Clubs werden ein- bis zweimal wöchentlich besondere Angebote gemacht. Hierzu gehören angeleitete Eltern-Kind-Gruppen, in deren Mittelpunkt die Beschäftigung der Eltern mit ihren Kindern steht (z. B. Babymassage, gemeinsames Spielen oder Bilderbuchbetrachtung). Die Angebote sind darauf ausgerichtet, die Beziehung zwischen Eltern und Kindern und das Miteinander in der Familie zu fördern sowie den Eltern praktische Anregungen für den Umgang mit ihren Kindern zu geben.

Daneben werden die Eltern mit Familienbildungs- und Beratungsangeboten bei der Bewältigung alltäglicher Erziehungsfragen unterstützt: Beispielsweise halten Erziehungsberatungsstellen und Hebammen Sprechstunden im Eltern-Kind-Zentrum ab, es werden

Deutschkurse für Mütter mit Migrationshintergrund angeboten oder Kochkurse durchgeführt.

## 4 Kooperationsangebote und Kooperationspartner

Sozial belastete und isoliert lebende Eltern kennen die Unterstützungsangebote im Stadtteil oftmals nicht. Ziel der Eltern-Kind-Zentren ist es deshalb, die Familien an weitere wohnortnahe Einrichtungen der Familienförderung und -unterstützung, Elternschulen, Familienbildungsstätten, Erziehungsberatungsstellen, Familienhebammen, die Gesundheitshilfe oder das Jugendamt, heranzuführen und sie mit deren Angeboten vertraut zu machen.

Aus diesem Grund haben alle Eltern-Kind-Zentren eine Reihe von Kooperationspartnern, die in der Kindertagesstätte vielfältige Angebote durchführen. Diese reichen von Eltern-Kind-Gruppen über Informationsveranstaltungen hin zu unterschiedlichen Beratungsangeboten. Die konkrete Ausgestaltung der Angebotsstruktur ist in der Anfangsphase von Zentrum zu Zentrum unterschiedlich und vielfach abhängig von den im Stadtteil vorhandenen Angeboten und den bisherigen Kooperationsbezügen der Kita. Konzeptionell verankert sind die Zusammenarbeit mit Familienbildungseinrichtungen bei der Durchführung angeleiteter Eltern-Kind-Gruppen sowie die verbindlich vereinbarte Kooperation mit dem Allgemeinen Sozialen Dienst. Mit zunehmendem Bekanntheitsgrad der Eltern-Kind-Zentren wird allerdings erkennbar, dass immer mehr soziale Einrichtungen an einer Kooperation mit den Zentren interessiert sind und eine Einbindung der Vielzahl angebotener Aktivitäten in die Zentren nicht immer einfach ist.

Bei den Kooperationsangeboten geht es in der Regel um eine Verlagerung bestehender Angebote in die Räume der Eltern-Kind-Zentren. In begrenztem Umfang stehen den Zentren im Rahmen der Sachmittelpauschale auch zusätzliche Ressourcen zur Verfügung (vgl. 6 »Rahmenbedingungen«), mit denen sie auf Honorarbasis Angebote »einkaufen« können.

## 5 Vernetzung im Stadtteil

In Hamburg gibt es in den meisten Stadtteilen auf Ebene der Träger sogenannte Stadtteilkonferenzen, die sich für die Belange ihres Stadtteils einsetzen, bestehende Versorgungslücken benennen und sich hinsichtlich der Entwicklung neuer Angebote abstimmen. Auch sind in den vergangenen Jahren in vielen Stadtteilen von der Stadt geförderte Kooperationsprojekte entstanden, die die Verbesserung der Angebotsstrukturen im Sozialraum zum Ziel hatten.

Die Umsetzung der Aufgabe, gezielt und aktiv auf eher zurückgezogen lebende Familien zuzugehen und ihnen für ihren Erziehungs- und Familienalltag Unterstützung anzubieten, setzt eine intensive Vernetzung und Kooperation der Eltern-Kind-Zentren mit anderen Akteuren und Hilfeangeboten im Stadtteil voraus. Die Ausgangssituation ist – wie unter 4 »Kooperationsangebote und Kooperationspartner« dargestellt – recht unterschiedlich. Der Frage, welche Kooperationsbezüge die Eltern-Kind-Zentren in der Praxis entwickeln, wird von der Behörde für Soziales, Familie, Gesundheit und Verbraucherschutz in einem regelmäßigen Berichtswesen nachgegangen sowie in der für 2008 geplanten Evaluierung der Eltern-Kind-Zentren.

## 6 Rahmenbedingungen

Alle Eltern-Kind-Zentren haben einen *Raum* von mindestens 40 m für den Eltern-Kind-Club vorzuhalten. Hier befindet sich meist auch eine Küchenzeile. Häufig stehen darüber hinaus weitere Räume für Beratungen oder die Durchführung von Gruppenangeboten zur Verfügung. Auch die Außengelände der Kitas können von den Familien im Eltern-Kind-Zentrum genutzt werden.

In der Praxis sind die Bedingungen der Eltern-Kind-Zentren sehr unterschiedlich: Es gibt Zentren mit sehr großzügigen Räumlichkeiten und andere, die sich die Räume mit anderen Einrichtungen – der Kita, der Kirchengemeinde oder der angrenzenden Elternschule – in Mehrfachnutzung teilen.

Die Eltern-Kind-Zentren werden von der Stadt Hamburg mit einer monatlichen finanziellen *Zuwendung* in Höhe von 4.030 € für Personalkosten (1/2 Erzieherstelle, acht Leitungs- und Beratungsstunden) sowie einer Pauschale für Gebäudekosten, Sachmittel,

Honorare und einem Zuschuss zum Mittagessen gefördert. Zusätzlich kann jedem Zentrum eine einmalige Anlauffinanzierung in Höhe von bis zu 20.000 € gewährt werden.

## 7 Ansprechpartner

Ursula Meyer-Rumke
Behörde für Soziales, Familie, Gesundheit und Verbraucherschutz
Referat Familienpolitik
Hamburger Str. 37
22051 Hamburg
Fon: 040 42863-2585
Fax: 040 42863-5437
E-Mail: Ursula.Meyer-Rumke@bsg.hamburg.de
Internet: http://fhh.hamburg.de/stadt/Aktuell/behoerden/soziales-familie/kita/eltern-kind-zentren.html

# Eltern-Kind-Zentren in Brandenburg
Bettina Bildt-Wieser, Martina Lüdeke, Kerstin Schulz


## 1   Das Konzept der Landesregierung

Im Oktober 2005 hat die Brandenburger Landesregierung das Programm für Familien- und Kinderfreundlichkeit »Die Brandenburger Entscheidung: Familien und Kinder haben Vorrang!«[1] beschlossen. Ein Teilvorhaben dieses Landesprogramms ist die Förderung von niedrigschwelligen Angeboten für Familien unter dem programmatischen Begriff »Eltern-Kind-Zentrum«. Was aber sind die grundlegenden Erwartungen an diese Eltern-Kind-Zentren und eine neue kinder- und familienfreundliche Praxis der Jugendhilfe? Das Brandenburger Landesprogramm gibt folgende Schwerpunkte vor:
1. Verbesserung und Ausbau des Angebotes bestehender Maßnahmen der Familienbildung,
2. quantitativer Ausbau sowie die qualitative Weiterentwicklung der Familienunterstützung von öffentlichen und freien Trägern der Jugendhilfe,
3. neue Angebotsvielfalt besonders für jene Eltern, die von ihren Erziehungsaufgaben überfordert und kaum bereit sind, Hilfen anzunehmen
4. aezielte Fortbildung der Fachkräfte der Jugendhilfe und der angrenzenden Fachgebiete.

Fachlich-inhaltlich formuliert das Brandenburger Landesprogramm: »Für alle Familien, aber besonders für jene, die vom Hilfe- und Beratungsspektrum bisher nicht erreicht werden, bedarf es zukünftig neuer Angebote zur Unterstützung bei der Erziehung, zur Stärkung der Selbsthilfepotenziale und Eigenverantwortung. Diese müssen einfach zugänglich und breitenwirksam sein und problemlos in den Familienalltag integriert werden können. Dafür bieten sich »familientypische« Orte an – wie etwa die Kindertagesstätte, die Schule, Einrichtungen des Gesundheitswesens und diverse Freizeitangebote, die zu Eltern-Kind-Zentren weiterentwickelt werden können. Diese Zentren bieten eine gezielte Bündelung pädagogischer, medizi-

---
1  Vgl. Landtag Brandenburg 4/2007

nischer und sozialer Kompetenz und können so Eltern bei ihren vielfältigen Aufgaben unterstützen. Die Kooperation mit Einrichtungen und Angeboten, die für Familien bedeutsam sind, wie z. B. die Erziehungsberatung, die Jugendämter, aber auch die Gesundheitsdienste, Kinderkliniken, Kinderärztinnen und Kinderärzte, soll zugleich deren Öffnung zum Gemeinwesen fördern. Eltern-Kind-Zentren mit ihrer besonderen Unterstützungs- und Kommunikationsqualität sollen sich so zu Gemeinwesenzentren entwickeln und vorrangig in sozialen Brennpunkten errichtet werden.«[2]

Die Vorgaben des Landesprogramms zielen darauf ab, dass
- für alle Familien mit Kindern geeignete Anregungen entwickelt werden und bedarfsgerechte Unterstützung für die Alltagsbewältigung ermöglicht wird,
- gezielt für Familien in besonders schwierigen Lebenslagen passgenaue, niedrigschwellige Hilfen angeboten werden,
- sich Eltern-Kind-Zentren aus vorhandenen, den Familien bekannten und vertrauten Einrichtungen entwickeln und
- in Eltern-Kind-Zentren verschiedene Angebote der Jugendhilfe, des Sozial- und des Gesundheitswesens intelligent verknüpft werden.

Nun steht jedoch nicht das Land, sondern der Landkreis oder die kreisfreie Stadt als örtlicher Träger der öffentlichen Jugendhilfe, insbesondere in Bezug auf § 16 SGB VIII in der Verantwortung, bedarfsgerechte und geeignete familienunterstützende Hilfen anzubieten. Soll also nachhaltig eine Verbesserung niedrigschwelliger Hilfen für Familien vor Ort erreicht werden, müssen die Jugendämter bei ihrer Aufgabenwahrnehmung gestärkt werden. Es ist angesichts dieser grundsätzlichen Verantwortungsverteilung nicht das Ziel des Landes, eigene Ideen und Konzepte zu initiieren und zu fördern und deren Zukunft den örtlichen Trägern zu überantworten. Aus diesem Grund werden mit dem Brandenburger Landesprogramm auch keine Modellprojekte bei freien Trägern der Jugendhilfe gefördert. Vielmehr wurde der Diskurs mit den Jugendämtern gesucht und deren Vorhaben und Planungen wurden zum Gegenstand der Förderung.

Eckpfeiler für die niedrigschwelligen, familienunterstützenden Hilfen in Brandenburg sollen Bürgernähe und Gemeinwesenorien-

---

2 Ebenda S. 14

tierung sein. Mit dieser grundlegenden Entscheidung soll sichergestellt werden, dass Familien kurze Wege vorfinden und dass den sozialpädagogischen Fachkräften in der Kindertagesstätte, dem Hort, der Schule oder der Gemeinde eine selbstbestimmtere Arbeitsweise, verbunden mit mehr Handlungs- und Entscheidungskompetenz möglich wird. Die Brandenburger Eltern-Kind-Zentren sind insofern keine neuen Institutionen bzw. Häuser mit vielfältigen und stets verfügbaren Spezialdiensten. Vielmehr sollen in Brandenburg wohnort- und bürgernahe Eltern-Kind-Zentren an Kindertagesstätten, Schulen oder Erziehungsberatungsstellen entstehen, die nachgefragte, aktuelle Themen aufgreifen, vorhandene Hilfeangebote verbinden und bei Bedarf das eigene Programm um z. B. Kurse, Gesprächskreise, Infoveranstaltung erweitern.

## 2 Auswahl und Finanzierung der Akteure

Über eine Ausschreibung wurden Jugendämter gesucht, die mithilfe einer dreijährigen Anschubfinanzierung Eltern-Kind-Zentren bzw. wohnortnahe, niedrigschwellige, familienunterstützende Angebote in Kindertagesstätten oder anderen geeigneten Orten entwickeln wollten. Ausgewählt wurden zwölf Jugendämter. An den von den Jugendämtern benannten Standorten wird seit nunmehr fast zwei Jahren die exemplarische Entwicklung und Erprobung niedrigschwelliger, familienunterstützender Angebote mit den drei Schwerpunkten
- Familienberatung, -bildung und -unterstützung,
- Vernetzung bestehender Angebote sowie
- Mobilisierung freiwilligen Engagements im Gemeinwesen zur Unterstützung des Aufwachsens der Kinder

erprobt. Obwohl grundsätzlich niedrigschwellige Unterstützungsangebote allen Familien offenstehen sollen, wurden überwiegend Standorte ausgewählt, in deren Einzugsbereich sozial schwächere und beratungsbedürftige Eltern leben, nicht zuletzt auch deshalb, um Hinweise auf die Wirkung präventiver Hilfen zu erhalten. Insgesamt stehen Fördermittel des Landes in Höhe von 400.000 € jährlich für dieses Vorhaben zur Verfügung. Gefördert werden Personal-, Honorar- und Sachkosten sowie Kosten für kleinere Investitionen und Instandsetzungen. Grundsätzlich ist die Förderung auf höchstens 80 % der anfallenden Gesamtkosten begrenzt. Förderfähig sind der Aufbau neuer Angebote, die Vernetzung, Koordination der Angebote sowie die Gewinnung ehrenamtlicher Kräfte. Neben dem Aufbau neuer Angebote ist auch die Weiterentwicklung bereits laufender Vorhaben in das Programm einbezogen, wenn sie das Ziel verfolgen, niedrigschwellige, familienunterstützende Angebote und Dienste zu entwickeln. Vorrangig wurden solche Vorhaben ausgewählt, die eine systematische Einbindung der familienunterstützenden Fachleistungen in die kreisbezogene oder städtische Jugendhilfe- bzw. Sozialplanung bereits vollzogen haben oder diese verbindlich planen. Unter diesen Gesichtspunkten war es möglich und sinnvoll, mehrere Standorte in einem Jugendamtsbezirk zu entwickeln und so das übergreifende Ziel, nämlich die Verbesserung der Qualität und der Verfügbarkeit des Angebotes für Familien im Gemeinwesen, zu erreichen.

## 3 Kriterien der Angebotsgestaltung

Für die konzeptionelle Ausrichtung der Eltern-Kind-Zentren gibt es weder gesetzliche Vorgaben noch eine tradierte, zur Selbstverständlichkeit gewordene Praxis. Insofern ist die konkrete Entwicklung der Angebote abhängig von der fachpolitischen Schwerpunktsetzung in den Kommunen und der örtlichen Jugendhilfeplanung. Daneben aber sind die regionalen Bedingungen, die unmittelbar auf die Familien und deren Alltag Einfluss nehmen, für die konzeptionellen Überlegungen richtungsweisend. Zu nennen sind in diesem Zusammenhang das vorhandene soziale Netz, die bestehenden Angebote von freien und öffentlichen Trägern, von Kirchen und Vereinen, die Verfügbarkeit von öffentlichen Transportmitteln, die Größe des Gemeinwesens sowie die Bevölkerungsstruktur.

Brandenburg als Flächenland mit weiten, dünn besiedelten Landstrichen und nur wenigen größeren Städten benötigt viele lokale, eher kleinteilige Projekte, damit Familienunterstützung für alle, auch für Familien in den ländlichen Regionen wirksam wird. Obwohl jedes einzelne von diesen Angeboten nur eine begrenzte thematische Vielfalt vorhalten kann, ist nur dieser Weg zielführend, um grundsätzlich alle Familien mit Kindern in Brandenburg zu erreichen. Zentren im eigentlichen Sinn des Wortes können in Brandenburg keine Breitenwirksamkeit entfalten. Als Ort für niedrigschwellige, familienunterstützende Arbeit bieten sich besonders die Kindertagesstätten an. Kindertagesstätten haben einen festen Platz in der Gemeinde, sind in der Regel gut erreichbar und den Eltern vertraut. Schwellenängste sind somit eher selten. Pädagogische Fachkompetenz für Fragen der Erziehung ist in den Kindertagesstätten vorhanden und grundsätzlich gehört schon heute die Arbeit mit den Familien zum Arbeitsalltag in der Kindertagesstätte. Der ausgezeichnete Ausbau des Netzes der Kindertagesstätten in Brandenburg ist für einen breit angelegten Ausbau der familienunterstützenden Angebote an Kindertagesstätten von großem Vorteil.

Vor diesem Hintergrund gilt für Brandenburg, dass Kindertagesstätten, die zusätzlich ein oder mehrere Angebote wie flexible Betreuungszeiten, Spielkreise für unter Dreijährige, Tauschbörsen etc. in ihr Programm aufnehmen, sich auch als Eltern-Kind-Zentrum verstehen.

## 4  Qualifizierung

Ein unverzichtbares Standbein für den Ausbau der niedrigschwelligen familienunterstützenden Maßnahmen auf fachlich gutem Niveau ist die fortlaufende Qualifikation der sozialpädagogischen Fachkräfte. Fortbildung und Fachaustausch haben für den Brandenburger Weg hohe Priorität. Die inhaltliche Vielfalt bei diesen Fortbildungen ist außerordentlich breit. Sie reicht von Themen wie Aufbau und Pflege von Netzwerken, Initiieren von Selbsthilfe, Anleitung von Freizeitgruppen, Kooperation zwischen Profis und Ehrenamtlichen, Erkennen und Analysieren der Lebenslagen von Familien über Gesprächsführung oder Wissensvermittlung bis hin zu spezifischen sozialpädagogischen Fragestellungen und aktuellen gesellschaftlichen Entwicklungen. Insbesondere Erzieherinnen und Erzieher wünschen Qualifizierung und Fortbildung gerade für solche Themen, die weit über ihren alltäglichen pädagogischen Betreuungs- und Bildungsauftrag in der Kindertagesstätte hinausgehen. Die Fortbildungen stehen sowohl den Beschäftigten der öffentlichen und freien Jugendhilfe und angrenzender Fachbereiche wie auch ehrenamtlich engagierten Mitarbeiterinnen und Mitarbeitern offen. Thematisch eng gefasste Tagesveranstaltungen und langfristig angelegte Fortbildungen mit einem Volumen von mehr als 100 Stunden ermöglichen den Fachkräften die vertiefte Auseinandersetzung mit gemeinwesenorientierter Familienbildungsarbeit.

Fachlich begleitet und unterstützt werden die Brandenburger Jugendämter und die Eltern-Kind-Zentren von einer überregionalen Beratungs-, Informations- und Kommunikationsstelle (ÜBIK). Neben den Fachtagungen (Jahrestagung) und den »vor Ort« Beratungen organisiert die ÜBIK regelmäßige regionale Netzwerktreffen und thematische Arbeitsgruppen (AG Evaluation, AG Internet, AG Information und Kommunikation). Im kritischen Diskurs zwischen den Projekten und der ÜBIK werden außerdem kontinuierlich die neuen familienunterstützenden Angebote der Eltern-Kind-Zentren ausgewertet und daraufhin überprüft, inwieweit sie in der Lage sind, die Erziehungsleistung der Eltern zu unterstützen und ob es gelingt, das Zusammenwirken von Institutionen und Einrichtungen zu optimieren. Als weitere Serviceleistung stellt die ÜBIK auch sicher, dass die aktuellen Themen der deutschen und internationalen Fachdiskussion den Projekten bekannt werden. Insgesamt trägt die ÜBIK maßgeblich dazu bei, dass in Brandenburg kollegialer Austausch und Netzwerkbildung möglich wird und die Kolleginnen und Kollegen bereit sind, sich der neuen Herausforderungen anzunehmen.

Erste positive Erfahrungen mit der Arbeit der Eltern-Kind-Zentren zeichnen sich ab, der Prozess aber ist noch lange nicht abgeschlossen. Auf der Internettplattform www.uebik.de sind die beteiligten Eltern-Kind-Zentren präsent und beschreiben ihre Projekte und Ziele. Für heute gilt: Das Brandenburger Vorhaben Eltern-Kind-Zentren ist auf einem guten Weg.

Ansprechpartnerin:

Bettina Bildt-Wieser
Ministerium für Bildung, Jugend und Sport
Referat 22
Heinrich-Mann-Allee 107
14473 Potsdam
Fon: 0331 866-3726
Fax: 0331 27548-4805
E-Mail: bettina.bildt-wieser@mbjs.brandenburg.de
Internet: www.mbjs.brandenburg.de/kita/kita-startseite

Die Umsetzung des Landesprogramms wird an zwei Modellen exemplarisch dargestellt. Aus unterschiedlichen Perspektiven wird die Entwicklung eines Eltern-Kind-Zentrums beschrieben und die Steuerung des sozialraumorientierten Projektes »Familienarbeit im Verbund«.

## 5. Ein Jahr Eltern-Kind-Zentrum Brück

Seit dem 1. Juli 2006 gibt es in Brück ein Eltern-Kind-Zentrum. Brück ist eine kleine Stadt mit ca. 4000 Einwohnern. Sie liegt im südlichen Bereich des Kreises Potsdam-Mittelmark am Rande des Hohen Flämings. In unmittelbarer Nähe zu Berlin gelegen, bietet die Region eine Naturlandschaft, die durch ihre schlichte Schönheit überzeugt.

Das Eltern-Kind-Zentrum ist eines der beiden vom Land Brandenburg geförderten Modellprojekte im Landkreis Potsdam-Mittelmark (PM). Träger des Eltern-Kind-Zentrums ist die Gemeinnützige Gesellschaft für Soziale Hilfen in Berlin und Brandenburg (SHBB). In enger Zusammenarbeit mit der Stadt Brück entstand das Konzept: Es galt ein niedrigschwelliges Angebot für Familien zu schaffen, das für alle erreichbar ist und alle erreicht, das mit seinen Angeboten den veränderten Lebensbedingungen der Familien Rechnung trägt und das sich die frühzeitige Stärkung der elterlichen Kompetenz auf die Fahne geschrieben hat.

Deshalb wurde das Eltern-Kind-Zentrum bei zwei kommunalen Kindergärten angesiedelt. Hier finden und fanden Eltern und Kinder sehr schnell und mit wenigen Schwellenängsten Kontakt zu der Mitarbeiterin im Eltern-Kind-Zentrum. Man lernt sich in den täglichen Hol- und Bring-Situationen kennen.

In beiden Einrichtungen wurden separate Räume eingerichtet, die vom Eltern-Kind-Zentrum aber auch von den Erzieherinnen und Eltern genutzt werden. Gemeinsam mit den Erzieherinnen der Kindertagesstätten wurden die Eltern eingeladen, ihren Raum in der Kita zu beziehen, und unter professioneller und ehrenamtlicher Begleitung wurden neue Wege des Miteinanders entwickelt.

Abbildung 1: Struktur des Eltern-Kind-Zentrums Brück

Quelle. Eigene Darstellung

## Arbeitsschwerpunkte

### Beratung

- Dabei geht es vor allen Dingen um eine Erstberatung, die die zentrale Fragestellung der Familie mit den Eltern herausarbeitet und gemeinsam mit diesen nach Lösungen sucht. Bei Bedarf vermitteln wir die Familien zu Spezialberatungen oder weiteren Kooperationspartnern.

### Begegnung

- Für alle, die Lust auf Bewegung, Kreativität, Kontakt zu anderen Kindern und Eltern haben. Hier gilt es besonders, niedrigschwellige und bedarfsgerechte Angebote zu machen.

Seit Dezember 2006 gibt es eine Kindersportgruppe für Kinder von drei bis sechs Jahren. Diese trifft sich einmal in der Woche, unter Anleitung einer Mutter, die Erzieherin und Physiotherapeutin ist, in einer der Turnhallen der Stadt. Nach dem Start mit 35 Kindern treffen sich jetzt regelmäßig zwischen 20 und 25 Kinder und sind gemeinsam sportlich aktiv. Im vergangenen Jahr gab es verschiedene Kreativangebote, die von Eltern und Kindern, besonders in den Herbst- und Wintermonaten gern genutzt wurden. Immer gibt es für die Eltern das Angebot sich in den Räumen des Eltern-Kind-Zentrums aufzuhalten, um mit der Koordinatorin oder/und anderen Eltern ins Gespräch zu kommen.

## Bildung

- Für Eltern, Großeltern, Interessierte:
  Im vergangenen Jahr wurde ein Elterntraining angeboten, in diesem Jahr wird der Kurs »Starke Eltern, starke Kinder« in enger Zusammenarbeit mit den Elternsprechern der Grundschule durchgeführt.
  Eltern fragten immer wieder nach geeigneten Babysittern. In Zusammenarbeit mit der Leiterin des Jugendklubs, der AWO und einer selbstständigen Hebamme fand ein Babysitterkurs statt. Zwölf junge Frauen nahmen daran teil und stehen heute unterstützend Familien zur Verfügung.
- Für Kinder:
  Das Eltern-Kind-Zentrum hat sich an den Ausstattungskosten für die »naturwissenschaftlichen Bildungsecken« in beiden Kindergärten beteiligt.
- Für die pädagogischen Fachkräfte der beiden Kindertagesstätten und die Moderatorin des Eltern-Kind-Zentrums:
  – Das Eltern-Kind-Zentrum unterstützt beide Erzieherteams bei der Weiterentwicklung ihrer pädagogischen Arbeit.
  – Als Tandem nehmen eine Erzieherin und die Koordinatorin des Eltern-Kind-Zentrums an einer Qualifizierung zur »Elternberaterin« teil.
  – Teamsupervision für die beiden Leiterinnen der Kindertagesstätten und die Koordinatorin des Eltern-Kind-Zentrums.

Für die Umsetzung der Aufgaben bedarf es einer guten regionalen und überregionalen Vernetzung. Wir kooperieren mit folgenden Institutionen:

Stadt Brück

- Gemeinsam mit der Stadt Brück wurde vom Träger das Konzept für das Eltern-Kind-Zentrum entwickelt.
- Alle sechs bis acht Wochen trifft sich die Steuergruppe. Gemeinsam mit Vertretern von SHBB, dem Jugendamt PM, den Kita-Leiterinnen und der Koordinatorin des Eltern-Kind-Zentrums werden Angebote geplant und abgestimmt.
- Des Weiteren gibt es wöchentliche Absprachen zwischen der Koordinatorin des Eltern-Kind-Zentrums und dem Sozialamt zu Aktivitäten und Fallarbeit.
- In der Stadt Brück arbeiten mehrere Kinder- und Jugendeinrichtungen und sozialpädagogische Fachkräfte mit Kindern, Jugendlichen und deren Familien. In diesen Kreis wurde das Eltern-Kind-Zentrum aufgenommen. Gemeinsam finden Beratungen zu bestimmten Schwerpunkten und gemeinsamen Aktivitäten statt.
- In diesem Jahr bewarb sich die Stadt Brück um die Auszeichnung als familienfreundliche Gemeinde. Bei den Vorbereitungen der Bewerbung war das Eltern-Kind-Zentrum aktiv beteiligt.
- Die schon bestehenden Elternbildungsangebote werden jetzt auch über das Eltern-Kind-Zentrum an die Eltern herangetragen.

Kindertagesstätten

- In der ersten Zeit ging es darum, den Kontakt zu den Erzieherinnen aufzubauen. Zuhören war besonders wichtig; zu erfahren was gut läuft und wo die Stolpersteine in der täglichen Arbeit mit den Kindern, den Eltern liegen. Die Erzieherinnen waren offen, hatten großen Gesprächsbedarf und waren sehr an fachlicher Reflektion interessiert Nach wie vor suchen die Erzieherinnen das Gespräch, um sich über bestimmte Situationen aus dem Kindergartenalltag auszutauschen und um neue, bessere Wege zu finden.
- Die Koordinatorin des Eltern-Kind-Zentrums hat täglich Kontakt mit den Erzieherinnen. Sie nimmt an den Dienstberatungen und

hausinternen Fortbildungen der Erzieherinnen teil. In kleinen Schritten arbeiten Kita und Eltern-Kind-Zentrum gemeinsam an ihrer Professionalisierung.
- Großer Wert wurde von Beginn an darauf gelegt, dass die Kinder und Eltern die Koordinatorin des Eltern-Kind-Zentrum kennenlernen, um leichten angstfreien Kontakt zu ermöglichen.
- Mittlerweile wird die Koordinatorin des Eltern-Kind-Zentrums regelmäßig zu Elternabenden, Elternvertretertreffen und vielen Aktivitäten in den Kitas eingeladen und gebeten, diese mitzugestalten. Ein sehr gleichberechtigtes Miteinander ist entstanden. Und auch die Eltern nutzen in zunehmendem Maße die durch das Eltern-Kind-Zentrum angebotene Unterstützung, Begleitung und Beratung.
- In beiden Kindergärten werden mehrere Kinder durch die interdisziplinäre Frühförder- und Beratungsstelle betreut. Hier hat sich eine enge Zusammenarbeit entwickelt. Es gibt einen regelmäßigen Austausch über den aktuellen Entwicklungsstand der geförderten Kinder. Auch ist eine Beantragung der Frühforderung über das Eltern-Kind-Zentrum möglich.

## Grundschule

- Die Grundschule ist zu einem festen Kooperationspartner für das Eltern-Kind-Zentrum geworden. Gemeinsam wurden Beratungen zu schwierigen Familiensituationen durchgeführt.
- In Kooperation mit dem Eltern-Kind-Zentrum hat die Grundschule in diesem Jahr das erste Mal die angehenden Schulanfänger zu den Projekttagen eingeladen. Eine Woche trainierten die Kinder gemeinsam und stellen ein fast zweistündiges Zirkusprogramm zusammen. Eltern, Kinder, Großeltern, Lehrer und Erzieherinnen sind heute noch begeistert, wie unkompliziert die Zusammenarbeit war und was die Kinder in dieser Zeit geleistet haben.
- Ein weiteres, vom Eltern-Kind-Zentrum initiiertes, gemeinsames Projekt fand in den dritten Klassen statt. Pro-familia hat mit den Kindern einen Präventionsparcours zum Thema sexuellen Missbrauch durchgeführt. Die Kinder lernten auf spielerische Weise viel über ihren Körper, gute und schlechte Geheimnisse und Gefühle, über das große und kleine NEIN und sie durften in kleinen Rollenspielen richtiges Verhalten ausprobieren.

## Jugendamt des Landkreises Potsdam-Mittelmark

- Mit dem Jugendamt hat sich eine enge Zusammenarbeit bei Problemfällen und zu bestimmten Schwerpunkten entwickelt.
- Die enge Zusammenarbeit mit den Mitarbeitern des Jugendamtes hat gute Voraussetzungen geschaffen, um in der Kindertagesstätte Fallbesprechungen durchzuführen. In jedem dieser Einzelfälle ist es gelungen, die unterschiedlichen Herangehens- und Arbeitsweisen von allen Beteiligten zu diskutieren und deutlich zu machen.

## Gemeinnützige Gesellschaft für Soziale Hilfen in Berlin und Brandenburg (SHBB)

Sei vielen Jahren bietet der für das Eltern-Kind-Zentrum verantwortliche Träger SHBB auch ambulante Hilfen für Erziehung im Raum Brücken. Damit die Ressourcen, die das unmittelbare Umfeld der Familie bietet, optimal genutzt werden können, findet eine Vernetzung zwischen den ambulanten Betreuern und dem Eltern-Kind-Zentrum statt. Idealerweise wird durch die Kooperation eine zeitliche Verkürzung der ambulanten Hilfen erreicht bzw. es sind weniger ambulante Hilfen erforderlich. Durch die Arbeit des Eltern-Kind-Zentrums sollen Familien frühzeitig gestützt werden, sodass möglichst im späteren Lebensalter der Kinder keine aufwendigen Hilfen zur Erziehung erforderlichen werden.

## Privatpersonen und bürgerschaftliches Engagement

- Schon im ersten Jahr konnten wir eine Mutter gewinnen, die eine Kindersportgruppe leitet. Das Angebot ist fortlaufend und wird nur durch eine kurze Sommerpause unterbrochen.
- Noch in diesem Jahr wird es einen Elternkurs: »Starke Eltern, starke Kinder« in Brück geben. Die Elternsprecherin der Grundschule hat diesen beantragt, und gemeinsam mit dem Eltern-Kind-Zentrum wird die Werbung dafür laufen. So erreichen und informieren wir sowohl die Eltern der Kindergartenkinder wie auch die der Grundschüler.

**Fazit:**

In einem Jahr hat sich das Eltern-Kind-Zentrum gut etabliert. Unsere Arbeit wurde von mehreren Kooperationspartnern unterstützt. Wir konnten die in Brück vorhandenen, stabilen Vernetzungsstrukturen nutzen. Sehr schnell ließ sich der Kontakt zu den Mitarbeiter/innen in den Bereichen Kinder-, Jugend- und Elternarbeit herstellen. Die bestehenden Angebote konnten wir nutzen und sie für die Familien leichter zugänglich machen. Auch die Grundschule hat das Eltern-Kind-Zentrum »mit offenen Armen empfangen«; wir konnten uns über gemeinsame Arbeitsbereiche verständigen und die Zusammenarbeit klären.

Die engen Kontakte zur Stadtverwaltung und zum Jugendamt sind ebenfalls wichtige Unterstützungen. Regelmäßige Treffen aller, die für das Thema Familie verantwortlich sind, Absprachen über die Arbeit, über zukünftige Schwerpunkte, Aktionen und Veranstaltungen sind zentrale Grundlagen unserer Arbeit; auch die Einrichtung einer Steuerungsgruppe hat sich bewährt.

Die Zusammenarbeit mit den Familien hat gezeigt: Es ist wichtig, ständig mit den Eltern im Gespräch zu sein, ein Ohr zu haben für ihre Wünsche, herauszuhören, welche Angebote sie annehmen können und entsprechende bedarfsgerechte Angebote machen. Bestätigt hat sich, dass Familien den Weg in die Einrichtungen nur über leicht zugängige Angebote finden, über die sie auch die Mitarbeiter/innen kennenlernen können. Diese niedrigschwelligen Angebote sind die Brücke zu bildungsfernen Eltern und Familien. Für alle Eltern gilt, sie sollen und dürfen selbst herausfinden und bestimmen, welchen Kontakt sie zum Eltern-Kind-Zentrum haben wollen.

Ansprechpartnerin:

Martina Lüdeke, Koordinatorin
Eltern-Kind-Zentrum Brück
Beelitzer Str.13B
14822 Brück
Fon: 033844 750492

Bettina Bildt-Wieser, Martina Lüdeke, Kerstin

# 6. »Familienarbeit im Verbund«

## Modellprojekt im Landkreis Spree-Neiße als Praxisbeispiel zur Familienarbeit

### Regionale Eckdaten

Unmittelbar an das EU-Neumitglied Polen angrenzend befindet sich der Landkreis Spree-Neiße im Südosten Brandenburgs. Mit einer Einwohnerzahl von rund 135.000 sowie einer Fläche von 1.650 km² umschließt er die kreisfreie Stadt Cottbus.

Der Landkreis Spree-Neiße hat derzeit eine regionale Arbeitslosenquote zwischen 16% und 19% zu verzeichnen. Die vergangenen Jahre waren durch einen starken Rückgang von Industriearbeitsplätzen, Bevölkerungsabwanderung und einer großen Zahl von Pendlern in weiter entfernte Regionen Deutschlands geprägt.

### Entstehungsgeschichte des Projektes »Familienarbeit im Verbund«

»Familienarbeit im Verbund« ist ein Projekt im Landkreis Spree-Neiße, das im Mai 2003 begann.

Nach einer ausführlichen fachlichen und politischen Debatte vor Ort und fast zeitgleich mit dem Beschluss der Jugendministerkonferenz im Mai 2003 wurde mit der Umsetzung der ersten Projekte im Landkreis Spree-Neiße begonnen. Gestartet wurde zunächst in den Mittelzentren Forst, Guben und Spremberg und an zwei Standorten im Umland der kreisfreien Stadt Cottbus.

Im Jahr 2005 konnten sodann die bis dato entwickelten fünf Standorte des Projekts »Familienarbeit im Verbund« um sieben zusätzliche Angebote ergänzt werden.

Seit 2006 befinden sich nunmehr in jedem Sozialraum des Landkreises Angebote der Familienförderung, -bildung und -beratung. Erreicht wurde dies in enger Kooperation zwischen dem Sozialdezernat des Landkreises, den kreisangehörigen Kommunen und den beteiligten Trägern Albert-Schweitzer-Familienwerk, Paul-Gerhard-Werk, SOS Kinderdorf und dem Haus der Familie.

*Grundsätze und Ziele des Projektes*

Grundlage für die Arbeit im Projekt war die Definition eines einheitlichen Ziels und die Festlegung von Handlungsfeldern sowie die Verständigung auf konzeptionelle Ansätze, die im Laufe der Projektarbeit weiter ausdifferenziert wurden.

Diese drei Bestandteile bilden die Grundlage für eine professionelle, fachliche Arbeit an den einzelnen Standorten.

Zentrales Handlungsprinzip ist dabei die sozialräumliche Orientierung der Projektarbeit. Ziel ist

die im jeweiligen Sozialraum vorhandenen Ressourcen zu stärken, ein Netzwerk von Anleitung und Unterstützung aufzubauen, mit dem eine für Familien unproblematische und »alltagstaugliche« Angebotspalette entsteht.

*Handlungsfelder*

- Aufbau- und Weiterentwicklung von Angeboten in Zusammenarbeit mit freien Trägern,
- Neuorganisation der sozialen Dienste der Kreisverwaltung, Vernetzung von Angeboten und Einrichtungen verschiedener Träger
- Fortbildung, Qualifizierung und fachliche Begleitung der Mitarbeiter

*Konzeptionelle Grundpositionen*

- Orientierung an der Ganzheitlichkeit von Familie, der Vielfalt der Konstellationen familiärer Lebensgemeinschaften und der Familienentwicklung als Prozess.
- Schaffung und Qualifizierung von Angeboten im Kontext der Lebenswelten und Lebensräume von Kindern und Familien unter Berücksichtigung der Bedürfnisse, Interessen sowie Erfahrungen von Familien in ihren speziellen Lebenslagen und Erziehungssituationen.
- Verstärkte Konzentration auf die Bildungsfunktion der Angebote durch Aufklärung, Wissensvermittlung und Kompetenzentfaltung vor allem der erwachsenen Familienmitglieder.

- Schaffung von Rahmenbedingungen zur Eigeninitiative, für selbst gestaltete Handlungsmöglichkeiten und zur Mitarbeit von Familien in Institutionen.
- Interdisziplinäre Kooperation und Vernetzung der Trägerangebote unter Berücksichtigung der Profilentwicklung der Organisationen im Verbund.

## Zum derzeitigen Projektstand

Im Rahmen des Projekts »Familienarbeit im Verbund« ist im Landkreis Spree-Neiße ein Netz verschiedener Beratungs- und Unterstützungsangebote für Familien bereits Realität geworden.

Die Angebote wurden nach den Gegebenheiten im Sozialraum entwickelt, sodass sie, je nach regionalem Umfeld, unterschiedliche Schwerpunkte beinhalten. Sie berücksichtigen die Bedürfnisse, Interessen sowie die unterschiedlichen Erfahrungen von Familien in ihren speziellen Lebenslagen und Erziehungssituationen. Sie richten sich grundsätzlich an vielfältige Formen und Konstellationen familiärer Lebensgemeinschaften.

Dabei kommt dem erweiterten Familienbegriff eine besondere Bedeutung zu. Familie wird nicht beschränkt auf Eltern mit minderjährigen Kindern, sondern umfasst alle Generationen und Familienphasen.

Die Familien werden darüber hinaus für die Mitarbeit gewonnen. Ihnen wird Raum zum selbst gestalteten Handeln und zur Eigeninitiative gegeben. Es steht somit als explizites Ziel und Arbeitsprinzip im Vordergrund, die Selbsthilfe und Ressourcen der Familien zu mobilisieren und zu stärken.

Die Angebotsstruktur berücksichtigt dementsprechend zunächst den Wunsch der Eltern nach Kontaktmöglichkeiten und Austausch. Mit Elterncafés, Familienfrühstück bzw. -abendessen in den lokalen Treffs, mit Spielnachmittagen sowie Kreativ- und Werkstattangeboten werden gezielt Kontakte zwischen den Familien gefördert.

Die Leistungspalette umfasst darüber hinaus bildungsrelevante Angebote in Form von Vorträgen, Thementagen und themenspezifischen Gesprächskreisen aus den Bereichen Gesundheit, Recht, Beziehungs- und Erziehungskompetenz bis hin zu Kursangeboten (rund um die Geburt einschl. Babymassage, Mutter-Kind-Gruppen, gesundheitsprophylaktische Familienkurse, Lerntechnikseminare, Elternschule usw.).

In der Verknüpfung mit künstlerischen Angeboten werden z. B. familienorientierte theaterpädagogische Projekte durchgeführt. Im Rahmen dessen setzen sich Eltern sowie Kinder und Jugendliche spielerisch mit Fragen des Familienalltags, mit Konfliktsituationen oder Strategien der Problembewältigung auseinander. Organisatorisch und räumlich werden die meisten Angebote in Form von Eltern-Kind- bzw. Familientreffs umgesetzt, die in separaten Räumlichkeiten in Kindertagesstätten, Grundschulen oder Gemeindezentren untergebracht sind.

Ansatzweise erfolgen innerhalb der Trägerprojekte bereits regelmäßige Sprechstunden des Jugendamtes oder der Erziehungsberatungsstellen.

Einen besonderen Stellenwert in dem Gesamtprojekt nimmt aber auch die Qualifizierung, Fortbildung und fachliche Begleitung der Fachkräfte und freiwillig Engagierte ein. Hierzu wurden und werden auch zukünftig verschiedene langfristig angelegte und auf den individuellen Bedarf ausgerichtete Fortbildungsreihen stattfinden.

## Ausblick

Seit zwei Jahren befinden sich nunmehr in jedem Sozialraum des Landkreises Angebote der Familienförderung, -bildung und -beratung (derzeit 14 Familienprojekte/»Familientreffs/Eltern-Kind-Treffs«) mit
- Angeboten der gemeinsamen Begegnung,
- Angeboten der gemeinsamen Freizeitgestaltung,
- Angeboten der Familienbildung, -beratung, -förderung,
- Vernetzung /Kooperation,
- Fortbildungs- und Qualifizierungsmaßnahmen.

Bei den einzelnen Projekten wurde jeweils mit einer Anschubfinanzierung über ein Modellprojekt begonnen. Die Anschlussfinanzierung aller Projekte erfolgt jetzt im Rahmen eines Ressourcen-Mix aus verschiedenen Förderprogrammen, kommunalen Beiträgen (Landkreis, Kommune usw.), Sponsoren, Nutzerbeiträgen und Beteiligung sonstiger Partner.

Insgesamt werden mittlerweile wöchentlich über 1.000 Familien (Kinder, Eltern, Jugendliche, Seniorinnen und Senioren) durch die Vielfalt der unterschiedlichen Projekte im Landkreis erreicht.

Das Zukunftsprojekt des Landkreises »Unser kinder- und familienfreundlicher Landkreis Spree-Neiße« soll dazu beitragen, dass »Familie in Spree-Neiße« Zukunft hat.

Ansprechpartnerin:

Kerstin Schulz (Fachbereichsleiterin)
Einrichtung: Landkreis Spree-Neiße
Fachbereich Kinder, Jugend und Familie
Heinrich-Heine-Str. 1
03149 Forst (Lausitz)
Fon: 03562 98615100
E-Mail: jugendamt@lkspn.de

## Literatur:

Landtag Brandenburg; Drucksache 4/2007; 4.Wahlperiode, Bericht der Landesregierung; Die Brandenburger Entscheidung: Familien und Kinder haben Vorrang, Eltern-Kind-Zentren in Brandenburg

# Autorinnen und Autoren

Bettina Bildt-Wieser
Ministerium für Bildung, Jugend und Sport
Heinrich-Mann-Allee 107
14473 Potsdam
E-Mail: bettina.bildt-wieser@mbjs.brandenburg.de

Kathrin Bock-Famulla
Bertelsmann Stiftung
Carl-Bertelsmann-Str. 256
33311 Gütersloh
E-Mail: Kathrin.Bock-Famulla@bertelsmann.de

Angelika Diller
Deutsches Jugendinstitut e.V.
Nockherstr. 2
81541 München
E-Mail: diller@dji.de

Adalbert Evers
Justus-Liebig-Universität Giessen
Bismarckstr. 37
35390 Gießen
E-Mail: Adalbert.Evers@uni-giessen.de

Irene Gerlach
Westfälische Wilhelms-Universität Münster
Institut für Politikwissenschaft
Scharnhorststr. 100
48151 Münster
E-Mail: gerlaci@uni-muenster.de

Annemarie Gerzer-Sass
Serviceagentur im Aktionsprogramm Mehrgenerationenhäuser
Jagdstraße 5
80639 München
E-Mail: annemarie.gerzer@mehrgenerationenhaeuser.de

Martina Heitkötter
Deutsches Jugendinstitut e.V.
Nockherstr. 2
81541 München
E-Mail: heitkoetter@dji.de

Elisabeth Helming
Deutsches Jugendinstitut e.V.
Nockherstr. 2
81541 München
E-Mail: helming@dji.de

Konrad Hummel
Völklstr. 6
86150 Augsburg
E-Mail: konradhummel@web.de

Nicole Klinkhammer
Deutsches Jugendinstitut e.V.
Nockherstr. 2
81541 München
E-Mail: nklinkhammer@dji.de

Annette Köppel
MOBILE e.V.
Mehrgenerationenhaus Pattensen
Göttinger Str. 25 a
30982 Pattensen
E-Mail: annette.koeppel@mobile-pattensen.de

Christiane Krämer
Rambøll Management GmbH
Saarbrücker Str. 20/21
10405 Berlin
E-Mail: christiane.krämer@ramboll-mangement.com

Gabriele Kühn
Kompetenzzentrum Familie der Stadt Augsburg
Gögginger Str. 59 a
86159 Augsburg
E-Mail: kofa@augsburg.de

Anja Langness
Bertelsmann Stiftung
Carl-Bertelsmann-Str. 256
33311 Gütersloh
E-Mail: Anja.Langness@bertelsmann.de

Uwe Lübking
Deutscher Städte- und Gemeindebund
Marienstr. 6
12207 Berlin
E-Mail: uwe.luebking@dstgb.de

Martina Lüdeke
Eltern-Kind-Zentrum Brück
Beelitzerstr. 13 b
14822 Brück
E-Mail: ekiz@shbb-potsdam.de

Ursula Meyer-Rumke
Behörde für Soziales, Familie, Gesundheit und Verbraucherschutz
Referat Familienpolitik
Hamburger Str. 37
22051 Hamburg
E-Mail: Ursula.Meyer-Rumke@bsg.hamburg.de

Marimar del Monte
Kinderhaus Blauer Elefant
Gerswidastr. 1–3
45127 Essen
E-Mail: blauer-elefant.stadtmitte@kinderschutzbund-essen.de

Thomas Rauschenbach
Deutsches Jugendinstitut e.V.
Nockherstr. 2
81541 München
E-Mail: rauschenbach@dji.de

Mandy Schöne
Bertelsmann Stiftung
Carl-Bertelsmann-Str. 256
33311 Gütersloh
E-Mail: mandy.schoene@bertelsmann.de

Herbert Schubert
Fachhochschule Köln
Mainzerstr. 5
50678 Köln
E-Mail: herbert.schubert@fh-koeln.de

Kerstin Schulz
Jugendamt Spree-Neiße
Landkreis Spree-Neiße
Fachbereich Kinder, Jugend und Familie
Heinrich-Heine-Str. 1
03149 Forst/Lausitz
E-Mail: jugendamt@lkspn.de

Stefan Sell
Fachhochschule Koblenz
Institut für Bildungs- und Sozialmanagement
Rhein-Ahr-Campus
Südallee 2
53424 Remagen
E-Mail: sell@rheinahrcampus.de

Melanie Staats
Rambøll Management GmbH
Saarbrücker Str. 20/21
10405 Berlin
E-Mail: melanie.Staats@ramboll-mangement.com

Wolfgang Stadler
Arbeiterwohlfahrt Bezirksverband Ostwestfalen Lippe e.V.
Detmolder Str. 280
33605 Bielefeld
E-Mail: wolfgang.stadler@awo-owl.de

Sibylle Stöbe-Blossey
Universität Duisburg Essen
Institut Arbeit und Qualifikation
Munscheidstr. 14
45886 Gelsenkirchen
E-Mail: sybille.stoebe-blossey@uni-due.de

Klaus Peter Strohmeier
Ruhr-Universität Bochum
Fakultät für Sozialwissenschaft
und
Zentrum für interdisziplinäre Ruhrgebietsforschung (ZEFIR)
Universitätsstr. 150
44780 Bochum
E-Mail: peter.strohmeier@ruhr-uni-bochum.de

Siegrid Tschöpe-Scheffler
Fachhochschule Köln
Fakultät für Angewandte Sozialwissenschaften
Mainzer Str. 5
50678 Köln
E-Mail: sigrid.tschoepe-scheffler@fh-koeln.de

Susanne Wittmair
Amt für Kinder, Jugend und Familie der Stadt Augsburg
Kompetenzzentrum Familie
Gögginger Str. 59 a
86159 Augsburg
E-Mail: kofa@augsburg.de

Wolfgang Wirtz
Ev. Familienbildungsstätte Köln
Kartäuserwall 24 b
50678 Köln
E-Mail: wirtz@fbs-koeln.org bzw. wwwirtz@web.de